LA COMMANDERIE
ET
L'HOPITAL D'ORDIARP

DÉPENDANCE DU MONASTÈRE DE RONCEVAUX

EN SOULE
(Basses-Pyrénées)

Étude historique sur les relations de l'Abbaye Espagnole avec les
diocèses d'Oloron, de Bayonne et de Pampelune,
les Souverains de Navarre et les Rois de France,
depuis le XIIe Siècle jusqu'au XIXe.

PAR

M. l'abbé V. DUBARAT

Aumônier du Lycée de Pau

Ouvrage précédé d'une lettre de S. G. Mgr DUCELLIER

ARCHEVÊQUE DE BESANÇON.

PAU	PARIS
LÉON RIBAUT	ALPHONSE PICARD
RUE SAINT-LOUIS, 6.	RUE BONAPARTE, 82.

1887

LA COMMANDERIE
ET
L'HOPITAL D'ORDIARP

DÉPENDANCE DU MONASTÈRE DE RONCEVAUX

EN SOULE
(Basses-Pyrénées)

Etude historique sur les relations de l'Abbaye Espagnole avec les
diocèses d'Oloron, de Bayonne et de Pampelune,
les Souverains de Navarre et les Rois de France,
depuis le XII° Siècle jusqu'au XIX°.

PAR

M. l'abbé V. DUBARAT
Aumônier du Lycée de Pau

Ouvrage précédé d'une lettre de S. G. Mgr DUCELLIER
ARCHEVÊQUE DE BESANÇON.

PAU	PARIS
LÉON RIBAUT	ALPHONSE PICARD
RUE SAINT-LOUIS, 6.	RUE BONAPARTE, 82.

1887

LA COMMANDERIE

ET

L'HOPITAL D'ORDIARP

LA COMMANDERIE

ET

L'HOPITAL D'ORDIARP

DÉPENDANCE DU MONASTÈRE DE RONCEVAUX

EN SOULE

(Basses-Pyrénées)

Etude historique sur les relations de l'Abbaye Espagnole avec les
diocèses d'Oloron, de Bayonne et de Pampelune,
les Souverains de Navarre et les Rois de France,
depuis le XIIe Siècle jusqu'au XIXe.

PAR

M. l'abbé V. DUBARAT

Aumônier du Lycée de Pau

Ouvrage précédé d'une lettre de S. G. Mgr DUCELLIER

ARCHEVÊQUE DE BESANÇON.

PAU	PARIS
LÉON RIBAUT	ALPHONSE PICARD
RUE SAINT-LOUIS, 6.	RUE BONAPARTE, 82.

1887

Lettre de Sa Grandeur Monseigneur DUCELLIER

ÉVÊQUE DE BAYONNE, ARCHEVÊQUE ÉLU DE BESANÇON,

A L'AUTEUR

ÉVÊCHÉ
DE
BAYONNE

Bayonne, le 28 Mai 1887.

Cher Monsieur l'Aumônier,

Au moment où vous allez donner au public votre volume sur « La Commanderie et l'Hôpital d'Ordiarp » je veux vous féliciter d'avoir mené à si bonne fin cet intéressant travail.

D'autres pourront en louer, avec plus d'autorité, la valeur historique ; j'aime à dire l'intérêt que j'ai pris à le lire et la satisfaction que j'éprouve de vous voir consacrer à des études de ce genre des aptitudes spéciales et les rares loisirs d'un ministère important.

Les nombreux documents cités par vous en Pièces justificatives prouvent que vous puisez vos récits aux sources. C'est cette méthode, la seule acceptable et la seule acceptée aujourd'hui, qui vaut à votre livre la faveur des hommes les plus compétents et lui assigne une place honorable parmi les monographies dont s'enrichit chaque jour l'histoire locale.

Continuez ; le champ, inexploré encore en beaucoup de points des chroniques diocésaines, vous promet d'heureuses trouvailles. Vos recherches seront plus fructueuses à mesure que vous pousserez plus avant votre sillon et nul de ceux qui auront le plaisir de vous lire n'hésitera à répondre quand vous demanderez, comme à la fin de votre travail sur la

Commanderie d'Ordiarp, si vous avez eu « le bonheur de donner quelque vie à des récits arides et à des faits peu connus », si vous avez « exhumé avec quelque profit pour l'histoire de notre pays, avec quelque honneur pour l'Église, les secrets ensevelis dans les chartes de nos archives ».

Je ne veux pas finir cette lettre sans vous dire avec quelle attention j'ai suivi dans le Bulletin Catholique votre étude sur le Serviteur de Dieu Louis Bitoz. En même temps que vous reconstituez les éléments de la vie trop oubliée de l'humble frère Barnabite, décédé à Monein en odeur de sainteté en 1617, vous cherchez, pièces en main, à déterminer le lieu exact de sa sépulture. Puissiez-vous être assez heureux pour réaliser par la découverte de ce tombeau vénérable les espérances que vos premières déductions ont fait concevoir et dont l'expression vous est venue des membres les plus autorisés de la pieuse Congrégation des Barnabites !

Recevez, cher Monsieur l'Aumônier, l'assurance de mes sentiments affectueux et dévoués.

† ARTHUR XAVIER,
Ev. de Bayonne, Archevêque élu de Besançon.

LA COMMANDERIE ET L'HOPITAL D'ORDIARP

DÉPENDANCE DU MONASTÈRE DE RONCEVAUX

En SOULE (Basses-Pyrénées)

A Monsieur l'Abbé François ALTHABE, curé d'Ordiarp.

Il y a déjà longtemps que je vous promis l'histoire de la Commanderie d'Ordiarp. Je pensais d'abord ne réunir que quelques notes, rappeler en peu de pages les origines, les progrès et la ruine de cette vieille institution du moyen-âge ; mais les faits se sont trouvés si nombreux et si intéressants, les documents si précieux et si peu connus, enfin certains procès si curieux, qu'il a fallu donner au récit de plus amples développements ; nous assisterons ainsi aux mille péripéties qui troublèrent durant six siècles l'existence de l'antique hôpital.

Il y avait quelque difficulté à l'entreprise. Comment en effet débrouiller la vérité historique et jeter la lumière en de profondes obscurités ? Ni Expilly[1], ni le dictionnaire de Trévoux[2], ni Lenglet-Dufrénoy[3], ni Jaillot[4] ne parlent d'Ordiarp, et il semble presque inutile de réveiller aujourd'hui un passé enseveli dans l'oubli. Cependant votre paroisse ne saurait mériter pareille indifférence. Sa commanderie dépendit,

---

1. *Dictionnaire géographique, historique et politique des Gaules et de la France*, par M. l'abbé Expilly. Amsterdam, MDCCLXVI.
2. *Dictionnaire universel françois et latin*. Paris, Vve Foucault, 1732.
3. *Méthode pour étudier la géographie*, par M. l'abbé Lenglet-Dufresnoy. Paris, Rollin, MDCCXXXVII.
4. *La France ecclésiastique*, par Bernard Jaillot, géographe. Carte. 1736.

depuis le XIII° siècle jusqu'en 1592, de la célèbre abbaye de Roncevaux ; c'était, pour ainsi dire, le plus beau fleuron de sa couronne en deçà des Pyrénées ; elle fut alors possédée jusqu'en 1622 par Arnaud de Maytie, l'illustre évêque d'Oloron ; de Henri IV à Louis XV, elle devint un perpétuel sujet de représailles durant les guerres de France et d'Espagne, et depuis 1712, les évêques et le chapitre de Bayonne en revendiquèrent la propriété pendant plus de cinquante années.

L'histoire de la commanderie d'Ordiarp est donc en réalité l'histoire de Roncevaux, de son influence et de ses richesses, de la Soule et de son organisation civile, religieuse et judiciaire, l'histoire enfin des rapports de la collégiale espagnole avec les églises d'Oloron et de Bayonne. Que de célèbres personnages vont passer sous notre regard et se montrer à nous dans le détail d'une vie plus intime ! Les mœurs de ces temps éloignés se détacheront aussi avec plus de relief de ces récits ignorés.

Les principales sources de l'histoire de la commanderie d'Ordiarp sont aux archives des Basses-Pyrénées, *G*. 203 à 232. Ces documents, pour la plupart, ont appartenu à l'abbaye de Roncevaux et furent remis au chapitre de Bayonne par le contrat d'échange des biens en 1712. « Lesd. sieurs de Lanz et d'Illareguy, y est-il stipulé, se sont obligez esd. noms de remettre de bonne foy à mond. seigneur l'évêque et son chapitre tous les titres, papiers, documens et mémoires qu'ils ont et peuuent auoir dans leurs archiues et ailleurs concernant tous lesd. biens et droits cédés »[1]. La même série *G*. renferme bon nombre de pièces sur Ordiarp dans les délibérations et les actes du chapitre épiscopal de Bayonne. Les recherches y sont faciles, grâce à l'obligeance de M. Flourac, archiviste des Basses-Pyrénées, à qui je me plais à rendre de publics remerciements. On trouvera, cités à leur place, d'autres documents tirés aussi du riche trésor de nos archives départementales.

M. J. B. de Jaurgain m'a également prêté le concours de son érudition et communiqué le résultat de beaucoup de recherches. Directeur de la *Revue de Béarn, Navarre et Lannes*, il s'est fait une place à part entre les publicistes qui ont étudié l'histoire de nos institutions locales. Ses excellents travaux le font regarder à bon droit comme l'homme le plus compétent pour tout ce qui a trait à la Soule et au Pays-Basque. Ses précieuses notes m'ont aidé à combler bien des lacunes et à éclaircir certains faits importants laissés d'abord dans l'ombre.

Les archives de l'hospice de Mauléon m'ont aussi fourni d'utiles renseignements ; il y a eu de même quelque profit à dépouiller les anciens registres de la commune d'Ordiarp. Déjà, en 1783, les titres de l'ancienne commanderie étaient peu nombreux. Il est dit que « parmi les documens dud. hôpital il n'y a que les anciens rolles. Les titres primordiaux des inféodations ne se trouvent pas »[1]. Enfin l'abbaye de Roncevaux renferme des pièces qu'on ne saurait trouver ailleurs. Dirai-je aussi que les ouvrages de seconde main n'ont pas été consultés sans un bénéfice réel ?

Le lecteur sera sans doute bien aise de connaître Roncevaux et son monastère, théâtre de bien des événements qui vont se dérouler sous ses yeux. D'ailleurs le voyage a des agréments qui méritent d'être racontés.

Deux routes mènent à St-Jean-Pied-de-Port. L'une, longue et fatigante, part de Bayonne et traverse Ustarits, Cambo, Hasparren, Irissarry et St-Jean-le-Vieux ; l'autre est la ligne de Puyoo à St-Palais ; le courrier conduit ensuite le voyageur à St-Jean-Pied-de-Port.

Cette dernière ville n'est rien moins que jolie ; ses deux rues étroites et tortueuses, ses vieux bastions, sa citadelle et ses remparts lui donnent un cachet original. On en sort par la porte d'Espagne et, après avoir gravi une assez longue côte, le touriste entre dans la fraîche vallée d'Arnéguy, dernier village français. Vis-à-vis c'est l'Espagne, c'est Luzaïde ou Valcarlos, posé là-haut coquettement, et dominant un gracieux paysage.

1. Registre de l'hospice de Mauléon. Délib. du 15 février 1783, p. 340.

Les torrents d'un ruisseau séparent les frontières, reliées par un misérable pont de bois.

Pendant vingt kilomètres, c'est une montée incessante, douce, et tranquille comme au désert ; on la fait à pied, sur un mulet ou dans une méchante voiture. Non que les sentiers soient âpres, car depuis 1883 la route est magnifiquement creusée aux flancs de la montagne, à travers des bosquets de châtaigners qu'elle coupe en méandres gracieux ; on y éprouve les sensations d'un plaisir calme et les mille bruits d'une nature vierge emplissent l'âme d'une joie sereine. A l'horizon, des cimes élevées bornent la vue, et forment un vaste cirque où s'étagent en désordre des forêts d'arbres touffus ; çà et là de blanches buées voltigent et montent vers le ciel ; sur la gauche, au loin, le ruisseau roule ses eaux vertes ou argentées, et au delà paraît le sol de la patrie française, stérile et nu.

Enfin nous voici au col d'*Ibaneta*, premier séjour des religieux de Roncevaux ; quelques pans de murs calcinés restent debout, tristes ruines d'une chapelle incendiée, il y a deux ans à peine, par l'imprudence des soldats qui formaient, en 1884, le cordon sanitaire contre l'invasion du choléra. Désormais l'on descend à Roncevaux, pendant deux ou trois kilomètres, par une route facile, bordée de hêtres.

Vous dirais-je, mon cher cousin, que les souvenirs de Charlemagne, de Roland, des rois de Navarre, de l'antique abbaye, faisaient battre mon cœur et créaient dans mon imagination je ne sais quelles splendeurs idéales qui entouraient d'un auréole le royal monastère ? Oh ! quelle déception profonde ! Au tournant de la route, Roncevaux apparaît comme un vaste massif de constructions, tout vulgaire et sans majesté ; à gauche, s'élève un grand bâtiment à fenêtres cintrées et bouchées ; c'était au dernier siècle l'hôpital proprement dit, aujourd'hui c'est une ruine ; à droite quelques rares et vieilles maisons noircies par le temps.

On pénètre dans l'abbaye par des voûtes à double porte. Audessus est l'habitation du sacristain, et sur la droite, dans un spacieux corps de maison, se trouvent la demeure des chanoines et la *contaduria* ou économat. Là sont les archives de Roncevaux, mises en ordre, par titres généraux, par liasses et par pièces numérotées. Un inventaire manuscrit, très-bien fait, facilite les recherches. Le fonds ne paraît pas très-riche, à cause sans doute des nombreux incendies qui, en 1445, 1468, 1626, ravagèrent la collégiale. La bibliothèque n'est pas encore ouverte au public ; enlevés pendant la révolution espagnole de 1869 et ramenés ensuite de Pampelune, 7,000 volumes, relégués dans d'obscurs réduits, attendent depuis huit ans que l'on veuille leur donner un rayon de soleil et une place convenable.

En longeant la rue, on voit à gauche l'église bâtie au commencement du XIIIe siècle par Sanche le Fort. Ce roi remporta sur les Maures, en 1212, la célèbre victoire de *las Navas de Tolosa*. C'est depuis lors que les armes de Navarre sont *de gueules aux chaînes d'or, posées en fasce, en sautoir et en orle*. Souvent mutilée, et aujourd'hui sans style, l'église n'a plus aucune grâce. Une admirable *Mater Dolorosa*, sculpture polychrome de Juan de Valdes, dans une chapelle latérale ; la statue miraculeuse de la sainte Vierge, en bois, recouverte d'une robe d'argent massif, sur le maître autel ; à droite deux personnages en marbre, à genoux, représentant Sanche le Fort et Dona Clémence sa femme, avec une longue inscription faite en 1622 pour la translation des tombeaux ; dans la sacristie une Passion flamande primitive, un ravissant tableau de la Madone et de l'Enfant Jésus, un ornement brodé par Ste Elisabeth de Portugal, tels sont les objets qui attirent l'attention. Les véritables reliques de Roncevaux, le livre des Evangiles sur lequel prêtaient serment les rois de Navarre, la massue de Roland, la prétendue chaussure de l'archevêque Turpin, les riches calices, les ostensoirs en or massif, tout cela a été soigneusement caché en lieu sûr : en ce pays on redoute les voleurs de grand chemin et peut-être aussi la rapacité du fisc.

Au sud de l'église est adossée la chapelle abandonnée de St Augustin, avec ses jolies voûtes gothiques et ses cloîtres bien conservés : elle accuse un art savant et un goût bien délicat ; plus loin, à gauche sur le prolongement de la rue, s'élève l'ancienne église paroissiale de S¹ Jacques, une ruine complète, et tout auprès se voit une étrange maison basse, aux croisées cintrées et grillées. C'est la chapelle du S¹ Esprit [1], vaste salle sur le milieu de laquelle est un autel à gradins ; par un soupirail, à la lueur des flambeaux, on peut entrevoir des ossements blanchis ; d'après la tradition, là reposent les restes des preux de Charlemagne tombés à Roncevaux ; à quelques centaines de mètres, à droite, sur le bord de la route, un massif d'arbres désigne le lieu où serait mort Roland. A l'aspect de cette plaine unie, on ne comprend guère le récit fantaisiste de certains historiens, qui nous dépeignent l'arrière-garde de l'armée française périssant sous les rochers d'Altabiçar.

Il n'y a pas longtemps, la solitude était vaste en ces lieux déserts. Aujourd'hui la grand'route qui traverse Burguette, Roncevaux, Luzaïde, Arnéguy, S¹-Jean-Pied-de-Port, ramènera-t-elle les foules croyantes au sanctuaire de Notre-Dame, jadis si fréquenté ? Grâce à Pie IX et au concordat de 1851, l'Espagne a conservé ce monument de son ancienne gloire. Quelques chanoines sont encore là, gardiens fidèles des traditions de dix siècles ; seuls ils racontent au voyageur émerveillé le récit des splendeurs d'autrefois.

J'espère que l'histoire de la commanderie d'Ordiarp, antique dépendance de Roncevaux, ne déparera pas trop les annales illustres de ce royal monastère. Il y aura peut-être à cette lecture quelque jouissance pour les curieux et les amateurs de vieux souvenirs. Le pasteur de cette paroisse aura, lui aussi, la satisfaction légitime de voir se dérouler à travers les âges cette longue chaîne de commandeurs et de curés dont il est le dernier anneau. Cette étude n'eut pas d'autre motif ; je la lui dédie comme un témoignage de ma déférence et de ma profonde amitié

V. D.

---

1. Pièce justificative xii.

LA COMMANDERIE ET L'HOPITAL D'ORDIARP

CHAPITRE Ier

RONCEVAUX

Origines de Roncevaux. — Défaite de Roland. — Fondation d'un ordre religieux et militaire par Charlemagne à Ibaneta. — Translation de l'hôpital à Roncevaux. — Organisation et statuts. — Hospitalité. — Nombreuses possessions de Roncevaux. — Privilèges des Souverains Pontifes en faveur de l'abbaye.

Les origines de Roncevaux sont enveloppées de mystères. Dans sa récente histoire, D. Hilario Sarasa, le dernier qui se soit occupé de cette abbaye, n'a pu trouver de documents précis sur son existence avant le passage de Charlemagne [1]. Cependant à en croire certaines traditions, recueillies et acceptées par Jean Huarte [2], Ibaneta aurait possédé bien avant le VIIIe siècle un monastère de bénédictins ou une communauté de clercs réguliers. Mais cette opinion n'a aucune certitude et a été absolument rejetée par des auteurs sérieux.

Personne n'ignore que Charlemagne, profitant des dissensions civiles qui désolaient l'Espagne, l'envahit en 778, offrit le secours de ses armes à l'émir de Saragosse révolté contre le khalife de Cordoue et enleva aux Sarrasins tout le nord-est de la contrée depuis les Pyrénées jusqu'à l'Ebre. Ce fut à son retour, en traversant la vallée de Roncevaux, que l'arrière-garde, commandée par Roland, fut surprise et totalement détruite par les Vascons. Eginhard l'affirme ; de tous ces vaillants, il ne put en échapper un

---

1. *Roncesvalles. Reseña historica de su real casa y descripcion de su contorno* por el lic. D. Hilario Sarasa. Pamplona, imprenta provincial. A cargo de V. Cantera, 1878.

2. Juan Huarte licencié, chanoine de Roncevaux en 1690, en a laissé une excellente histoire manuscrite. L'original se trouve encore aux archives de l'abbaye en un très mauvais état. On en a fait une bonne copie.

seul, et l'historien ajoute: « In quo prælio Hruolandus limitis britannici præfectus interficitur »[1].

Ce désastre eut un long et douloureux retentissement. Roland fut un héros. La poésie passionnée s'en alla jeter à tous les échos le nom du fier vaincu et voilà mille années que la « *Chanson de Roland* » raisonne triste et superbe comme la trompette guerrière du paladin mourant. M. Léon Gautier a fait un beau livre sur cette épopée nationale; c'est là une œuvre de haute science et de patriotisme ardent [2].

On connait aussi le chant basque d'Altabiçar. Un vieillard dit : « Combien sont-ils, enfant, compte-les bien ! » Et pendant le massacre, l'enfant répond : « Vingt, dix-neuf, quinze, dix, trois, deux, un... C'est fini ». — Et il termine en disant : « La nuit, les aigles viendront manger ces chairs écrasées et tous ces os blanchiront dans l'éternité ! »[3].

Charlemagne ne put sans doute pas revenir en arrière et venger ses soldats. Les historiens [4] croient qu'il fonda plus tard, de 806 à 810, un monastère et un hôpital à St-Sauveur d'Ibaneta, soit afin d'y faire prier pour les âmes de ses nobles preux, soit afin de défendre des Maures, des brigands et des bêtes féroces, les pèlerins qui se rendaient aux Saints-Lieux, à Rome, ou au tombeau de St-Jacques, récemment découvert (778). Cet Ordre était à la fois religieux et militaire, portant l'épée et la croix verte. Ce fut le berceau et l'origine de l'abbaye de Roncevaux. Les chartes royales et les plus anciennes bulles des Papes en font foi [5].

1. *Marca hispanica*, auctore Petro de Marca. Parisiis, apud F. Muguet MDCLXXXVIII, lib. III, cap. VI, col. 215, in-folio.
2. *La Chanson de Roland* par Léon Gautier. Tours. Alfred Mame et fils. MDCCCLXXII, in-4°. Introd. XVIII.
3. *Le Pays Basque*, par Francisque Michel. Paris, Firmin Didot, MDCCCLXII, p. 231. Il est aujourd'hui absolument certain que le chant d'Altabiçar a été composé en français vers 1831 par un bayonnais, M. Garay de Monglave, et traduit en basque par M. Louis Duhalde. V. *Romania*, 1883, p. 423, et surtout l'excellente étude insérée par M. Julien Vinson dans le *Bulletin de la Société des Sciences et Arts de Bayonne*, 1884, p. 165.
4. *Reseña*, p. 23.
5. *Reseña*, p. 23. — Arch. de Roncevaux. Bulle d'Innoc. II, en 1137.

Environ un siècle plus tard, l'hôpital fut transféré au pied du col d'Ibaneta, dans la vallée de Roncevaux, à l'époque de la destruction du monastère de St-Sauveur par les Maures d'Abdérame, vers 921. Un fait merveilleux décida-t-il peut-être aussi cette translation. Dans la plaine, un berger vit la nuit un cerf portant à ses cors deux brillantes lumières. Le bruit s'en répandit dans la contrée. L'évêque de Pampelune et les religieux d'Ibaneta se rendirent en procession au lieu du prodige ; on creusa la terre et à peu de profondeur on découvrit dans une niche de pierre la statue en bois de Notre-Dame, que l'on avait sans doute voulu soustraire ainsi aux profanations des Maures. La piété des rois éleva bientôt un magnifique temple à la Vierge et l'image vénérée y fut entourée d'hommages. Cet événement eut lieu probablement vers 926, sous Onera, reine de Navarre.

Le scepticisme de notre époque sourit de ces naïves légendes : mais l'historien a toujours le devoir d'en tenir compte ; s'il est facile de traiter d'apocryphes, sur de simples données rationalistes, ces faits extraordinaires, il ne l'est point de rejeter absolument toutes les traditions d'un pays.

Quoi qu'il en soit, l'opinion des auteurs qui ont attribué la fondation de l'hôpital de Roncevaux en 1127 à Sanche de la Rosa, évêque de Pampelune, ne saurait se soutenir. En lui donnant l'autorité de son nom, Oihénart [1] ne connaissait pas la bulle du pape Jean XVIII, citée par Huarte. En 1106, Roncevaux possédait déjà un hôpital. « En Roncesvalles habia hospital general al cual concurrian de las cuatro partes del mundo y religion con prior, comendadores y hermanos [2] ». Au reste, de ce que la charte de Sanche de la Rosa dise qu'il « fonda » l'hôpital, il n'en faut pas conclure, au sens strict, que cette institution charitable n'existait pas encore ; l'évêque de Pampelune ne fit que la doter et l'agrandir [3].

1. *Notitia utriusque Vasconiæ*, authore Arnaldo Oihenarto Mauleosolensi. Parisiis, apud Seb. et Gab. Cramoisy, MDCLVI, p. 91.
2. *Resena*, p. 25.
3. Nous croyions qu'Oihénart donnait l'acte de fondation de Sanche de la Rosa ; il ne cite qu'une bulle postérieure d'Innocent II en 1137, (p. 95). Nous regrettons de ne pouvoir reproduire cette charte que nous avons lue à Roncevaux aux premières pages de la *Preciosa*, livre de chœur, manuscrit du xve siècle.

La charte de Sanche de la Rosa date, disons-nous, de 1127. Dix-huit ans auparavant, Alphonse le Batailleur avait pris le monastère sous sa protection. Huarte l'affirme en s'appuyant sur le livre *Becerro*, registre du chapitre, aujourd'hui disparu. A ces preuves, M. Sarasa ajoute les donations antérieures de Sanche le Fort, de Catherine sa femme, et des époux Fortunio de Eccyen et Sancha de Lerruz. D'ailleurs, le texte de la charte dit formellement que S. de la Rosa établit un refuge pour les pélerins au sommet de la montagne : « Facio domum ad præsens unam ad receptionem peregrinorum in vertice montis ». C'était donc à Ibaneta un lieu de retraite distinct de celui qui existait déjà à Roncevaux [1].

Que les premiers religieux appartinssent à un Ordre militaire, les auteurs le reconnaissent unanimement. L'habit à croix verte, leur noblesse d'origine, la qualification de soldats que leur donnent les statuts, tout le prouve. Et plus tard le pape Paul III, en appelant le monastère un prieuré, dit que primitivement c'était une milice. « Quod licet dictus prioratus et quod antea *militia* fuerat ».

La règle mitigée de St-Augustin fut introduite vers 1090, dit M. Sarasa [2]. Oihénart [3] prétend que S. de la Rosa confia la direction du nouvel hôpital à un de ses chanoines ; il le chargea de veiller aux soin des pauvres et des pélerins. Faisant d'abord partie du patrimoine de l'église de Pampelune, puis dépendant du célèbre monastère de Ste-Christine, fondé en Aragon de 1115 à 1130, par Gaston de Béarn [4], Roncevaux aurait eu bientôt un assez grand nombre de religieux pour former une communauté et recevoir la règle de St-Augustin. Le pape Urbain V leur imposa plus tard, en 1370, l'obligation d'en porter l'habit sous peine d'excommunication [5].

Cette variété de sentiments prouve que l'histoire de Roncevaux est encore à faire. Quoi qu'il en soit, en principe, là se trouvait un ordre hospitalier secourant d'un côté les misères humaines, et

1. *Resena*, p. 28 et 30.
2. Ib. p. 36.
3. *Notitia*, p. 95.
4. *Histoire de Béarn*, par Marca, p. 125.
5. *Resena*, p. 36.

d'autre part combattant par les armes les ennemis de la foi. Les chanoines ont porté jusqu'en ces derniers jours la croix verte, insigne d'antique chevalerie.

Les statuts primitifs de l'abbaye n'existent plus. Le 6 décembre 1282 le prieur Joseph Pierre approuva les règlements établis par ses prédécesseurs. G. Lupus les confirma le 26 mai 1287 [1]. Ces statuts depuis lors furent toujours en vigueur. Huarte les commente dans son histoire.

Entre autres choses, ils traitent de l'élection du prieur, des quatre définiteurs composant avec lui le tribunal criminel, de la réception des religieux et de l'administration des biens.

Elu à vie par le chapitre, du moins jusqu'en 1316 [2], le prieur avait le droit de porter les insignes pontificaux et ne relevait directement que du St-Siège. Il était grand abbé de Cologne, sacrait les rois de Navarre, à défaut de l'évêque de Pampelune, et nommait à toutes les dignités de son ordre. Parmi les chanoines, plusieurs étaient appelés *commandeurs*, en souvenir sans doute de l'ancien ordre militaire dont ils faisaient partie, comme le dit M. Sarasa, ou peut-être, selon l'explication des canonistes, parce qu'ils avaient le soin et l'administration des biens de l'abbaye, « quia commendabatur eis administratio et perceptio fructuum ». Ces possessions se nommaient ordinairement commanderies.

Il y avait une différence essentielle entre une *commande* et une *commanderie*. La *commande* consistait en la jouissance des revenus d'un bénéfice régulier accordé à un séculier. Elle était de sa nature irrévocable, perpétuelle et ne pouvait être conférée que par le pape. La *commanderie* au contraire n'était ordinairement qu'une simple administration, une charge, un office ou une dignité révocable, temporaire, souvent à la nomination d'un supérieur ecclésiastique autre que le Souverain Pontife. Seule la commanderie de Bonloc, en Labourd, était un bénéfice. Les *commandeurs* n'étaient donc que des administrateurs, des vicaires ou procureurs [3]. Cette remarque est importante pour l'histoire des procès innombrables que soutint Roncevaux.

1. Pièce justificative III.
2. *Resena*, p. 93.
3. *Traité des commandes* par M. Pialès, avocat. Paris, Desaint, 1758, 3 v. in-12, t. 2, p. 102 et suiv.

Les membres dépendants de l'abbaye sont souvent appelés dans les vieux actes : *cella, casaria, præceptoria, grangia*, selon qu'il y avait des fermes, des résidences pour les religieux, des étables pour les animaux [1]. Ils n'avaient ni la qualité, ni le caractère de bénéfices et étaient unis à la mense du monastère principal. La dénomination d'*hôpital*, nous le verrons, s'appliquait à une dépendance des hôpitaux généraux, ou à certaines maisons de refuge établies pour les pèlerins et les voyageurs [2].

L'abbaye de Roncevaux resta toujours fidèle au souvenir de Charlemagne. « On sçait par tradition qu'ont été enterréz les cadavres de ceux qui furent tuéz à la bataille de Roncevaux sous led. Empereur contre les Sarrazins sous une chapelle devant laquelle tous les vendredis le chapitre en corps fait le service et les prières ordinaires pour les âmes de ceux qui y reposent » [3].

Hospitaliers admirables, les religieux « s'en alloient de tous costés pour rencontrer les pauvres passants mallades ou esgarés portant ce qui est nécessaire pour le secours d'une personne incommodée » [4]. Les pèlerins y étaient « nourris de pain, de mouton et vin et s'ils y tomboient malades, traictés y ayant un médecin, un chirurgien, et les médicaments nécessaires. S'il y en mouroit quelqu'un, il étoit enterré honorablement avec les mesmes pompes que s'il étoit un des chanoines [5]. Jamais pellerin n'y a couché avec sa chemise, mais le soir l'on bailloit à chascun une chemise blanche qu'il rendoit le matin en reprenant la sienne [6]. Une per-

---

1. Pialès, tom. 2, p. 118. — Du Cange, *Glossaire*.
2. « Les commanderies de Roncevaux n'étoient pas des villes, seigneuries, bourgs, chateaux ou autre espèce de glébe à laquelle les patronages fussent attachés comme réels. Les commanderies n'étoient que de simples dénominations d'administration ; les religieux auxquels la régie des biens et droits du monastère situés en certaines contrées étoit confiée en étoient appelés les commendeurs, non qu'ils fussent bénéficiers ou titulaires de quelque bénéfice, mais parce qu'il leur étoit recommandé de bien prendre soin des biens et droits du monastère desquels l'administration leur étoit confiée ». Arch. B. P., G. 232.
3. Arch. B.-P., G. 219, Inform. p. 68.
4. Arch. B.-P., G. 219, Invent. etc.
5. Arch. B.-P., G. 219, Inform., p. 20.
6. Arch. B.-P., G. 225, Invent. d'Uris.

somme est commise pour cet effet, faisant la dépense, les chanoines tiennent la main chacun au alternativement, lesquels sont appelez *hospitaliers* »[1].

Roncevaux était un des quatre hôpitaux généraux de la chrétienté. Les autres se trouvaient à St-Pierre de Rome, à St-Jean de Jérusalem et à St-Jacques de Compostelle.

Les nombreuses charges de l'abbaye exigeaient d'immenses revenus. Rois, seigneurs et particuliers y avaient largement pourvu, jusque là que toutes les contrées de l'Europe purent se dire ses tributaires. Le monastère avait des possessions en Navarre, en France, en Espagne, en Angleterre, en Allemagne, en Autriche et en Portugal. M. Sarasa en donne le dénombrement[2]. Le contrat d'échange de 1712 nous indique la plupart des biens de Roncevaux dans notre pays[3].

On faisait d'ordinaire trois parts des revenus : l'une pour le prieur, l'autre pour le chapitre, et la troisième pour les pauvres et les pèlerins de l'abbaye.

Une petite somme était aussi prélevée pour les pauvres du lieu. Le *commandeur* recevait une portion des fruits, plus ou moins grande, selon des compromis ou des règlements particuliers.

L'hôpital jouissait en même temps du droit de patronage sur de nombreux bénéfices ecclésiastiques. Le prieur présentait les sujets à l'évêque diocésain qui leur conférait le titre. Parfois encore le monastère espagnol se considérait comme le *curé primitif* d'une paroisse[4], nommant, selon les prescriptions du Concile de Trente[5], des *vicaires perpétuels* pour y remplir les devoirs du ministère pastoral. Il en était ainsi pour la commanderie d'Ordiarp.

Des possessions lointaines et des richesses considérables ne pouvaient qu'éveiller d'ardentes convoitises. La cour de Rome et les

1. Arch. B.-P., G. 219, inform. p. 41.
2. *Resena*, p. 77.
3. Pièces justificatives i et lxxiv.
4. En général on appelait *curé primitif* tout corps ecclésiastique qui possédant un bénéfice à charge d'âmes y nommait un vicaire amovible ou perpétuel pour le service divin. En France, les vicaires ne furent inamovibles que depuis la déclaration du 29 janvier 1686. Ceux de Roncevaux le furent toujours depuis le Concile de Trente. V. *Traité des curés primitifs*, par Furgole. Toulouse, 1736, in-4.
5. C. Trid. sess. 7, cap. 7.

tribunaux séculiers eurent souvent à juger des questions de propriété. A propos surtout de certaines commanderies, on prétendait qu'elles étaient des « bénéfices » et par conséquent « impétrables » à la mort des titulaires. L'abbaye au contraire ne les regardait que comme de simples administrations.

Pour couper court à la chicane, Roncevaux obtint du pape Sixte IV, le 24 février 1477, une bulle célèbre d'union de toutes les dépendances à la mense du monastère. Ce document, souvent invoqué dans les procès ultérieurs et même attaqué comme d'abus dans les parlements français, sera appelé par les partisans de Roncevaux une bulle de confirmation de tous les anciens titres, obtenus par l'abbaye, et perdus ou détruits par suite des guerres et des incendies. Nous donnons aux pièces justificatives cet acte pontifical dont nous aurons soin de parler en son temps.[1] Inutile de dire que ni les bulles des Souverains Pontifes ni les arrêts des parlements ne mirent jamais fin aux compétitions intéressées. L'histoire d'Ordiarp en sera la meilleure preuve.

Les armes de Roncevaux représentaient ordinairement dans un sceau ogival et sous un dais d'architecture gothique à fond treillissé, la Vierge nimbée, assise, tenant sur le genoux droit l'enfant Jésus nimbé et dans la main gauche la croix de Roncevaux. Plus bas, sous une triple arcature ogivale, un pèlerin à genoux, accompagné d'un chien à senestre, prie et élève son brandon. Tout autour se lit cette inscription : ✝ CONVENTVS HOSPITALIS ROSCIDEVALLIS[2]. D'autres sceaux à peu près identiques portent S. CAPITVLI. MON. REG. B. ME. ROSCIDEVALLIS. Enfin de nombreux actes sont scellés de la simple croix latine de Roncevaux, dont la tête est recourbée en volute de crosse et le pied aiguisé ou fiché, avec ces mots RONCESVALLES[3]. Les dépendances du monastère royal n'ont généralement pas d'autres sceaux et c'est peut-être la raison pour laquelle la commune d'Ordiarp ne possède pas d'armes particulières.

1. Pièce justificative VII.
2. *Collection de Sceaux*, par M. Douët d'Arcq. Paris, Plon, 1868, tome 3, p. 485.
3. *Sceaux des Archives du dép. des Basses-Pyrénées*, par P. Raymond. Pau, Léon Ribaut, MDCCCLXXIV, p. 332.

CHAPITRE II.

La Soule. — Précis historique. — Étendue. — Domination des Romains, des Wisigoths, 466, des Francs, 507. — Vicomtes de Soule, 820. — Domination anglaise, 1152. — Capitaines-châtelains de Mauléon et gouverneurs de Soule, 1261. — Suzeraineté de Gaston IV de Foix, 1449, de Louis XI, 1478. — Organisation civile, judiciaire et religieuse de Soule.

La Soule est cette partie du département des Basses-Pyrénées qui s'étend en longueur d'Osserain à Ste-Engrâce et à Larrau, et dans sa plus grande largeur de Barcus à Musculdy et de l'Hôpital St-Blaise à Pagolle. Fraîche vallée arrosée par le Saison, habitée par les Basques, couverte de prairies et de champs fertiles, elle était bornée au N. par le Béarn, au S. par les Pyrénées et l'Espagne, à l'E. par le pays d'Oloron et à l'O. par la Basse-Navarre. Sa capitale était Mauléon, petite ville dominée par un château fort : la vicomté comptait 69 paroisses comprenant environ 15,000 habitants.

Il n'est pas facile de savoir quelles dominations successives dut subir cette contrée reculée ; ni le génie de Marca, ni la sagacité d'Oihénart n'ont pas absolument débrouillé le chaos de ses origines. Les modernes auteurs qui se sont occupés du pays basque, ont jeté çà et là quelques faits et quelques dates ; nous les avons groupés pour donner au lecteur une connaissance suffisante des lieux où se passèrent la plupart des scènes de notre récit [1].

Dans ses commentaires sur la Guerre des Gaules, César ne fait pas mention de cette contrée ; mais on croit que Pline l'Ancien en parle lorsqu'il désigne le peuple des *Sybillates*. D'où vient ce nom ? Les amis de la langue basque prétendent que c'est une corruption du mot *suberoa* (feu), nom que les Souletins auraient donné à leur vallée primitivement couverte de forêts ; les premiers Ibériens y auraient mis le feu et le souvenir s'en serait conservé dans la langue du pays. Les historiens de Rome auraient

1. V. Marca, *Histoire de Béarn*, Paris 1639. — Oihénart, *Notitia*. — Menjoulet, *Chronique d'Oloron*, 1869. — *Les Capitaines-Châtelains de Mauléon*, par M. de Jaurgain, REVUE DE BÉARN, avril 1884, p. 113.

latinisé ces rudes désinences et Pline en avait fait ainsi la nation des Sybillates. Plus tard, Frédégaire l'appelait *Subola* et ensuite par contraction on prononça *Sola* d'où est venu le nom de *Soule*.

Il est certain que les Romains y établirent leur domination. L'inscription de Tardets en est une preuve évidente. Oihénart la cite [1]; personne n'a pu en saisir le sens véritable. La voici telle qu'elle est encore au sanctuaire de la Madeleine.

FANO
HERAVS
CORR ✝ SE
H-E SACRVM
G. VAL. VALE
RIANVS.

La Soule fut comprise dans l'Aquitaine et plus tard *probablement* dans la *Norempopulanie*. Cependant la *Notice des Provinces* n'en parle pas, mais tout fait croire qu'elle fut rattachée à la cité d'*Illuro*. Au XIIe siècle l'évêque Etienne dira qu'anciennement la Soule faisait partie de son diocèse.

Quand les barbares descendirent du centre et du nord de l'Europe vers le midi de la Gaule, les Pyrénées et l'Espagne, les Visigoths arrivèrent jusque dans nos contrées méridionales.

Evaris, leur roi, établit sa capitale à Toulouse et étendit sa domination sur la Navarre et la Péninsule. C'était vers 466. Son fils Alaric lui succéda en 484 et fut tué aux plaines de Vouillé, 507, par les Franks de Clovis. Dès lors celui-ci fut maître de tout le pays jusqu'aux Pyrénées et le transmit en héritage à ses successeurs.

Ce fut en 586 que les Wascons, peuple Cantabre, passèrent les Pyrénées, et se jetant sur les troupes de Chilpéric II commandées par Bladastés, les taillèrent en pièces. Après d'autres combats contre les rois Mérovingiens Théodobert et Thierry, ils acceptèrent pour souverain un chef frank, du nom de *Genialis*. On lui donna le titre de duc et « par ce moyen, dit Marca, voilà le nom des Vascons establi dans la Novempopulanie sous le tiltre de Duché [2] ».

---

1. *Notitia*, p. 415. Le musée de Pau possède un fac-simile de cette antique inscription.
2. *Histoire de Béarn*, p. 107.

En 630, le duc Amand donna sa fille Gisèle en mariage à Caribert, roi d'Aquitaine, et fils de Clotaire II, roi des Francs. Caribert fut empoisonné par son oncle Dagobert, et Gisèle se mit avec ses deux enfants sous la protection de son père. Dagobert l'y poursuivit ; son armée pénétra en Soule, mais elle fut complétement battue et détruite par les Vascons.

La paix fut faite ; les fils de Gisèle, Bertrand et Boggis, se virent déclarés ducs héréditaires à condition de foi et d'hommage ; la mort de leur grand père, Amand, leur donna le duché de Gascogne et leurs domaines s'étendirent des Pyrénées à la Loire.

Eudes, petit-fils de Boggis, de concert avec Charles Martel, écrasa les Maures à Poitiers (732). Son petit-fils Waïfre perdit l'Aquitaine en 768 et Loup, son successeur, rendit hommage à Charlemagne pour son duché de Gascogne. Loup II, plus indépendant, fit massacrer l'arrière-garde des armées de l'empereur à Roncevaux et paya de sa vie cette insigne félonie. Son fils, Adalric, osa attaquer au même défilé de Roncevaux, Louis, roi d'Aquitaine; vaincu, il fut pris et pendu comme son père. Le dernier héros de cette noble race, Loup Centulle, voulut aussi combattre les troupes de Louis le Débonnaire : fait prisonnier, il eut la vie sauve et passa en Espagne d'où ses descendants reviendront un jour occuper le duché de Gascogne.

Louis le Débonnaire fit du titre de duc une charge amovible qu'il donna à Totilus et partagea le duché en plusieurs comtés. Le comté de Gascogne comprenait les vicomtés de Béarn et de Soule. Celle-ci fut confiée vers 820 à Aznar Asinarius, 1ᵉʳ fils de Vandregisille, descendant d'Hatton, l'un des trois fils du célèbre Eudes.

C'est en 840, que les Normands s'abattirent sur nos contrées et mirent tout à feu et à sang. L'histoire de ce temps n'est que le récit de ruines inouïes et d'irréparables désastres. Le dernier duc amovible de Gascogne, Arnaud, mourait en 872 ; on appela d'Espagne, pour lui succéder, Sanche Mitarra, petit-fils de Loup Centulle, ce duc dépossédé par Louis le Débonnaire. Dès ce moment, le duché de Gascogne fut une sorte de royaume indépendant, dont la capitale était Bordeaux. Le vicomte de Soule devint son vassal.

Un des successeurs de Sanche Mitarra, Guillaume Sanche refoula les Normands en 960. Garsias Loup était alors vicomte de Soule. Après lui vint Guichard de Mauléon, dont le fils, Etienne, évêque d'Oloron, en 1058, incorpora à son diocèse la Soule, qui après lui avoir appartenu était passée, disait-il, sous la juridiction de l'évêque de Dax. Il obtint cette concession en protégeant Raymond Guillaume Salamace, vicomte de Soule, menacé de mort par les Béarnais, dont le vicomte Centulle III venait d'être assassiné par les Souletains, 1058.

Cependant le dernier duc de Gascogne, Sanche Guillaume, était mort en 1032 et le duché, passant par les filles sous la puissance des comtes de Poitiers, était en 1058 entre les mains de Guy Geoffroy, devenu duc de Guienne. Il engloba sous son pouvoir les vicomtés de Béarn et de Soule. C'est depuis lors que le Béarn fut constitué en état indépendant. Son vicomte Centulle IV l'obtint de Guy Geoffroy.

D'autre part, en Espagne, Sanche Ier, roi d'Aragon, se rendit maître de la Navarre en 1076 et prit le titre de roi de Pampelune. Son royaume s'étendait jusque sur la terre de Soule, puisque vers 1085 il donna Ste-Engrâce à l'abbaye de Leyre.

Le dernier descendant de Salamace fut Centulle qui ne laissa qu'une fille du nom de Navarre. Elle épousa Auger, baron de Miramont, terre proche d'Aire dans le Tursan ; elle lui porta la Soule en dot. C'est alors que notre vallée passa sous la domination anglaise. Eléonore d'Aquitaine, épouse divorcée de Louis VII roi de France, donna à Henri de Normandie, depuis Henri II roi d'Angleterre, la Gascogne, la Saintonge et le Poitou. C'était en 1152. La Soule resta anglaise pendant trois siècles.

Auger de Mauléon, un des plus grands capitaines de son temps, fut le dernier des vicomtes de Soule. Il lutta courageusement contre les troupes anglaises, jusqu'à ce que, sur les instances du pape, il échangea, le 3 novembre 1261, la terre de Soule contre plusieurs villages des Landes, Saubresse, Laharie, Sas et tout le Marensin. Il céda sa vicomté à Edouard, prince d'Aquitaine, fils et héritier de Henri III d'Angleterre.

Dès lors, l'autorité du roi fut représentée par les *capitaines-*

châtelains de Mauléon, gouverneurs du pays de Soule. Le premier installé fut Oger de la Mothe [1].

Les Anglais furent expulsés de la Soule en septembre 1449 par Gaston IV, comte de Foix, vicomte et seigneur de Béarn, lieutenant de Charles VII. Guimon Dessa en fut le premier gouverneur français, sous le comte de Foix. Louis XI s'empara en 1478 de la Soule, malgré les protestations de la princesse de Viane au nom du jeune François Phébus. Charles-François-René Mesnard de Clesle devait clore en 1775 la série des capitaines-châtelains de Mauléon. De 1775 à 1789, Clément d'Uhart gouverna la vicomté avec le titre de lieutenant commandant pour le roi.

La terre de Soule était régie par des coutumes particulières. Marca pense que Gaston IV, en 1451, lui avait donné le for de Morlàas ; cette opinion n'est pas probable, puisque cette contrée avait déjà ses immunités et ses usages. Les coutumes furent réformées le 7 octobre 1520 [2].

Voici quelle était l'organisation de ce pays.

Il comprenait trois quartiers, ou *messageries* [3], la Barhone, les Arbailles (petite et grande) et la Haute-Soule. On la partageait aussi en sept vics ou dégairies à la tête desquels était un *dégan*, magistrat électif et annuel.

Les dix principaux seigneurs de la Soule s'appelaient *potestats*. Ils formaient, avec le clergé et le tiers-état, les États généraux du pays, ou *Cour d'Ordre*, chargée de veiller aux intérêts de la vallée. On se réunissait pour délibérer sous un *frêne* dans les temps primitifs, puis jusqu'au XVe siècle sous un *noyer*, et enfin dans un local particulier.

La justice était rendue à la *Cour de Licharre* présidée par le gouverneur assisté des potestats, des gentilshommes, de certains membres du clergé et des autres juges-jugeants. Les appels des cours des gentilshommes et de leurs *bayles* ressortissaient à la cour de Licharre. De celle-ci on appelait au maire et aux jurats

---

1. V. l'excellent travail de M. de Jaurgain intitulé : *Les capitaines-châtelains de Mauléon*. REVUE DE BÉARN, avril-décembre 1884.

2. *Les Coustumes générales du pays et vicomté de Sole*. A Pau, chez Jérôme Dupoux, MDCXCII.

3. Ainsi nommées parce que trois messagers étaient chargés de convoquer les États.

de Dax ou à la sénéchaussée de Guyenne, à volonté. La sentence des jurats de Dax était réformable par le sénéchal de Guyenne; on allait en dernier ressort devant la suprême cour, au parlement de Bordeaux. En 1620, Louis XIII ne put réussir à faire accepter à la Soule la juridiction du parlement de Pau; elle ne s'y soumit définitivement qu'en 1691.

Au point de vue ecclésiastique, la Soule dépendait depuis 1058, avons-nous dit, de l'évêché d'Oloron. L'évêque avait coutume de nommer un vicaire général pour ce pays; il n'est point vrai, comme on l'a affirmé, qu'il résidât toujours à Mauléon. En 1616 Raymond d'Etchegoyen, curé d'Ordiarp, en 1680 Athanase de Bela-Peyre, curé de Chéraute, étaient vicaires généraux.

CHAPITRE III

Ordiarp. — Position géographique. — Etymologie. — Nobles maisons de Gentein et d'Ahetze. — La commanderie ou hôpital. — Attributions du commandeur. — Organisation ecclésiastique. — Vicairie perpétuelle. — Revenus. — Pèlerins. — Emplacement probable de la commanderie.

Ordiarp est une commune de l'arrondissement de Mauléon, situé à cinq kilomètres environ au sud-ouest de cette ville. L'église paroissiale, au centre du village, est entourée de quelques rares maisons; on évalue sa population à 900 habitants. La paroisse a une longueur de 18 kil.; sa largeur est de 3 kil.; à l'extrémité S.-O. se trouve le quartier de Garraibie avec ses bains et ses eaux ferrugineuses; au N.-E. celui de Lambarre avec ses bruyères et sa stérilité. Partout, en général, il n'y a que montées pénibles, dans ce pays accidenté : c'est comme l'approche des cimes pyrénéennes. En effet, du côté de Garraibie, aux confins d'Ordiarp, c'est la montagne et sa grotte d'*Uhanco Kharbia*. Abondante et limpide, une eau sort jaillissante; c'est la source de la Bidouze, qui vient sans doute, par d'intimes infiltrations, d'un lac poissonneux qu'on voit bien haut briller aux rayons du soleil d'été.

Autrefois Ordiarp faisait partie de la petite Arbaille appelée aussi le *ric* ou la *dégairie* de Peyriède. « Il est limité, savoir au levant par le terrain d'Ideaux, au nord au terroir de Garindein et au bedat cy-devant vallée de Lambare du Roy, au couchant au terrain de Pagole et Musculdy ainsi qu'au terrein du val dextro et au midy par le terrain d'Aussurucq et Mendy [1] ».

Ordiarp est souvent mentionné dans les affaires de Soule. Les titres et vielles chartes l'appellent : *Urdiarp, Urdiarb, Urdiharp, Hurdinp, Ourdiarbe, Ordinarbe, Ordiarp*, etc. L'identité est évidente. Les étymologistes font dériver ce nom de *Urdin* cochon, et *Arpia* retraite, sans doute à cause des nombreux chênes qui dans ce pays fournissent à cet animal sa subsistance.

Le vic de Peyriède possédait deux maisons nobles : *Gentein* et *Ahelze* ; elles figureront trop souvent dans notre récit pour ne pas les faire suffisamment connaître.

GENTEIN. Le voyageur qui va de Mauléon à St-Jean-Pied-de-Port rencontre, sur le territoire d'Ordiarp, un chemin vicinal qui, se bifurquant avec la grand'route, le conduit à Mendy. Or, à quelque 200 mètres du point de bifurcation, se dresse, sur la gauche, une haute maison, noire et massive. Les murs mesurent de 1 m. à 1 m. 50 c. d'épaisseur. Au premier étage, paraît visiblement, au sud, une ouverture ogivale bouchée, et tout en face, au nord, une croisée étroite et longue dans le style des XIVe et XVe siècles. La porte d'entrée, à l'est, semble être de la même époque. La toiture est récente. Cette antique demeure seigneuriale, toute construite en pierre marbrée très dure, est bien ce que l'on appelait dans le Pays-Basque une *maison forte*. Placée au milieu d'une forêt, elle était la terreur des brigands et la sauvegarde du pays. Non loin, et sur le bord de la route actuelle, s'élevait une chapelle dédiée à Notre-Dame de *Genteina*, lieu de pèlerinage où les malades allaient prier et se laver [2] ; la source est là, emprisonnée dans un débris de maçonnerie et cachée sous les ronces et la mousse. Encore aujourd'hui, on attache à cette eau une vertu curative pour les maladies d'yeux. C'est une tradition qui s'est perpétuée d'âge en âge ; mais le sens religieux en était perdu. Nous sommes heureux de le rappeler ; plus heureux si nous voyions revivre les manifestations touchantes de la piété antique !

1. Arch. d'Ordiarp, B. B. 1, p. 101.
2. Arch. B.-P., G. 219. Informat.

Le seigneur de Gentein était l'un des dix potestats du pays de Soule : famille illustre, dont on ne connait pas l'origine. En Arnaud Sanz de « Geinthein » figure le 2 février 1297 dans une sentence arbitrale prononcée entre les Souletains et les habitants de la vallée de Josbaig. En 1320, Pées, seigneur de Laxague, prend le titre de Gentein [1]. Par la suite, cette maison s'est alliée aux familles de Ste-Marie de Lantzeveau, d'Ursua de Bastan, de Navailles, d'Ezpeleta, de Lacarre, de la Cassaigne en Bigorre, d'Uhart, d'Armendarits-Méharin, de Tardets, d'Auga, d'Azpilcueta en Navarre, d'Echaïde, de Harismendy, d'Egües et de Beaumont. Nous publions en appendice, sur cette maison illustre, une généalogie qui va du XIVᵉ au XVIIIᵉ siècle, due toute entière à la bienveillance de M. de Jaurgain [2]. Tristan, seigneur de « Gentenh », assiste en 1520 à la promulgation de la coutume de Soule et défend dans plusieurs articles les intérêts de son pays [3]. Rien n'a guère survécu de cette splendeur, et la *maison forte* n'est plus aujourd'hui qu'une vulgaire métairie appartenant à M. de Montréal.

AHETZE. Ce fief est mentionné en 1375 dans les contrats de Lunts. Vers 1448, Marianotte, fille d'Arnaud, seigneur d'Ahetze, de Peyriède et d'Erbis de Musculdy, épousa Arnaud Sans de Tardets. Depuis lors, cette famille s'allia aux Casenave de Suhare, aux Jaurgain d'Ossas, aux seigneurs de Sauguis, à Casamajor de Troisvilles, aux d'Uhalde de Halsou, aux d'Armendarits, aux d'Echaux, aux d'Olhassarry d'Aroue, etc. [4]. Pierre Arnaud, seigneur « d'Athetze » de Peyriède, figure à la promulgation de la coutume de Soule. Le nom d'Ahetze était encore assez commun à Mulsculdy sur la fin du XVIIIᵉ siècle ; les registres du baptême en font foi. Aujourd'hui, la maison seigneuriale d'Ahetze appartient à M. Daguerre.

Mais ce qui donnait à Ordiarp un éclat tout particulier, c'était *l'hôpital* dépendant de l'abbaye de Roncevaux. Ce fut la charité

---

1. *Recherches historiques sur le Pays-Basque*, par l'abbé Haristoy. Bayonne, Lasserre, 1883, t. 1, p. 112.
2. Note II de M. de Jaurgain. Appendice.
3. *Les Coustumes de Sole*, p. 35, 42, 95.
4. Voir pour la généalogie des Tardets d'Ahetze, de 1448 à 1559, note I de M. de Jaurgain, à l'Appendice.

chrétienne qui fonda, au moyen âge, ces asiles où s'abritaient le pèlerin et le voyageur fatigués. Quand la nuit était noire, la forêt épaisse, la montagne ardue, quand l'orage grondait, la pluie mouillant la terre ou la neige blanchissant les sentiers, on était heureux de frapper à la porte de ces maisons bénies, où le sourire et la bienveillance accueillaient toujours les misères humaines. Aujourd'hui les routes sont belles et les hôtels nombreux. Mais traversez les Alpes, allez vous asseoir au foyer des religieux du Mont St-Bernard, leur dévouement sublime vous fera comprendre les dévouements d'autrefois.

On doit se rappeler que les hôpitaux n'étaient pas d'ordinaire destinés au soin des malades. Pour s'en faire une idée exacte, il faut les considérer comme des hôtelleries, étapes de quelques heures pour les pauvres passants. Nos annales nous les montrent nombreux sur le sol de Béarn, de la Soule et de la Navarre : Ste Christine, Ste Engrâce, l'hôpital St Blaise et l'hôpital d'Orion, Osserain et Pagolle, Ainharp, Larrau, Ordiarp et d'autres encore.

L'hôpital d'Ordiarp était régi par un chanoine de Roncevaux qui portait le titre de *commandeur* : aussi appelait-on souvent Ordiarp une commanderie. Le commandeur n'était pas astreint à la résidence ; mais révocable ou nommé à vie au gré du prieur-général de l'abbaye, il en dépendait entièrement. Il percevait le revenu des trois paroisses et de leurs annexes, sur lesquelles Roncevaux avait des biens considérables : Musculdy et Ordiarp, Idaux et Mendy, Viodos et Garindain. Le commandeur d'Ordiarp avait des droits utiles, variables, et des droits honorifiques incontestés. A défaut du gouverneur, de l'évêque d'Oloron et de ses vicaires généraux, il présidait les états de Soule. Juge-né à la cour de Licharre, il avait à Ordiarp « un siège très-distingué dans la paroisse pour y entendre les offices que le vicaire perpétuel y devoit célébrer »[1]. Il ne pouvait d'ailleurs exercer aucune des fonctions curiales.

Ordiarp n'était pas une cure proprement dite, mais une vicairie perpétuelle. Le chapitre de Roncevaux en était canoniquement le *curé primitif*. Il faisait desservir la paroisse par un ecclésiastique qui prenait le titre de *vicaire perpétuel*. Ce fut toujours

---

1. Arch. B.-P., G. 230. Mém. pour Capdau.

jusqu'en 1739 le curé de Musculdy ; les vieux actes lui donnent parfois le titre de recteur de Peyriède ; Ordiarp était considéré comme une annexe de Musculdy. Or, Musculdy et Ordiarp étant fort étendus, le curé s'adjoignait un prêtre qui lui servait de vicaire.

Il y avait en outre à Ordiarp un *sacristain*, prêtre également, payé sur les revenus de l'hôpital. Le curé de Musculdy recevait en 1623, pour le service paroissial, « 30 *arobes* (mesure espagnole) de froment, 14 de millet, une pipe de cidre et un écu », c'est-à-dire environ « cent vingt écus plus que moins ». Le revenu du vicaire était de 20 *conques* de froment et de 6 livres en argent. Le sacristain n'avait pas moins de quatre vingts écus[1]. Les documents nous parlent encore de l'aumônier de la chapelle St Laurent de la commanderie, des prébendiers de l'église paroissiale et de Gentein. Le chapitre de Roncevaux nommait aux cures de Musculdy, d'Idaux et de Viodos, ainsi qu'aux deux sacristies de Musculdy et d'Ordiarp.

Au fond, le tout était prélevé sur les revenus de l'hôpital, lesquels se montèrent souvent à plus de 3,000 livres et à 6,675 l. en 1790. La commanderie payait annuellement le « debvoir d'*arcial* au sr évesque d'Oloron, conformément les autres maisons nobles du present pays ayant patronage »[2]. D'après un livre censier de l'évêché d'Oloron, cette somme s'élevait, en 1372, à 140 sols morlaàs. « Item in hospitali d'Ourdiarb percipit centum et quadraginta solidos morlanos »[3]. En 1625, elle était de 15 l. 15 s. tournois[4]. A la même époque, l'évêque et le chapitre d'Oloron prenaient le huitième des dixmes des trois paroisses et de leurs annexes.

De ces revenus, les pélerins et les pauvres de Soule ne recevaient presque rien. On les distribuait à Roncevaux. Les habitants du pays s'accordaient d'ailleurs à dire qu'Ordiarp n'était pas « un passage ny abord des pélerins, parce qu'il étoit éloigné de la droite route (de St-Palais à St-Jean-Pied-de-Port) de cinq grandes

---

1. Arch. B.-P., G. 219. Inform. de St-Palais, passim., p. 10, 31, 72.
2. Arch. B.-P., G. 219. Attest. de Larrando, vre.
3. Arch. B.-P., G. 229. Reg. de Mgr de Lavieuxville.
4. Pièce justificative XXXI.

lieues »¹. Seules la Haute-Soule et la contrée d'Oloron pouvaient fournir quelques voyageurs ; et anciennement, la belle route actuelle n'existant pas, on préférait descendre à Saint-Palais pour se rendre de là « en droiture » à Roncevaux et à Compostelle.

L'hôpital d'Ordiarp était donc loin de toute route fréquentée. Il occupait l'emplacement actuel du presbytère. La tradition s'en est perpétuée jusqu'à nos jours. Lorsqu'il s'agit, en 1820, d'acheter une maison pour en faire un presbytère, le conseil municipal proposa d'acquérir la maison dite de *l'hôpital*. M. l'abbé Haristoy pense que « la chapelle de St Laurent, avec son hôpital et cimetière, était au sud de la maison du commandeur, au bout du pont qui aujourd'hui mène à la maison des sœurs »². Cette opinion ne nous semble pas admissible. D'abord l'hôpital et la commanderie étaient une seule et même chose : tous les documents le prouvent. Ensuite la chapelle était attenante à l'hôpital et faisait corps avec lui. Un curieux dénombrement de 1479 nous en donne la certitude : « Ay en la dicha encomienda de Urdiarbe una casa principal con su oratorio »³. On ne peut pas raisonnablement supposer que cet oratoire fût à quelques centaines de mètres de la maison principale et tout près de l'église paroissiale. M. Haristoy nous dit : « Il n'y a pas de doute qu'il y eût des cimetières autour de ces hôpitaux ». Pour nous, nous sommes persuadé qu'il n'y en avait pas autour de l'hôpital d'Ordiarp. Pas un seul document qui en fasse mention. L'église paroissiale de St Michel, entretenue aux frais de la commanderie, se trouvait tout à proximité, et la population, tenancière en partie de Roncevaux, ne pouvait se formaliser qu'on ensevelît dans le cimetière commun, peut-être dans un endroit spécial, les très-rares pèlerins et malades de l'hôpital. Cependant, pour tout dire, d'après une tradition que nous croyons erronée, il y aurait eu un cimetière devant le presbytère actuel.

1. Arch. B.-P., G. 219. Inform. p. 36.
2. Lettre particulière.
3. Pièce justificative IX.

CHAPITRE IV

Fondation de l'hôpital d'Ordiarp. — Opinions diverses. — Sentiment de l'auteur. — Communauté de clercs réguliers à laquelle se substitua Roncevaux. — Fondation probable vers 1270.

Une question impossible à résoudre, faute de pièces, s'impose à nos recherches. Qui a fondé l'hôpital d'Ordiarp ? A quelle époque a-t-il été fondé ?

Avant d'entrer dans la critique des diverses opinions qui se sont produites à cet égard, nous allons citer les deux plus anciens documents qui fassent mention d'Ordiarp. Ils serviront singulièrement à éclairer toute la discussion.

Le premier date de 1189. Un différend s'étant élevé entre Loup Arnaud, abbé d'Ordiarp, *abbatem de Urdiarp*, et Raymond d'Espés, sur la propriété de la moitié de la chapellenie d'Aussurucq, la cause fut déférée à Bernard de Sédirac, évêque d'Oloron, et en appel, à Géraud de Barta, archevêque d'Auch. Assisté de tous les évêques de la province et des abbés de St-Sever, de Sordes et de St-Géronce, le métropolitain prononça son jugement dans l'église Ste-Foi de Morlaàs. Il adjugea la moitié de la chapellenie d'Aussurucq, à l'abbé d'Ordiarp, à l'église St-Michel et à ses clercs *abbati et ecclesiæ Sancti Michaelis de Urdiarp et clericis ejusdem ecclesiæ* [1].

Nous ferons remarquer que dans cet acte il n'est question ni d'hôpital ni de Roncevaux bien que les expressions d'*hospitale* et de *commenda* fussent déjà usitées dans la langue ecclésiastique. L'église paroissiale d'Ordiarp se trouve régie par un abbé et des clercs. C'était donc une sorte de communauté, si le mot *abbas* a dans cette pièce partout le même sens. Autrement il s'agirait du curé et de ses coopérateurs. Ducange prouve en effet que le mot *abbas* avait souvent cette signification aux XIe et XIIe siècles.

Le second document est de 1270. C'est le procès verbal de l'élection du prieur général, Garcia de Ochoa, par le chapitre de Roncevaux. Parmi les chanoines figure frère *Pierre de Bugart* ou *Vagat* « commendador de Urdiarde en tierra de Sola » [2]. Il résulte

---

1. Pièce justificative II.
2. Arch. B.-P., G. 205. — Huarte, p. 35.

de cette pièce que l'hôpital d'Ordiarp était fondé et qu'il dépendait de l'abbaye de Roncevaux. Or, si nous rapprochons les dates de ces deux actes importants, on trouve que l'hôpital a dû nécessairement être fondé entre 1189 et 1270.

Il nous sera maintenant facile d'exposer et de réfuter, s'il y a lieu, diverses opinions sur l'établissement de l'antique commanderie.

1re Opinion. — *Fondation de l'hôpital d'Ordiarp par Charlemagne.*

Nous la trouvons souvent exprimée dans divers procès qu'eut à soutenir Roncevaux. Daguerre, un des témoins de l'enquête de 1622, la formule en ces termes : « Le sieur de Maytia [1] vers 1614 remit entre ses mains une grande quantité de papiers entre lesquels il y avoit un vieux contrat en parchemin écrit en langue gauloise fort ancienne, qui aujourd'huy paroistroit fort étrange et ridicule au haut duquel étoit peint l'empereur Charlemagne avec son bras et son épée, lequel contrat pouvoit encore se lire et qui faisoit mention de la fondation qu'il avoit fait de l'hôpital de Roncevaux, mesme de la donation et atribution de la commanderie d'Urdinarbe en faveur dud. hôpital » [2]. Cette déposition faite par un homme ignorant et qui ne savait pas signer est assez curieuse, mais on s'étonne qu'elle ait été acceptée par Mgr de Lavieuxville et le chapitre de Bayonne, dans une lettre adressée au roi le 5 juin 1732. Ils attribuent cette fondation à la libéralité et à la piété de l'empereur Charlemagne et, s'appuyant sur l'enquête citée, ils disent que l'auguste fondateur pouvait avoir donné ces dîmes parce qu'alors presque toutes les dîmes étaient inféodées [3]. Toute autre opinion est pour eux un *roman* [4].

1. Mgr Arnaud de Maytie, évêque d'Oloron (1599-1622) et commandeur d'Ordiarp.
2. Arch. B.-P., G. 219, 6e témoin.
3. Les dîmes inféodées provenaient probablement de biens ecclésiastiques dont les seigneurs s'emparèrent et qu'on leur abandonna ensuite à la charge de certaines redevances. V. Marca, p. 122.
4. Arch. B.-P., G. 229.

— 22 —

En réalité, leur opinion seule est un roman invraisemblable, car Charlemagne était mort en 814 et l'hôpital d'Ordiarp n'existait pas encore trois siècles plus tard.

2ᵉ Opinion. — Fondation de l'hôpital d'Ordiarp assimilée à celle d'Ordios.

Un mémoire anonyme trouvant quelque ressemblance entre les deux noms d'Ordiarp et d'Ordios donne la date de 1151 pour la fondation d'Ordiarp [1]. Marca [2] en effet parle de l'établissement de l'hôpital d'Ordios, mais il constate que cette institution charitable se trouvait près de Saint-Pas et de Labastide Villefranque. La *Gallia christiana* confirme ces données en produisant la charte de fondation d'Ordios, faite par le conseil d'Arnaud Guillaume de Sort, évêque de Dax [3].

La date de 1151 et la distance des lieux ne permettent pas d'ailleurs de confusion possible entre Ordiarp et Ordios.

3ᵉ Opinion. — Fondation de l'hôpital d'Ordiarp par les Croisés.

Ce sentiment se trouve exposé dans un *factum* de 1736 : « La fondation de l'hôpital d'Ordiarp faite par les anciens princes dans la ferveur des croisades pour la ressource des passans et pèlerins y avoit attiré des populations et un nombre suffisant d'habitants pour former une paroisse ; les moines de St-Augustin en prenoient le soin et leur monastère ayant été détruit dans Ordiarp sans doute à l'occasion des guerres du roi d'Aragon, les moines se retirèrent à Roncevaux, vallée de la Haute Navarre » [4]. Cette opinion ne supporte pas la critique. Il n'y a là aucun fait précis que l'on puisse discuter. En tout cas, Ordiarp n'existait pas en tant qu'hôpital à l'époque de la première croisade (1095) ; et nous verrons qu'il n'existait guère depuis longtemps en 1270, année de la croisade de St-Louis contre Tunis. Nous croyons cependant

1. Arch. B.-P., G. 231 ; Opinion de Soм, avocat de Caplau, 1751.
2. *Histoire de Béarn*, p. 112.
3. *Gallia christiana*, t. 1, Instrumenta, p. 173.
4. Arch. B.-P., G. 239.

qu'il y a quelque vérité à dire que les « moines (?) se retirèrent à Roncevaux »; mais ce fut bien après les guerres d'Aragon (1076). Enfin l'histoire ne nous dit guère s'il y eut des seigneurs du pays de Soule parmi les princes croisés.

4ᵉ Opinion. — Fondation de l'hôpital d'Ordiarp par des seigneurs de Soule et en particulier par Loup de Janute, vers 1115.

M. Athanase de Belapeyre, curé de Chéraute, vicaire général d'Oloron pour le pays de Soule en 1680 et l'auteur d'un fameux catéchisme basque[1], a écrit un assez volumineux mémoire sur l'histoire de la Soule en général ; la première partie est perdue, la seconde est spécialement consacrée à l'hôpital d'Ordiarp. « Nous ignorons, dit-il, le temps et les noms de ceux qui ont fondé et doté d'ancienneté cet hôpital. J'ose croire par de grandes probabilités et bonnes conjectures que les fondateurs et dotateurs de l'hôpital d'Ordiarp sont pour la plupart les anciens gentilshommes et principalement, à mon sentiment, ce fent le seigneur potestat de l'ancienne et forte structure, maison noble de Gentein, assise en cette même parroisse d'Ordiarp ayant une chapelle ou oratoire près de soy et qui possible étoit Loup de Janute, ce nom ayant plus de raport et d'analogie à cette maison de Gentein que pas aucune autre de ce pays de Soule, lequel contribua à la réunion de ce pays à l'évêché d'Oloron. Or ce seigneur de Janute peut avoir donné ou bien quelqu'un de ses successeurs en faveur de cet hôpital une partie de ses anciens domaines, même les dismes, qu'il possédoit par inféodation, aparement, ceux tant dans son village d'Ordiarp que ceux de Musculdy, Idaux, Mendi et Garindain, veu qu'il n'y a jamais eu aucune maison noble auxd. lieux de Musculdy, Idaux et Mendi. Il y a dans les autres villages d'Ordiarp, Garindain et Viodos qui sont aussi des dépendences de cet hôpital trois autres maisons nobles médiocres et nommées Ahetze, Arrocain et Domec dont il se peut faire que les seigneurs ayent contribué par donnations de quelques portions de dismes »[2].

1. *Catechima laburra.... Çuberoa Herrico Uscaldunen eguina, Athanase Belapeyre Hance Jaun officialar eta Sorhoetaco erretoraz... Pauen Jérôme Dupoux imprimçalia: eguina. MDCXCVI.*
2. Pièce justificative IX.

La même opinion était soutenue en 1732 par M. de Méharon-Gourdo, syndic et trésorier de l'hôpital de Mauléon [1]. Avec M. de Belapeyre nous croyons que d'anciens gentilshommes dotèrent l'hôpital ; on sait en effet qu'au moyen âge les seigneurs donnaient libéralement des biens et des dîmes aux églises et aux institutions charitables. Mais nous espérons prouver qu'ils ne fondèrent pas l'hôpital. Il est de plus certain que Loup de Janute n'en fit pas le premier établissement, puisqu'il vivait en 1068 et qu'en 1189 la commanderie n'existait pas encore. L'identification des noms de Janute et de Gentein nous paraît d'ailleurs un peu hasardée. Janute habitait à Mauléon dans la haute ville une maison qui subsiste encore [2], Gentein au contraire demeurait à Ordiarp. A cela, on peut répondre que le seigneur avait deux résidences principales, mais il faut le prouver.

Opinion de l'auteur. — Primitivement il y eut à Ordiarp une communauté de clercs réguliers qui s'unit à Roncevaux et y transporta tous ses droits. Fondation probable de l'hôpital vers 1270.

Qu'il y ait eu à Ordiarp une communauté de clercs vivant sous la direction d'un abbé, le fait est indéniable et résulte de l'acte de 1189. D'après le contexte, on voit que l'expression d'*abbas* ne peut signifier curé. Ces prêtres ou religieux possédaient déjà des revenus, puisqu'il y eut procès sur la possession de la chapellenie d'Aussurucq à laquelle certainement étaient attachées certaines redevances. Nous admettons avec Belapeyre que seigneurs et particuliers contribuèrent à ces pieuses libéralités. Il serait curieux de connaître les donateurs, mais nul document n'en fait mention.

La question capitale est celle-ci : comment Roncevaux obtint-il la jouissance des revenus d'Ordiarp ?

Nous répondons : la communauté de clercs s'unit au monastère de Roncevaux et y transporta tous ses droits.

1. Arch. B.-P., G. 229. Reg. de Mgr de Lavieuxville.
2. Menjoulet. *Chronique*, t. 1, p. 148. — Nous voyons qu'en 1479, En Johan s' de Urssue de Gentenh et de l'ostau de la Peyre de Mauléon cède la moitié de son verger de Licharre à Johannette de Viscarret. Arch. B.-P., E. 2127, f° 100.

Et nous prouvons notre sentiment par deux raisons qui nous paraissent décisives.

1° Le chapitre de Roncevaux fut longtemps le *curé primitif* d'Ordiarp, puisqu'il y nommait un vicaire perpétuel. Il y a corrélation entre ces deux titres. Il faut donc qu'anciennement le monastère ait desservi cette paroisse. Or, nous savons qu'en 1189 une autre communauté y exerçait le service divin. Par conséquent, il est de toute rigueur que cette communauté ait cédé à Roncevaux ses droits et ses charges ; ce fut une véritable substitution.

Ce raisonnement est évident. Comment cette transmission a-t-elle pu se faire? Par ce que les canonistes appellent un acte d'*union* [1]. L'église paroissiale ne fait alors plus qu'une avec le monastère, le chapitre, ou le corps religieux. Ceux-ci ne peuvent remplir les fonctions curiales, nomment un vicaire perpétuel qui les remplace dans l'exercice du service divin et l'administration des sacrements. Ainsi en agit-on avec Roncevaux, soit que la communauté d'Ordiarp ait été partager en Espagne la vie du monastère, soit qu'elle ait voulu, en restant sur les lieux, dépendre désormais du célèbre hôpital.

2° Notre thèse sera définitivement établie, si nous prouvons que la communauté d'Ordiarp a cédé ses droits à Roncevaux.

Nous savons par le jugement de 1189 qu'Ordiarp possédait à Aussurucq une chapellenie. Or un acte de 1171 [2] nous apprend que Roncevaux avait encore le droit de présentation à la chapelle de cette paroisse. Il est très vraisemblable, sinon certain, qu'il s'agit de l'antique chapellenie. Et comment l'abbaye espagnole l'aurait-il acquis dans cette paroisse reculée, ce mince et chétif droit, s'il ne lui avait été transporté à l'époque de l'union, par la communauté de clercs qui le possédaient ?

Date probable de la fondation d'Ordiarp. Les dépendances de l'hôpital général de Roncevaux prenaient dès l'origine le titre d'hôpital ou de commanderie. L'hôpital d'Ordiarp porta donc cette dénomination, dès que la communauté de clercs de cette paroisse s'unit à l'abbaye.

A quelle époque eut lieu cette union ?

---

1. Furgole. *Traité des curés primitifs.* Ch. 3, 5, 6.
2. Arch. B.-B., G. 352.

Le premier acte où figure un commandeur d'Ordiarp, chanoine de Roncevaux, porte la date de 1270. Nous croyons que l'union ne s'effectua que peu de temps auparavant.

En effet, les statuts de Roncevaux, réformés et approuvés le 6 décembre 1282, énumèrent en ces termes les possessions du chapitre : « Hospitale novum : Burgarona, Urdiarbe, etc » [1]. On peut se demander, il est vrai, si la qualification de *novum* s'applique seulement à Burgarona ou à tout le membre de phrase. Il faudrait dans ce cas « hospitalia nova ». Nous pouvons répondre qu'une si petite difficulté grammaticale ou une faute de latin ne doit pas nous arrêter, surtout dans les textes de cette époque.

Ce sentiment reçoit un singulier secours de l'opinion de Huarte, historien de Roncevaux. Commentant les statuts, il écrit « Urdiarbe : Hospital nueve ». Il croit donc qu'Ordiarp était en 1282 un hôpital nouveau ; son autorité en la matière est d'un grand poids, parce qu'il a pu avoir en main des titres aujourd'hui disparus, ou trouver ces renseignements dans le livre *Becerro*, registre et sorte de cartulaire que Roncevaux ne possède plus.

L'acte de 1270 nous apprend sans doute que l'hôpital d'Ordiarp appartenait déjà à l'abbaye espagnole. Mais on n'en saurait inférer que, 12 ans plus tard, en 1282, cette possession fût déjà ancienne. Le chapitre pouvait appeler cet hôpital *hospitale novum* en le comparant aux autres commanderies qu'il possédait depuis plus longtemps.

Ce n'est donc pas une conclusion téméraire de reporter à quelques années seulement avant 1270 la fondation de l'hôpital d'Ordiarp.

1. Pièce justificative III.

CHAPITRE V.

Commandeurs d'Ordiarp. — I. Frère Bernard de Bagart, 1270. — II. Frère En Sanz, 1327. — III. B. de Cheverce, 1375. — IV. Bernard de Saut, 1407-1429. — V. Jean de Sussaute, 1429. — VI. Jean d'Espinal, 1442. — VII. Jean de Ste-Marie, 1443-1463.

I. — Frère Bernard de Bagart ou Vagat (1270).

Le 1ᵉʳ septembre 1270, Bernard de Bagard ou Vagat, chanoine de Roncevaux et commandeur d'Ordiarp, figure dans le procès-verbal de l'élection du prieur général, Garcias Ochoa, précédemment sacristain de la collégiale [1].

En 1308, Gaillard de Leduix, évêque d'Oloron, laissa par son testament du vendredi de la Passion cinq sols morlaàs à l'hôpital d'Ordiarp « Item hospitali d'*Urdiharp* quinque solidos morlanos » [2].

II. — En Sanz (1327).

En 1327, dans la cour générale de la vicomté de Soule, réunie pour reconnaître les obligations et redevances envers les rois de Navarre, on trouve frère En Sanz, commandeur d'Ordiarp [3]. Nous ne serions pas étonné qu'il eût été nommé par le pape ou par l'évêque d'Oloron ou même par le roi d'Angleterre, car nous ne l'avons jamais vu désigné dans les actes capitulaires de Roncevaux.

III. — B. de Cheverce (1375).

Mossen B. de Cheverce « comandador d'Urdiar », En Sans seigneur de Gotenh, En Menaud, seigneur de Hetso (Ahetze), Bertran d'Alos figurent comme procureurs des gentilshommes et habitants de Soule dans un accord fait en présence de Gaston comte de Foix avec noble Raimond Guillaume de Caupéne, châtelain de Mauléon. Celui-ci leur réclamait 1,000 francs d'or pour les dépenses faites en prévision d'attaque du roi Henri de Castille qui

---

1. Arch. B. P., G. 201.
2. *Chronique d'Oloron*, t. I, note G.
3. *Châtelains de Mauléon*, Revue de Béarn, avril 1885, p. 123.

assiégeait Bayonne en 1374. On en référa à Gaston de Foix qui condamna la Soule à payer 2,000 fr. d'or. Ces deux actes furent passés par B. de Lunz, l'un à Lacq le 11 juillet 1375, l'autre à Garos le 5 septembre suivant [1].

IV. — BERNARD DE SAUT (1407-1429).

Le 21 mars 1415, Henri V, roi d'Angleterre, concède l'hôpital d'Ordiarp, en Soule, à Bernard de Saut, châtelain de Ste-Marie d'Antibes et de St-Julien du diocèse de Bayonne [2]. C'était la confirmation d'une donation déjà faite par Henri IV, le 13 juin, 8e année de son règne (1407). Bernard de Saut était issu d'une des plus nobles familles du Labourd. Il était, en 1422, confesseur, secrétaire et conseiller de Jeanne, fille de Charles le Mauvais, roi de Navarre, duchesse de Bretagne et reine d'Angleterre [3].

A la date du 22 mars 1422, Pierre d'Etcheverry, dit Yputza, écuyer, garde et procureur de don Miguel Papo, sous prieur de Roncevaux, ainsi que Jean de Muret, procureur de B. de Saut, commandeur de la Maison-Dieu et hôpital d'Ordiarp, passent un contrat d'affièvement en faveur de Menaud, fils d'Ohits de Garraïbie et de la maison de Sorthera. Les terres cédées avoisinent le verger de Nasarto, le chemin de Surhumbide et le cours d'eau qui descend de Garraïbie ; il y a aussi deux arpents de fougères dans la lande de Biritcoia. Menaud d'Ohits doit payer chaque année, à la Noël, quinze moutons blancs « en main des prieur et commandeur ». Les témoins sont Adam d'Arsur, seigneur d'Aguerre, lieutenant du châtelain de Mauléon, Gacharnanton, Cheverie, fils, Perarnaud d'Ohits et Menaud de Bassagaits, notaire.

Outre Jean de Muret, le commandeur B. de Saut avait donné une procuration générale à nobles Jean de Garsia, homme d'armes, Eneco d'Anayos, *chapelain* dud. hôpital, et Birquet, voisin et marchand de Mauléon [4].

1. Arch. B.-P., E. 302, f. 106 et 110.
2. Rôles gascons. — Notes de M. de Jaurgain.
3. Haristoy. Généalogie de la famille de Saut. *Recherches hist.* t. I, p. 511.
4. Pièce justificative IV.

Il y avait donc, en dehors du vicaire perpétuel d'Ordiarp ou recteur de Peyriède, un prêtre chargé du service de la chapelle S¹-Laurent de l'hôpital.

V. — Jean de Sussaute (1429-143...).

Sept ans plus tard, deux compétiteurs se disputaient la commanderie d'Ordiarp. C'était Jean d'Espinal, clerc de Pampelune, et Jean de Sussaute, prêtre du diocèse de Bayonne. La cause fut portée devant le pape Martin V, le séquestre mis sur les biens d'Ordiarp et la commanderie définitivement adjugée à Jean de Sussaute. La sentence prononcée en juillet 1429 fut envoyée à Arnaud de Canal, official d'Oloron, qui la publia au prône de la messe paroissiale, à Ordiarp même, le 20 août suivant. L'administration temporaire des revenus fut confiée au curé d'Ordiarp, qui figure comme témoin sous le nom de Pierre Arnaud, *Petro Arnaldo rectore de Urdiarp*. Est-ce que la vicairie perpétuelle n'était pas encore établie ? Etait-ce alors une paroisse et non une annexe de Musculdy ? Les autres témoins sont Arnaud d'Ahetse, *prébendier*, Arnaud, seigneur d'Ahetse, *maître* (magistro), tous de la même paroisse, Jean de Iriadeithie et Pierre Arnaud de la Salle de S¹-Etienne, clerc d'Oloron et notaire public [1].

VI. — Jean d'Espinal (143...-1442).

Un procès qui eut lieu après sa mort, sur sa succession, nous apprend qu'il fut commandeur d'Ordiarp. « Casería per obitum quondam *Joannis de Spinali* vacans ». Il figure le 10 septembre 1423 dans un acte de fondation, et le 13 février 1431, il était chargé, en tant que camérier « camerero », d'administrer les rentes du chapitre [2]. Nous l'avons vu disputer la possession de la commanderie d'Ordiarp à Jean de Sussaute auquel évidemment il succéda. Il décéda en 1441 ou 42, puisqu'en mars 1443 nous voyons qu'il était mort depuis quelque temps, *quondam*.

VII. — Jean de Sainte-Marie (1443-1463).

En 1443, la commanderie est convoitée par deux nouveaux compétiteurs. L'un était Jean de S¹-Marie, prieur de Larraga et de Lussagnet, chanoine de Pampelune, fils de Guillaume Arnaud. —

1. Pièce justificative v.
2. Arch. de Roncevaux. *Fond.* I. nº 10. *Prior y cabildó*, nº 12.

seigneur de Ste-Marie de Larcevaux et de Gentein, chevalier châtelain de St-Jean-Pied-de-Port, chambellan du roi de Navarre, — et de dame d'Ursua en Baztan, sa seconde femme [1]. A la mort de Jean d'Espinal, il avait obtenu à Rome le titre de commandeur, et évinça un clerc séculier que le chapitre de Roncevaux avait nommé moyennant une rente annuelle. Cependant le monastère espagnol recouvra la commanderie et l'afferma pour une certaine pension à un de ses chanoines, Sans de Luna. L'official d'Oloron Arnaud de Rubeo, saisi de l'affaire, se prononça contre Roncevaux. Appel est fait à la curie romaine, et après trois instances et de nombreux débats, la sentence, rendue au possessoire non au pétitoire, maintint Jean de Ste-Marie dans son titre et condamna le prieur de Roncevaux à lui payer 61 florins d'or pour les frais du procès [2]. C'était le 23 novembre 1443, sous le pontificat du pape Eugène IV.

Vers l'année 1460, mossen M., prébendier d'Ohits, fait son testament, en se recommandant spécialement à mossen St-Michel d'Ordiarp « et ordene sa sépulture en lad. glisie et laxe a sohe fabrique 1 sol, et à son confesso 5 s., au prebender d'Ahetzsse 3 s., au prebender de Chebarne 5 s. Item ordene lod. testayri que sien feyt cantar dues trentenes la une a la glisie de Musquuldj et l'aute à la glisi d'Urdiarp ». Ses exécuteurs testamentaires sont moss. Guisernaut, *rector de Peyriede*, et moss. Perarnaud d'Etchebarne, prébendier de Salaverry. Ce long testament est plein d'intérêt. On y voit que M. d'Ohits fit en outre des legs à Arnaud Daguerre, curé de Domezain, au sacristain d'Urdiarp, à N. D. de Sarrance, à La Madeleine, à Ste-Engrâce, à St-Sauveur des ports (Ibaneta), aux 4 hôpitaux généraux, à St-Martin d'Aussurucq, à St-Cyprien de Musculdy, à N. D. de Pagolle, aux églises et oratoires de la messagerie d'Arbaille [3]. Il avait acheté la maison

1. Note 2, de M. de Jaurgain. Appendice.
2. Pièce justificative VI.
3. Parmi les oratoires de Soule, nous connaissons Ste-Madeleine à Tardets, St-Joseph à Larrau, St-Grégoire à Ordiarp et St-Antoine à Musculdy. Voici l'origine de *St-Antoine*. « 1381. 2 avril. Paix faite entre Arnaud Raymond Sgr de Gramont d'une part et d'autre part Arnaud Sanz, Sgr de Luxe, faisant aussi pour dame Sanz, dame de Luxe, sa femme... *Item* pour perpétuelle mémoire, il (le roi Charles II) ordonne qu'il sera fondé une chapelle qu'on appellera cha-

d'Ohits et ses dépendances au marché de Mauléon. Le capital de sa prébende était de 250 florins d'or d'Aragon placés sur des dîmes et les maisons de Laphol de Garraibie, de Berretche et de plusieurs autres de Mauléon et d'Aussurucq. Il veut que Perenaut, fils d'Ohits son neveu, soit prébendier après lui « tam cum lo dret permet ». Le calice qu'il tenait du seigneur d'Aguerreberry devait servir aux prébendiers ses successeurs [1].

Jean de Ste-Marie figure encore comme commandeur en 1463. Il était oncle de « honorable Johan de Sta-Maria enfant pupille », héritier de Maria, fille et héritière universelle de l'honorable écuyer Arnaud de Navailles et Espayne, dame de Gentein et de Sta-Maria. Jayme de la Cassagne de Bigorre, veuf de Maria de Gentein, s'empara des revenus, et spécialement de ceux de Gentein « au grand dommage du pupille ». Il y eut procès, pour faire remettre les maisons de Gentein et de Ste-Marie à Jean d'Ursua. Mais les documents nous manquent pour connaître définitivement l'issue de l'affaire [2].

Nous ne savons pas la date de la mort du commandeur Jean de Sainte-Marie.

Le 22 septembre 1469, moss. Guisernaut d'Etchandy, *rector de las parropies de Urdiarp et Musquildi*, et Sans de Bonefont, curé d'Idaux, paraissent dans un acte de vente [3]. C'est la première fois que nous voyons, dans les documents publics, un curé administrer à la fois les paroisses d'Ordiarp et de Musculdy. On remarquera que celle d'Ordiarp est nommée la première et semble être la principale.

pelle de la Paix *a nombre et recerencia de senhor Sant-Antoni*, où il y aura une chapellenie perpétuelle qui sera chantée et célébrée pour lui, pour les rois ses prédécesseurs *que Dios perdone*, aussi bien que pour les âmes de ceux de l'un et de l'autre lignage qui ont été tués jusqu'à ce jour, spécialement pour les âmes de ceux qui furent tués en la compagnie de Pero Sanz de Lizaratzu, quand il fit prisonnier, à Bergoey, Ozier de l'eutie. Et afin que lad. chapellenie soit mieux entretenue, il ordonne que si quelqu'un rompait cette paix, ses biens seraient confisqués moitié pour lui (le roi) et moitié en faveur de lad. chapelle ». *Communication de M. de Jaurgain*.

1. Arch. B. P., E. 2127.
2. Arch. B. P. Minutes non classées de Soule. — Appendice, note II de M. de Jaurgain sur *Geinthein*.
3. Arch. B.-P., E. 2127, f. 29.

CHAPITRE VI

VIII. Don Pédro de St-Jean, 1474. — Bulle de Sixte IV, 1477. —, Dénombrement des revenus et charges d'Ordiarp, 1479. — Curieuses coutumes.

VIII. — DON PEDRO DE SAINT-JEAN (1474-1481)

Don Pédro de St Jean était chanoine de Roncevaux et commandeur d'Ordiarp en 1474. Le 18 octobre, il conclut un accord avec Arnauton de Tardets, seigneur adventice d'Ahetze de Peyriéde, au sujet de la nasse du moulin de l'hôpital et du canal. Le commandeur avait tout fait, disait-il, dans l'intérêt de l'hôpital, pour améliorer sa condition et celle de ses successeurs « per la utilidad deud. hospitau et per far melhor sa condition et deus autes comendays sous successeurs ». La noble maison d'Ahetze se plaignit qu'en temps de pluie la nasse lui causait de graves dommages. Des arbitres décidèrent que la tête du canal serait modifiée et qu'à l'égard du terrain disputé, les droits resteraient les mêmes, sauf aux parties à les faire valoir [1].

Ce fut le 21 février 1477 que, pour couper court à toute chicane, le monastère de Roncevaux obtint du pape Sixte IV la célèbre bulle d'union ou de confirmation si souvent invoquée [2]. Nous verrons dans la suite comment, suivant les circonstances, on interpréta cet acte capital. L'abbaye eut raison de le demander au Souverain Pontife. Un nombre considérable de titres de fondations s'était brûlé dans l'incendie de 1468 : en validant le *statu quo*, Rome protégeait Roncevaux contre toute revendication intéressée. Le chapitre s'en servira toujours pour prouver ses droits. A l'égard d'Ordiarp, le raisonnement sera bien simple : Sixte IV maintient et confère à Roncevaux le droit exclusif de nommer à toutes les commanderies qu'il possède en 1477. Or la commanderie d'Ordiarp est alors une de ses dépendances. Donc le monastère conservera tous ses droits jusqu'à révocation de la bulle.

1. Communication de M. de Jaurgain. — Arch. B.-P., G. 209.
2. Pièce justificative VII.

Le pape y confirmait la bulle d'Eugène IV, autorisant Roncevaux à remettre ses possessions en mains de chanoines réguliers, de fermiers ecclésiastiques ou laïques, à perpétuité ou à temps. Il déclare qu'on ne les peut *impétrer* en cour de Rome et que ces prieurés ne seront jamais réputés vacants à la mort des titulaires : « Praeceptoriae et alia membra per obitum illa obtinentium vacare non censeantur et in titulum perpetuum beneficiorum ecclesiasticorum conferri non possint, vel commendari ex quavis alia praeterquam Prioris et Conventus concessione ». Et le pape Clément VII, confirmant la bulle de Sixte IV, dit qu'il maintient ainsi des droits depuis longtemps acquis : « Per hoc autem nullum jus cuiquam de novo acquiri volumus sed antiquum tantummodo conservari » [1]

Le 25 juillet de la même année 1477, D. Pédro St-Jean siégeait à la cour de Licharre *sous le noyer*, parmi les gentilshommes juges-jugeants de la terre de Soule [2].

Un an plus tard, le 6 juillet, Arnaud fils d'Ahetze servait de témoin dans un affièvement fait par le commandeur St-Jean en faveur d'Arnautoche d'Ahetzborda et de Graciane de Lorden sa femme. C'était une cession de terres et de fougères, situées entre l'eau et le chemin de Surrumbide, près de la borde de Sorthera, la donation d'un arpent situé au-delà du cours d'eau, le long du chemin « de ceux qui vont à la messe », et l'abandon d'une lande de fougères confrontant à celle d'Oyhenart et à la route d'Aussurue. Chaque année, le jour de l'Epiphanie, il devait être payé, selon la mesure de Mauléon, une conque et demie de froment nettoyé [3].

Le 28 janvier 1479, Arnaud d'Ahetze obtenait d'Etienne de Makanan, gouverneur de Mauléon, à titre d'affièvement, une *journée* et demie de terre pour bâtir un moulin près d'Etchecopar [4]. Mais cette terre, que l'on disait appartenir au domaine du roi, était revendiquée par l'hôpital. Il y eut de la part du commandeur protestation devant le successeur de Makanan. Défense fut faite à d'Ahetze, sous peine de 66 florins morlaàs,

---

1. Arch. B.-P., G. 213, *Imprimé*.
2. *Châtelains de Mauléon*. Revue de Béarn, avril 1884, p. 139.
3. Arch. B.-P., Contr. d'Ohitz. Notaires de Soule. Minutes détachées.
4. Arch. B.-P., E. 2127.

d'avoir aucun moulin au lieu d'Yturhobia ; il devait au plus tôt
déconstruire ce qui était bâti. L'acte est du 10 mai 1479 [1].

Le 4 avril 1480, Arnaud d'Ahetze de Peyricle, ayant fait remarquer que ses dépenses avaient été considérables, fut autorisé à conserver le moulin jusqu'au 8 septembre de l'année suivante. Ce délai passé, nasse et moulin devaient être démolis [2].

Le commandeur D. Pedro St-Jean était souvent à Ordiarp. S'étant absenté, il donna procuration pour la régie des biens, le 16 avril 1479, à Sans de Bonefont, curé de Mendi, à Arnaud Sans de Casenave, notaire, à Ramonet de Gassiot, bayle de Mauléon, et à Peyroton d'Orbayts, voisin de la même ville, avec pouvoirs de conclure toute sorte de contrats [3].

C'est le 4 septembre suivant que le pape Sixte IV disposa d'une partie des revenus d'Ordiarp en faveur d'Emeric de Beaumont, chanoine de Pampelune. La réclamation de celui-ci était sans doute fondée, car il obtint une pension de 30 livres pendant douze ans. Le rescrit pontifical nous apprend qu'il y avait procès sur la commanderie d'Ordiarp entre le chapitre et Emeric de Beaumont, mais il n'est pas dit quel en était le motif. Nous y voyons aussi qu'officiellement les revenus de l'hôpital étaient estimés environ 800 petites livres tournois. L'évêque de Pampelune, chargé de fulminer la sentence, devait prononcer la vacance de la commanderie si Roncevaux s'obstinait pendant plus de six mois à ne pas payer la pension. Aux jours de fête, l'excommunication serait publiée contre les délinquants [4].

Mais le document le plus important qu'il nous reste de l'administration du commandeur D. Pedro de St-Jean est le *dénombrement* des revenus et des charges de l'hôpital d'Ordiarp. Le texte est en espagnol ; nous le donnons aux pièces justificatives [5]. Nous en noterons ici quelques particularités curieuses.

« Il y a, dit cette pièce, dans la commanderie d'Ordiarp, une maison principale avec son oratoire (la chapelle de St-Laurent) et

1. Arch. B.-P., G. 209.
2. Pièce justificative x.
3. Arch. B.-P., G. 209.
4. Arch. B.-P., G. 209. Pièce justificative viii.
5. Pièce justificative ix.

un appartement que le fermier Olloquy a fait faire. Il y a aussi une petite grange, un pressoir, un moulin à deux meules, etc. ».

Puis vient le détail de tout ce qui se trouve dans une grosse ferme : récoltes de froment, de maïs, de pommes, et ensuite la quotité des dîmes en cidre, en orge, et des offrandes en argent et en cire. On donnait en redevance des agneaux et des porcs, de la laine, du fromage et du lin.

« Lorsqu'il meurt quelque paroissien en l'église St-Michel d'Ordiarp, il a accoutumé de donner, si c'est un homme, un mouton, si une femme une brebis (bien entendu ceux qui sont en commodité de le faire) et les pauvres une poule, et de celles-cy de deux l'une appartient au curé ; des moutons ou brebis, on dit qu'il n'y en a eu que trois ou quatre seulement depuis six ans. Il y a aussi quelques œufs parmy lad. offrande dont la moitié appartient au curé ».

Les seize maisons d'Ordiarp tenues de porter des redevances annuelles à l'hôpital y sont mentionnées. Le clavier invitait à un repas leurs chefs de famille aux fêtes de Pâques et de Noël. En revanche ceux-ci étaient obligés de couper de l'herbe pour l'hôpital une fois l'année. Nous voyons encore les revenus que retirait Ordiarp des paroisses d'Idaux, de Mendi, de Garindain et de Viodos. Il y avait une curieuse coutume relative à une maison d'Idaux. « Le clavier doit donner à souper au maître de la maison Barrèchéa, d'Idaux, lui troisième, le jour de *Saint-Tersi* [1], il faut l'inviter la veille à venir souper avec le commandeur ou avec qui s'y trouvera pour luy et après le souper, led. Barrèchéa payera 15 liards, lesquels payés, il pourra se retirer chez luy avec ses amis, chez luy où là il luy plaira, et les valets de lad. maison d'Ordiarp pourront lui lâcher les chiens après, et au cas que led. Barrèchéa voulut coucher dans lad. maison d'Ordiarp, on lui donnera le joug pour traversières. *Le un de dar el yugo por cabecera* [2] ».

Somme toute, à cette époque, les revenus de l'hôpital étaient

---

1. D'après Ducange, ce serait peut-être le jour où, au tiers de l'année, l'on payait les tributs et les redevances. V. *Tertiarius*, dans le *Glossaire*.

2. Pièce justificative IX.

ainsi partagés : *froment* 79 conques 3/1 ; *maïs* 32 conques 1/2 ; *orge* 27 conques 3/1 ; *cidre* 31 conques.

Il y avait aussi chaque année d'assez nombreuses charges : 40 francs pour la fabrique de l'église S¹-Michel, une certaine somme à l'évêque d'Oloron pour *l'arcial*, trois diners au curé, au sacristain et aux autres prêtres de la paroisse, 36 ducats pour labourer les terres et ramasser les dîmes, 30 ducats pour trois servantes, 20 ducats pour un berger et un gardien de pourceaux, 2,400 deniers, *cornados*, pour 120 sarcleuses et 50 francs pour les réparations de l'hôpital.

Le montant des revenus est signé par le commandeur Pédro S¹-Jean ; les charges ne portent pas ce visa.

Le 27 août 1483, M., prébendier d'Ohits, afferme pour 100 florins, comme procureur de l'évêque et du chapitre d'Oloron, la dîme de Menditte appartenant à la maison de Berterréche.

CHAPITRE VII.

IX. Miguel de Erro, 1481-1501. — X. Sanche d'Orbara 1501-1523. Procès avec Jean de Zabaleta. — Arnaud de Béon, évêque d'Oloron, met son visa à la bulle de Sixte IV, en 1508. — Esteben de Mendicoaga, procureur, 1523-1530. — Guerre entre la France et l'Espagne, 1512-1523.

IX. — MIGUEL DE ERRO (1481-1501).

Le successeur de Pédro S¹-Jean fut Miguel de Erro, lui aussi chanoine de Roncevaux. Les *Erro* paraissent souvent dans les actes du monastère, sans doute parce qu'on donnait ce nom aux religieux venus de la vallée de Erro au nord de l'Espagne.

Miguel de Erro figure pour la première fois le 1ᵉʳ avril 1481 dans un accensement des terres d'Ordiarp fait par le chapitre de Roncevaux à Arnanton de Aczponda de Peyréle et à Graciane sa femme [1]

Il était peut-être absent en 1486, car Arnaud de Tardets, prébendier d'Ahetze et recteur de Peyriéde, présente comme pro-

---

1. Notaires de Soule, feuilles détachées.

cureur du prieur général, Fernand de Eques, chanoine de Pampelune à la cure de Mendi et Idaux. L'acte de procuration est daté de Roncevaux, le 20 mars 1486. F. de Eques fut installé et mis en possession de sa cure, le 31 mars suivant [1].

Dix ans plus tard, le 7 novembre 1496, Miguel de Erro donne procuration à Arnaud de Rospide, curé de Peyriède, pour la régie des biens d'Ordiarp [2].

Quelques mois après, le 23 janvier 1497, il y eut discussion entre la noble dame « Marie Johane done d'Ursue et de Gentein et madone de Gotein ». La dame de Gentein se transporta à la nasse de Gotein dont certaines réparations lui causaient préjudice. La dame de Gotein lui répondit qu'on ne changeait pas l'assiette des lieux ; elle voulait bien avoir des égards mais aussi affirmer et réserver son bon droit [3].

Dans un acte à peu près illisible du 23 avril 1500, on devine qu'Arnaud de Rospide, curé d'Ordiarp, use des pouvoirs de procureur que lui avait donnés Miguel de Erro [4]. Le 3 septembre, celui-ci figure dans deux actes passés à Caro [5].

Il était encore commandeur d'Ordiarp le 25 mai 1501, jour où le chapitre de Roncevaux décida une procession solennelle à la chapelle du St-Esprit, chaque année la veille de la Pentecôte. Nous y voyons des noms qui reparaîtront dans ce récit. Sancius Orbara, sous-prieur, *Salvator burgi*, et Etienne de Mendicoaga [6].

Nous croyons que la *Preciosa*, livre de chœur et sorte de registre mortuaire de Roncevaux, fait allusion à Miguel de Erro à la page 93 « Fiat anniversarium pro domino Michaele d'Erro, Canonico. Sepultus in claustro, ante ymaginem trium regum » [7].

X. — SANCHE D'ORBARA (1501-1523)

Le 26 juillet 1501, lettres de provision à vie furent données, par les prieurs et religieux de Roncevaux, à Don Sanche d'Orbara.

1. Arch. B.-P., G. 211.
2. Arch. B.-P., G. 211.
3. Arch. B.-P., G. 211.
4. Notaires de Soule, feuilles détachées.
5. Arch. B.-P., G. 211.
6. Arch. de Roncevaux. *Preciosa*, f° 11. Pièce justificative XII.
7. Arch. de Roncevaux. *Preciosa*, f. 93.

de la commanderie d'Ordiarp en Soule, à la charge de rapporter tous les ans aud. chapitre 40 vieux ducats pour la mense des pauvres, celles des religieux et les autres frais de l'hôpital [1].

Il était entré à Roncevaux en 1482. Une bulle du pape Sixte IV du 11 novembre nous l'apprend et nous dit qu'il était alors curé d'Orbara au diocèse de Pampelune. Le pape l'autorise à conserver les revenus de sa cure évalués à 20 petites livres tournois et à prendre le titre canonial, sa vie durant [2]. Il était sous prieur quand on le nomma à Ordiarp ; bon nombre de commandeurs ont eu cette dignité, preuve évidente que l'hôpital était regardé comme une des plus considérables possessions du monastère.

Le 3 avril 1508, il passa un bail à fief de la métairie d'Haritzacorte avec Eneco de Larre et Anota sa femme, pour la somme annuelle de 30 fr. bordelais. L'hôpital se réservait le droit de se servir de la maison et de la borde pour y garder le bétail, dépiquer et égrener les céréales [3].

Deux jours après, une sentence arbitrale fut prononcée entre lui et Arnaud de Tardets, seigneur d'Ahetze, au sujet de la nasse du moulin. Il y avait eu procès à la cour de Licharre. D'Ahetze disait que la nasse formait au chemin et passage appelé Berrogain une mare d'eau fort préjudiciable au service des chars. Il réclamait en conséquence la démolition de la nasse et la réparation du chemin jusqu'à Landetchepare et les terrains de Rospide. Deux arbitres choisis par la cour, Janot de Harritagaix et Arnaud de Haritimendy, décidèrent que la nasse fût conservée, sauf, pour le commandeur, à entretenir le pont établi en cet endroit par l'hôpital et les voisins d'Ordiarp [4].

Sanche d'Orbara se vit alors disputer le prieuré d'Ordiarp par *Jean de Zabaleta*, curé de Mues et chanoine de Bayonne, qui avait obtenu provision en cour de Rome. Jean de Ste-Marie, chanoine, official de Pampelune, et P. de Casamajor, secrétaire du cardinal d'Albret, furent pris pour arbitres. Tout bien examiné, il fut avéré que Sancho d'Orbara avait, par dispense

1. Arch. B.-P., G. 227. Inv. imprimé. — Notes de M. de Jaurgain.
2. Pièce justificative XI.
3. Arch. B.-P., G. 212.
4. Arch. B.-P., G. 212.

apostolique, possédé à la fois sa cure et le canonicat de Roncevaux ; quant aux titres de sous-prieur et de commandeur n'étant pas des bénéfices mais des offices de simple administration, il n'y avait pas d'incompatibilité à les posséder. Zabaleta fut débouté de ses prétentions ; on lui accorda cependant vingt ducats d'or sur les revenus de la commanderie pour les frais du procès. La sentence est du 23 mai 1508 [1].

Ce fut le 27 septembre suivant que Raymond Arnaud de Béon, évêque d'Oloron, homologua la célèbre bulle de Sixte IV de 1477. Les ennemis et les adversaires de Roncevaux diront souvent, à tort, que, l'évêque diocésain ne l'ayant pas promulguée, cette bulle n'avait pas force de loi. Le visa fut donné à Tafalla, diocèse de Pampelune, en présence de Belnond de Besia, de Pierre d'Acx, clercs, de Jean de Berciz, voisin de cette ville, et de Martin Puyo, notaire [2]. Cet acte important rectifie quelque peu une conjecture émise par M. Menjoulet dans sa *Chronique d'Oloron* ; il fixe à l'année 1509 le commencement de l'administration effective de R. A. de Béon [3]. Il est donc certain que le cardinal Amanieu d'Albret ne gouvernait plus le diocèse d'Oloron à la fin de l'année 1508.

Le 31 janvier 1515, Sanche d'Orbara « a presens demorant et estachant en l'ospital de Urdiarp » achète la moitié de la maison de Jauréguiberry à Terremon fils adventice et à Gratiane sa femme. Cet acte nous apprend que le commandeur avait alors sa résidence à Urdiarp. — Le 19 octobre suivant, il achète le quart de la maison d'Oyhanart pour 20 florins ; Arnaud d'Etchebarne et Gachernaud d'Irassabal figurent comme témoins ; le 17 juin 1516, Eneco de Larre lui vend la moitié de la maison et des terres d'Haritsacorte pour 35 florins, monnaie de Soule [4].

La réforme des coutumes générales du pays et vicomté de Soule fut publiée « le septième jour d'octobre mil cinq cens vingt et autres jours en suivant, en la maison de la cour de Lixarre près la ville de Mauléon », en présence des Etats où se trouvait « Dom Sancho d'Orbara, commandeur de Urdiarp » [5].

1. Pièce justificative XIII.
2. Pièce justificative VII.
3. *Chronique*, t. 2, p. 28.
4. Arch. B.-P., G. 212.
5. *Les Coustumes de Sole*, p. 3, 95.

Mais celui-ci dut gravement manquer à ses devoirs, car il fut révoqué, le 12 mai 1523, par le célèbre prieur de Roncevaux, François de Navarre, qui résolut de faire revivre dans le royal monastère les vertus des premiers temps [1]. D'Orbara conserva néanmoins sa dignité de sous-prieur et fut enterré avec ce titre dans le cloitre de S'-Augustin, le 6 mai 1530 : « 6 madij obiit Can. Santius de Orbara subprior : 1530 ». Et ailleurs, on lit dans *la Preciosa* : « Fiat anniuersarium pro domino Sancio de Orbara subpriore et hoc fit supra domum et hortum et alias hereditates prefate domui pertinentes quas dictus dominus subprior emit in loco de Villana [juxta] ciuitatem Pampilonensem. Sepultus est in secundâ tumbâ a sinistris » [2].

ESTEBEN DE MENDICOAGA, PROCUREUR

Le 12 mai 1523, F. de Navarre donnait procuration au chanoine Esteben de Mendicoaga pour prendre en son nom possession de la commanderie. Il n'y est pas question du titre de commandeur. Le 6 juin suivant, un nouvel acte contenait une procuration pour signifier à S. d'Orbara sa révocation [3].

Mendicoaga exécuta son mandat le 18 août. Nous citons les traits caractéristiques de cet acte, le premier qui nous relate un fait de prise de possession. « Lod. de Mendicoaga au nom dend. de Nabarro prior preneo corporalment, realment et actualment la possession de lad. mayson de Undiarbe et dessas apartenences per la intrade en aquere et aussi per la uberture, intrade et salhide de las portas de l'oratori de sent Laurentz et de la glisie de Sant Miquen de Undiarbe ». Le même acte porte bail du 1/4 en faveur d'Arnaud d'Aynciondo : « Et asso feyt, incontinent lod. de Mendicoaga valha lo cart et la charge de l'administration et gobernament de lad. mayson a mossen Arnaud de Aynciondo aqui présent » [4]. Les témoins sont Arnaud de Rospide, recteur de Peyriéde, Guixernaut d'Irassabal, Guillaume de Arroquieta (Arroquin), Jayme de Rospide, et Guillaume de Domec, tous prêtres, habitant la paroisse, et Arnaud d'Iriart, notaire.

1. Arch. B.-P., G. 213. Arrêt contre Etchebarne.
2. Arch. de Roncevaux. *Preciosa*, p. 303. 92.
3. Arch. B.-P., G. 217. Procès de Maytie.
4. Pièce justificative xiv.

Remarquons que les actes anciens ne disent presque jamais du curé *rector de Masculdy*, mais bien *rector de Peyriède*, cette dénomination embrassant à la fois la paroisse principale et son annexe. La présence de quatre prêtres à l'installation de Mendicoaga nous porte à croire que les prébendes étaient assez nombreuses et de bon revenu.

Un legs fait, à cette époque, en faveur de l'église d'Ordiarp nous donne quelque idée de la générosité des fidèles. Graciane de Insausspe d'Anhaux, fille d'Ordiarp, prend sur sa dot de 60 francs une somme de 25 francs « per fundar ung obit en la gleyse de Urdiarp celebrador en tau jorn que lad. Graciane roldera son esprit à Diu, cascun an perpetuament per los rectors de Peyriède et aussi l'estradgaus (l'étranger) de l'ospitau de Urdiarp a cas sie caperan misse cantan, et que lo senhor o done de l'ostau de Landajaureguy sien participant en lo beyfeyt deud. obit, portan et offeren en la messe paa et candelle, segon la costume de lad. gleyse [1] ». Cet acte du 1ᵉʳ septembre 1539 fut fait en présence de Guixenaud de Irassabal, *prebender de Genteah*, d'où il résulterait que la petite chapelle de Notre Dame de Gentaina avait alors un prêtre chargé de la desservir.

Nous avons puisé ces renseignements aux feuilles détachées des notaires de Soule. Il est fâcheux que nos archives départementales n'en possèdent que deux ou trois registres. C'est là une mine féconde et précieuse. Quiconque recueillera ces débris vénérables et les confiera à un dépôt public rendra un service signalé à l'histoire de notre pays. MM. Clément Simon et J. B. de Jaurgain ont droit à ce point de vue à toute la reconnaissance de la Soule. Malheureusement « la ville de Mauléon fut incendiée le mois d'octobre 1678, les registres des notaires et notamment ceux de Gastellu y furent brûlés ; ce qui est ainsi déclaré dans un acte publicq du 5 décembre 1700, retenu par Chuhando, notaire de lad. ville » [2].

Nous ne savons pas la date précise de la retraite ni de la mort d'Esteben de Mendicoaga. Il fut enseveli aux cloîtres de Sᵗ Au-

---

1. Notaires de Soule, feuilles détachées.
2. Note manuscrite de M. *Mourot*, célèbre avocat de Pau au XVIIIᵉ siècle, dans un exemplaire des *Constumes de Sole*.

gustin « Fiat anniversarium pro domino Stephano de Mendicoaga canonico et sacrista. Sepultus est in claustro post capitolum (?) in tertia tumba » [1].

GUERRE ENTRE LA FRANCE ET L'ESPAGNE (1512-1523).

En 1512, la France et l'Espagne étaient en guerre. Ferdinand le Catholique, voulant pénétrer en Guyenne, demanda l'autorisation de traverser la Navarre et le Béarn à l'allié et ami de Louis XII, Jean d'Albret, qui s'y refusa. Ferdinand ordonne au duc d'Albe de porter la guerre en ces contrées, et, prenant texte d'une prétendue bulle de Jules II, qui donnait la Navarre au premier occupant, il s'en empare et la conserve définitivement.

En 1515, les troupes d'Aragon dévastèrent la vallée d'Aspe et le Béarn. Jean d'Albret voulut, à la mort de Ferdinand, reconquérir la Navarre, mais il mourut le 15 mai 1516, à Moncin, suivi à huit mois d'intervalle de Catherine, sa femme. Henri II, un prince de quatorze ans, leur succéda. La guerre rallumée quelques années plus tard (1523) ne lui fut pas favorable. Les Espagnols pénétrèrent jusqu'à Bidache et mirent tout à feu et à sang. 3,000 Aragonais, sous le commandement du prince d'Orange, échouèrent devant Oloron et Sauveterre, mais ils se rendirent maîtres de Navarrenx et de Mauléon.

Il est bien difficile qu'Ordiarp n'ait pas ressenti le contre coup de ces événements. La commanderie dut peut-être sa sécurité à sa qualité de possession espagnole. En tout cas, les pièces du temps ne nous apprennent rien sur cette époque si funeste à nos rois de Navarre.

1. Arch. de Roncevaux, *Preciosa*, p. 93.

CHAPITRE VIII

XI. Jean d'Etchebarne, 1531-1535. — Réparations de l'église obligatoires pour la commanderie. — D'Etchebarne est dépossédé au profit de Roncevaux. — XII. Sanche d'Eleano, 1541-1544. — XIII. Bernard de Ruthie, 1550-1551. — XIV. Menaut de Lacarre, 1551. — Jean de Monréal, visiteur, 1562.

XI. — JEAN D'ETCHEBARNE (1531-1535)

Le 5 juillet 1530, Arnaud d'Asses prit, au nom de Roncevaux, possession de la commanderie [1] ; mais Jean d'Etchebarne l'impétra en cour de Rome et l'obtint le 15 juin 1531 [2].

Celui-ci eut un procès avec la fabrique d'Urdiarp au sujet des réparations annuelles de l'église paroissiale. « Maistre Jehan de Chebarne commandeur de Hurdiarp » fut condamné à payer 80 francs bordelais « pour employer aux réparations d'icelle église Sainct Michel..... et faict inhibition et defense aud. Tardetz de ne empescher les parroissiens de lad. église de aller à l'offrande comme par ce deuant auoient accoustumé ». Il s'agit ici de Pierre Arnaud de Tardets, seigneur d'Ahetze. L'arrêt de Bordeaux est du 31 janvier 1533 [3].

Cependant Roncevaux réclamait énergiquement ses droits ; le 18 novembre 1533 [4], il poursuivait Jean d'Etchebarne devant le parlement de Guyenne pour faire déclarer nulles les provisions obtenues à Rome par ce dernier. Le 15 mai 1535, Don François de Navarre, prieur général, fut maintenu « en la possession et jouyssance de lad. commanderie ou grange de Urdiarp, fruicts, proffiets, reuenus et esmolumens d'icelle, comme estans de la table dud. monastaire et ospital de Roncesuaulx ; led. d'Echebarne est condampné à rendre les fruicts sauf à desduire pour ses viures et allimens cent cinquante liures chascune année » [5]. Cet

---

1. Arch. B.-P., G. 217. Procès Maytie.
2. Arch. B.-P., G. 213.
3. Ibidem.
4. Ibidem.
5. Pièce justificative xv.

arrêt sera souvent invoqué en faveur de l'abbaye dans les procès qu'elle aura à soutenir.

F. de Navarre était tenu de « porter les charges ordinaires de la commanderie ». Usant de stricte interprétation, le prieur général ne voulut pas fournir aux réparations de l'église paroissiale. Condamné à Licharre, il fit appel à Bordeaux, où il fut également condamné, le 28 mars 1536 [1]. Dès lors, le monastère de Roncevaux donna à la paroisse d'Ordiarp les ornements, les calices et tous les objets nécessaires au culte [2]. Cet état de choses durera même lorsque Roncevaux ne possédera plus Ordiarp. Pour s'être refusé à acquitter ces charges, l'hôpital de Mauléon se verra, au XVIIIe siècle, engagé dans un long et coûteux procès.

XII. — SANCHE D'ELCANO (1541).

Nous entrons dans une période obscure de l'histoire de l'hôpital d'Ordiarp : nul vestige de ce qui s'y passa de 1536 à 1541, année où Don Sanche de Elcano figure comme commandeur.

Il était chanoine de Roncevaux, clavier le 10 octobre 1534, *lugartenente* le 15 novembre 1539 et le 31 juillet 1541 [3]. C'est vers cette époque qu'il dut être nommé commandeur d'Ordiarp, car le célèbre prieur F. de Navarre ayant été promu au siège épiscopal de Badajoz en 1542, Sanche de Elcano, *comendador de Urdiarbe*, assiste le 28 août 1543 à l'assemblée capitulaire qui accepte la nomination du nouveau prieur Antoine de Fonseca [4].

Tout porte à croire en effet que pendant la troisième guerre que François Ier soutint contre Charles-Quint (1536-1538) la commanderie fut confisquée par le roi de France. Roncevaux ne put ainsi nommer de commandeur que dans un court intervalle, entre la trêve de Nice 1538 et la guerre de 1542.

Et c'est peut-être la raison pour laquelle Sanche de Elcano ne paraît pas s'être rendu à Ordiarp. En 1542, « lors des guerres d'entre feu roy et l'empereur Charles cinquiesme certain cappi-

---

1. Arch. B.-P., G. 213.
2. Arch. B.-P., G. 219, Inf., p. 28, 72.
3. Arch. Roncevaux. *Fundaciones*, faj. 1, n° 11. *Prior y cabildo*. n° 35.
4. Arch. Roncevaux. *Dignid. prioral*, n° 35.

taine dud. quartier s'empara de la maison dud. prieuré et des fruits, lesquels (ceux de Roncevaux) feurent rétablis par autorité de justice » par lettres patentes de François I⁰ʳ du 10 mars 1544 ¹.

Un acte du 18 juin 1516 désigne D. Sancho d'Eleano comme sous-prieur ². Etait-il encore commandeur d'Ordiarp ? Il est certain qu'en 1518 et 49 les revenus en étaient perçus sans difficulté. Les livres de compte font mention de « CLX dineros », provenant d'Ordiarp ³.

XIII. — BERNARD DE RUTHIE (1550-1551).

B. de Ruthie fut probablement nommé commandeur d'Ordiarp à la fin de l'année 1549 ou au commencement de 1550, car il figure à ce titre, le 4 mai, à l'assemblée des Etats de Soule.

C'était le second fils de Pierre Arnaud, seigneur de Ruthie d'Aussurucq ; il quitta les armes pour embrasser la carrière ecclésiastique. Il était déjà abbé de Pontlevoy et aumônier du roi de France en 1542. Nous ne savons comment il obtint le titre de la commanderie d'Ordiarp. Nommé grand aumônier de France le 5 janvier 1551, il devint évêque *de la cour* à la demande du roi Henri II et mourut le 31 mai 1556 ⁴. Roncevaux cependant maintenait toujours ses droits, car le prieur François de Tolède reprit le 13 février 1556 le procès commencé par François de Navarre, au sujet du moulin, contre Jean de Tardets.

Nous sommes ici un peu embarrassé. Nous verrons bientôt un nouveau commandeur nommé en 1551. Or, Arnaud de Belzunce, procureur du sieur abbé de Pontlevoy, grand aumônier de France, et administrateur dud. hopital d'Ordiarp, passait un bail à ferme avec Jean d'Abbadie et autres le 26 mai 1556 ⁵. Nous pouvons expliquer cette anomalie en disant que B. de Ruthie n'avait plus le titre mais bien les revenus d'Ordiarp, tandis que Menaut de Lacarre en aura le titre, sans pouvoir en obtenir les bénéfices.

1. Arch. B. P., G. 217. Procès de Maytie, *in fine*.
2. Arch. de Roncevaux. *Prior y cabildo*, nº 35.
3. Arch. de Roncevaux. *Cuentas*, p. 153.
4. *Châtelains de Mauléon*. REVUE DE BÉARN, juillet 1884, p. 255. Notes de M. de Jaurgain.
5. Arch. B. P., G. 221. Arrêt contre Bonnecaze.

XIV. — MENAUT DE LACARRE (1551)

Le 13 décembre 1551, Menaut de Lacarre fut nommé commandeur d'Ordiarp par l'évêque hérétique d'Oloron, Gérard Roussel ; il prenait possession le 31 janvier 1552 [1]. Il est bien possible que Roussel se soit fort peu préoccupé des droits de Roncevaux, lui qui ne tendait par ses créatures qu'à répandre dans son diocèse les doctrines de Luther. On sait en effet qu'il dut son élévation en 1534 à Marguerite de Navarre. L'ardeur qu'il déploya en faveur de la religion nouvelle lui coûta la vie. En 1555, il vint à Mauléon et monta en chaire pour prêcher l'hérésie. Un fier basque, Pierre Arnaud de Maytie, abattit la chaire d'un coup de hache. Ramené en Béarn, Gérard Roussel ne tarda pas à mourir des suites de sa chûte.

Chose étrange ! cette nomination d'un commandeur par l'évêque d'Oloron servira un jour d'argument à Arnaud de Maytie, le fils de ce basque intrépide, pour prouver que Roncevaux n'avait pas de droits sur Ordiarp, puisque, malgré l'arrêt de 1535, l'Ordinaire disposait, 15 ans après, de cette commanderie. Il semble au contraire que cet acte d'un évêque hérétique aurait dû être regardé par tout bon catholique comme entaché de nullité : l'intérêt et la passion tournent si souvent à leur profit ce que la conscience nous force à condamner !

Les guerres de Charles-Quint et de Henri II, roi de France, empêchèrent probablement le monastère espagnol de faire valoir ses droits. En 1554, il ne percevait rien d'Ordiarp « Por la encomienda de Urdiarbe que es ultra puerta en tierra de Sola, nichil por qual presente no se cobra nade por que lo mando tomar el Rey de Francia » [2]. C'était sans doute Bernard de Ruthie qui en jouissait.

Bien plus, même après la mort de ce dernier, Menaut de Lacarre « maître et administrateur dud. hôpital » requit, par acte du 16 mai 1557, le gouverneur du pays de Soule de le faire jouir des revenus de la commanderie d'Ordiarp [3]. Nous ne savons pas si la

1. Arch. B.-P., G. 218. Inv. de pièces de Maytie. — G. 217, Procès, f. 43.
2. Arch. de Roncevaux, *Cuentas* p. 31.
3. Arch. B.-P., G. 221. Arrêt contre Bonnecaze.

requête obtint quelque succès, bien qu'il eût auparavant reçu d'Henri II, roi de France, des lettres patentes de commandeur, le 6 février et le 28 août 1556 [1].

JEAN DE MONRÉAL, VISITEUR, (1562)

Nous ne savons pas combien de temps encore Menaut de Lacarre posséda Ordiarp. Mais dès 1563 au moins, les livres de comptes de Roncevaux font mention des revenus de cette commanderie : « Urdiarbe, recepta : cient ducados » [2].

Dans la fameuse enquête de 1623, un témoin dit que « depuis 50 ans et plus » les fermiers et régisseurs d'Ordiarp se succédèrent dans l'ordre suivant : Olloquy, gentilhomme de la Haute-Navarre, Monréal, chanoine de Roncevaux, Charles de Lusse. Ainsi Olloquy était fermier vers 1560.

Après lui vint J. de Monréal, chanoine de Roncevaux depuis 1561 ; il était clavier et vicaire de Larrosoano en 1562 et fut souvent employé en diverses missions, et en particulier chargé de gérer les revenus d'Ordiarp. On le retrouve en 1593 au monastère que venait réformer Cordoba, légat du S‍t Siége. Jeté en prison, peut-être à cause de son opposition, Monréal fut mis en liberté le 1ᵉʳ février 1594, sur l'ordre de Cajetan, patriarche d'Alexandrie et nonce en Espagne. L'année d'après, fatigué d'ans et de maladie, il obtenait quelques adoucissements au régime du couvent : il ne tarda pas sans doute à mourir [3].

Monréal visitait l'hôpital d'Ordiarp, y donnait les ordres et en perçut les revenus pendant une quinzaine d'années. En 1587, il assiste à la prise de possession de la cure d'Idaux. On s'était habitué à l'appeler le *commandeur*. Il choisit pour fermier Colomots, qui y resta 14 ans. Celui-ci, étant de Labastide-Clairence, en fit venir Jacques Lafite, qui le remplaça et qu'on surnomma *Gascoina*. Charles de Lusse le conserva dans cette situation [4]. Or ces divers changements semblent remplir parfaitement les vingt années qui séparent Menaut de Lacarre de Charles de Lusse (1560-1578).

1. Arch. B.-P., G. 217. Procès de Maytie, f. 63.
2. Arch. de Roncevaux, *Cuentas*.
3. Arch. de Roncevaux. *Libros de autos* de 1592, p. 151. — *Cuentas* de 1562. — *Catalogo*, p. 73, nᵒ 18. — Pièce justificative xxiii.
4. Arch. B.-P., G. 219, 3ᵉ, 6ᵉ, 14ᵉ tém.

CHAPITRE IX.

Troubles du protestantisme en Béarn et en Navarre, 1567. — Charles de Lusse 1561-1579. — Il est fermier d'Onliarp 1578. — Troubles de la Ligue 1576-1590. — XV. Micheau de Lane, commandeur, 1580.

TROUBLES EN BÉARN ET EN NAVARRE.

On sait que Jeanne d'Albret avait, dès 1561, pris ouvertement le parti de la Réforme. Bien plus, non contente d'adopter les idées nouvelles, elle les voulut imposer au Béarn et à la Basse-Navarre. Ce fut pour notre pays le commencement de ces jours sinistres où deux partis se souillèrent de crimes.

Le roi de France, qui convoitait la vicomté de Béarn et le royaume de Navarre, envoya Terride (1563). Jeanne lui opposa le fameux Montgommerry. On sait les diverses péripéties de ces luttes fratricides, le siège de Navarrenx, le siège et les massacres d'Orthez, la hideuse boucherie du château de Pau [1].

Pour nous borner à ce qui regarde la Soule, il est bon de se rappeler que le principal chef catholique dans tout le pays basque était le comte Charles de Lusse, qui dès 1567 forma à St-Palais une ligue pour s'opposer aux troupes de Jeanne d'Albret. Henri de Béarn, celui qui sera un jour Henri IV, poursuivit les Navarrais jusqu'à St-Jean-Pied-de-Port et obligea Charles de Lusse à se réfugier en Espagne. Une amnistie, publiée à St-Palais en février 1568, par Jeanne d'Albret, rétablit une paix qui ne dura pas un an.

La guerre recommence ; au nom de Charles IX, roi de France, le comte de Lusse lève une armée en Navarre et en Soule. Il échoue au siège de Navarrenx, se replie sur Mauléon et s'en empare en l'absence de Belzunce, son beau-frère, qui en était gouverneur depuis 1560 et suivait le parti d'Henri de Béarn. Sénégas, capitaine de Montgommerry, l'y attaqua et le força d'abandonner le pays. Les Huguenots se répandirent dans les villages et ne

---

1. V. *Histoire de Béarn et de Navarre*, par Nicolas de Bordenave, publiée par P. Raymond. Paris, Renouard, MDCCCLXXIII, *passim*.

semèrent que des ruines. C'est l'époque où une partie de la belle église romane d'Ordiarp fut détruite par le feu.

Charles de Lusse était allé rejoindre Montlucq à Dax. Bientôt après (1570), il revient à Barcus, y rassemble quelques troupes, tombe sur Oloron, s'y fortifie au palais épiscopal et échoue devant Mauléon. Il n'y put définitivement pénétrer qu'en juillet 1570. C'est alors que Claude Régin, évêque d'Oloron, et le chapitre quittèrent l'antique *Illuro* pour s'établir à Mauléon, où les chanoines demeurèrent pendant trente ans.

M. A. Communay [1] et M. de Jaurgain [2] ont publié les lettres échangées entre Jeanne d'Albret et Charles de Lusse, au sujet de la main-levée des biens confisqués par la reine en Basse-Navarre. Les lettres du chevalier basque sont celles d'un homme brave et fier, qui ayant conscience d'avoir rempli son devoir, ne veut pas s'humilier. Il fut excepté de tout pardon et n'obtint d'amnistie qu'après la mort de la mère d'Henri IV.

Charles de Lusse appartenait à l'une des plus anciennes et des plus nobles maisons de Navarre. Dès le xie siècle, on la voit figurer dans les affaires importantes de ce pays. Issue, comme la famille de Gramont, du sang des premiers rois de Navarre, elle fournit de valeureux hommes d'armes aux croisades, aux guerres d'Espagne et d'Aragon. Charles, fils de Jean, baron de Lusse, et d'Isabeau de Gramont, naquit le 8 novembre 1535, et succéda à son père le 26 juillet 1559 [3].

En considération de ses services, Charles IX le nomma capitaine et gouverneur de Mauléon ; il lui accorda une gratification de 20,000 livres le 30 novembre 1569, et les revenus de la vicomté par lettres-patentes du 23 décembre 1570, pendant l'espace de neuf ans, don renouvelé et prorogé pour neuf autres années, en 1577 [4].

---

1. *Les Huguenots dans le Béarn et la Navarre*, par A. Communay. Auch, Cocharaux, 11, rue de Lorraine, MDCCCLXXXV, p. 129.

2. *Les Châtelains de Mauléon*. Appendice. REVUE DE BÉARN, juillet-décembre, 1884. — Pièce justificative XVI.

3. REVUE DE BÉARN. Ibidem. — *Généalogie de Lusse*. Communay, p. 130.

4. Communay, p. 115, 129.

C'est sans doute la raison pour laquelle Charles de Lusse s'empara des revenus d'Ordiarp. En effet, on lit cette remarque significative au livre de comptes de Roncevaux : « 1576. Urdiarbe. No se hase recepta por que la ocupo el senor de Lusa »¹. Il y eut cependant quelque arrangement, car Don Jaime de *Doumit* ou *Doumint*, chanoine et procureur de Roncevaux, prit possession de la commanderie le 1ᵉʳ avril 1578². Un mois après, un accord sérieux intervint entre le comte de Lusse et l'hôpital général, pour la ferme des revenus d'Ordiarp. Conclu en Basse-Navarre, le 9 mai 1578, par Jean Navarro de Violes, majordome et procureur du comte, le bail fut approuvé le 20 septembre suivant.

Rédigé en espagnol et signé au château de Tardets, l'acte porte que la somme annuelle, due au chapitre de Roncevaux pour la ferme de la commanderie, sera de 260 ducats, de onze réaux de Castille, payables le jour de Noël pendant six ans. Le fermier ne pouvait faire de réparations sans le consentement exprès du prieur de Roncevaux. Charles de Lusse jura sur les saints Evangiles l'exécution loyale des clauses du contrat. Nous savons que le comte paya fidèlement les termes échus ³.

Troubles de la Ligue (1576-1590).

Après les troubles du protestantisme, les guerres de la Ligue devaient ensanglanter notre malheureux pays. Sous prétexte de favoriser les ligueurs, Philippe II roi d'Espagne, désirait la ruine de la France. Aussi y eut-il représailles entre les deux nations. Le 12 août 1581, le roi de Navarre avait saisi les biens de Roncevaux en Basse-Navarre. Ils furent restitués le 18 septembre 1585 ⁴. Charles de Lusse, toujours ardent catholique, prit part au mouvement. Menjoulet n'en est pas sûr ⁵ et M. Communay dit « qu'il se tint à l'écart de tout mouvement politique » ⁶. Mais le fait de la

1. Arch. de Roncevaux. *Cuentas.*
2. Arch. B.-P., G. 217.
3. Pièce justificative xvii.
4. Arch. B.-P., G. 215.
5. *Chronique*, t. 2, p. 158.
6. *Les Huguenots*, p. 130.

participation du comte de Lusse aux troubles de la Ligue est certain[1]. Plusieurs témoins de l'enquête de 1623 affirment qu'il prit fait et cause pour les catholiques et qu'il dut s'enfuir à Oxagabia en Espagne. « Il fut remplacé au gouvernement de la Soule, dit, avec raison l'auteur de la *Chronique d'Oloron*, par son beau-frère Belzunce »[2]. Ce fait n'a pas échappé à la sagacité de M. de Jaurgain. Il raconte comment Charles de Lusse fut assiégé à Mauléon par Belzunce, le 2 février 1587, et réduit à s'enfuir, laissant le pays aux troupes du roi de Navarre lesquelles y commirent toute sorte de cruautés[3].

Au reste, il est bien difficile, faute de documents, de débrouiller le chaos des évènements à travers les luttes de ce temps-là. Rien ne nous mettra peut-être mieux au courant de ce lointain passé surtout en ce qui concerne Onharp, que la déposition de Tristan, sieur de Hiriart de Larzabal en Navarre, témoin dans l'enquête de 1623: « Il a veu que la commanderie d'Unharbe a été tenue à ferme des mains dud. chapitre par le défunt sieur Charles de Lusse, seigneur et baron dud. lieu pendant l'espace de douze ou quatorze ans et qu'il fut obligé de discontinuer lad. ferme à l'occasion du commencement des troubles de la Ligue, de quitter le pays et de passer les monts du côté d'Oxagabia dans la Haute-Navarre où il a resté longtemps, et que dès qu'il eut quité, le déposant s'en rendit fermier et prit lad. ferme des mains dud. chapitre et la garda quelque temps pour le prix de deux cens soixante ducats par an, qu'il a payé de la même manière que le s' de Lusse le faisoit, après quoy la deffunte dame de Hermandel, princesse régente, retira à elle lad. commanderie et même dans ce temps-là le sieur de Belzunce fut pourveu du gouvernement de Soules après la retraite dud. sieur de Lusse et les fruits furent saisis. Cependant au moyen d'une seule requête que le déposant présenta à son Altesse en qualité de fermier, lad. dame luy en accorda la

---

1. Arch. B.-P., G. 219, Inform.
2. Tome 2, p. 158.
3. *Capit. châtelains*. REVUE DE BÉARN. Juillet 1881, p. 302 et 303. V. la généralogie de Belzunce. Jean IV de Belzunce, dont il est ici question, épousa par contrat du 21 juin 1555 Catherine de Lusse, sœur de Charles de Lusse. — Ibid. p. 264.

jouissance luy laissant lad. commanderie, ce que fit aussi le sr de Belzunce de manière qu'il en resta possesseur au nom et comme fermier dud. chapitre jusqu'à ce que led. seigneur Evêque d'Oloron (Mgr Arnaud de Maytie) s'en fit revestir »[1]. Charles de Lusse rentra plus tard en France et mourut au commencement de l'année 1604[2].

XV. Micheau de Lane (1580).

Il est certain qu'Ordiarp appartenait à Roncevaux, vers 1590. A défaut du témoignage déjà cité, nous avons encore un acte d'alièvement d'une pièce de terre au quartier Bérary fait en 1588 par le chapitre en faveur de Jean de Lafite dit Gascon, pour le récompenser de trente années passées au service de l'hôpital d'Ordiarp[3]. Il n'y avait en ce moment aucun commandeur titulaire. Le dernier avait été Micheau de Lane, décédé probablement vers 1580.

En effet il y avait dix ans que la commanderie était vacante, lorsque Arnaud de Maytie y fut nommé par l'évêque d'Oloron en 1590. Le fait était constaté par le titre de Maytie que nous n'avons plus. Cette vacance excessive fut même une raison canonique de la nomination d'un commandeur par l'Ordinaire[4]. Or le célèbre Maytie fut pourvu de ce titre « par le décès de Mr Micheau de Lane, dernier paizible possesseur[5] ». Donc celui-ci était commandeur d'Ordiarp en 1580. Nous ne savons rien de plus sur ce personnage, d'ailleurs assez obscur.

1. Arch. B. P., G. 219, Inform. p. 35.
2. V. son testament dans les *Châtelains* de M. de Jaurgain.
3. Arch. B. P., G. 215.
4. Arch. B. P., G. 232. *Factum d'Urbero*, p. 8.
5. Arch. B. P., G. 218. Invent. de pièces.

CHAPITRE X.

XVI. Arnaud de Maytie, 1590-1622. — Procès fameux entre Maytie et l'hôpital de Roncevaux. — Compétition d'Olivier d'Etchazin. — Triomphe de Maytie, 1593.

XVI. — ARNAUD DE MAYTIE (1590-1622).

Désormais la commanderie d'Ordiarp n'appartiendra plus à l'hôpital de Roncevaux. Donnée pendant les troubles de la Ligue, à l'illustre Arnaud de Maytie, plus tard évêque d'Oloron, elle sera pendant deux siècles le sujet de procès sans fin.

Arnaud de Maytie naquit à Mauléon vers l'année 1550. Il était fils de Pierre de Maytie, le basque courageux qui précipita de sa chaire l'hérétique Gérard Roussel. Très jeune encore et n'ayant que sept ans, il fut par la tonsure enrôlé dans la milice ecclésiastique, le 21 septembre 1557. Vingt-deux ans plus tard, le 14 septembre 1579, il recevait les ordres mineurs ; il était sous-diacre le 14 juin 1583, diacre le 17 mars 1584 et enfin il fut ordonné prêtre le 21 septembre 1585, à l'âge de trente-cinq ans. Le 13 novembre 1590, il obtenait le prieuré d'Ordiarp. Ce titre lui fut conféré par Claude Régin, évêque d'Oloron, bien qu'il soit signé par Roger de Bonnecase, vicaire général. Arnaud de Maytie prit possession le lendemain 14 novembre. Tous ces renseignements sont tirés des pièces du procès qu'il aura bientôt à soutenir [1].

On peut s'étonner de ce que l'évêque d'Oloron ait nommé A. de Maytie à une commanderie qui appartenait évidemment au monastère de Roncevaux. Au fond, cet acte était canonique, le droit stipulant qu'après six mois de vacance d'une prébende ou d'un bénéfice, l'Ordinaire peut la conférer par dévolut malgré le patron. Il en était ainsi pour Ordiarp, puisque Micheau de Lane, dernier commandeur, était mort depuis dix ans. De plus la guerre civile ensanglantait la France ; et l'Espagne voulant profiter de nos discordes intestines, on fit facilement main basse sur tous les biens qu'elle possédait en deçà des Pyrénées. N'accusait-on pas Roncevaux d'entretenir 500 hommes d'armes dans la Ligue et contre le roi [2] ?

---

1. Arch. B. P., G. 217.
2. Arch. B. P., G. 219, Inform.

Nous ne croyons pas d'ailleurs, quoi qu'en disent MM. Me[…]
et Haristoy [1], qu'Arnaud de Maytie se soit fait pourvoir […]
revenus, *dans l'intérêt des pauvres*. Il mettra sans do[…]
avant cette raison ou ce prétexte pour se défendre plus tard[…]
encore n'y touchera-t-il qu'à peine. Il n'aurait pu justifie[r]
un fait contraire en apparence aux règles du droit et de l'ho[…]
En plaidant pour la validité de son titre, il défendait u[n …]
obtenu selon les formes canoniques et rien que cela. Arn[aud de]
Maytie fut un grand évêque et un noble caractère; l'hist[oire l'a]
placé assez haut pour n'avoir pas besoin qu'on surfasse son […]

Procès d'Arnaud de Maytie.

L'abbaye de Roncevaux, ne voulant pas se laisser dé[…]
assigna Maytie à la Cour de Licharre. Les débats furent lo[…]
syndic de Soule appuya le nouveau commandeur. Un t[…]
compétiteur se présenta : c'était Olivier d'Etchazin, curé d[e …]
cayolle, précédemment greffier à la chancellerie épisco[pale,]
ayant signé à ce titre la nomination de Maytie ; plus tard, e[…]
il sera son vicaire général à Oloron.

Arnaud de Maytie fut condamné à la cour de Licharre. P[osté-]
ment assigné devant le sénéchal des Lannes à Dax, il y c[…]
condamné à restituer la commanderie, et de plus, à se ren[dre en]
cette ville pour y prêter serment, en vertu de certaines [lettres]
d'économat qu'on avait sans doute obtenues pour lui le 31 […]
1590. Il s'y refusa et répondit qu'il avait réellement le t[itre de]
commandeur. De son côté, Roncevaux agissait avec éne[rgie ; son]
chapitre obtenait le 12 janvier 1591 des « lettres royaux d[e main-]
ficis possessoribus [2] » qui le maintenaient dans ses droits a[…]
il gagnait sa cause devant le sénéchal de Guyenne le 11 ju[in sui-]
vant. Arnaud de Maytie se rendit à Bordeaux, interjeta a[ppel de]
tous ces jugements au parlement de Guyenne, réussit à […]
évoquer toutes les instances, et recevait le 22 du même m[ois des]
lettres *en forme de requête civile* [3] annulant l'arrêt de 15[…]

1. *Chronique d'Oloron* t. 2, p. 160. — *Recherches* t. 2, p. […]
2. Ces lettres servaient à maintenir dans un bénéfice c[elui qui]
prouvait la possession des trois dernières années.
3. Les lettres *en forme de requête civile* cassaient les ar[rêts déjà]
rendus et ramenaient les parties *in statu quo ante* devant l[e même]
tribunal.

Raisons alléguées par A. de Maytie. — Il avait été pourv[u] canoniquement, disait-il, de la commanderie d'Ordiarp par l'Ord[i]naire. S'il appela de la sentence du sénéchal des Lannes, c'es[t] qu'étant vrai titulaire du prieuré, il n'y avait pas lieu de l'étab[lissement] économe. Roncevaux avait obtenu des lettres *de pacificis*, bien qu'[il] n'eût pas possédé la commanderie durant les trois dernières année[s].

L'arrêt de 1535 était nul parce qu'il avait été donné « sans ou[ïr] le procureur général »; au reste en fait il ne fut pas exécuté puis[ ] qu'il y avait eu des commandeurs d'Ordiarp indépendants du mo[ ]nastère. Les bulles étaient entachées d'abus, parce que l'union ava[it] été faite à l'encontre des règles du Concile de Constance qui exig[e] absolument que l'évêque diocésain et le chapitre soient consulté[s]. Pourquoi d'ailleurs unir l'hôpital d'Ordiarp à la mense opulente [de] Roncevaux ? Le monastère n'avait-il pas obtenu la première bul[le] du Pape Eugène IV, quand celui-ci était séparé du Concile [de] Bâle? Ces actes pontificaux étaient encore nuls, le consentemen[t] du roi n'ayant pas été demandé, condition nécessaire, Roncevau[x] étant situé en pays étranger. Il y avait donc lieu de casser l'arr[êt] de 1535, d'entériner ses lettres en forme de requête civile et de maintenir définitivement dans la commanderie d'Ordiap.

Réponse de Roncevaux. — Le chapitre s'était fait représent[er] par deux anciens fermiers, Bertrand Colon de Mongelos[1] et Trista[n] Hiriart de Larzabal[2]. Il répondit que la sentence du sénéchal [de] Guyenne entérinant les lettres *de pacificis* avait été rendue p[ar] sept conseillers et devenait exécutoire nonobstant l'appel. Mayt[ie] avait dépouillé le monastère sans droit ni titre valable. En vertu d[es] bulles d'union des papes Eugène IV et Sixte IV, celui-ci était se[ul] possesseur de la commanderie depuis plus de 80 ans. L'arrêt [de] 1535, rendu après avis du procureur général avait été toujou[rs] exécuté, sauf aux temps des troubles. Il y avait d'ailleurs senten[ce] d'excommunication contre tous ceux qui attenteraient aux dro[its] de Roncevaux ; et néanmoins, A. de Maytie usant de violen[ce] avait chassé le fermier du monastère. Les lettres *de pacifici[s]* n'avaient pas été indûment obtenues, puisque les baux de fer[me] justifiaient d'une possession plus que triennale. Le sénéchal av[ait]

1. Arch. de Roncevaux. *Lib. de Autos*, p. 49.
2. Arch. B.-P. G. 219, 6ᵉ tém. Infor.

donc porté une sentence juste. Au reste, est-ce que Maytie n'accepta pas un moment le titre d'économe, contre lequel depuis il a fait appel ? Ses lettres en forme de requête civile étaient à la fois obreptices et subreptices. Pourquoi la bulle d'union des papes serait-elle abusive puisqu'ils sont supérieurs aux Conciles ? Que l'évêque d'Oloron ait promulgué cet acte pontifical, les pièces produites en font foi ; et puis, le droit de l'Ordinaire se prescrit en quarante ans. Enfin, A. de Maytie avait tort d'en agir de la sorte envers Roncevaux, sanctuaire et pélerinage où affluaient les peuples : c'est dans ces concours de pélerins sans subsistance que l'on trouve l'emploi des revenus d'Ordiarp. On s'étonnera à bon droit que Maytie s'appuie sur une provision donnée à Menant de Lacarre par Gérard Roussel ; elle était nulle émanant d'un évêque hérétique. Il n'y avait donc pas lieu d'admettre la requête de Maytie, ni ses nombreux appels.

Réplique de Maytie. — Il avait eu raison d'en appeler de la sentence du sénéchal des Lannes puisqu'il était commandeur d'Ordiarp et non un simple économe, et du jugement du sénéchal de Guyenne, celui-ci s'étant vu retirer toute compétence par le parlement. La possession triennale en faveur du chapitre n'était pas prouvée ; elle ne s'appuie que sur des écritures privées et de prétendues quittances de fermes : la location ne prouve pas la propriété. Les bulles d'union ne parlent jamais d'Ordiarp ; ce sont des titres qui condamnent Roncevaux. Nul besoin de disputer sur la puissance du pape ; les formalités requises n'ont pas été observées : il n'y a pas d'abus de la part du Souverain Pontife mais dans l'exécution des bulles. Pourquoi aussi invoquer la prescription puisqu'il n'y eut jamais de possession paisible ? Un fait indéniable, c'est qu'ils n'ont pas de véritable titre tandis que lui en a un, conféré par l'évêque diocésain, plus de six mois après le décès du dernier titulaire. Rome n'ayant nommé personne, le droit revenait un mois après à l'Ordinaire. En conséquence, A. de Maytie demande qu'on lui adjuge ses conclusions.

Requête et raisons du syndic de Soule. — De concert avec A. de Maytie, le syndic de Soule, Jean de Béhugarry, présentait à la cour, le 14 mars 1592, une requête contre les chanoines de Roncevaux qui, depuis 25 ans, affermaient, au détriment des pauvres, les revenus d'Ordiarp aux gouverneurs de Mauléon. Le chapitre ne voulait plus de commandeur, disait-il, espérant ainsi diminuer le nombre des juges-jugeants de la cour de Licharre. Averti du procès, il suppliait la cour de le recevoir comme partie et demandait le maintien d'un commandeur résident, pour le bien des pauvres de Soule et des pèlerins. Sa requête fut agréée par le procureur général.

Requête d'Olivier d'Etchazin. — Dès le 5 mars 1592, il avait mis opposition au titre de Maytie, parce que s'étant fait pourvoir de la commanderie par bref apostolique du 9 avril 1591, il en avait pris possession le 21 février 1592. Contre Roncevaux il alléguait les raisons avancées par Maytie ; contre celui-ci, il disait que Roger de Bonnecase vicaire général n'avait pu légitimement conférer ce titre, pareil droit étant réservé au Saint-Siége « Par quoy concluoict à ce que faisant droict de son opposition il fust maintenu deffinitivement en la possession et jouissance d'icelluy bénéfice, en tout cas que la récréance¹ luy fust adjugée avecq despens ». Un certain de Lissague, que nous ne connaissons pas d'ailleurs, exposa une semblable requête.

Dernière réplique de Maytie. — Il répondit que toute impétration de titre postérieure au sien était absolument nulle, ayant été faite du vivant d'un titulaire. De plus Etchazin possédait une bonne cure au pays de Soule (Moncayolle), incompatible avec le prieuré qui avait charge d'âmes. Il demandait donc que « ses fins et concluzions luy fussent adjugées avecq despens, dommaiges et interests ».

Le procureur général conclut favorablement sur l'appel de Maytie et le parlement de Bordeaux prononça le jugement.

Sentence. — Par arrêt du 5 septembre 1592, la cour déclara qu'il y avait eu abus dans les bulles d'union, cassa l'arrêt de 1535, mit à néant toutes les lettres obtenues par Roncevaux, mais en lui réservant le droit de nommer et présenter à l'évêque d'Oloron un « personnaige suffisant et capable, natif de ce royaume et résident en icelluy, pour estre par led. évesque pourveu desd. cure, prieuré et hospital d'Urdiarp à la charge de faire le service divin, annoncer la parolle de Dieu, administrer les saincts sacrements en

---

1. Jouissance provisionnelle des fruits d'un bien en litige.

lad. paroisse sainct Michel et faire aussy le service tel qu'il estoict accostumé à la chapelle destinée aud. hospital d'Urdiarp, lequel seroict régy et gouuerné par deux gens de bien, catholiques, choisis de troys en troys ans par le seneschal d'Acqs ou son lieutenant ». Sur les fruits et revenus « seroict par lesd. administrateurs bailhé et déclairé par chascung an la somme de cent quarante liures aud. titulaire pour le seruice qu'il estoict tenen faire en lad. parroisse et aultres cent quarante liures pour seruir la chapelle, renenans lesd. sommes à la somme de quatre vingt treze escus et ung tiers ». Le reste des revenus devait être employé pour les pauvres et les réparations de l'église ; les comptes seraient annuellement rendus devant le sénéchal, en présence de l'évêque d'Oloron ou de son vicaire général. Enfin « auroict maintenu led. Maytie en la possession et jouissance desd. bénéfice et hospital d'Urdiarp à condition de prendre sur le reuenu temporel d'iceux la somme de quatre vingt treze escus un tiers par an seullement ». Il fut défendu à Roncevaux et à Etchazin de le « troubler » sous peine de 10,000 écus d'amende; l'exécution de la sentence fut confiée au sénéchal des Lannes.

Tel fut l'arrêt mémorable qui consacra les droits d'Arnaud de Maytie et dépouilla à jamais Roncevaux de la commanderie d'Ordiarp [1].

CHAPITRE XI.

Prise de possession de la commanderie d'Ordiarp par Arnaud de Maytie 1593. — Jugement sur l'administration de Maytie. — Arnaud de Maytie songe plusieurs fois à donner sa démission. — Conférences à ce sujet.

Prise de possession. — Arnaud de Maytie triomphait. Il prit possession de la commanderie d'Ordiarp le jour de Pâques, au mois d'avril 1593, et fut installé « dans un siège qui étoit la place

---

1. Arch. B.-P., G. 217. La copie de cet arrêt contient 67 f. grand in-4º sur parchemin. — Pièce justificative XVIII.

du prieur auprès de l'autel ». Il y célébra la messe au son des cloches, en présence des officiers de la cour, du sénéchal de Lannes, de Licharre et de nombreux assistants [1].

Roncevaux donna le 20 mai une nouvelle procuration à Colon, son ancien fermier [2], pour engager un second procès, mais il fut débouté de son instance par un autre arrêt du parlement de Guyenne du 2 décembre 1593 [3]. Le 10 septembre 1594, le chapitre chargeait en vain Colon de s'entendre avec Maytie [4] et quelques jours après, le 1er avril 1595, il nommait à la sacristie d'Ordiarp Bernard de Yturburu de St-Jean-Pied-de-Port à la place de Jean de Suigarri, récemment décédé [5]. A force de démarches, il obtint de Henri IV des lettres de main-levée de tous les biens, datées de Lyon du 18 septembre 1595 [6]. La commanderie d'Ordiarp y est mentionnée. Elles furent enregistrées au parlement de Bordeaux, mais celui-ci ne se déjugea pas. Il déclara qu'à l'égard d'Ordiarp les anciens arrêts « sortiroient leur plain et entier effet » ; 22 janvier 1596 [7]. D'autre part, Arnaud de Maytie, pour plus de sûreté, se faisait donner par le grand aumônier de France des lettres d'administrateur de l'hôpital d'Ordiarp, le 7 novembre 1598. Roncevaux obtenait encore, le 25 janvier 1599, des lettres homologuant toutes les bulles et rescrits pontificaux. Alors venait d'être signé à Vervins le traité de paix entre Henri IV et le roi d'Espagne. On en invoquera souvent l'article 7 ainsi conçu : « Tous rentreront dans les bénéfices dont ils étoient pourueus fors des cures où d'aultres se trouueront canoniquement » [8].

Un arrêt du parlement de Toulouse du 6 juillet 1600, en restituant à Roncevaux sa commanderie de Samatan, raviva ses espérances. Le monastère en prendra souvent texte pour faire voir l'absurdité du jugement de Bordeaux qui lui enlevait Ordiarp. Il

---

1. Arch. B.-P., G. 231. *Factum* d'Urbero. — Haristoy, t. 2, p. 136.
2. Arch. de Roncevaux. *Lib. de autos*, p. 49.
3. Arch. B.-P., G. 225.
4. Arch. de Roncevaux. *Libr. de autos*, p. 105.
5. Pièce justificative xx.
6. Pièce justificative xxi.
7. Pièce justificative xxii.
8. Arch. B.-P., G. 225. Invent. — G. 216 et G. 221.

n'acceptera jamais le fait accompli, et, pour mieux protester et affirmer ses droits, le chapitre continuera à nommer parmi ses membres un commandeur d'Ordiarp.

Administration de Maytie. — Arnaud de Maytie s'empressa d'organiser le service religieux de la commanderie. Dès le 15 octobre 1593, il confia à Raymond d'Etchegoyen le soin de la paroisse, lui cédant 30 conques de froment, 14 conques de millet, 21 conques de cidre et 45 francs en argent, et par une police du 22 octobre 1603 « il luy transporta pendant sa vie seulement et sans tirer à conséquence, toutes les offrandes qui se font en pain, chandelle et argent dans l'église d'Ordiarp ». Il accorda les mêmes avantages, le 15 janvier 1622, à Jacques Lafite, qu'il avait présenté et nommé lui-même à la cure de Musculdy et d'Ordiarp à la mort de R. d'Etchegoyen, en 1616 [1].

Quant aux revenus de l'hôpital, Maytie passait des actes soit comme commandeur, soit au nom du grand aumônier. Il conclut en cette dernière qualité un bail, en 1600, avec Jean de Belzunce, châtelain de Mauléon. Au fond, il était le seul administrateur et seul il jouissait de presque tous les fruits de la commanderie.

Faut-il le dire? On se trouve embarrassé pour apprécier avec justice l'administration d'Arnaud de Maytie. Les documents sont muets ou ne servent que de témoins à charge.

Voici d'abord une lettre de Tristan de Lusse écrite de Tardets le 5 juin 1601 pour engager M. et M⁽ᵐᵉ⁾ de Bouteville à se plaindre de Maytie au roi Henri IV [2]. D'après lui, l'évêque d'Oloron, dans le procès de 1592, aurait été « plus poussé de son profit particulier que de pitié pour les pauvres ». Il avait éludé les prescriptions de l'arrêt en obtenant un brevet de S. M. « pour ne rendre compte qu'à M. le Grand Aumônier, assuré qu'estant loin du lieu ces choses ne viendront à ses oreilles ».

Parlerons-nous de l'enquête de 1623, où tous déposent à l'envi contre Arnaud de Maytie? On doit se tenir en garde en présence

1. Pièce justificative XIX.
2. Pièce justificative XXIV. — Mme de Bouteville était Charlotte-Catherine de Lusse, fille du fameux comte de Lusse et nièce de Tristan. Elle épousa, le 1 octobre 1593, Messire Louis de Montmorency, baron de Bouteville.

de témoins suspects, et c'est le cas ici de se méfier. Ils disent que le prélat obtint la commanderie « au grand étonnement d'un chacun » en supposant que le chapitre était du parti de la Ligue, « n'ayant jamais fait de distribution aux pauvres, les ayant même fait chasser à coups de bâton ». Il avait vendu des terres à Arnaud de Hirigoyen pour mille livres et fait couper des arbres de la commanderie. Quant aux offrandes, il ne les distribua aux pauvres qu'une fois « les convertissant à son usage particulier sans faire aucune réparation »[1].

En 1623, Arnaud de Maytie était mort et ne pouvait plus se défendre. Cette haine posthume et ces accusations sordides n'atteignent pas sa mémoire. Il est néanmoins probable que l'évêque tint peu de compte des dispositions de l'arrêt de 1592 et qu'il se réserva sans scrupule tous les revenus de la commanderie. M. Menjoulet affirme que Maytie « en dépit du gouverneur rendit l'hôpital d'Ordiarp à sa première destination et y assura les ressources pour trente ou quarante pauvres de tout le pays de Soule »[2]. Il ne reste pas trace de ces dispositions aux archives des Basses-Pyrénées. L'historien Oihenart, son illustre contemporain, lui attribue à bon droit le relèvement de l'Eglise dans notre pays. « Hujus curâ et vigiliis, Ecclesia Bearnensis in antiquum statum restituitur »[3]; mais il ne dit mot de sa libéralité envers les pauvres de Soule.

Pour ce qui regarde Ordiarp, il paraît certain qu'Arnaud de Maytie pensa sérieusement et à plusieurs reprises à rendre la commanderie au monastère de Roncevaux. Une de ses lettres de 1691 nous apprend qu'il voulait s'en défaire, à la condition d'une pension annuelle de 100 ducats[4]: cette clause, exécutoire pour le chapitre, prouve que l'évêque ne se considérait pas comme un usurpateur. C'est une réponse aux témoins de l'enquête de 1623 qui expliquent la résolution de Maytie en disant qu'il « se sentoit l'âme chargée » et en proie aux « remords de conscience ».

Il y eut, sur le projet de démission, au moins cinq conférences entre le prélat et les délégués du chapitre de Roncevaux.

1. Arch. B.-P., G. 219 *passim*.
2. *Chronique*, tome 2, p. 163.
3. *Notitia*, p. 558.
4. Arch. B. P. G. 227. Invent. pour Bayonne.

1° En 1603. « Le seigneur évêque donna rendez-vous à Bernard de Loiteguy seigneur de Caro dans la maison du deffunt seigneur de Hilarre de Larribar, chevalier du lieu de Mixe où led. seigneur évêque se rendit accompagné du sieur d'Arrain juge de Mauléon en Soule où ils entrèrent tous trois en conférence au sujet dud. accommodement... sous condition qu'ils la luy laissassent à l'afferme sa vie durant à raison de cent écus sol par an, mais le lendemain il changea de sentiment [1] ».

2° Vers 1620, Uriz, chanoine de Roncevaux, alla à Blois avec Michel de Auzque pour s'accorder avec l'évêque. Il n'y trouva que le cardinal de Retz et le père Arnoult, confesseur du roi ; ceux-ci lui remirent des lettres pour Maytie. Il se rendit à Oloron où l'évêque les reçut assez mal « en leur faisant la moue ». Après, le prélat confessa « qu'il jouissait indûment de la commanderie » ; il la voulait rendre. Au préalable, il désirait en parler « au sieur d'Esquiule, vice chancelier de Navarre » à Pau. Uriz et Ausque vinrent dans cette ville où s'était rendu Mgr de Maytie pour saluer, à son arrivée, M. de Gondrin, gouverneur et lieutenant général du roi en Béarn. On se donna rendez-vous au château de Lacarre [2].

3° Bientôt après, l'évêque se réunit dans la maison Etchepare d'Ibarrole, territoire d'Ostabaret, avec Dominique de Goyénèche, curé de Mongelos et les chanoines de Roncevaux Salva et Harrizabala. Maytie proposa de prendre Samatan près de Toulouse pour trois ans à 300 ducats l'année et promit de restituer Ordiarp dans 6 ans. Il demandait au chapitre une procuration « en faveur de qui il voudroit » pour faire révoquer les anciens arrêts et hâter toutes diligences nécessaires ; mais les chanoines ne voulurent pas « s'y fier » et rompirent [3].

4° Les mêmes délégués se trouvèrent encore à Arnéguy. L'évêque y porta une minute d'arrêt pour se faire donner une procuration favorable. Le chapitre se chargeait de toutes les démarches. Mais on ne put pas définitivement s'entendre [4].

1. Arch. B. P. G. 219. Inform. p. 59.
2. Ib. p. 52.
3. Arch. B. P. G. 219. Inform. p. 39.
4. Ib.

5° La plus importante des conférences eut lieu quelques mois avant la mort de l'évêque, en mai 1622, au château de Lacarre, chez Arnaud de St-Martin « intime et proche parent de Maytie ». Outre les chanoines de Roncevaux, Uriz, Arsola et le commandeur Michel de Auzque, on y voyait Bernard de Loitéguy, seigneur de Caro, Tristan Hiriart de Larzabal, ancien fermier d'Ordiarp, Pierre de Petisme, curé de St-Michel et Goyenèche, curé de Mongelos. Arnaud de Maytie offrit de rendre la commanderie mais toujours à la condition qu'on la lui laisserait en ferme à 100 ducats par an « chaque ducat faisant cinquante cinq sols et en monnoye d'Espagne cent écus sol »[1]. Il demandait encore pour faire révoquer les anciens arrets 6,000 écus sol, exigence qui parut excessive, parce qu'il avait joui des revenus pendant trente ans. Il partit en promettant une réponse définitive dans trois jours. Il devait lui-même la porter et revenir à Lacarre. Mais il leur écrivit le lendemain au château du baron d'Uhart en leur disant qu'il ne pouvait se résoudre à cette cession « ce que les chanoines ont cru être un artifice et s'en retournèrent fort en colère [2] ».

Ainsi finit cette négociation. Roncevaux ne perdit pas courage. Arnaud de Maytie fut de nouveau assigné au Grand Conseil le 22 juillet 1622; la requête fut accueillie le 27. Mais l'évêque d'Oloron mourait bientôt après, sans qu'on sache la date précise de son décès. M. Menjoulet a raison de le placer entre le 20 septembre et le 16 novembre de l'année 1622 [3].

1. L'*écu sol* était ainsi appelé parce que depuis le 2 novembre 1475, sous Louis XI, on mit un soleil sur les écus.
2. Ib. p. 15.
3. Arch. B. P. G. 316. p. 216.

CHAPITRE XII.

XVII. Pierre d'Etchart, 1622-1623. — Pierre de Uriz, nommé commandeur par Roncevaux, 1620-1623. — Enquête célèbre de St-Palais, 1623.

XVII. — PIERRE D'ETCHART (1622-1623).

Tenace dans ses réclamations, le chapitre de Roncevaux avait nommé avant 1620 un chanoine *comendador de Urdiarbe*. C'était frère Pierre de Uriz, licencié en droit et profès depuis le 29 juillet 1612 « anno Domini millesimo sexcentesimo duodecimo, die vigesima nona mensis Julii, die Dominica infra octavam divi Jacobi Apostoli [1] ». Homme énergique, il n'aura de cesse qu'il n'ait réussi à se remettre en possession d'Ordiarp. Nous l'avons déjà vu entrer en pourparlers longs et inutiles avec Maytie, assigner celui-ci au conseil ; à la mort de l'évêque, il poursuit le procès contre son successeur, Pierre d'Etchart, commandeur français.

Celui-ci était beau-frère de Belzunce, gouverneur de Mauléon, et chanoine de la cathédrale d'Oloron. Il fut nommé commandeur le 15 novembre 1622, par Arnaud de Cazenave, vicaire général, *sede vacante* [2]. Dès le lendemain il prenait possession par M° Pierre Du Faur, prêtre, son procureur. Martin d'Elissagaray prêtre l'installa, selon les formes accoutumées « par l'entrée de lad. Eglise et bail de l'aspersoir, ayant jeté de l'eau béniste, sonné la cloche, baisé le grand autel, leu au livre messel ; et dans la maison et hospital de lad. commanderie par l'attouchement du crémail, entrée aussi de la chapelle St-Laurent etc. » en présence de Gratien d'Arrocain, sous-sacristain d'Ordiarp, de Pierre-Arnaud d'Etchebarne d'Ainharp et d'Irigaray, notaire [3].

Le nouveau commandeur, ayant présenté une requête, fut subrogé à Arnaud de Maytie dans le procès récemment intenté par Uriz.

1. Arch. de Roncevaux. *Lib. de professiones*, p. 25.
2. Pièce justificative xxv.
3. Pièce justificative xxvi.

Or celui-ci employa toute sorte d'arguments pour arriver à ses fins : l'antique possession de Roncevaux plus que centenaire, les bulles des papes, les anciens arrêts, la mauvaise administration de Maytie. Mais rien ne lui réussit comme l'enquête faite à S¹-Palais par M. François de Goyenèche, commissaire député par le conseil de la chancellerie de Navarre, le 14 janvier 1623. Il n'y a pas moins de 86 pages in-folio dans la copie de cette pièce capitale.

Cette enquête nous apprend les choses les plus intéressantes sur les coutumes, les mœurs, les personnages de la Soule, les relations de Roncevaux avec sa commanderie d'Ordiarp. Elle est bonne à consulter, pour tout ce qui regarde l'histoire générale et particulière de ces contrées.

Pour ce qui est de sa valeur juridique et de la confiance qu'il faut donner à des témoignages souvent peu bienveillants, un esprit impartial ne saurait assurément les accepter sans contrôle.

Voici comment vers 1730 François de Méharon, syndic et trésorier de l'hôpital de Mauléon, appréciait l'acte de 1623 : « Une enqueste faite au mépris de plusieurs arrêts solennels et directement contre leurs dispositions formelles est un attentat contre la justice et son autorité, et on la traite avec beaucoup de douceur et de modération, quand on ne la taxe que de pièce nulle de droit, indigne de paroître et incapable de produire aucun effet ; elle auroit le même sort quand on ne la regarderoit que du côté des formalitéz : les plus essentielles y manquent, il ne paroit pas que les témoins qui ont déposé ayent été assignez : les dépositions sont conformes, sans signature des témoins, le procès-verbal d'enquête n'a esté signifié ni aux administrateurs de l'hôpital, ni à aucune autre partie [1] ». Nous verrons plus tard que F. de Méharon avait quelque intérêt à suspecter ainsi cet important document.

Quoi qu'il en soit, les 14, 16 et 18 janvier 1623, quinze témoins déposèrent à S¹-Palais sur les faits qui s'étaient passés à la fin du xvi⁰ siècle et au commencement du xvii⁰ entre le monastère de Roncevaux et l'hôpital d'Ordiarp.

On sera curieux peut-être d'en retrouver ici les noms oubliés. C'étaient : Arnaud de S¹-Martin, chevalier, seigneur du château de Lacarre, maire de Cize ; le discret M⁰ Jacques de Lafite, curé de Musculdy et vicaire perpétuel d'Ordiarp ; Gratien

---

[1]. Arch. B. P. G. 231. Imprimé.

d'Arrocain, prêtre, résidant à Ordiarp ; Mᵉ Jacques de Larrando, prêtre, vicaire de Musculdy et Ordiarp ; Pierre de Daguerre de Garindain ; Tristan de Hiriart, de la ville de Larzabal en Navarre ; Mᵉ Pierre de Petisme, curé de St-Michel de Cize ; Mᵉ Dominique de Goyenèche, docteur en théologie, curé de Mongelos et Ainhice ; Jean Michel de Auzque, commandeur de Errecaldia à Busunarits, pays de Cize ; Mᵉ Bernard de Loitéguy, seigneur du château de Caro, conseiller du roi, membre des requêtes et avocat en la chancellerie de Navarre ; le discret Pierre de St-Martin, noble d'extraction, prieur de Uziate, en Navarre ; Théophile de Lalanne, chevalier, seigneur du château de Lalanne, gouverneur du château de la ville de St-Jean-Pied-de-Port ; Jaime de Jaury d'Ordiarp ; Arnaud de Salharang, laboureur d'Ordiarp ; Pierre de Lafite, forgeron.

C'est un de nos regrets de n'avoir pu donner *in extenso* cette information de 1623. Mais il a fallu nous borner dans la publication de pièces justificatives déjà trop nombreuses.

Cet important document, bien précieux pour l'histoire des temps si troublés de la Ligue, est tout prêt à paraître : un jour peut-être aurons-nous occasion de le publier [1]. Nous nous contenterons d'un résumé que l'on trouve en tête d'une copie de 1660 [2].

Armé de cette pièce, Uriz alla à Paris et obtint, le 9 avril 1623, des lettres en forme de requête civile « les mettant en tel estat qu'ils estoient auparavant lesd. arrêts du parlement de Bordeaux ». Quelques jours après, le 25 avril, il fut ordonné aux parties de produire leurs raisons, on attribua la cause au grand conseil « icelle interdite à tous autres juges » [3]. Enfin un arrêt fameux cassa, le 14 juillet 1623, le jugement de la Cour de Bordeaux et remit le chapitre en possession de la commanderie d'Ordiarp [4] non sans frais, car le monastère avait perdu sur cet hôpital 50,000 ducats depuis 1502, et 10,000 en procès. « Desde la usurpacion a perdido cinquenta mil ducados y gasto en Paris y Burdeos Roncesvalles, procurando su recuperacion mas de diez mil ducados » [5].

1. Arch. B. P. G. 219. Information.
2. Pièce justificative, xxvii.
3. Arch. B.-P., G, 219.
4. Ibidem.
5. Arch. de Roncevaux. *Hist. de Huarte* copie p. 151.

CHAPITRE XIII.

XVIII. Dominique de Chabos, 1623-1663. — Procès entre Uriz et Chabos. — Arrêt en faveur de Chabos, 1627.

XVIII. — Dominique de Chabos (1623-1663).

Tandis que le chapitre de Roncevaux se croyait définitivement possesseur d'Onliarp, un autre compétiteur s'éleva qui remit tout en question. Le commandeur Pierre d'Etchart était mort en effet le 11 mai 1623, pendant le procès. Dominique de Chabos ou Chavoix, de Libarrenx, neveu d'Arnaud II de Maytie, curé de Mendi et Idaux en 1618, puis chanoine de Ste-Marie d'Oloron, fut pourvu de ce titre par l'évêque diocésain et il prit possession le lendemain [1]. A cette nouvelle, Roncevaux protesta et renouvela ses pouvoirs à Jean de La Salle de Bardos pour s'emparer des revenus d'Onliarp. Chabos, reçu comme partie au procès, avait fait confirmer par le parlement de Bordeaux, le 1er août, son arrêt du 5 septembre 1592 qui chargeait la cour de Licharre, à la place du sénéchal de Lannes, de nommer à Onliarp des administrateurs lettrés [2]. De son côté, le chapitre espagnol choisit, le 7 août 1613, Jacques Cazenave, juge royal à Hastingues, pour exécuter l'arrêt du grand conseil du 14 juillet et mettre son procureur Jean de La Salle en possession de la commanderie [3].

Les détails du voyage de ce petit juge de Hastingues ne manquent pas d'intérêt. Il arrive à Mauléon le 11 août, se transporte au parquet de Licharre. Chabos se présente pour dire qu'il a été canoniquement institué et que d'ailleurs, n'étant pas nommé dans dans l'arrêt du 14 juillet, toute procédure contre lui était nulle. Arnaud d'Arbide, vicaire général, comparut également. A 10 heures du matin « heure passée, pour le cognoistre à l'aspect du solheilh » le juge ouvrit la séance, admit toutes les protestations, etc. On partit le soir pour Onliarp, et après lecture des pièces faite par Briny, avocat. La Salle fut mis en possession des

---

1. Arch. B.-P., G. 219. Procès-verbal de Hastingues.
2. Pièce justificative xxviii.
3. Arch. B.-P. G. 219.

biens de la commanderie en présence de Jacques de Lafitte, curé de Musculdy, de Gratian d'Arrocain, prêtre, d'Arnault de Conget, sacristain, et de Jacques de Larrondo, vicaire. Pareille chose eut lieu le jour suivant à Idaux, Mendi, Garindain et Viodos.

Le procès se continuait. Roncevaux voulait la juridiction du grand conseil. Chabos espérait en saisir définitivement le parlement de Bordeaux qui, une seconde fois, le 7 septembre 1623, venait de lui donner gain de cause. C'est alors qu'il réussit à faire intervenir en sa faveur Arnaud Oihenart, l'illustre auteur de la *Notitia utriusque Vasconiæ*, en ce moment syndic général du tiers état et procureur spécial du pays de Soule. Tout en reconnaissant que la « nomination et présentation » appartient aux prieur et chapitre de Roncevaux, celui-ci les déclare « incapables de posséder aucuns bénéfices dans le royaume » parce qu'ils sont « estrangers ». Il fait voir « que le grand conseil ne pouvoit cognoistre de ceste cause au préjudice du parlement de Bordeaux au ressort duquel led. hospital est scitué » et il supplie S. M. « le recevoir partie intervenante audit procès et, ce faisant, casser led. arrest du grand conseil du 14e juillet dernier et tout ce qui s'en est ensuivy »[1].

[1]. Arnaud d'Oihenart naquit à Mauléon le 7 août 1592. C'était le second fils de Me Arnaud d'Oihénart, avocat, procureur du roi au pays de Soule, et de Jeanne d'Etchart. Il était avocat en 1618 et nommé syndic du tiers état de Soule le 30 avril 1623. Il épousait en mars 1627 Jeanne d'Erdoy, héritière de noble Arnaud d'Erdoy de St-Palais et veuve de Jean de Lostal Maucor d'Apat de Bussunarits. Dès lors il se fixa à St-Palais et fut reçu avocat au parlement de Navarre. Il publia, en novembre 1637, l'ouvrage connu sous le nom de *Notitia utriusque Vasconiæ tum Ibericæ tum Aquitanicæ* dont une seconde édition parut en 1656. Il mourut vers 1667. Déjà au siècle dernier cet historien était très estimé. Le chapitre de Bayonne disait de lui en 1732 : « Son exactitude est extrême ; le sieur Meharon sçait mieux qu'un autre avec quel soin et combien de travaux cet historiographe si renommé a ramassé tant en France qu'en Espagne tous les titres capables de servir à l'établissement et à l'éclaircissement des faits sur lesquels il a écrit » G. 228. Arch. B.-P. — V. l'excellente étude de M. de Jaurgain : *Arnaud d'Oihenart et sa famille*. REVUE DE BÉARN, avril et juillet 1885. — Pièce justificative XXIX.

Le monastère de Roncevaux ne se reposait pas. Il parvint à convoquer à Ordiarp et à Musculdy une nombreuse réunion des habitants qui protestèrent, le 1ᵉʳ novembre 1623, en sa faveur contre les prétentions de Chabos et les actes du syndic de Soule. En reconnaissant les droits du chapitre sur Ordiarp, ils désavouent absolument et révoquent « tous actes et procurations qu'on pourroit leur auoir extorqués cy-deuant par faulx entendu contre lesd. sieurs prieur, chanoynes et chapitre ».[1]

Un arrêt de Bordeaux du 1ᵉʳ décembre 1623 donna encore raison à Dominique de Chabos. A Ordiarp les fermiers Fartancho, Irigoity et les administrateurs Petiry, Etchebarne et Baratchegaray reconnaissaient les droits du commandeur français, malgré les protestations de Jacques de Briny, avocat, et de Jean de La Salle, procureur de Roncevaux.

Cependant le chapitre réussit à évoquer le procès au grand conseil. Le 27 février 1624, D. de Chabos demanda, sans l'obtenir, le renvoi à six semaines. Il perd sa cause et se pourvoit en cassation au conseil privé. Le chapitre de Roncevaux ne crut pas devoir plaider au fonds, mais il se contenta de demander le renvoi de la cause au grand conseil. Sans retenir le fond, le conseil privé rendit un arrêt le 1ᵉʳ octobre 1624 portant que « sans s'arrêter à l'arrêt du grand conseil du 11 juillet 1623, les parties procéderont au parlement de Bordeaux sur les différents ». Le commandeur Uriz demanda cassation de cet arrêt. Le conseil privé ordonna le 25 août 1625 que les parties fussent mises « hors de cours ». Se voyant perdu le chapitre de Roncevaux voulut évoquer l'affaire au parlement de Pau, mais Chabos lui opposa un déclinatoire d'incompétence[2]. On dut se résigner à accepter la juridiction du parlement de Bordeaux.

Durant tout le litige, la mise en ferme des biens de la commanderie se faisait annuellement à la cour de Licharre, à la maison Harichoury de Mauléon, lieu ordinaire des séances. Alors aussi fut faite par le clergé de la paroisse, le 10 mai 1625, la déclaration des 15 l. 15 s. perçus annuellement par l'évêque d'Oloron pour l'arcint[3]. Le 26 juin 1626, Jean de Lafite, curé de Musculdy et

---

1. Pièce justificative xxx.
2. Arch. B.-P., G. 219.
3. Pièce justificative xxxi.

vicaire perpétuel d'Ouliarp, demanda que le fermier s'engageât à payer les 40 livres annuellement données à l'église et 300 livres pour les réparations du moment. Une cloche s'était cassée en tombant et il y avait à achever « la closture des murailles du cimetière ». L'engagement fut pris et la ferme eut lieu [1].

Enfin le parlement de Bordeaux porta son dernier et décisif arrêt le 9 juin 1627. Il débouta le chapitre de Roncevaux de sa requête, cassa les jugements obtenus par lui, les 8 avril et 11 juillet 1623, et remit en vigueur les arrêts du 5 septembre 1592.

Cette sentence fut regardée par le monastère comme un véritable déni de justice. Pierre de Uriz était mort le 18 mai 1627, sans se défendre. Roncevaux n'avait pu recouvrer les pièces du conseil privé [2] : il protestera jusqu'en 1712.

Dominique de Chabos voulut promptement profiter de l'arrêt rendu en sa faveur. Dès le 12 août 1627, il avait fait saisir les revenus d'Ouliarp et assigné les chanoines au parlement de Guyenne, pour les faire condamner aux dépens et obtenir la main-levée des fruits séquestrés durant le procès. La cour prononça cette sentence : « Dict a esté que sur la condamnation aux dépens requise par le suppliant les parties seront ouyes au premier jour. Cependant a accordé main-levée des sommes et revenus saisis à sa requête jusqu'à la concurrence de 1719 livres 12 sols, d'une part, et 835 l. d'autre. Ordonne que les sequestres et détenteurs seront contraints par toutes voyes et en cas de refus assignés » [3].

Ainsi fut perdue sans retour pour Roncevaux la commanderie d'Ouliarp. Outre les frais immenses qu'entraînèrent de si longs procès, le chapitre dut dédommager Jean de la Salle de Bardos, écuyer et chevalier de N. D. du Mont Carmel, de toutes les peines qu'il s'était données en leur servant de procureur. La quittance délivrée à Roncevaux le 18 février 1633 fixe à 250 ducats la somme payée « por la diligencia de la Sala, en razon de la pretention que losd. senores superior y canonigos tenian y tienen en la encomienda de Urliarbe ». Elle fut remise à Sanbat de Labayre, de Bardos [4].

1. Arch. B.-P. G. 219. — 2. Id. B.-P. G. 225 et 228. — 3. Id. B.-P. G. 219. — 4. Arch. B.-P. G. 220. — Jean de La Salle, seigneur de Bardos et des nobles maisons de St-Pée et Iriberry en Cize, était chevalier de l'ordre de Notre-Dame du Mont Carmel et de St-Lazare. — V. Haristoy, *Recherches*, t. I, p. 509.

CHAPITRE XIV.

Administration de Dominique de Chabos. — Lettre sur lui, signée « L'home de paille » 1612. — Guerre entre la France et l'Espagne, 1535-1659. — Représailles réciproques. — Le chapitre de Bayonne s'empare d'Ordiarp, 1644. — Paix des Pyrénées, 1659. — Conférences sur les restitutions de biens, à Arnéguy, Figuières, l'Ile des Faisans, 1663, 65, 66.

ADMINISTRATION DE CHABOS.

Dominique de Chabos regarda comme nul son premier titre de commandeur. Néanmoins, il ne se hâta pas de prendre possession une seconde fois, administrant d'ailleurs les biens de l'hôpital, percevant les revenus, présentant aux cures. Le 5 juillet 1631, il fait confirmer ses droits par brevet royal ; il y était stipulé qu'il prendrait 280 livres sur les fruits et que le reste reviendrait aux pauvres. Des lettres d'économat lui furent envoyées le 15 juillet, l'obligeant à rendre ses comptes au grand aumônier tous les trois ans. On voulait assimiler sans doute Ordiarp à un des nombreux hôpitaux du Royaume qui relevaient du grand aumônier de France. Le commandeur n'agissait ainsi que par habileté.

Chabos prit définitivement et officiellement possession le 3 juillet 1635 [1]. On pourrait expliquer ces lenteurs par la crainte de nouveaux procès et l'espérance de tromper l'inquiète vigilance de Roncevaux. Il avait vu en effet Goyenèche présenté à la cure de Viodos par Roncevaux et institué par l'évêque de Lescar sur le refus de celui d'Oloron, maintenu par le sénéchal de Guyenne le 17 septembre 1630 [2].

Les documents nous font défaut, pour juger impartialement l'administration de Chabos. Il faudra désormais se défier des pièces qui nous proviennent de Roncevaux ; elles ne sont guère favorables aux commandeurs d'Ordiarp.

1. Arch. B.-P., G. 221. Extr. des reg. G. 227. Inv. pour Bayonne.
2. Arch. B.-P., G. 221.

Nous avons sur Chabos une curieuse lettre écrite par un de ses ennemis qui l'a signée « L'home de paille ». Il convoitait lui-même la commanderie et il espérait, pour arriver à ses fins, profiter de la guerre d'Espagne et des lettres de représailles obtenues par le chapitre de Roncevaux. Ce petit factum fut envoyé à M. d'Etchart, curé d'Ossés, le 22 août 1612. Après avoir fort maltraité Arnaud de Maytie, le malin anonyme continue : « Pour administrateurs Chabos a mis nominativement une fois André Sorthère et Petiry Etchebarne, l'autre fois, Guilhem de Cayet et Guilhem Arnaud de Urruty, les plus ignares et plus pauvres d'esprit qu'il aye en la paroisse, voire au pays. Il n'a jamais résidé sur les lieux, ny dit heures canonicales, aussy peu célébré la sainte messe, n'a jamais administré aucun sacrement, ny ne fust en l'église, ny au cœur, ny en chère, ny en autel... A fait des extorsions scandaleuses et ce qui fust notable, le lendemain de Toussaints, sans aucune crainte de Dieu ny respect du lieu sacré, ayant brisé la porte de la sacristie, emporta l'oblation dud. jour sans qu'on ayt eu aucune réparation du forfait. Il n'y réside qu'un métayer pour cultiver les terres de lad. commanderie bien qu'il aye quatre lits somptueusement garnis servants pour lors que led. Chabos y vent prendre ses esbats avec ses amis »[1].

M. Athanase de Bélapeyre, vicaire général de Soule, n'est pas moins sévère dans un mémoire qu'il écrivit sur Ordiarp. « Chabos qui n'étoit au fond, dit-il, qu'un stipandié à gages se prévalant du désordre des guerres entre les deux couronnes de France et d'Espagne et se qualifiant commandeur de cet hôpital d'Ordiarp, s'ingéra témérairement d'usurper en son particulier l'administration entière de tous les revenus et de faire le patron présentateur de toutes les cures et sacristies des paroisses »[2].

A la décharge de Chabos, il faut dire qu'il donnait aux pauvres une certaine somme. D'après un jugement rendu à la cour de Licharre, le 12 juin 1619, il ne s'attribuait que les 280 livres fixées par les arrêts. Jusqu'en 1656, les livres de compte faisaient foi des aumônes distribuées par le commandeur.

1. Arch. B.-P., G. 221.
2. Pièce justificative LX.

Aussi bien, tout ne lui fut pas agréments et profits. Dans sa longue administration, qui dura plus de 40 ans, il se vit maintes fois troublé dans sa possession par les manœuvres de Roncevaux.

Guerres entre la France et l'Espagne. Représailles (1635-1659).

Le cardinal de Richelieu avait, en 1635, déclaré à l'Espagne une guerre qui ne devait se terminer que par la paix des Pyrénées, le 7 novembre 1659. Le Roussillon et la Catalogne furent le théâtre de sanglantes hostilités. La France confisquait par lettres patentes du roi les biens possédés par les Espagnols dans notre pays ; l'Espagne avait établi une « chambre de représailles » dans le même but. Toutes nos guerres contre la Péninsule furent suivies de pareils effets.

Le chapitre de Roncevaux ayant été dépouillé de ses biens, demanda des représailles à l'Espagne. Don Christofle de Atocha, commandeur d'Ordiarp, voulait en outre qu'on le dédommageât des rentes perdues par le monastère depuis 1590. On voit qu'il n'acceptait pas le fait accompli. Le procureur fiscal répondit, le 6 août 1636, « que pour les injustices et mauvais prétextes desquels on s'estoit servy pour usurper la commanderie on pourra saisir autant d'autres rentes de celles qui sont en ce royaume des prébendes appartenant aux François ». L'arrêt de Madrid ordonne, le 1er octobre 1638, que « D. Christofle d'Atocha soit payé de 800 ducats qu'il a vérifié que valoit de rente annuelle lad. commanderie d'Unliarp depuis l'année 1591 en auant jusqu'à la restitution et réintégrande de lad. commanderie et lad. maison royalle soit payée des dépens faits pour empêcher lad. usurpation »[1]. Le texte espagnol en était ainsi conçu : « Al dicho Dotor don Christonal de Atocha se le de satisfacion de ocho cientos ducados que parece estar verificado valia de renta en cada un año la dicha su encomendia de Unliarbe desde el pasado de quinientos y noventa y uno en adelante hasta la restitucion y entrega de dicha encomienda. 15 de octubre 1638 »[2].

1. Arch. B.-P., G. 229.
2. Arch. B.-P., G. 139.

On se saisit des biens possédés par l'évêché de Bayonne en Espagne. L'injustice était flagrante. L'hôpital d'Ordiarp n'était pas détenu par le chapitre de Bayonne mais par un chanoine d'Oloron. Roncevaux ne le voulut jamais comprendre : c'était se venger singulièrement des arrêts du parlement de Bordeaux !

Qu'allaient donc faire Mgr Fouquet, évêque de Bayonne (1638-1642) et son chapitre ? Ils n'eurent d'autre ressource que de demander des lettres de représailles sur les biens de Roncevaux. Louis XIII les leur accorda le 26 décembre 1637. Il faut remarquer qu'il ne s'agissait pas seulement d'Ordiarp, puisque la chambre des représailles d'Espagne ne donne son arrêt définitif sur cette commanderie qu'en 1638. Le conseil privé du roi confirma les lettres obtenues par l'évêque de Bayonne, le 20 septembre 1639, jusqu'à concurrence des pertes éprouvées en Espagne par l'église cathédrale. Mais le chapitre de Bayonne ne put pas en profiter entièrement, car le célèbre Marca obtint pour son neveu Paul de Faget, curé d'Escurès, plusieurs commanderies en Basse-Navarre et celle de Bonloc en Labourt [1].

Ce ne fut que le 29 novembre 1644 que le chanoine Gouvert prit possession d'Ordiarp au nom du chapitre de Bayonne. Le procès verbal nous apprend qu'il alla à cheval à Arnéguy, puis à Ordiarp, où il se fit installer par Pierre de Mus, huissier de Bayonne, dans « l'esglize principalle dud. prieuré, commanderie, et hospital ». La saisie fut signifiée à Dominique de Chabos, afin qu'il n'en ignorât point. Menaud de Barlarrèche, prébendier et vicaire d'Ordiarp, protesta au nom du commandeur et réserva tous ses droits [2].

Par ailleurs nous avons toute raison de croire que Chabos ne fut nullement troublé dans la perception des revenus, car son livre de comptes va jusqu'à l'année 1656, presque à la veille du traité des Pyrénées [3].

---

1. Arch. B.-P., G. 120. Dès le 11 juin 1635 D. François de Gonzalès, marquis de Balparaiso, vice-roi et capitaine général de Navarre, avait fait saisir les biens du chapitre de Bayonne.

2. Pièce justificative xxxiii.

3. Arch. B. P., G. 221.

Paix des Pyrénées (1659.)

Le 7 novembre 1659 un traité de paix termina la guerre qui depuis longtemps désolait la France et l'Espagne. Il fut signé à l'Ile des Faisans, sur la Bidassoa, limite commune des deux Royaumes. Le cardinal de Mazarin au nom de Louis XIV, Don Louis de Haro pour Philippe IV, réglèrent les conditions de la paix. L'article 59 ordonnait la restitution des biens confisqués en vertu des représailles.

Il y eut à ce sujet plusieurs conférences où assistèrent les délégués du chapitre de Bayonne et ceux de Roncevaux.

1° *Conférence d'Arnéguy.* — La France nomma pour la représenter le maréchal duc de Gramont qui se fit suppléer par le célèbre Arnaud d'Oihenart, avocat et lieutenant général de la sénéchaussée de St-Palais. L'Espagne avait choisi le marquis d'Astorga y San Roman, vice roi de Navarre, qui subdélégua François d'Ochoa, avocat au conseil royal de la province. Celui-ci se rendit à Arnéguy le 21 janvier 1663 avec D. Angelo de Guinda, chanoine et procureur de Roncevaux. Il y convoqua Oihenart qui en écrivit au chapitre de Bayonne et aux commandeurs d'Ordiarp, de Bonloc et de Burgarone. Personne ne répondit à cette convocation. Le chapitre de Bayonne dit avec raison qu'il n'avait pas affaire avec Roncevaux, puisqu'il lui avait tout rendu, tandis que le monastère ne pouvait se résoudre à aucune restitution. De son côté Oihénart fit remarquer à Ochoa que ses pouvoirs n'étaient pas suffisants. Le commissaire espagnol se retira après avoir protesté [1].

2° *Conférence de Figuières.* — Irrité des refus que lui opposait l'abbaye de Roncevaux, le chapitre de Bayonne obtint le 8 août 1663 de nouvelles lettres de représailles contre le monastère et en particulier contre le marquis d'Aytonne, possesseur de la vicomté d'Ille en Roussillon [2]. Pour régler ce différend, une nouvelle conférence fut fixée à Figuières en Catalogne. Elle est célèbre dans les annales de Roncevaux.

1. Pièces justificatives xxxiv, xxxix.
2. Arch. B. P. G. 222.

La France, l'Espagne, et les chapitres de Bayonne et de Roncevaux y étaient représentés :

Pour la France :
JACQUES DE SOUILLAC D'ASERAC, marquis de Châtillon, lieutenant général en Roussillon.
CHARLES MACQUERON, conseiller et procureur général au conseil souverain de Roussillon.

Pour l'Espagne :
DON FABRICIO DE PONS CASTETLUY, chevalier de l'ordre de St-Jacques, conseiller de Sa Majesté Catholique au principat de Catalogne.
DON PEDRO DE COPONS, docteur en droit, chanoine et trésorier de la cathédrale de Barcelone.

Pour le chapitre de Bayonne :
DENIS DE NYERT, chanoine.

Pour le chapitre de Roncevaux :
DON ANGELO GUINDA chanoine.

Les pièces du temps nous apprennent que le délégué du chapitre de Bayonne, Denis de Nyert, resta près de trois ans en Catalogne, de 1663 à 1666, pour traiter les affaires de son église [1]. Nous voyons que les frais de voyage de Bayonne à Perpignan lui coûtèrent 135 l. 12 s. et de Perpignan à Paris 248 l. 10 s. 6 d. [2].

La conférence eut lieu le 24 juillet 1665, à Figuières, au principat de Catalogne. Il fut statué que « en conformitté des articles 28, 29 et autres du traité de la paix générale » les deux chapitres se rendraient mutuellement tous leurs biens. Quant à la demande de l'évêque de Bayonne d'être réintégré en sa juridiction spirituelle dans les paroisses espagnoles de son ancien diocèse, et sur l'indemnité à stipuler pour les frais des procès et pour la jouissance de la *commanderie d'Urdiarbe*, les deux chapitres « se retireront par deuant lesd. commissaires nommés ou à nommer » [3].

3° *Nouvelle conférence d'Arnéguy.* — De nouvelles conférences étaient nécessaires pour la restitution définitive des biens. On se réunit d'abord à Arnéguy. Les commissions avaient été données au vice roi de Navarre et au gouverneur de Béarn qui y déléguèrent des fondés de pouvoir.

---

1. Pièces justificatives xxxvii et xxxviii.
2. Pièce justificative xlvii.
3. Pièces justificatives xxxix et xl.

Pour la France :
Le Maréchal duc de Gramont, gouverneur et lieutenant général en Navarre et Béarn, ou le marquis de Poyanne, lieutenant en son absence.

A leur place :
Thibault de Lavie, conseiller du roi et premier président du parlement de Navarre.

Il subdélégua :
Arnaud d'Oihénart, sieur de la Sale, avocat à St-Palais.

Pour le chapitre de Bayonne :
Jean Du Livier, chanoine.

Pour l'Espagne :
Don François de Tutabila, duc de San German, vice roi et capitaine général de Navarre, et seigneur de la campagne d'Albala.

A sa place :
Don Fausto Burutain, syndic général de la Haute Navarre, avocat royal à Pampelune.

Pour le chapitre de Roncevaux :
Martin de Çalva, chanoine.

La conférence eut lieu le 30 décembre 1665 « à l'heure de relevée » au milieu du pont d'Arnéguy. Oihénart, Burutain et les chanoines Du Livier et Çalva s'y trouvèrent. Le chapitre français réserva encore la juridiction spirituelle de l'évêque de Bayonne sur une partie du nord de l'Espagne; celui de Roncevaux protesta contre l'usurpation d'Ordiarp. De part et d'autre on s'entendit sur la restitution des biens détenus. Martin de Çalva fut remis en possession en France par Arnaud d'Oihénart, le 2 janvier 1666 et les jours suivants ; F. Burutain en agit de même en Espagne envers le chanoine Du Livier, du 3 au 9 janvier [1].

4° *Conférence de l'île des Faisans.* — Pour la restitution des biens possédés par Bayonne dans le Guipuscoa, une dernière conférence dut se réunir. Les deux chapitres y envoyèrent les mêmes députés. Les autres commissaires furent changés. Ce furent :

Pour la France :
Joseph Pellot, conseiller du roi, intendant de Guyenne.

Il délégua :
L'abbé de St-Martin Barez, conseiller du roi.

Pour l'Espagne :
Don Martin Joseph Badaran de Oginalde, corrégidor de Guipuscoa.

Il délégua :
Don Domingo de Aguirre y Çurco.

1. Arch. B.-Pyr., G. 223. Pièces justificatives XLIII, XLIV, XLV, XLVI.

Les séances commencèrent le 23 janvier 1666, dans une sorte de barraque, « en la casa o barraca ». On y fit les mêmes réserves qu'à Arnéguy et les mêmes protestations au sujet d'Ordiarp. Le chanoine Du Livier fut remis en possession des biens du chapitre de Bayonne, par Domingo de Aguirre, dès le 1er février [1].

Ainsi durant tous ces pourparlers le commandeur d'Ordiarp, Dominique de Chabos, ne fut pas troublé dans sa possession. Une lettre de Roncevaux nous apprend même « qu'il ne feut point citté » [2]. Il n'y eut d'ailleurs jamais de commissaires réunis pour s'occuper de l'hôpital, et ainsi une des clauses de la célèbre conférence de Figuières ne fut pas exécutée.

CHAPITRE XV

Insurrection des Basques. — Matalas, curé de Moncayolle, chef des rebelles est pris à Ordiarp et exécuté à Mauléon, 1661. — XIX. Jean de Gassion, 1663. — XX. Pierre de Maytie, 1664-1673. — Procès et arrêts en faveur de Roncevaux sur la cure de Viodos, 1673. — Guerres de la dévolution, 1665; de Hollande, 1672.

INSURRECTION DES BASQUES

Dans le même temps, la Soule venait d'être le théâtre d'une insurrection qui mit un moment en échec la puissance royale. En 1661, les Souletains se soulevèrent en masse parce qu'on voulait imposer le pays d'une somme de 150,000 livres, destinée à racheter les droits fiscaux perçus par les collecteurs impitoyables du comte de Trois-Villes. Celui-ci s'était en effet substitué au domaine royal. Bernard de Goyenèche, curé de Moncayolle et surnommé *Matalas*, depuis qu'il avait été battu par les étudiants de l'Université de Bordeaux, se mit à la tête des révoltés et, dès le mois de juin, avec 700 hommes il répandit la terreur dans tout le pays. Il faut lire

1. Arch. B.-Pyr., G. 223. Pièces justificatives XLI, XLII, XLVIII.
2. Arch. B.-Pyr., G. 226, 4 août 1698.

dans Jacques de Béla, le *Journal* de l'insurrection des Basques, le récit des déprédations et des violences, commises sous le couvert de la religion et de l'intérêt du peuple [1]. Mauléon fut pris par la force, les officiers ruraux firent cause commune avec les rebelles ; les protestants ne durent la vie qu'à la générosité de certains catholiques et surtout à la protection d'Arnaud François de Maytie, évêque d'Oloron. Celui-ci, après avoir rappelé, mais en vain, le curé Matalas à ses devoirs les plus sacrés, le frappa d'excommunication. Le 17 août 1661, Bertrand de Goyenèche installa le siège de son gouvernement à Tardets, il interdit les marchés de Mauléon et exerça une véritable dictature.

Le parlement de Navarre envoya alors à Mauléon un commissaire extraordinaire qui obtint du marquis de St-Luc, lieutenant général en Guyenne, 400 cavaliers sous les ordres de M. de Calvo. Le 11 octobre, celui-ci vint attaquer Matalas qui s'était fortifié au château d'Undurain.

A cette nouvelle, les cloches sonnent à toutes volées, des bandes se forment dans les villages voisins, on accourt, et le lendemain cette troupe confuse de soldats sans expérience, chargée par M. de Calvo, perd 50 hommes et se disperse dans les montagnes. Matalas licencie ses derniers fidèles ; et il s'enfuyait en Espagne lorsque, sur des conseils inconsidérés et des reproches mérités, il s'enferma au château de Gentein à Ordiarp.

La troupe de Calvo cerna la maison forte et s'empara du curé qui fut jeté pieds et poings liés dans la prison de Mauléon. Le 5 novembre 1661, Matalas fut condamné par le parlement de Bordeaux à avoir la tête tranchée et les membres roués.

Au préalable, l'évêque d'Oloron procéda à la dégradation du malheureux prêtre dans cet appareil sinistre dont les détails glacent d'effroi. Après avoir fait amende honorable de ses crimes, Matalas fut conduit à l'échafaud dressé dans la plaine inférieure de Licharre. Son supplice eut lieu le 8 novembre. Sa tête fut attachée par le bourreau au-dessus de la *Barbacane*, l'une des portes de Mauléon, et y resta exposée pendant deux mois. Le 1er janvier 1662, la multitude l'enleva nuitamment. Son corps fut

---

1. Manuscrit de M. Louis Batcave. — *Châtelains de Mauléon* p. 281. REVUE DE BÉARN 1881.

inhumé par ordre de l'évêque devant le grand autel de l'église paroissiale de S¹-Jean de Berraute.

Les Basques effrayés émigraient en masse ; la Soule allait être dépeuplée quand Louis XIV publia des lettres de grâce en faveur des coupables ; elles furent enregistrées à Licharre le 4 juillet 1662 [1].

XIX. — Jean de Gassion (1663).

Il n'est pas facile à travers des procédures infinies de débrouiller les dates véritables de la succession des commandeurs français d'Ordiarp. Dominique de Chabos avait joui de ses revenus pendant plus de 40 ans. En 1663, il refuse d'assister à la première conférence d'Arnéguy où l'avait appelé Oihénart. Craignait-il qu'on le dépossédât de sa commanderie ? La chose est probable, car il la résigna en faveur du « fils du sieur Gassion, président du parlement de Pau, et cella puis avoir esté convoqué aux conférences de la frontière par le commissaire Oyhénart et ensuite révoquant la première résignation, il en a fait une autre en faveur d'un autre françois » [2]. Ainsi Jean de Gassion, baron de S¹-Vincent de Salies, fut nommé depuis le 21 janvier 1663 et révoqué bientôt après, car les 8 et 9 juin de la même année la ferme des revenus de Musculdy et d'Idaux fut faite au nom de Chabos [3].

XX. — Pierre de Maytie (1664-1673).

Un petit neveu du grand Arnaud de Maytie succéda à Dominique de Chabos le 16 mai 1664 et se fit installer le 21. Il s'appelait Pierre de Maytie, prieur de Muret, et n'était que clerc tonsuré [4]. Il habitait Mauléon lorsque Chabos résigna la commanderie d'Or-

---

1. V. Jaurgain : *Capitaines de Mauléon.* Revue, p. 283. — Menjoulet, t. 2, p. 279.
2. Arch. B.-P., G. 224. — Parmi les quatre fils de Gassion, président au parlement de Pau, nous ne trouvons qu'un Jean de Gassion, dit le *chevalier,* né en 1636 de Jean, marquis de Gassion, et de Marie Bésiade. Il mourut sans postérité en 1713. — V. Moréri et Arch. B.-P. E. 201. Testament du président Gassion.
3. Pièces justificatives xxxv et xxxvi.
4. Arch. B.-P. G. 224 passim.

diarp en sa faveur. Le 2 septembre de la même année, il faisait acte d'autorité en nommant Pierre de Hégobure à la sacristie de l'église St-Michel.

Jean de Gassion n'accepta pas cette situation. Il obtint des lettres d'économat et, le 16 septembre 1666, des patentes du Grand-Sceau l'autorisaient à poursuivre « en tant que commandataire et économe » D. de Chabos et P. de Maytie. Chabos disparait alors de la scène. Le 3 novembre, Maytie est assigné au Grand Conseil, à la requête de J. de Gassion. Un an après, le 2 août 1667, l'affaire est évoquée au Grand Conseil ; le 3 juillet 1668 un arrêt intervient pour établir un règlement de juges, Il n'est fait nulle part mention de la sentence définitive qui dut être favorable à Pierre de Maytie[1].

C'est alors que celui-ci dut faire à Paris le « long voyage » qui suivit son testament du 1er décembre 1667[2].

Pierre de Gassion figure encore dans le procès intenté en 1681 à Bonnecaze, successeur de P. de Maytie[3].

Procès sur la cure de Viodos (1688). — Cependant chacun prétendait nommer aux cures vacantes. L'évêque d'Oloron se montra généralement facile à accorder titre sur la présentation des divers commandeurs.

La cure de Viodos eut alors quatre titulaires à la fois. C'étaient : *Arnaud de Suhare* nommé par Roncevaux ; *Sans de Bonnecaze*, chanoine de Ste-Engrâce, par P. de Maytie ; *Pierre de Jaurréguiberry* par Jean de Gassion ; *Pierre d'Arripe*, curé de Lurbe et gradué, par l'évêque d'Oloron.

Il y eut long procès à la cour de Guyenne. Le parlement s'était si souvent déjugé qu'on ne pouvait deviner l'issue de cette affaire. En 1592, il avait confirmé les droits de Roncevaux ; l'illustre Maytie avait pu nommer Raymond d'Etchegoyen en 1593 et en 1616 Jacques Lafite. Le 7 août 1632, la cour de Licharre ne reconnait que Chabos pour patron, et en effet jusqu'à sa mort il nomme tous les curés d'Ordiarp.

Enfin le 19 juin 1673, le parlement reconnut le droit de patronage à Roncevaux et maintint son candidat Arnaud de Suhare.

1. Arch. B.-P., G. 221.
2. Notes de M. de Jaurgain.
3. Arch. B.-P., G. 221 passim.

« En cas de vacation, le syndic (du chapitre) nommera et présentera en qualité de patron à l'évêque d'Oloron ». Il fut fait en même temps défense à P. de Maytie « de prendre autre qualité que celle de *prieur-curé* d'Ordiarp ». C'est la première fois que ce titre est officiellement substitué à celui de commandeur [1].

Néanmoins Pierre de Maytie était regardé comme le seul titulaire de l'hôpital d'Ordiarp. Les baux de ferme, de 1664 à 1668, en font foi. Il ne résidait pas ordinairement dans la commanderie; il la résigna « par voye de permutation » le 11 octobre 1673, en faveur du même Sans de Bonnecaze qui venait d'échouer pour la cure de Viodos [2]. Pierre de Maytie mourut-il le même mois ? On pourrait le croire d'après un titre de Roncevaux qui, après décès, lui donna pour successeur à la *cure* d'Ordiarp Pierre de Chamalbide, prêtre d'Aussurucq. Ce dernier intenta procès à Pierre de Jauréguiberry, curé de Musculdy, mais il ne put pas se maintenir à Ordiarp [3].

GUERRES DE LA DÉVOLUTION (1665) ET DE HOLLANDE (1672).

Sur ces entrefaites la guerre s'était rallumée entre la France et l'Espagne, moins de six mois après les derniers accords conclus entre les chapitres de Bayonne et de Roncevaux. La guerre de *Dévolution* amena de nouvelles représailles dont la commanderie fut toujours le prétexte. Le monastère préleva 800 ducats sur les biens de l'église de Bayonne pour se dédommager des revenus perdus à Ordiarp. Un instant, le 30 décembre 1667, les lettres-patentes de Louis XIV sur les représailles furent rapportées. Mais l'accalmie momentanée que procura la paix d'Aix-la-Chapelle en 1668 ne donna pas aux deux parties le temps de s'entendre. La guerre de Hollande éclata et elle ne devait se terminer qu'en 1678 par le traité de Nimègue. Ce fut une source de nouveaux débats pour le chapitre de Bayonne.

1. Pièce justificative XLIX.
2. Arch. B.-P., G. 224.
3. Pièce justificative L et G. 224.

CHAPITRE XVI.

XXI. Sans de Bonnecazc, 1673-1690. — Procès entre l'Ordre de Saint-Lazare, le chapitre de Bayonne et Athanase de Belapeyre, vicaire-général d'Oloron. — Celui-ci obtient l'arrêt de 1682.

XXI. — SANS DE BONNECAZE (1673-1690).

Sans de Bonnecaze était probablement curé de Mauléon lorsqu'il fut nommé en 1673 commandeur d'Ordiarp. Il prit possession le 12 octobre, mais il ne put guère jouir des revenus attachés à son titre, car toute sa vie s'écoula en procès.

1er Procès. Contre l'Ordre de St-Lazare. — Un édit de Louis XIV du mois de décembre 1672 avait donné les revenus des hôpitaux et des maladreries à l'Ordre de N. D. du Mont-Carmel et St-Lazare de Jérusalem, pour en composer différentes commanderies et les distribuer à ses officiers [1]. En conséquence le vicaire général de l'Ordre réclama les fruits de l'hôpital d'Ordiarp, et sur le refus de Bonnecazo, un procès lui fut intenté. Une enquête fut faite par M. de Bordenave, conseiller à la Chambre des comptes de Pau « lequel fut à Mauléon pour faire la procédure ; le premier juge royal de Sorde fut commis aux fins de l'enquête de la part du sieur de Bonnecazo » [2]. Enfin, après quatre années de procédure, la Chambre royale de l'Arsenal à Paris, par sentence du 26 juillet 1677, déchargea Bonnecazo de la « demande desd. de l'ordre et condamna lesd. de l'ordre en la moitié des dépens, l'autre moitié compensée » [3].

2e Procès. Contre le chapitre de Bayonne (1674). — En même temps, Bonnecazo avait à se défendre contre le chapitre de Bayonne. Celui-ci, voyant, pendant la guerre de Hollande, ses biens confisqués en Espagne, obtint des lettres de représailles, le 27 novembre 1673, signés par Louvois [4] et de nouvelles, le 18

---

1. Un édit du mois de mars 1693 révoqua ces lettres de concession. — Héricourt, *Lois ecclésiastiques.*
2. Notes de M. de Jaurgain.
3. Pièce justificative LVII.
4. Pièce justificative LI.

janvier 1674, sur les revenus de Roncevaux perçus en Soule et en Haute Navarre. Le 13 mars 1674, un chanoine de Bayonne, dont nous ne savons pas le nom, prenait possession de la commanderie d'Ordiarp [1].

Dès lors on comprend que Bonnecaze ait voulu se soustraire à de coûteux procès. Aussi, passa-t-il un compromis avec l'abbaye espagnole et, par acte notarié conclu à St-Jean-Pied-de-Port le 31 décembre 1674, il céda l'hôpital d'Ordiarp à Roncevaux moyennant 2,000 écus « laquelle démission led. sieur de Bonnecaze a faite sous le bon plaisir de S. M. et pour la décharge de sa conscience » [2].

Mais le commandeur ne tarda pas à se repentir de cette transaction. Le 19 avril 1675, il révoqua, devant un notaire du Châtelet de Paris, son acte de démission, le fit signifier au monastère et continua à plaider contre le chapitre de Bayonne. L'affaire portée au Conseil d'Etat, le 26 octobre 1675, fut renvoyée à Guillaume de Sève, chevalier, seigneur de Chatillon et intendant de Guyenne. Le chapitre de Bayonne tirait argument de la démission de Bonnecaze et prétendait n'avoir plus affaire qu'avec Roncevaux. Bonnecaze répondait qu'ayant révoqué sa concession, il était remis dans son premier état de titulaire. Il se voyait encore réclamer les 2000 écus promis par Roncevaux et l'à-compte des 1050 l. qu'il avait déjà reçues.

Le 10 décembre 1675, Guillaume de Sève ordonna que les revenus resteraient en mains des fermiers jusqu'à nouvelle sentence. On devait statuer dans un mois sur les 6000 livres [3]. Quelques jours après, le 14 janvier 1676, Bezet, sergent à la cour de Licharre, assignait Sans de Bonnecaze et saisissait les revenus d'Ordiarp, malgré les protestations de Basile de Bonnecaze, avocat et frère du commandeur.

Enfin une ordonnance de M. de Sève fut favorable à ce dernier et débouta le chapitre de Bayonne de ses prétentions, décidant que les lettres de représailles ne devaient pas avoir lieu sur les fruits de l'hôpital. Les parties ayant été définitivement renvoyées

1. Arch. B.-P., G. 224.
2. Pièce justificative LII.
3. Arch. B.-P., G. 224. — Pièces justificatives LIII et LIV.

au Conseil de S. M., le 21 mars 1676, Bonnecaze pouvait, jusqu'au jugement, percevoir les revenus de la commanderie d'Ordiarp.

C'est alors surtout que, pour prévenir toute saisie de la part du chapitre de Bayonne, Bonnecaze passa le 23 septembre 1676 avec son frère Basile, avocat à Mauléon, un bail à ferme de la commanderie pour la somme annuelle de 1800 liv.[1]. Le 14 juin 1674, il avait fait un pareil acte, moyennant 1200 liv. pendant cinq années, mais y avait-il peut-être quelque vice de forme qui en obligea le renouvellement. Le chapitre de Bayonne protesta par devant la cour de Licharre contre l'intervention de Basile de Bonnecaze qui toujours excipait de son bail pour réclamer contre tout sequestre et toute ferme judiciaire. Néanmoins les biens furent saisis le 10 juin 1677 ; l'évêché de Bayonne nomma des commissaires pour le sequestre ; traitres à leur mandat, ceux-ci s'entendirent avec Basile de Bonnecaze pour appuyer ses requêtes à la cour de Licharre[2].

En effet la cour accueillit l'opposition du nouveau fermier. A Bayonne, on protesta, on déclina la compétence du tribunal.

Quant au bail de Basile de Bonnecaze, on l'attaquait par trois raisons principales : 1º Deux frères dont les biens sont communs ne peuvent conclure un acte semblable ; 2º Les nobles ne peuvent être fermiers ; 3º La ferme de 1800 l. s'est faite à vil prix[3].

Il fallut aller au Conseil d'Etat ; celui-ci décide le 2 juillet 1677 que Sans de Bonnecaze « jouira par provision des fruits et revenus de lad. commanderie d'Ordiarp conformément à l'ordonnance du sieur de Sève » du 20 mars 1676.

Si le chapitre de Bayonne ne réussit pas dans ses réclamations, d'autres adversaires plus heureux enlèveront à Bonnecaze la jouissance paisible des revenus d'Ordiarp.

3º *Procès. Contre Athanase de Belapeyre, vicaire général d'Oloron et les administrateurs de l'hôpital* (1679). — On

1. Pièce justificative LV.
2. Pièce justificative LVI.
3. Ib. — En 1663 la ferme d'Ordiarp et des autres paroisses donnait 3000 liv. ainsi réparties : Ordiarp 900 l. — Mendy et Idaux 585 l. — Musculdy 480 l. — Viodos 300 l. — Garindein 150 l. — Fiefs 100 l. — Moulin et hautin 250 l. — Dîme de Larrebaur 400 l. — Dîme de Nacine 20 l. — Pacq d'Ordiarp 155 l.

se rappelle que l'arrêt du parlement de Bordeaux de 1592 assignait au commandeur un revenu de 93 écus 1/3 exempts de toute charge. Des administrateurs nommés tous les trois ans devaient distribuer le reste aux pauvres et l'employer aux réparations nécessaires. A vrai dire, on ne tint guère compte de cet arrêt. Le commandeur jouissait de tous les revenus et longtemps il n'y eut pas d'administrateurs.

Athanase de Bélapeyre, l'illustre vicaire général du pays de Soule, vit avec peine cet état de choses. Il fit donc nommer malgré l'opposition de Bonnecaze, deux administrateurs par M. de Hégoburu, lieutenant général au siège de Licharre. C'était ainsi sauvegarder l'intérêt des pauvres. Les nouveaux administrateurs Arnaud de Béhéty et Jayme de Jaury, d'accord avec le *semelier* du tiers-état de Soule, Olivier d'Etchecopar, assignèrent le commandeur à Licharre et obtinrent le 22 septembre 1679 un appointement contre lui avec défense de les troubler dans leur administration.

Bonnecaze fit appel de tous ces jugements à la cour de Guyenne qui le condamna les 12 juillet, 5 août et 17 septembre 1680 à restituer tous les fruits. Le duc de Roquelaure, gouverneur de Guyenne, envoya un garde avec une ordonnance au pays de Soule et les administrateurs firent rendre tous les fruits aux fermiers de Bonnecaze [1].

Celui-ci en effet n'ayant pas accepté l'arrêt de la cour, Béhéty et Jaury firent « mettre garnison dans sa maison et enlever ses meubles » le 24 septembre 1680. Basile se plaignit plus tard d'avoir été le 20 septembre « battu et excédé dans la ville de Mauléon » par Bélapeyre, et le 11 mai 1681, le commandeur osait dire à l'évêque d'Oloron que son vicaire général était excommunié et ne pouvait assister au synode diocésain [2].

Bélapeyre ne se laissa pas émouvoir. Vicaire-général de M⁶ʳ Arnaud François de Maytie, ses fonctions lui furent conservées par nomination du chapitre, le 7 juillet 1681. Curé de Chéraute, official du Pays de Soule, il employa ses loisirs à défendre les pauvres, à écrire son fameux cathéchisme basque et des mémoires

1. Notes de M. de Jaurgain.
2. Arch. B.-P., G. 224.

précieux sur l'histoire locale. Dans un excellent travail conservé aux Archives des B.-P., il traitait dans la première partie de la Soule en général. Cette étude a disparu. La seconde partie nous donne son opinion sur l'origine d'Ordiarp avec des détails sur le procès où il fut mêlé. Il n'aimait pas Bonnecazo et il le dit. Il n'épargna rien, pas même un voyage et un long séjour à Paris, pour faire triompher sa cause. Le procès dura trois ans.

Sans de Bonnecazo eut recours à Mgr Emmanuel Théodore de la Tour d'Auvergne, cardinal de Bouillon, grand aumônier de France. L'idée était bonne. Il se fit nommer par lui, le 13 juin 1681, économe et, le 2 août, administrateur de l'hôpital d'Ordiarp. Le commandeur donna procuration à Basile, son frère, qui fut installé à ces divers titres le 18 septembre suivant, et fit mettre en prison Béhéty, le 30 novembre, pour n'avoir pas livré les revenus de la commanderie [1].

Grâce à une si haute influence, Bonnecazo espérait gagner son procès contre Bélapeyre. Celui-ci était à Paris ; il assigna le cardinal qui toujours fit défaut, depuis le 9 mars 1682. Enfin le 24 juillet, le Conseil privé rendit son arrêt définitif et condamna Bonnecazo « à rendre compte auxd. administrateurs laïques par devant le lieutenant général de Licharre, sauf à récuzer des fruits et reuenus dud. prieuré, cure et hôpital depuis le douze octobre mil six cent soixante treize, jour de sa prise de possession jusqu'au vingt-six juillet mil six cens soixante-dix-sept, jour de l'arrêt diffinitif de la Chambre Royalle » de l'Arsenal ; tous les frais du procès furent à sa charge et on ne lui reconnut que la portion congrue des 280 l. fixées par l'arrêt de 1592 [2], Bonnecazo ne put ni payer le procès, ni rendre les fruits antérieurement perçus [3].

1. Arch. B.-P., G. 221.
2. Pièce justificative LIX.
3. Pièce justificative LX.

CHAPITRE XVII

Commandeurs espagnols d'Ordiarp, Atocha, 1636-1673. — Ilzarbe, 1673. — Martin de Aldunate, 1636. — A. de Portal, 1697. — Traité de Nimègue, 1678. — Conférence d'Irissarry, 1683. — Procès du chapitre de Bayonne contre Bonnecaze, l'hôpital d'Ordiarp et l'évêque d'Oloron, 1683. — Ligue d'Ausbourg et paix de Ryswick, 1636-1697. — Restitution des biens toujours différée.

Le commandeur espagnol d'Ordiarp D. Cristobal de Atocha vécut près de 40 ans encore après sa nomination 1636. A sa mort en 1673, François de Paderno, prieur de Roncevaux, nomma D. José Francisco de Ilzarbe ; mais le chapitre protesta parce que le titulaire n'était pas religieux profès « por no ser profeso »[1]. Néanmoins il fut maintenu, car, le 14 août 1679, il recevait en cette qualité « comendador que dice ser a la encomienda de Urdiarbe » 800 ducats qui lui furent accordés pour représailles[2].

TRAITÉ DE NIMÈGUE (1678). — CONFÉRENCE D'IRISSARRY (1683).

Cependant la paix de Nimègue avait mis fin en 1678 à la guerre générale. Il semblait donc que les chapitres se rendraient les biens confisqués. Roncevaux adressa même un mémoire au roi d'Espagne pour le prier d'insérer dans le traité un article particulier sur la restitution d'Ordiarp[3]. Cette requête n'eut pas de succès. De son côté, le chapitre de Bayonne réclamait la jouissance de ses possessions d'Espagne. L'abbaye répondit qu'en 1657 la reine avait nommé des commissaires tandis que la France n'en avait pas choisi. Elle invoquait les traités de Vervins et des Pyrénées, et dès le mois de juin 1679, Roncevaux faisait à nouveau assigner les détenteurs de la commanderie d'Ordiarp et de ses biens.

On parvint à s'entendre. Le 27 mai 1680, Louis XIV nomma pour commissaires M. de Ris, conseiller du roi et intendant de justice en Guyenne, et Baritault, aussi conseiller du roi et avocat

1. Arch. de Roncevaux, *Fajo* 2. n° 91.
2. Arch. B.-P. ; G. 139.
3. Arch. B.-P., G. 227, Inventaire.

général à la cour des Aides de Guyenne[1]. Il ne paraît pas que l'Espagne ait nommé les siens. Mais les deux chapitres résolurent de fixer eux-mêmes les termes de l'accord.

On se réunit à Irissarry le 29 juin 1683. M⁸ʳ Gaspard de Priellé avait succédé à M⁸ʳ d'Olce depuis 1681 ; il était accompagné des chanoines de Nyert et de Sorhainde. Roncevaux avait député Angelo de Guinda et André d'Esnos y Andueça, membres du chapitre. Le procès-verbal de la conférence nous apprend qu'il fut « proposé de trouver des moyens seurs et prompts pour suivre l'affaire d'Ordiarbe. Sur quoy a été résolu que la poursuite devant estre au nom dud. seigneur évesque et chapitre de Bayonne, la cause sera plus favorable pour messieurs de Roncevaux ». Ainsi le monastère ne paraîtrait plus dans les procès au sujet d'Ordiarp ; ce serait toujours le chapitre de Bayonne. En approuvant cet accord, le chapitre espagnol s'engagea à payer les deux tiers de tous les frais des procès futurs [2].

PROCÈS DU CHAPITRE DE BAYONNE CONTRE BONNECAZE, L'ÉVÊQUE D'OLORON ET LES ADMINISTRATEURS D'ORDIARP (1683).

Le 18 janvier 1674 Bayonne avait obtenu des lettres de représailles contre Roncevaux. Elles furent confirmées, à la demande du chapitre français, le 14 septembre 1682. Dès lors l'évêché de Bayonne se substituait à Roncevaux et pouvait à son lieu et place poursuivre les détendeurs d'Ordiarp.

Par suite de diverses assignations, un nouveau procès s'engagea donc le 31 décembre 1683 entre Bayonne et Bonnecaze ; Charles de Salettes, évêque d'Oloron, et les administrateurs d'Ordiarp étaient assignés en assistance de cause.

Tout l'effort du chapitre de Bayonne se concentra sur deux points principaux : 1° établir les droits de propriété incontestables de Roncevaux ; 2° prouver l'iniquité des arrêts spoliateurs de 1592 et de 1627.

Les mémoires de Bayonne disaient que la fameuse bulle de Sixte IV de l'année 1477 ne pouvait être déclarée abusive, puisqu'elle ne faisait que confirmer des droits reconnus déjà et qu'elle avait été approuvée en 1508 par Arnaud de Béon, évêque d'Olo-

---

1. Pièce justificative LVIII.
2. Pièces justificatives LXI et LXII.

ron [1]. D'après lui, des administrateurs laïques étaient une chose étrange, contraire à la fondation et à l'ancien usage. En conséquence, il les sommait de donner leur démission ; Bonnecaze devait rendre les 1050 l. avancées par Roncevaux et l'évêque d'Oloron n'avait plus à s'occuper de cette affaire.

Ceux-ci adressèrent une requête au Conseil privé contre le chapitre de Bayonne. De son côté, Charles de Salettes défendait les pauvres de son diocèse en ces termes : « Durum est et crudelitati proximum aquam ex suis praediis scaturientem, sitientibus agris propriis, ad aliorum commodum concurrere : Il est dur, presque cruel d'arroser de ses propres eaux les champs voisins quand les nôtres sont désolés par la sécheresse ». Roncevaux, ajoutait-il, n'a pas de titres véritables ; l'hôpital d'Ordiarp exhibe des arrêts qui établissent son indépendance ; les commandeurs français ont joui d'une possession presque centenaire. De plus « il seroit regrettable que les pauvres de son diocèse souffrissent au profit d'une église étrangère » [2].

Un arrêt du Conseil privé ordonna le 28 septembre 1685 que les parties seraient entendues ; l'affaire fut confiée à Thierry Bignon, conseiller et maître des requêtes. Le chapitre fit imprimer un long mémoire pour établir tous ses droits. Une dernière assignation à deux mois était donnée le 7 août 1686. « M. de Bignon estoit rapporteur, les parties auoient dû estre ouïes et le procès en estat d'estre jugé et soit par raport à la maladie suruenue au Roy, soit à raison de la guerre entre les deux couronnes, ce procès n'a pas esté jugé » [3]. Ainsi, il n'y eut jamais de sentence prononcée.

GUERRE DE LA LIGUE D'AUGSBOURG. PAIX DE RYSWICK (1686-1697).
— MARTIN DE ALDUNATE (1686) ET A. PORTAL DE HUARTE (1691),
COMMANDEURS ESPAGNOLS. — RESTITUTION DES BIENS.

La guerre de la Ligue d'Augsbourg allait mettre de nouveau l'Europe en feu. Cependant elle ne fut officiellement déclarée entre la France et l'Espagne que le 15 avril 1689 [4]. Tout accord

1. Arch. B.-P. G. 225.
2. Ibid.
3. Arch. B.-P. G. 225.
4. Arch. B.-P. G. 226.

entre les deux chapitres était déjà rompu. Le monastère de Roncevaux s'était fatigué de fournir aux frais des procès. Les chanoines Veillet et Sorhaindo furent vainement députés à Arnéguy, le 9 mai 1688, pour toucher les arrérages de 8,000 livres. Comme par le passé, on obtint de part et d'autre des lettres de représailles et toujours, sous le prétexte de l'usurpation d'Ordiarp, Roncevaux se fit adjuger 800 ducats sur les biens de l'évêché de Bayonne.

Depuis 1686, le commandeur espagnol était Don Martin de Aldunate, profès dès 1670 « Ego dominus Martinus de Aldunato promitto obedientiam Deo et sanctis eius et vobis Domino Gabrieli Agudo de Sendini Priori huius almæ ecclesiæ. Die undecima mensis setembris anno à Nativitate Domini millesimo sexagesimo setuagessimo »[1]. Il mourut le 16 juillet 1691, comme le porte la *Preciosa* de Roncevaux : « 15 kal. Aug. Obiit Martinus de Aldunate »[2]. On lui donna pour successeur D. Juan Antonio Portal de Huarte qui était encore commandeur en avril 1698[3]. En 1703 il figure comme sous-prieur de Roncevaux.

Le traité de Ryswick fut signé en 1697. L'article 18 ordonnait la restitution des biens confisqués. Néanmoins le chapitre espagnol ne voulut pas se dessaisir des 800 ducats prélevés sur les revenus de Bayonne en dédommagement de la perte d'Ordiarp. Une active correspondance fut échangée à ce sujet entre les deux chapitres, Mgr de Lalanne, évêque de Bayonne[4], et Mgr D. Thoribio de Mier, évêque de Pampelune[5]. Roncevaux opposa de constants refus ; il ne voulait payer ni les arrérages dûs ni la survaleur des biens français. Malgré les instances du marquis d'Harcourt, ambassadeur de France, l'évêché de Bayonne vit échouer tous ses efforts devant une opiniâtreté invincible. Le commandeur espagnol d'Ordiarp se montra surtout intraitable[6]. Le chapitre écrivit un curieux mémoire pour établir ses droits[7]. Les requêtes envoyées

---

1. Arch. de Ronc. *Libro de Profess*. P. 114.
2. Arch. de Ronc. *Preciosa*, p. 331.
3. Arch. B.-P. G. 227. Pièce espagnole.
4. Pièce justificative LXVII.
5. Pièce justificative LXVI.
6. Pièce justificative LXV.
7. Pièce justificative LXIV.

par le fameux chanoine de Bayonne René Veillet n'eurent pas plus de succès le 2 décembre 1698 [1].

L'année suivante, Roncevaux écrivit au roi de France pour réclamer Ordiarp. Et bientôt les deux nations choisirent des commissaires. Le 30 juillet 1700, le roi d'Espagne nomma D. Pedro del Busto, conseiller de Navarre, et D. José de Azedo qui fut ensuite remplacé par D. Diego d'Echaren, prieur de Pampelune [2]. Le roi de France nomma M. Guyet, intendant en Béarn, et puis, à son départ, le fameux Lebret avec Martin de Lacassagne, abbé de la Reule, chanoine et ensuite évêque de Lescar [3]. Ils devaient, d'après leur commission, se réunir à Arnéguy, ou bien ailleurs, s'ils le jugeaient convenable. En fait, il n'y eut jamais de conférence. A la mort du roi d'Espagne Charles II, le chapitre de Bayonne demanda qu'on renouvelât les pouvoirs des commissaires espagnols. De nouveaux commissaires sont réclamés par Mgr de Beauvau en 1702. M. de St-Macary, conseiller au parlement de Pau, est nommé le 30 mars 1705 [4] et remplacé le 21 décembre 1708 par M. Lespés de Hureaux, lieutenant général de Bayonne. Nous ne connaissons pas de commissaires espagnols, ce qui importe peu d'ailleurs, puisqu'on ne se réunit jamais.

CHAPITRE XVIII.

Pierre Paul d'Arhets, 1690-1740. — Arrêt de 1695 en sa faveur. — Etablissement du bureau de l'hôpital, 1709. — Echange de biens entre les chapitres de Bayonne et de Roncevaux, 15 février 1712.

XXII. — PIERRE PAUL D'ARHETS (1690-1740).

Sans de Bonnecaze, curé de Mauléon et commandeur d'Ordiarp, était mort en 1690. Noble Pierre Paul d'Arhets de Chéraute,

1. Arch. B.-P. G. 226.
2. Pièce justificative LXVIII.
3. Pièce justificative LXIX.
4. Pièces justificatives LXX et LXXII.

bachelier en théologie et plus tard curé de Tardets, se fit pourvoir à la fois par l'ordinaire, en cour de Rome, et par brevet du roi. Il obtint collation et prit le titre de commandeur d'Ordiarp. Ce titre lui fut vivement disputé par quatre concurrents. C'étaient :

1° *Pierre de Chamalbide*, nommé par Roncevaux à la cure d'Ordiarp en 1673, au décès de Pierre de Maytie ;

2° *Arnaud de Suhare*, précédemment curé de Viodos, nommé prieur d'Ordiarp après Bonnecazo par le chapitre espagnol, et en vertu d'une signature de Rome. Sur le refus de l'évêque d'Oloron, du métropolitain et du primat, il obtint collation du vicaire général de Bayonne *sede vacante* ;

3° *Pierre de Jauréguiberry*, curé de Musculdy et vicaire perpétuel d'Ordiarp ; il prétendait que le titre de *prieur* était annexé à sa cure ;

4° *Michel de Reyau*, un prêtre dont on n'énonce pas la qualité, mais étranger à Ordiarp.

Le débat fut porté au parlement de Pau parce que depuis le mois de novembre 1691 des lettres patentes de Louis XIV avaient mis la Soule dans le ressort de la cour de Navarre. Pierre Paul d'Arhets eut gain de cause. Le 18 mai 1695, on fit droit à l'appel qu'il avait interjeté d'un jugement défavorable de la cour de Licharre, et il fut maintenu « en la pocession et jouissance dud. prioré d'Ordiap avec inhibition et deffences de l'y troubler ». Les arrêts de Bordeaux sont infirmés et d'Arhets « ne pourra prendre sur le revenu dud. hôpital que la somme de 280 l. [1].

ECHANGE DE BIENS ENTRE LES CHAPITRES DE BAYONNE ET DE RONCEVAUX, LE 12 FÉVRIER 1712.

Dans l'état de luttes permanentes entre la France et l'Espagne, les chapitres de Bayonne et de Roncevaux voyaient leurs biens sans cesse confisqués par des lettres de représailles et des procès sans fin épuiser leurs ressources. On comprit de part et d'autre qu'un échange de biens réciproque mettrait fin à des revendications incessantes. L'accord se fit et le contrat fut conclu au palais épiscopal de Bayonne, le 12 février 1712, par devant M⁰ Dugalart, entre Mgr André Druilhet (1708-1727) et son cha-

1. Pièce justificative LXIII.

pitre d'un côté, et l'abbaye de Roncevaux de l'autre. MM. Alphonse de Lansac, abbé de Bonnefont, et Martin de Constantin, chanoine, représentaient le chapitre de Bayonne ; celui de Roncevaux avait délégué ses pouvoirs à D. Pedro Inacio de Lanz et à D. José de Illaréguy. Cet important document que nous donnons aux pièces justificatives [1] nous indique d'une manière précise la plupart des biens possédés par les chapitres dans chaque nation ennemie. Il y a néanmoins quelques omissions ; et l'on y trouvera plus tard matière à procès. Ainsi il en fut de Hasparren et d'Ayherre, patronages espagnols qui ne sont pas mentionnés [2]. Il est à remarquer que l'évêque de Bayonne ne sacrifia pas ses droits spirituels sur ses antiques diocésains d'Espagne : « sans préjudice néanmoins de la juridiction spirituelle de M. l'évêque de Bayonne èsd. lieux pour être de son diocèse de Bayonne qu'il n'entend et ne peut aliéner ne échanger en quelque façon et manière que ce soit ».

L'acte d'échange fut ratifié par les rois de France et d'Espagne et confirmé le 23 décembre 1712 par le pape Clément XI. Mais la bulle ne fut fulminée par Mgr de Camargo, évêque de Pampelune, commissaire député par le Souverain Pontife, que le 28 février 1719 [3]. Deux chanoines de Bayonne, Harambourc peut-être et Guillaume Dubrocq, protestèrent contre cet échange qu'ils trouvaient ruineux pour leur chapitre. Dubrocq écrivit, le 23 septembre 1719, une très longue protestation au syndic des chanoines. Il prétendait que sur les 6500 l. perçues antérieurement en Espagne ils perdaient désormais une somme annuelle de 1500 l. Cependant Roncevaux avait donné 41250 l. en or et en argent pour la plus-value des biens cédés par le chapitre de Bayonne [4].

Dans le contrat d'échange, il était dit au sujet d'Ordiarp et des autres commanderies réclamées par Roncevaux que « l'Eglise de Bayonne devoit avoir outre les biens et les droits qui leur sont cédés, la somme de onze mille piastres tant pour lesd. frais que pour lad. surualeur ». Quant aux archives « lesd. sieurs de Lanz et d'Harréguy se sont obligez èsd. noms de remettre de bonne foy

---

1. Pièce justificative LXXIV.
2. Arch. B.-P., G. 232.
3. Arch. B.-P. G. 227.
4. Arch. B.-P. G. 228.

à mond. seigneur l'évêque et son chapitre tous les titres, papiers, documens et mémoires qu'ils ont et peuuent auoir dans leurs archives et ailleurs concernant tous les biens et droits cédés ». Et comme le chapitre de Bayonne craignait, pour ses procés futurs, la partialité de la cour de Pau, il obtint de Roncevaux « d'agir auprès de Sa Maiesté catholique pour qu'elle daigne s'entremettre auprès de Sa Maiesté très chrétienne pour l'éuocation et jugement des instances qui ne sont pas pendantes, attendu la grande injustice qui leur a esté faite par un arrest du troisième septembre dernier rendu au Parlement de Pau [1] ».

Etablissement d'un bureau d'administrateurs a Ordiarp (1709).

Peu d'années auparavant une grande réforme venait d'être tentée à l'hôpital d'Ordiarp. L'administration des revenus était, depuis 27 ans, confiée sans contrôle à des hommes ignorants ou sans conscience. Le commandeur d'Arhets n'avait pas le droit de se plaindre, pourvu qu'il perçut ses 280 livres. Frappé de ce triste état de choses, le syndic du pays de Soule adressa en 1708 une requête au roi pour demander qu'il fût établi un bureau d'administrateurs chargé de recevoir les comptes de l'hôpital dont les revenus s'élevaient alors « à trois ou quatre mil liures par an ».

Le roi étant en son Conseil porta un arrêt favorable le 25 février 1709. Le bureau comprenait : 1° L'évêque d'Oloron ou le vicaire général en son absence ; 2° Le châtelain gouverneur de Mauléon, ou le lieutenant en robe longue au siége de Licharre ; 3° Le procureur du roi ; 4° Le prieur d'Ordiarp ou le vicaire perpétuel. Tous étaient administrateurs-nés ; 5° Deux députés notables d'Ordiarp ; 6° Un député de chacune des 6 paroisses où se percevaient les revenus de l'ancienne commanderie. Ces derniers devaient être changés tous les deux ans.

On devait d'abord examiner les comptes depuis l'année 1682 où fut rendu le fameux arrêt contre Sans de Bonneeaze. A l'avenir les dépenses ne seraient faites que sur un mandement signé de l'évêque ou d'un vicaire général [2].

Le bureau se réunissait soit chez le gouverneur de Mauléon, soit dans la maison où descendait l'évêque. Le premier procés,

1. Pièce justificative LXXIV.
2. Pièce justificative LXXIII.

verbal d'assemblée des nouveaux administrateurs ne date que du 7 juillet 1710, bien qu'il y ait eu d'autres réunions. On y voit Messire Jacques de Maytie, grand vicaire d'Oloron et prieur d'Ainharp, noble de Hégoburc, conseiller du roi et lieutenant de robe longue au pays de Soule, M. Pierre Paul d'Arhets, curé de Tardets et prieur d'Ordiarp, M. Henri Joseph de Costère, conseiller et procureur du roi, le sieur de Salharancq et Jean d'Iriçabal, députés d'Ordiarp, Jean d'Asme de Musculdy, d'Etchecopar de Viodos, Joseph de Lascaray de Garindain, Jean d'Espil de Mendy, Jean d'Iriart d'Idaux, tous députés et administrateurs. Réunis à Mauléon en l'hôtel du seigneur marquis de Moncin, ils entendirent les plaintes de Hégoburc qui se réservait « de faire de très humbles remontrances au Roy sur ce que l'arrêt rendu au Conseil au sujet dud. d'Ordiarp l'exclut de son assistance au bureau ». Nous verrons bientôt se modifier la composition du bureau [1].

CHAPITRE XIX

Requête des administrateurs. — Translation de l'hôpital d'Ordiarp à Mauléon, 1715. — L'hôpital de Mauléon. — Son organisation.

L'hôpital d'Ordiarp n'était qu'une ruine. Les administrateurs songèrent alors à le transférer à Mauléon. A cet effet ils adressèrent une requête à Louis XIV ; ils avaient mis, disaient-ils, « toute leur application à exécuter l'arrêt de 1709, mais ils n'y ont pu venir à bout à cause du mauvais état des bâtimens qui sont tellement ruinés qu'à moins de les rétablir de fond en comble, il n'est pas absolument possible de donner aux pauvres ny la retraite ny les secours dont ils ont besoin. Que dans la nécessité de faire une pareille dépense, ils ont cru qu'il était à propos de transférer tout d'un coup cet hôpital dans quelqu'autre endroit plus propre et plus convenable tant pour la commodité même des pauvres que pour l'avantage et l'utilité de tout le païs ayant pour cet effet choisy

1. Arch. de l'hospice de Mauléon. Rég. des délib. f. 1.

la ville de Moléon qui n'est éloigné d'Ordiarp que d'une lieue ou environ »[1].

Louis XIV accueillit la requête du bureau et par lettres patentes expédiées de Versailles le 7 janvier 1715, il autorisa et approuva « le changement et transport de l'hôpital d'Ordiarp dans la ville de Moléon ». Il voulut que le nouvel édifice prît le nom d'*Hôpital Général de Moléon*, inscrit avec l'écusson royal sur la porte du bâtiment. Pour le spirituel, il devait être régi par des chapelains approuvés par l'évêque et « l'administration du temporel se ferait comme par le passé par les mêmes directeurs tant d'office que d'élection ». Chaque semaine, et ordinairement le samedi, aurait lieu une réunion ordinaire et une ou deux fois l'année on convoquerait à une assemblée extraordinaire tous les anciens directeurs et les principaux habitants des paroisses intéressées. Enfin l'hôpital jouirait de tous les priviléges accordés aux autres établissements du royaume.

L'HÔPITAL DE MAULÉON

L'hôpital de Mauléon est situé au S. E. de la basse ville, sur la droite, entre la route qui mène à Tardets et le Saison qui roule à ses pieds ses eaux torrentielles. Au commencement du xviiie siècle, cette ville était « un lieu assez considérable, d'un grand passage, la capitale du païs de Soule et en même temps comme son centre, très commode par sa scituation estant bâtie sur une rivière et où il est aisé de transporter les malades de tous les vilages des environs à cause de la facilité de ses auenues, ville d'ailleurs où il se trouue en abondance toutes choses nécessaires à la vie où il ne manque ny de médecin, ny de chirurgien et dans laquelle il y a plus d'une paroisse auec un couuent de capucins et plusieurs prêtres particuliers [2] ». Aujourd'hui il n'y a plus de capucins et une seule paroisse suffit aux besoins de la population. L'antique église de St-Jean de Berraute a fait place à une charmante église neuve, bâtie en 1884 non loin de la sous-préfecture. Le quartier de Licharre a vu tomber son vieux temple ; une belle et longue place donne accès à l'hôtel de ville. Là-haut est toujours la

---

1. Pièce justificative LXXV.
2. Pièce justificative LXXV.

cité au pied du château des gouverneurs de Soule. Démantelé il sert maintenant de prison. Triste retour des choses d'ici bas!

A Mauléon fut donc transférée l'ancienne hospitalité d'Ordiarp. Les assemblées du bureau eurent lieu toutes les semaines selon les prescriptions de l'édit. Les notables d'Ordiarp et des autres paroisses assistaient aux séances qui se tinrent, tant que le bâtiment fut en construction, chez le gouverneur de Soule. C'était en 1715, Arnaud Jean, marquis de Moncin, chevalier et seigneur baron de Gairosse, Montory et Haux, vicomte de Tardets, comte de Troisvilles, grand sénéchal de Navarre et capitaine châtelain de Mauléon. On se réunissait parfois dans la maison de Pocydavant où descendait habituellement l'évêque d'Oloron.

Les fonctions d'administrateur étaient gratuites ; nous voyons cependant en 1734 le bureau allouer aux anciens administrateurs la somme de 50 livres pour les services rendus. Un jour vint où les notables des paroisses se fatiguèrent de cet honneur. Ils supplièrent Mgr l'évêque « de les descharger de leurs œconomats, attendu l'inutilité qu'il y a qu'ils y assistent n'entendant pas la langue françoise et n'ayant point les capacités requises pour l'administration dud. hopital, pour laquelle il faut tenir de fréquentes assemblées, lesquelles préjudicioient à leurs traveaux et veu aussi l'éloignement où ils sont de la ville pour venir aux assemblées [1] ». Leur démission fut acceptée.

La composition du bureau fut ainsi modifiée par arrêt du Conseil d'Etat du 11 mai 1742 : l'évêque d'Oloron, ou le vicaire général en son absence ; le gouverneur de Soule, ou le lieutenant en robe longue du siège de Licharre ; le curé d'Ordiarp ; le curé de Mauléon ; le procureur du roi ; les deux premiers jurats de la ville. Un trésorier devait être nommé par l'assemblée générale du bureau [2]. M. Bertrand de Jaureguiçahar, curé de Mauléon, fit de « très humbles remonstrances à Sa Majesté » sur le droit de préséance accordé au curé d'Ordiarp, mais elles n'eurent pas de résultat.

La ferme des biens se faisait par le bureau après publication aux marchés de Mauléon et de Tardets et aux prônes des six pa-

1. Arch. de l'hospice de Mauléon. Reg. f. 110.
2. Ib. f. 118.

roisses. Les fermiers devaient rendre leurs comptes au trésorier. D'ordinaire celui-ci était aussi le syndic de l'hôpital, chargé de veiller sur ses intérêts et de les défendre. Parmi les trésoriers nous voyons se succéder Jean de Méharon-Gourdo, notaire, 1709, François de Méharon, son fils, notaire et avocat, 1720, Louis de Méharon, 1741, Pierre de Prous, notaire et procureur au siége de Licharre, 1743, Pierre de Toumalin son gendre, 1761, Pierre d'Arnis, 1767, Arnaud de Bela-Peyre, 1773, Lagarde, 1774, Arnaud de Bela-Peyre, 1778-1789.

Le soin des malades fut confié à des religieuses. Mgr de Montillet s'adressa d'abord aux sœurs de St-Lazare qui ne purent pas accepter. On eut alors recours aux sœurs de la Sagesse, fondées à la Rochelle par l'abbé Mulot. La congrégation accepta, trois sœurs furent promises et l'accord conclu le 6 juin 1737 stipulait qu'elles devaient être nourries, entretenues et recevoir chacune 80 livres pour leurs habits et frais divers, à la charge de rendre leurs comptes à la fin du contrat. L'acte définitif fut passé le 23 novembre suivant. L'hôpital n'étant pas encore « logeable », les religieuses demeurèrent provisoirement chez le trésorier Méharon. Elles avaient pour supérieure la sœur Marthe qui réunissait le bureau, signait aux délibérations et parvint à acquérir dans le pays une influence extraordinaire. Les bâtiments furent achevés en cette même année 1737.

Ce fut un gros événement, lorsqu'en 1743, les supérieurs envoyèrent de la Rochelle la sœur de l'Humilité pour succéder à la sœur Marthe. Les administrateurs n'agréèrent pas ce changement. « Le bureau, dit la délibération, a été surpris de voir débarquer aud. hôpital la sœur de l'Humilité pour prendre la place de la sœur Marthe supérieure, sans que lad. sœur Humilité ayt été en estat de raporter ny exhiber aucune obédiance de son supérieur et sans que celuy-cy ayt marqué à messieurs les administrateurs sur le dessein pour ce changement. Ces réflections d'un cotté et le grand bien dont led. hopital auroit esté privé sy la sœur Marthe s'estoit retirée de l'autre, ont déterminé le bureau de retenir la sœur Marthe et de renvoyer lad. sœur de l'Humilité après lui avoir remboursé la somme de 34 livres pour les frais de son voyage suivant l'estat qu'elle a fourny [1] ». Le bureau écrivit en

---

1. Arch. de l'hospice de Mauléon, Reg. des dél., f. 129.

même temps à l'abbé Mulot et au gouverneur marquis de Moncin pour leur notifier sa décision.

Ce procédé ne plut pas aux supérieurs et les religieuses furent rappelées. M⁵ʳ François de Révol chercha alors des infirmières et envoya, le 14 avril 1744, Mlle de Labarthe d'Oloron « pour se mettre au fait du train de la maison avant que les sœurs n'en sortent ». La sœur de l'Humilité quitta l'hospice le 27 mai suivant [1]. Le 19 juillet Mlle de Beloscar se joint à Mlle de Labarthe et toutes deux reçoivent un petit réglement de vie religieuse. Cette dernière étant morte le 27 mars 1748, l'évêque la remplace le 31 par Marie Thérèze Casaveau d'Oloron ; envoyée d'abord à l'hôpital de Pau pour se former, elle tient les registres de Mauléon le 6 avril suivant. Décédée le 5 juillet 1759, elle fut remplacée par Mlle de Laborie d'Oloron jusqu'au jour où arrivèrent de nouvelles religieuses.

Le service en souffrit sans doute. Espérait-on trouver quelque congrégation disposée à desservir l'hôpital ? Cette sorte de provisoire dura 30 ans. Enfin le 26 février 1774, sur la proposition de M⁵ʳ François de Révol, l'hôpital accepta trois *sœurs grises* dites « sœurs de la congrégation de la charité et Instruction chrétienne de Nevers ». Le 15 octobre suivant le contrat fut passé entre Lagarde, trésorier, et l'abbé Charlot, vicaire de Mauléon et procureur de M⁵ʳ Jean Antoine de Tinseau, évêque de Nevers. Les religieuses n'arrivèrent que le 25 novembre 1775 : c'étaient la sœur de Vitada et la sœur Placidie Delmas. Celle-ci assistera aux bouleversements de la Révolution française et déploiera en de tristes jours ces admirables vertus de courage, de dévouement et de charité dont les religieuses de Nevers nous donnent encore le touchant spectacle à l'hospice de Mauléon [2].

Mlle de Laborie qui s'était consacrée au soin des malades et espérait mourir à l'hôpital, vit arriver les sœurs avec tristesse ; il lui fallut partir, mais l'intérêt général exigeait ce sacrifice et l'on pourvut à sa subsistance [3].

1. Ibidem f. 184. M. Menjoulet se trompe donc lorsqu'il fixe le départ de toutes les religieuses au 15 avril 1744. *Chronique*, t. 2, p. 363.
2. Arch. de l'hospice de Mauléon, Reg., p. 302.
3. Ibidem, f. 313.

Il semble que jusqu'en 1743 le clergé paroissial ait fait le service de l'hôpital ; Bertrand de Jauréguiçahar, curé de Mauléon, réclama les 140 l. allouées par les arrêts des parlements au chapelain de St-Laurent d'Ordiarp [1]. Depuis 1743, il y eut des aumôniers titulaires. Nous avons relevé quelques noms : Noble Pierre d'Arthaguy, 13 mai 1743 ; Pierre de Bouillon plus tard curé de Sussaute, 1745 ; Pierre d'Allabe, vicaire d'Aussurucq, 11 mai 1749 ; celui-ci négligea de se rendre à son poste, et fut remplacé le 13 juillet par Clément d'Arhetz de Tardets auquel « ne pouvant vivre » on accorda 180 livres ; de Joantho, prêtre d'Aroue, 1760, ensuite prieur d'Osserain ; Charlot, 1774.

Les charges de l'hôpital de Mauléon étaient assez considérables. Il devait fournir le logement au curé d'Ordiarp — ce fut l'occasion d'un procès qui traîna en longueur pendant près de 50 ans et ne fut jamais jugé (1743-1790) — ; réparer l'église, la munir d'ornements et de calices, donner 280 l. au commandeur ou prieur et au curé. En un mot il remplaçait en tout l'hôpital général de Roncevaux.

CHAPITRE XX

Procès sur Ordiarp entre le chapitre de Bayonne et l'hôpital de Mauléon, 1717. — Martin de Constantin, chanoine de Bayonne, prend possession de la commanderie, 1721. — Procès sur la cure d'Ordiarp. — Clément de Jauréguiberry nommé prieur-curé par arrêt du parlement de Pau 1739. — Son procès contre l'hôpital, 1743.

Nous voici donc en présence de deux possesseurs de la commanderie d'Ordiarp. L'un effectif, c'était l'hôpital de Mauléon, l'autre, purement nominal, c'était le chapitre de Bayonne. Un procès pouvait seul trancher la question de propriété.

Le chapitre de Bayonne ne s'était pas trop hâté. Redoutant l'esprit de partialité du parlement du Pau, il avait obtenu, par

---

1. Arch. B.P., G. 230. Délib. de Mauléon.

lettres patentes du mois de décembre 1712 [1], l'évocation au parlement de Toulouse des procès à mouvoir sur les bien échangés.

Un arrêt du Conseil de Régence ordonna le 25 octobre 1715 que les anciennes lettres de représailles données en faveur de Bayonne recevraient leur exécution et le 15 février 1717, malgré les oppositions du syndic de Soule et des états de Navarre [2], on confirma les lettres qui, en 1712, évoquaient les procès au parlement de Toulouse. Le 15 mars suivant, sur les instances des administrateurs de Mauléon, les parties furent assignées au conseil; celui-ci ne rendit jamais de jugement.

Le chapitre résolut alors de frapper un grand coup en prenant possession de la commanderie. Il donna ses pouvoirs à Martin de Constantin, chanoine et vicaire général, qui le 15 janvier 1721 arriva à Ordiarp. L'acte d'échange exhibé, il fut mis en possession dans les formes accoutumées par Clément Jauréguiberry, vicaire de Lalanne d'Arhets curé de Musculdy. Le trésorier François de Méharon-Gourdo protesta comme trésorier de l'hôpital de Mauléon, ne reconnaissant au chapitre que le « juspatronat » pour la présentation aux cures [3]. Martin de Constantin fit appel au parlement de Toulouse qui lui accorda ses conclusions le 1er juillet 1721. Le parlement de Pau cassa, à la requête de l'hôpital de Mauléon, l'arrêt du parlement de Toulouse par sentence du 11 septembre 1721.

Il y avait donc conflit de juridiction. Mgr André Druilhet, évêque de Bayonne, écrivit alors à Mgr Joseph de Révol, évêque d'Oloron, pour trancher la question par voie de commissaires. Assemblé à cet effet le 27 septembre 1722, le bureau de Mauléon répond d'une voix unanime « qu'il n'y a lieu de demander de concert de commissaires, puisque ce seroit marquer en quelque manière qu'il

---

1. Ces lettres sont paraphées par M. *Lormand*, le père sans doute de l'ancien conseiller au parlement de Pau, bienfaiteur insigne de Bayonne où il mourut en 1817.

2. Lalanne d'Echaux de Baïgorry, le vicomte de St-Martin, son beau-frère, gouverneur du château de Pau, le marquis de Loas « beau-père de son neveu » lieutenant du roi en Béarn et « ayant une belle-sœur femme d'un conseiller au parlement de Pau » avaient agi auprès des Etats pour faire révoquer les patentes de 1722. G. 229). Pièce justificative LXXVI.

3. Pièce justificative LXXVII.

peut y auoir du doutte sur la légitimité de la possession des biens apartenans aud. hôpital et qu'il est au contraire ordonné au trésorier de deffendre et soutenir la cause des pauvres de l'hôpital »[1].

Il fallait donc recourir au Conseil. Mgr Druilhet demanda des commissaires. Le 9 mars 1724, Méharon-Gourdo fut assigné au Conseil à deux mois[2]. Le 5 septembre, l'évêque de Bayonne demande à être jugé par le parlement de Toulouse. Mille détails d'une procédure chicanière entraînent des longueurs infinies. Enfin le 27 mai 1726, sur le rapport de M. de Vougny, maître des requêtes, le Conseil privé évoque l'affaire sur le fond des contestations.

Mgr Druilhet mourut en 1727. Son successeur Mgr de Lavieuxville reprit l'instance le 14 septembre 1728 et adressa au roi de nombreuses requêtes. Impossible de suivre toutes les péripéties de ces débats[3]. A toutes les prétentions du chapitre de Bayonne fondées sur l'acte d'échange, Méharen-Gourdo, syndic de l'hôpital, opposait un raisonnement qu'on peut ainsi formuler : « Roncevaux ne pouvait pas céder ce qu'il ne possédait pas. Or Roncevaux ne possédait pas Ordiarp. Donc il ne l'a pas cédé ». Il disait encore que 12,000 piastres avaient été données au chapitre de Bayonne par le monastère « pour tenir lieu de supplément de la commanderie[4] ».

Ce procès durait depuis quinze ans lorsque l'arrêt définitif fut prononcé par le roi Louis XV en son Conseil d'Etat privé, le 11 mai 1733. Il casse et annulle la prise de possession faite par Constantin, « maintient et garde l'hôpital de Mauléon dans la possession et jouissance des biens » et condamne l'évêque et le chapitre de Bayonne à tous les frais[5].

François de Méharon-Gourdo, syndic de l'hôpital de Mauléon, défendit pendant deux ans à Paris cette cause importante. Le 23 décembre 1734, le bureau récompensa son zèle par une gratification

---

1. Arch. de l'hospice de Mauléon. Reg. des délibérations, f. 66.
2. Pièces justificatives LXXVIII et LXXIX.
3. Arch. B.-P. G. 229. Inv. des pièces de Robinot. Pièce justificative LXXX.
4. Arch. B.-P. G. 230. Requête imprimée.
5. Pièce justificative LXXXI.

de 4000 l. et une somme 1000 l. pour sa gestion depuis le 7 juillet 1727 [1].

Il semble que l'arrêt de 1733 doive mettre fin à toute compétition. Nous verrons bientôt le chapitre reprendre habilement ce procès et le continuer encore pendant plus de vingt ans.

Procès sur la cure d'Ordiarp.

Jusqu'à présent nous avons toujours vu, sauf erreur ou ignorance, les documents publics et particuliers appeler Ordiarp une vicairie perpétuelle, annexe de Musculdy. Jamais personne ne figura avec le titre exclusif de curé d'Ordiarp. Le *curé primitif* avait été, jusqu'en 1590, le chapitre de Roncevaux ; des commandeurs français se substituèrent à la collégiale espagnole, mais le service divin se fit comme par le passé.

Pierre-Paul d'Arhets, curé de Tardets, était commandeur ou *prieur* titulaire d'Ordiarp, comme l'on disait alors, depuis 1695. A cette époque Pierre de Jauréguiberry était curé de Musculdy et vicaire perpétuel d'Ordiarp. Il mourut le 17 août 1703. Le 31, le chapitre de Roncevaux lui donna Pierre de Lascor, prêtre de Dax, pour successeur « Nombraron por vicario perpetuo o cura de las dichas Iglesias de San Miguel de Urdiarbe y San Ciprian de Musquilde *ad invicem* unidas à don Pedro de Lascor, presbitero del obispado de Dax » [2].

Mais Clément de Jauréguiberry, neveu du défunt et son vicaire, le même qui installera Constantin, disputa la cure à P. de Lascor. A en croire un de ses ennemis, Clément de Jauréguiberry était un prêtre de mœurs équivoques ; il fut condamné par l'official, le 8 janvier 1698, à trois mois de séminaire à Pau ; c'était d'ailleurs un caractère si violent qu'un jour de cérémonie, froissé de ce que son oncle ne lui laissât pas remplir les fonctions de sous-diacre, il sortit furieux, enferma les officiants à la sacristie et emporta la clef de la porte qu'il fallut faire sauter « retardant ainsi le service au grand scandale des assistants ». Accusé d'avoir attenté à la vie de son oncle, en tirant sur lui dans la nuit deux coups de mousquet chargé à grosses balles, il passait en outre pour un homme

1. Arch. de Mauléon. Reg. des dél. p. 101.
2. Pièce justificative LXXI.

de cabaret et de jeu « commettant crime d'excès, coups et battemens »[1]. Il est possible qu'en tout ceci il n'y ait eu que des calomnies, car bientôt Clément de Jauréguiberry l'emportera sur son accusateur.

Deux jours avant sa mort, Pierre de Jauréguiberry résigna sa cure de Musculdy et la permuta contre une prébende qui appartenait à son neveu. Au fond celui-ci ne convoitait peut-être pas Musculdy, mais bien le titre de vicaire perpétuel ou de prieur-curé d'Ordiarp. L'acte fut passé le 15 août 1703, Pierre de Jauréguiberry mourut le surlendemain. La résignation était donc nulle puisqu'elle n'avait pas été approuvée ni par l'ordinaire ni par le Pape. Une enquête ultérieure sembla prouver, au dire d'Urbero, un de ses détracteurs, qu'afin d'avoir le temps d'obtenir le titre, Clément de Jauréguiberry recéla le corps de son oncle pendant 2 jours jusqu'au 19. Un titre lui ayant été accordé le 20, il ne tarda pas à engager une instance contre Pierre de Lascor nommé bientôt par Roncevaux et institué par l'évêque d'Oloron. Un arrêt contradictoire du parlement de Pau maintint P. de Lascor le 21 janvier 1707 [2], mais celui-ci mourut quelques mois après.

Aussitôt Clément de Jauréguiberry demanda à Rome le titre de prieur curé d'Ordiarp par *dévolut*, la vacance durant depuis six mois. Il l'obtint mais l'évêque lui refusa le visa, ayant en réalité déjà nommé comme curé de Musculdy Arnaud-Louis de Lalanne d'Arhets. Effectivement ce dernier resta possesseur du bénéfice et vicaire perpétuel d'Ordiarp, figurant plus tard, en cette qualité, parmi les membres du bureau de l'hôpital de Mauléon. Clément de Jauréguiberry fut son vicaire : il avait ordinairement sa résidence à Ordiarp où il installa, en 1721, le chanoine Constantin de Bayonne, en qualité de commandeur. Cependant il n'accepta jamais cette condition subalterne de vicaire, car nous le voyons en 1726 plaider le 4 et le 11 octobre contre son propre curé [3].

Entre temps le chapitre de Bayonne avait nommé le 20 juillet 1722 Arnaud Duclercq à la sacristie d'Ordiarp, vacante par le décès de Pierre d'Etchart, prêtre habitué d'Undurain [4].

1. Arch. B.-P., G. 231. *Factum d'Urbero*, p. 5.
2. Arch. B.-P. *Factum*.
3. Arch. B.-P., B. 1535, p. 1.
4. Arch. B.-P. G. 232. Procès sur Hasparren.

Louis Arnaud de Lalanne d'Arhets mourut en janvier 1736. Le chapitre de Bayonne convoqua ses membres le 13 janvier et nomma à Musculdy Sibas, curé de Mendibieu, « ad dictam curam d'Ordiarp cum sua annexa de Musculdy ¹ ». Urbero d'Airadu requit le même titre *in vim gradus*. Sur le refus du chapitre, il s'adressa à Mgr de Montillet, évêque d'Oloron, qui le pourvut de la cure. Mais Sibas ayant déjà pris possession, il s'engagea entre eux à la cour de Lichare un procès de *récréance*, c'est à dire sur la jouissance provisionnelle des revenus jusqu'à la sentence défininitive ². Condamné à Mauléon, Urbero gagna son procès en appel et désormais seul curé de Musculdy, il intervint à ce titre dans le procès suscité à Lalanne, son prédécesseur, par Clément de Jauréguiberry sur la vicairie perpétuelle d'Ordiarp.

En effet, tenace dans son ambition, celui-ci plaida, par intervalles, pendant trente ans contre les curés de Musculdy. Il n'épargnait pas non plus le prieur Pierre Paul d'Arhets.

Contre les curés de Musculdy, Jauréguiberry soutenait que la paroisse St-Michel d'Ordiarp, cy-devant vicairie perpétuelle, était un véritable bénéfice, un prieuré-cure indépendant, dont il devait être le seul titulaire.

Au commandeur d'Arhets, il disait qu'il y avait incompatibilité à posséder à la fois deux bénéfices, le prieuré d'Ordiarp et la cure de Tardets.

En réalité, les affirmations de Jauréguiberry étaient absolument contraires à la vérité historique. On n'avait jamais connu qu'un curé de Musculdy, en même temps vicaire perpétuel d'Ordiarp ; on n'avait jamais parlé de deux cures distinctes, et c'était chose inouïe d'imaginer un curé d'Ordiarp.

Et cependant qu'arriva-t-il ? Fut-ce le résultat d'intrigues ou d'influences occultes ? Etait-ce lassitude du parlement de Pau fatigué d'un procès qui trainait depuis trente ans ? Enfin, le 6 juillet 1739, un arrêt déclara comme d'abus l'union des titres de curé de Musculdy et de vicaire perpétuel d'Ordiarp et maintint Clément de Jauréguiberry « en pleine possession du prieuré et cure de la paroisse St-Michel d'Ordiarp à la charge du service, en

1. Arch. B.-P. G. 230.
2. Arch. B.-P. G. 231. Les *Gradués* avaient le privilège d'être nommés de préférence à tous autres dans certains mois.

conformité de l'arrêt du 5 septembre 1592 avec défenses à d'Arhets et autres de le troubler »[1]. Législation étrange qui créait ainsi une paroisse, tranchant par des arrêts une question absolument réservée au Souverain Pontife!

C'est donc depuis cet arrêt du parlement de Navarre qu'il y a proprement un *curé* à Ordiarp. Comme par le passé, les documents publics nommeront encore parfois Jauréguiberry vicaire perpétuel, mais lui se donnera plutôt le titre de prieur curé. Néanmoins Pierre Paul d'Arhets perçut jusqu'à sa mort la somme de 280 l. due au commandeur.

Procès entre Clément de Jauréguiberry et l'hopital (1743).

Jauréguiberry ne se contentait pas d'un titre purement honorifique ; il voulut en avoir encore les revenus. S'adresser directement à l'hôpital pouvait souffrir quelque difficulté ; aussi préféra-t-il recourir à un fermier auquel il réclama la somme annuelle de 280 l. Il parvint ainsi à se faire payer, en 1744, 520 l. 10 s. outre 74 l. déjà reçues. De là un procès entre l'hôpital, le fermier et Jauréguiberry. La cour de Licharre condamna celui-ci à rendre la somme au fermier. Le curé fit appel, mais on ne voit pas qu'il y eut jamais de jugement définitif[2]. Quelques mois avant, le 10 juillet 1743, il avait sommé le trésorier de l'hôpital de réparer incessamment la maison « priorale » d'Ordiarp, de la mettre en état et de « payer dans trois jours les louages de la maison qu'il occupe sur le lieu d'Ordiarp ». C'est là l'origine d'un procès qui durera jusqu'à la Révolution ; près de 50 ans !

1. Arch. B.-P. G. 230 et 231.
2. Arch. B.-P. G. 230. Lettre de Prous.

CHAPITRE XXI.

XXIII. Alexis de Capdau, prieur d'Ordiarp, 1741-1763. — Ses procés contre Jauréguiberry et contre l'hôpital de Mauléon. — Sa condamnation définitive, 1762.

XXIII. — ALEXIS DE CAPDAU, CHANOINE DE BAYONNE, PRIEUR (1741-1763).

Paul d'Arhets, commandeur d'Ordiarp, mourut le 29 décembre 1740. Le chapitre de Bayonne nomma le 30 mai 1741, pour le remplacer, le chanoine Alexis de Capdau, natif du diocèse de Cominges. Les vicaires généraux de Mgr de Montillet, évêque d'Oloron, lui donnèrent collation du prieuré avec tous les droits, honneurs, fruits, charges et revenus: « prioratum d'Ordiarp cum omnibus ejus juribus, honoribus, fructibus, emolumentis ac oneribus contulimus ». Le titre est daté du 31 mai 1741 [1].

Alexis de Capdau était un homme d'action. Il fut sans doute chargé de continuer et de soutenir indirectement les anciennes prétentions du chapitre de Bayonne, et, comme le dira un de ses adversaires, « sa nomination n'a esté qu'un moyen de recommencer la contestation terminée par l'arrêt du 11 may 1733 [2] ». Le chanoine de Bayonne ne faillira pas à sa tâche et si le succès ne couronne point ses efforts, ce ne sera pas sans de bien longs débats.

Il est à remarquer qu'il ne prend pas le titre de commandeur mais bien celui de *prieur*, sans doute pour faire échec à Jauréguiberry qui se faisait donner le même nom.

Le 2 juin 1741, il prit possession « du prieuré d'Ordiap, de la commanderie dud. lieu... Mais ayant requis et prié Mᵉ Clément de Jauréguiberry titulaire de lad. parroisse d'ouvrir ou faire ouvrir les portes de lad. Eglise, il n'auroit point voulu... Led. sieur Capdau auroit fait sa prière à genous deuant lad. porte et par l'attouchement de la serure d'icelle ne pouuant remplir les autres solemnités à cause de l'obstination dud. de Jauréguiberry. Il a fait ces actes en signe de vraie possession estant sous le porche

---

1. Pièce justificative LXXXII.
2. Arch. B.-P., G. 230. Lettre de Prous.

de lad. Eglise et à l'axpect du clocher d'icelle..., és présence de Jean d'Urrutic dit Naphale et Dominique de Charlot, prêtre et vicaire dud. lieu [1] ». Nous ferons remarquer que Capdau se garde bien de donner à Jauréguiberry le titre de curé ou de prieur d'Ordiarp ; il l'appelle simplement « titulaire de lad. paroisse ».

Le lendemain, 3 juin, il n'eut pas meilleur succès à Mauléon. En effet il voulait y prendre possession « de l'hôpital d'Ordiarp transféré à lad. ville. Mais ayant trouvé lad. porte principale fermée à clef, led. sieur de Capdau auroit frappé et sonné la cloche aux fins de faire ouvrir lad. porte et d'effet la sœur Marthe supérieure, s'estant présentée au guichet, elle auroit entandu le sujet de notre procédé, à quoy elle n'a pas voulu nous laisser l'entrée libre quelle prière que led. sieur de Capdau luy en est faitte. Néanmoins il a touché la serure de la porte, sonné la cloche en signe de possession réelle actuelle et personnelle,.. en présence de Jean Pierre de Neveu, praticien, et Jean Pierre de Sardia, marchand [2] ». Ainsi éconduit, Capdau n'avait de ressource qu'en de nouveaux procès.

I*er* *Procès. Contre Clément de Jauréguiberry* (1741-1746). — Alexis de Capdau ne pouvait jouir du revenu d'Ordiarp qu'autant qu'il serait reconnu comme seul prieur. Le parlement de Navarre n'avait jamais été favorable au chapitre de Bayonne. Aussi le chanoine assigna-t-il Clément Jauréguiberry, qui se disait prieur-curé, au parlement de Toulouse. Jauréguiberry fit défaut et fut condamné le 26 février 1743 [3]. La cour de Licharre permet d'exécuter l'arrêt, le 15 mars suivant. De nouvelles assignations et de nouveaux arrêts sont obtenus par Capdau qui en profite le 27 mars 1744 pour mettre opposition sur certaines sommes dûes à Jauréguiberry par Urbero, ancien curé de Musculdy, retiré à Gréciette. Enfin, par une sentence solennelle du 5 février 1746, Jauréguiberry fut privé de son titre de prieur et condamné à tous les dépens. Le jugement lui est signifié et Capdau met opposition sur les sommes dûes à Jauréguiberry par l'hôpital de Mauléon [4]. Mais ces moyens ne réussirent pas au chanoine.

1. Pièce justificative LXXXIII.
2. Pièce justificative LXXXIV.
3. Pièce justificative LXXXV.
4. Arch. B.-P. G. 230 *passim*.

2° *Procès. Contre l'hôpital de Mauléon.* (1744-1762). — Dans le même temps, Capdau soutenait un autre procès. Prous avait remplacé Louis de Méharon-Gourdo dans la charge de trésorier-syndic de l'hôpital. Lorsqu'en 1742 Jauréguiberry fut une première fois condamné aux frais, Capdau « fit bannir en la main de Prous » les sommes que lui devait l'hôpital. En 1744, Prous fut assigné au parlement de Toulouse : 1° pour déclarer les sommes dûes à Jauréguiberry et en faire remise à Capdau ; 2° pour se voir condamner à payer à Capdau les sommes qui lui revenaient depuis le 30 mai 1731, date de sa nomination à la commanderie ; 3° pour lui payer à l'avenir le tiers des revenus d'Ordiarp.

Sur le premier point, l'hôpital rappelait le procès qu'il avait alors même avec le fermier et Jauréguiberry. En second lieu Prous soutenait, en s'appuyant sur l'arrêt de 1592, qu'il n'était dû au prieur que 148 liv., ou tout au plus, s'il faisait le service, 280 l. ; Bonnecaze depuis 1682 et d'Arhets n'avaient jamais eu davantage. Quant au tiers des revenus réclamé par Capdau, l'hôpital le refusait absolument. Le chanoine eut beau invoquer la doctrine des auteurs, le droit commun, les lois du royaume, l'ancien usage de Roncevaux, les registres de comptes de Maytie et de Chabos qui percevaient tous les fruits; expliquant l'arrêt de 1552 qui fixait les 280 l., il disait, non sans raison, que, les revenus ayant depuis bien augmenté, les droits du prieur devaient s'accroître en proportion, de sorte que les revenus étant de 3000 l. il fallait lui donner 1000 livres. L'hôpital n'admit pas ces raisons. On répondit qu'Ordiarp n'était pas une abbaye et qu'il n'y avait qu'à se conformer aux derniers arrêts [1].

Sans doute Capdau obtient à Toulouse un arrêt contre Jauréguiberry et contre l'hôpital, le 5 février 1746, ordonnant « que le bureau sera réuni à huitaine pour voir s'il accepte la demande de Capdau ». Le bureau s'adresse au parlement de Pau et le 4 août « la cour casse l'arrêt dud. jour cinquième février comme rendu par incompétence et par transport de juridiction ». A son tour le parlement de Toulouse casse l'arrêt de Pau. C'était un perpétuel conflit de juridiction. Capdau se pourvoit au conseil en règlement de juges. Quatre années s'écoulèrent en démarches inutiles pour établir la compétence du parlement de Toulouse. Par décision du

1. Arch. B.-P., G. 131.

18 septembre 1752, le Conseil « renvoie les parties au parlement de Pau pour y être statué ainsi qu'il appartiendra, condamne le s' Capdau aux dépens »[1].

Le chanoine de Bayonne comprend que son procès est perdu. Il paie tout « au procureur de l'hôpital à Paris jusqu'à une obole »[2]. Mais il ne se décourage pas. Il propose un arbitrage. On ne l'accepte pas. Alors, il assigne à Pau le successeur et les héritiers de Jauréguiberry. Il n'en persiste pas moins à réclamer à Prous, trésorier de l'hôpital, le tiers des revenus et la remise des sommes dûes à Jauréguiberry. Il choisit pour le défendre M° de Som, avocat de Pau, et lui écrit : « J'ai fait proposer à ce bureau de faire décider notre question par des avocats ou conseillers de Pau pour ne pas éterniser la procédure, ils m'ont ri sur le nez »[3]. C'était vers 1753[4].

Prous avait bien manœuvré. Il avait eu la bonne fortune de faire déclarer d'incompétence la cour de Toulouse. C'était flatter le parlement de Pau qui, jaloux de ses privilèges, avait toujours protesté par ses arrêts contre les lettres patentes de Louis XIV et de Louis XV attribuant à des juges étrangers les procès à mouvoir sur les biens échangés en 1712. Aux raisons énumérées plus haut, Prous ajoutait que les prétentions de Capdau élevaient à 560 l. au lieu de 280 les charges de l'hôpital pour le service spirituel. Bien plus, sur 280 l. Capdau n'aurait pas même droit à toute la somme, car 140 l. étaient affectées pour « la desserte » de la paroisse et le reste pour le service des pauvres. Or, la chapelle de St-Laurent d'Ordiarp ayant été en fait transférée à Mauléon, cette somme revenait au chapelain titulaire ou à Jauréguiçahar, curé de cette ville, lequel l'avait réclamée pour le temps où il avait desservi l'hôpital[5]. Donc en définitive, rien n'était dû à Capdau qui n'avait qu'un titre purement nominal sans aucune charge. Et pour tout résumer en deux mots, il n'y avait plus d'émoluments parce que

1. Arch. B.-P., G. 230. Lettre de Capdau.

Arch. B.-P., G. 226. Mémoire.

Pièce justificative LXXXVI.

4. Nombre de pièces sur ces procès sont contresignées par deux notaires de Bayonne, *Duclerc* et *Lesseps*, deux noms bien connus de notre France contemporaine.

5. Arch. B.-P., G. 230.

la « qualité de commandeur » était « détruite ». L'arrêt de 1739 avait mis à néant ce titre, décidé qu'il n'y avait qu'un seul bénéfice et que la commanderie était une *chimère* [1].

Il y a même dans la plaidoierie de Vergès, avocat de Prous, un petit parfum de cette philosophie anti-religieuse et sarcastique fort à la mode au XVIII° siècle. « La cour voit ce que les pauvres éprouvent depuis bien longtemps de la part des prêtres qui, sous des noms ambitieux et chimériques, veulent leur enlever une subsistance qu'ils tiennent non du bien de l'église, mais de la piété de nos monarques ». Et ailleurs : « Le bien n'est pas ecclésiastique et toute la subtilité des gens d'église ne pourra pas réussir pour faire penser qu'il s'agit d'un bien consacré à l'église... C'est bien assez qu'on ait ébréché la substance des pauvres en faveur d'un curé qui ne peut plus rendre aucun service à l'hôpital » [2].

Méharon s'était transporté à Pau pour défendre l'hôpital jusqu'à la fin du procès. A son défaut, tous les administrateurs devaient s'y rendre tour à tour [3]. Enfin, après 17 années de procédures, le parlement de Pau porta sa sentence définitive le 29 septembre 1759. Il cassa l'arrêt de Toulouse, maintint les 280 l. pour le curé et la « desserte » de la chapelle des pauvres ; le paiement des arréages fut ordonné en faveur des héritiers de Jauréguiberry et Capdau condamné aux dépens [4].

L'arrêt fut signifié à Capdau le 25 octobre suivant. Il répondit « être formellement opposant, n'ayant été ni ouy ni deffendu ; et fera appel au Conseil ». Et il signa « Capdeau, *prieur* d'Ourdiarp » [5].

En effet, il se pourvut d'abord au parlement de Toulouse qui cassa cet arrêt le 19 novembre 1759. A son tour, le parlement de Pau cassa le jugement de la cour de Toulouse le 30 avril 1759. Allait-on recommencer ? Prous écrivait : « La fausse démarche du sieur Capdau annonce un second conflit de juridiction, un nouveau règlement de juges sur les prétentions ridicules de cet ecclé-

---

1. Ibidem. Arrêt du parlement de Navarre, p. 30.
2. Pièce justificative LXXXVII.
3. Arch. de l'hospice de Mauléon. Reg. des dél. f. 180.
4. Pièce justificative LXXXVII.
5. Arch. B. P., G. 230.

siastique mille fois jugées »¹. Pierre d'Arnis succède à Prous comme trésorier le 22 juin 1761. Capdau fait de nouvelles oppositions dont il est débouté le 26 septembre ; il est de nouveau condamné à tous les frais.

A la requête de d'Arnis, Inigo, premier huissier de Licharre, met saisie des revenus du chapitre de Bayonne le 18 novembre 1761 et la fait approuver le 7 septembre 1762 par M. Lespès de Hureaux, lieutenant général au sénéchal de cette ville.

Capdau ne put alors que se soumettre. Il avait déjà payé à diverses reprises plusieurs sommes pour les frais des procès. Il y eut même un accommodement entre lui et l'hôpital de Mauléon ; celui-ci fit une remise de 200 l. et le chanoine en fut quitte avec 300 livres environ pour les dépens².

Peut-on dire qu'Alexis de Capdau n'abdiqua jamais entièrement ? Dans un procès entre le chapitre de Bayonne et Mgr d'Arche il est dit d'Orliarp, à la date du 28 août 1763, que « c'est un prieuré actuellement possédé par Capdau et la sacristie par Duclercq, chanoine de Bidache »³.

Cet intrépide champion vécut encore sept ans. Nous avons trouvé aux feuilles de pointe du chapitre la date de sa mort : « Le 17 septembre 1770. Enterrement de M. Capdau chanoine. Grands honneurs. Gratis »⁴.

1. Arch. B.-P., G. 230.
2. Ibidem, frais du procès.
3. Arch. B.-P., G. 232. Dans cette pièce, on distingue encore à Orliarp la *commanderie*, qui appartient à l'hôpital de Mauléon ; le *prieuré*, bénéfice simple possédé par Capdau ; la *sacristie*, bénéfice simple appartenant à Duclercq ; la *cure*, dont le chapitre et l'évêque de Bayonne sont les patrons.
4. Arch. B.-P., G. 71, p. 13.

CHAPITRE XXII.

Procès entre la communauté d'Ordiarp et l'hôpital de Mauléon, 1743-1790. — Curés et vicaires de 1753 à 1794. — Époque révolutionnaire.

Procès entre Ordiarp et l'hopital de Mauléon (1743-1790).

Dans le même temps, l'hôpital de Mauléon soutenait un procès contre la communauté d'Ordiarp. Il ne voulait pas acquitter certaines charges autrefois supportées par la commanderie. Aussi se refusa-t-il absolument à pourvoir au logement du curé et aux réparations du presbytère. Nous avons déjà vu en 1743 Clément de Jauréguiberry sommer l'hôpital de le défrayer de la somme due pour son loyer et de réparer la maison « priorale ». Plus tard, depuis 1753, Pierre d'Etchecopar, son successeur, fit les mêmes instances. Ce fut un procès qui ne se termina jamais. Une délibération de l'hôpital, du 13 juin 1755, nous renseigne sur le litige en question : « Le trésorier représente qu'il a un procès au parlement avec le sieur curé d'Ordiarp au sujet de la maison de l'hôpital située à Ordiarp. Les habitants ont intenté un autre procès aux pauvres sur la propriété de lad. maison et ont entrepris sur le bois appartenant auxd. pauvres ». Des *fivatiers* [1] se refusent à payer à l'hôpital. Un administrateur se rendra à Pau. Ce sera Jaureguiçahar, curé de Mauléon, « qui a déjà instruit l'affaire contre le s* curé d'Ordiarp ». D'autres lui succéderont [2].

La cour de Licharre, par arrêt du mois de novembre 1764, débouta de leur prétention le curé d'Ordiarp et Raymond d'Iriart, syndic de la communauté. Ils font appel à la cour de Pau le 1ᵉʳ décembre. L'instance y est introduite le 2 janvier 1765 [3].

Toumalin avait succédé à Prous, son beau-père, comme procureur de l'hôpital le 5 février 1764 et d'Arnis comme trésorier. La communauté était représentée par ses syndics. Nous avons relevé plusieurs noms depuis 1764 : Raymond d'Iriart, Michel d'Etche-

---

1. Tenanciers.
2. Arch. de l'hospice de Mauléon. Reg. f. 196.
3. Arch. B.-P., B. 6321 f. 1.

verry 1775, R. d'Iriart, Pierre Lestegaray 1776, Jean d'Oyhenard 1779, Landejaureguy 1787 [1].

Le parlement de Navarre ne semblait pas être favorable à l'hôpital. Peut-être trouvait-on à Pau qu'il fût trop processif. Quoi qu'il en soit, le 28 août 1770, Jaureguiçahar, curé de Mauléon, dit « que l'arrêt du 1er juin condamne le sr d'Arnis à fournir au prieur curé d'Ordiarp le logement et le jardin dont les précédens prieurs curés ont joui ou deu jouir et d'y faire sur les revenus dud. hôpital les grosses réparations tant dans le présent que dans l'avenir, à payer au syndic d'Ordiarp les jouissances depuis l'instance ». Il est d'avis que l'arrêt soit attaqué, qu'on fasse appel au Conseil et qu'on y recoure à l'influence de M. Jean-Pierre de Joantho, écuyer, secrétaire du roi, résidant à Paris [2].

Cependant le procès se continue à la cour de Pau. D'Iriart, syndic d'Ordiarp, obtient le 22 mai 1772 un appointement pour se faire présenter les registres de comptes de d'Arnis depuis le 3 avril 1753. Toumalin, syndic de l'hôpital, s'y oppose, peut-être à cause de la négligence de d'Arnis qui est obligé de donner sa démission le 24 avril 1773. Arnaud de Bela-Peyre lui succède [3]. En 1780, le 30 mai, celui-ci représente « qu'il y a plusieurs procès engagés et en particulier contre la communauté d'Ordiarp ».

L'évêque d'Oloron, Mgr François de Révol, jugea qu'il fallait en finir. Il proposa un arbitrage que tous acceptèrent le 3 février 1787. Me Mourot [4] sera l'avocat des pauvres. La communauté d'Ordiarp choisit Me de Casebonne. L'hôpital le récuse, revient sur sa précédente délibération et décide que Toumalin « reprendra ses poursuites »; 1er août 1787 [5].

Et ainsi jusqu'en 1790, ce fut entre les syndics une série d'instances, de comparutions, de renvois de pièces, de productions de titres. Il n'y eut pas d'arrêt définitif.

Cependant la question paraissait peu complexe. Les lettres patentes et les usages précédents unissaient-ils complètement les reve-

---

1. Arch. B.-P., B. 6321 *passim*.
2. Arch. de l'hosp. de Mauléon. Reg. des délibérations, f. 263.
3. Ib. f. 282.
4. Ib. f. 350.
5. Ib. f. 353.

nus de l'hôpital général de Mauléon de sorte que les anciennes charges fussent irrévocablement éteintes? Le syndic des pauvres l'affirmait, la communauté d'Ordiarp prétendait au contraire que « sauf le transfert de l'hôpital toutes choses étaient dans le premier état » [1].

Cinquante années de débats ne purent porter la lumière dans une question si simple. La Révolution ne mettra pas tant de formes pour résoudre la difficulté. Elle supprimera à la fois la cure et le presbytère et elle enlèvera à l'hôpital presque tous ses revenus.

CURÉS ET VICAIRES D'ORDIARP JUSQU'A LA RÉVOLUTION (1753-1794)

Dans le procès dont nous venons de parler le « prieur-curé » paraissait toujours comme partie plaignante. Clément de Jauréguiberry était mort vers 1753 ayant pour vicaire Dominique de Charlot. Pierre d'Etchecopar de Menditto lui succéda. Il signe toujours aux actes *prieur* ou *prieur-curé*. Il eut pour vicaires d'Urruty, 1755-1773, Recalt, 1773-1778, et Prat en 1779. Il mourut le 29 mars 1780 et fut enterré le lendemain dans le cimetière d'Ordiarp [2].

Carricaburu lui succéda. Prat son vicaire figure en 1789 comme curé d'Arojuzon. Il eut encore pour vicaires Arnaud Phordoy 1785, Lapphitz 1789. Les actes de ce temps sont parfois signés par Jauréguy que nous croyons vicaire de Musculdy, par Dufaur et Lahunsunbarno, curés aussi de cette paroisse, et par Recalt, curé d'Aussurucq.

La petite population d'Ordiarp se ressentit des troubles qui agitaient la France. En 1688, réunis en assemblée générale selon les formes ordinaires aux lieux accoutumés, c'est-à-dire à la maison commune ou sous le porche de l'église, les habitants nomment pour syndics Larretchar et Jean Oxix. En 1790, il fallut procéder à l'élection de la municipalité. Le 14 avril, Carricaburu fut par 82 suffrages élu président de l'assemblée qui allait nommer le maire et les nouveaux membres [3]. Il ne signa plus *prieur-curé*, mais simplement *curé*.

1. Arch. B.-P., B. 6743, f. 40.
2. Pièce justificative LXXXVIII.
3. Arch. d'Ordiarp, B. B. p. 15, 1788.

Le 3 février 1791, il déclare qu'il a « l'intention de prêter le serment civique » exigé par le décret du 27 novembre 1790. Lapphitz, son vicaire, montra plus de dignité en formulant certaines restrictions de conscience. Il promet de maintenir « tout ce qui est de l'ordre politique exceptant formellement les objets qui dépendent essentiellement de l'autorité spirituelle »[1]. Le 24 juin, Carricaburu osa lire en chaire le mandement de Jean-Baptiste Sanadon[2], évêque schismatique des Basses-Pyrénées, faiblesse qui fut lâchement suivie du triste serment d'Arnaud Phordoy, ancien vicaire d'Ordiarp, alors vicaire de l'hôpital St-Blaise. Se repentant du mince courage dont il avait précédemment fait preuve, ce dernier renouvela, le 19 août 1791, « dans l'église et à l'issue de la messe paroissiale » d'Ordiarp « sans préambule ni restriction » le serment condamné de la constitution civile du clergé[3].

Le dernier acte signé par Carricaburu est du 22 octobre 1791. Depuis lors il ne reparaît plus. Avait-il émigré en Espagne? Etait-il mort? Les documents publics sont absolument muets à cet égard.

Pierre d'Elissondo, vicaire de Libarrenx, fut élu curé constitutionnel d'Ordiarp par l'assemblée électorale du district de Mauléon et confirmé « par l'institution canonique (lisez *anti-canonique*), que M. Barthélemy-Jean-Baptiste Sanadon, évêque du département des Basses-Pyrénées, y a ajoutée ». Il jura de « maintenir de tout son pouvoir la constitution civile du clergé » et fut installé par Landelchepar, maire, et toute la municipalité le 23 octobre 1791. Le vicaire constitutionnel se nommait Arguinsol.

Le 29 janvier 1792, P. d'Elissondo publiait les décrets « contre les prêtres réfractaires »; le 20 germinal an II de la République (9 avril 1794), sur l'invitation de Monestier, il donna sa démission « pour coopérer au bien public » et déclara « cesser ses fonctions

---

1. Pièces justificatives LXXXIX et XC.
2. Dom Jean-Baptiste Sanadon, bénédictin, principal du collège de Pau, évêque constitutionnel du département des Basses-Pyrénées le 1ᵉʳ mai 1791, incarcéré à Bayonne sous la Terreur, mourut à Oloron le 9 janvier 1796.
3. Pièce justificative XCI.

ecclésiastiques »[1]. Il continua à résider à Ordiarp avec une pension de 800 livres.

Nous ne trouvons plus trace de culte jusqu'au retour de la France aux idées religieuses[2].

CHAPITRE XXIII.

L'hôpital de Mauléon pendant la Révolution et au commencement du XIXe siècle. — Composition du bureau en 1788 et l'an V. — Perte des revenus. — L'ancienne commanderie transformée en presbytère. — Droits actuels d'Ordiarp sur l'hôpital de Mauléon. — Epilogue.

Des lettres-patentes données à Versailles le 5 juillet 1788 modifièrent ainsi la composition du bureau de l'hôpital : 1° L'évêque d'Oloron ou un vicaire général ; 2° le châtelain de Soule ou son lieutenant ; 3° le procureur du roi ; 4° le maire de Mauléon ou son lieutenant ; 5° deux jurats ; 6° le curé d'Ordiarp ; 7° le curé de Mauléon ; 8° deux notables habitants de Mauléon[3].

1. Pièce justificative XCII.
2. Voici un document intéressant sur l'époque révolutionnaire dans notre pays tiré des Arch. des B.-P. :
« Inventaire des pièces remises par les pentionnaires ci-devant ecclésiastiques, religieux et religieuses, en conséquence de l'arrêté du directoire exécutif du 5 prairial dernier. Dép. des B.-P., canton de Mauléon :
Pierre de Castillon, 36 ans, résidence : Musculdy. Baptisé le 8 novembre 1793. Prestation de serment 25 septembre 1792. Date de la non-rétractation 6 thermidor. Montant de la pension : 800 l.
Pierre Elissondo, 48 ans, résidence : Ordiarp. Baptisé le 2 septembre 1750. Prestation de serment le 26 novembre 1792. Non-rétractation 5 thermidor. Pension : 800 l.
Arnaud Etchecopar, 40 ans, résidence : Ordiarp. Baptisé le 11 février 1758. Prestation de serment le 26 novembre 1792. Non-rétractation 5 thermidor an VI, et 4 fructidor an VI de la République ».
3. Arch. de l'hospice de Mauléon.

Nous ne savons pas quelle en fut la durée, car il n'y a plus de délibérations depuis le 4 juillet 1789.

Les revenus de l'hôpital allaient disparaitre. Le 1ᵉʳ décembre 1790, M. l'abbé Boyer, vicaire général d'Oloron, remettait la déclaration des dîmes prélevées par l'évêché et le chapitre à Ordiarp. C'était le 1/8 de la dîme totale, 300 l. environ [1], dont le reste, ou peu s'en faut, était encore perçu par l'hôpital, sans compter les baux de ferme. Quelques jours auparavant, le 9 septembre, « Larretchart, procureur de la commune, dit que l'assemblée nationale ayant mis à la disposition de la nation les biens du clergé et les biens domainiaux, il crust d'avoir veu que les biens apartenans aux hôpitaux, maisons de charité, etc., ont été exceptés pour le présent de la disposition desd. décrets, mais au cas qu'il y en eut quelqu'un qui portât sur la vente de leurs biens, l'hôpital général de Mauléon a au présent lieu (d'Ordiarp) un moulin et une prérie ; le moulin est affermé 270 l., de quoy il y a à extraire le coût des réparations ; la prérie est affermée pour la somme de 135 l. par an. Il seroit d'avis que la communauté songeât à leur acquisition et qu'il soit fait une soumission sur lesd. objets » [2]. Mais la proposition ne fut pas adoptée, car nous voyons en 1797 Ahusborde fermier pour l'hôpital de la « prairie d'Ordiarp » [3].

Dans la séance du 16 brumaire an V, d'Etchecopar est nommé directeur de l'hôpital et Béhély secrétaire. Le lendemain d'Etchecopar dit que « les dixmes de Musculdy, Ordiarp, Mendi, Idaux, Garindein et de Viodos qui formoient son plus fort patrimoine ont été abolies sans indemnité et par ce moyen l'hôpital a été réduit à moins d'un dixième de son revenu ». Le revenu s'élevait à 6,675 l. en 1790 [4]. Le 27 brumaire an VII, il fut ordonné de faire « la collecte et la perception des arrérages des fiefs dont l'hôpital jouissait ».

La sœur Placidie Delmas, à peine revenue dans l'hospice, en constate la détresse. Elle sollicite le ministre de l'intérieur qui lui envoie, le 26 brumaire an VIII, un secours de 1,500 livres. Le décret du 21 août 1790 avait en effet aboli les droits féodaux sans

---

1. Arch. B.-P., L. 19, p. 71.
2. Arch. d'Ordiarp, BB. p. 1.
3. Arch. de l'hospice de Mauléon. Cahier des débiteurs, p. 79.
4. Arch. de l'hospice de Mauléon. Rég. des dél. f. 375.

indemnité à moins qu'ils n'eussent eu pour origine une concession primitive de fonds. Aussi l'hôpital de Mauléon obligea-t-il par voie judiciaire les détenteurs des biens fonciers à payer une certaine redevance annuelle.

Les cahiers de comptes contiennent à cet égard des notes significatives. Le 31 août 1797 : Reçu du citoyen Gohanex d'Ordiarp une conque de froment ; d'Harcoury 4 de millet et 4 de froment ; de Mercapide, de Porhochan, de Mendy, de Barreix, d'Idaux, d'Etchecopar 4 conques de froment ; d'Etchebarne 2 conques ; de Salharan 3 conques ; d'Aiçaguer 3 conques ; de Jean Ahusborde, fermier de la prairie d'Ordiarp, etc.

Vingt ans plus tard, les mêmes noms se retrouvent au livre de comptes. Septembre et octobre 1817 : Reçu de Sorthera, de la commune d'Ordiarp, 3 conques 1 *lacque* de froment, à-compte de la rente financière qu'il paye annuellement à l'hospice ; de Porrochan, de Mendy, 2 conques de froment ; de Cazenave Aiçaguer, d'Idaux, 2 conques de froment ; de Mercapide, d'Ordiarp, 1 conque. — Le 6 novembre : Reçu de Salharang 3 conques de froment ; 2 conques d'Etchebarne, d'Ideaux. Le 18 novembre de Thomas Lasthagaray, d'Ordiarp, 3 conques de millet, à-compte de ce qu'il doit à l'hospice, etc. [1].

Ce ne fut qu'à la fin de la Restauration et sous le gouvernement de Juillet que l'on put se racheter par une somme d'argent de cette redevance annuelle.

L'Ancienne Commanderie

Deux actes législatifs de l'an XIII et de 1807 érigèrent en paroisse l'ancienne vicairie perpétuelle d'Ordiarp. L'ordonnance de Mgr Loison et plus tard celle du 18 septembre 1821 portée par Mgr d'Astros donnèrent à ces actes civils la sanction canonique. On y reconnut pour ministres du culte un curé et en 1873 un vicaire.

Le curé logeait dans l'ancienne commanderie. La commune ne possédait pas de presbytère. Une délibération du 19 mars 1820 est ainsi conçue : « Le maire a donné connaissance d'une lettre de

---

1. Ibidem. Cahier des comptes, *passim*. Il y avait, dans un sac d'un hectolitre, 2 conques 1/2, ou 5 petites mesures ou 40 lacques. Une conque contenait donc 16 lacques.

M. le sous-préfet, en date du 9 courant, qui autorise le conseil à délibérer sur l'acquisition ou construction d'une maison propre à loger M. le desservant. Le « conseil délibérant sur cette proposition a considéré qu'il n'est point possible d'acquérir dans la commune aucune maison appartenante à des particuliers convenable pour ld. logement; que l'hospice civil de Mauléon ayant été autorisé par S. M. à aliéner une maison située dans la présente commune, dite de l'*hôpital* et jardin en dépendant, que cette maison a été instamment occupée par MM. les curés ou desservants de l'église de cette commune; que sa proximité doit se faire préférer à toute autre; qu'elle peut être acquise momentanément moyennant le payement d'une rente annuelle. Considérant que cette acquisition ne grèverait pas la commune puisqu'elle est tenue à payer annuellement 75 fr. pour le logement de M. le desservant », le conseil donne un avis favorable. Cependant la maison ne fut pas achetée par la commune mais par le curé lui-même. En effet, par acte du 30 avril 1820 passé devant M⁰ Dalgorondo, notaire à Mauléon, M. Etchessar, curé d'Ordiarp, se rendit acquéreur de divers immeubles appartenant à l'hospice de Mauléon et en particulier de la maison *Ospitalla* avec cour, grange et jardin. L'abbé Etchessar légua par testament cette propriété à Pierre Etchessar de Chéraute, son neveu, qui la vendit le 13 juin 1832 aux époux Etcheverry-Labaigts, de Libarrenx. Par acte du 4 novembre 1834[1], ceux-ci cédèrent ces immeubles pour 2,000 francs à 37 propriétaires d'Ordiarp (40, d'après les registres de la commune). Une délibération du 4 janvier 1835 nous apprend « que la maison de l'hôpital actuellement et de tout temps occupée par MM. les desservans a été depuis peu de temps acquise pour 2,000 francs par 40 particuliers de la présente commune du pouvoir du sr Etcheber, propriétaire et domicilié à Libarrenx, et que lesd. particuliers lui ont manifesté le désir de la céder sur le même prix en faveur de la commune pour la maison presbytérale »[2]. On ne l'acheta pas encore. Etcheverry dut même la racheter, car le 4 février 1837 le maire dit « que la maison appelée de l'hôpital appartenait au sieur Etcheberry, de Libarrenx, et qu'il serait porté à la céder à un prix

---

1. Notariat de M. Bisquey à Mauléon.
2. Reg. des délibérations d'Ordiarp.

convenable et modéré ». Le conseil est d'avis que la « commune achète lad. maison pour servir de maison presbytérale ». Les actes officiels ne parlent plus de ce projet ; les notes fournies par M. Bisquey, notaire à Mauléon et successeur de M. Dalgoronde, nous apprennent que l'hôpital appartenait encore en 1843 aux 37 propriétaires d'Ordiarp. En effet, par acte du 8 septembre de cette année, ils vendirent cet immeuble et ses dépendances pour 2,000 francs à la commune d'Ordiarp afin d'y établir le presbytère. Aujourd'hui l'ancienne commanderie est le presbytère actuel, appartenant à la commune [1].

Les immeubles qui formaient l'antique hôpital sont à présent 1° La maison hospitalière ; 2° une cour de 85 centiares ; 3° une fournière et une volière avec loge à cochon séparée de la maison par le chemin ; 4° un jardin contigu à la maison, d'environ 2 ares 75 centiares, clos d'un mur en maçonnerie.

Le presbytère n'a aucun cachet ; c'est une maison toute moderne construite sur les ruines de l'hôpital.

Droits actuels d'Ordiarp sur l'hôpital de Mauléon.

On pourrait, en finissant, se poser cette question : La commune d'Ordiarp peut-elle, comme par le passé, demander pour ses malades des secours à l'hôpital de Mauléon ? Bien des raisons militent en faveur de l'affirmative. Ce récit nous a montré que l'hôpital de Mauléon n'est autre chose que l'hôpital d'Ordiarp transféré dans la capitale de la Soule. Tout le xviii° siècle a vu le curé d'Ordiarp figurer dans le bureau, comme un des principaux administrateurs avec le droit de préséance sur le curé de Mauléon. L'hôpital n'a vécu pendant plus de 100 ans que des revenus de l'ancienne commanderie. Bien plus, quand la Révolution fut passée, l'hôpital réclama énergiquement les rentes foncières qui lui étaient dues à Ordiarp, à Musculdy, etc. Et l'on a vu que les lois modernes ont appuyé ses réclamations légitimes. Si les habitants d'Ordiarp se sont définitivement libérés, sous la Restauration et le gouvernement de Juillet, par une certaine somme d'argent, il est évident qu'encore aujourd'hui l'hôpital de Mauléon bénéficie des capitaux qui lui ont été en dernier lieu fournis par les anciens tenanciers. C'est

---

1. Notariat de M. Bisquey.

donc pour l'hôpital envers la commune d'Ordiarp une dette qui ne pourra jamais s'éteindre. Nous sommes d'ailleurs heureux de voir cette opinion confirmée par la tradition et l'usage constant. Il est avéré que plusieurs pauvres ont bénéficié de cette faveur. Néanmoins on ne pourrait dire, d'une façon précise, combien de pauvres en même temps auraient droit d'entrée à l'hôpital de Mauléon. Pareillement, il serait facile d'établir l'existence de ce droit pour les communes qui faisaient partie de l'ancienne commanderie.

EPILOGUE

Aujourd'hui rien ne rappelle à Ordiarp les souvenirs du passé. Les moindres vestiges de la commanderie et de la chapelle St-Laurent ont disparu.

A peine, l'église paroissiale de St-Michel, mutilée et déformée, donne-t-elle l'idée de l'antiquité de sa construction. Elle est située au centre du village, dominant une assez vaste plaine. Selon des dispositions assez communes au moyen-âge, le chevet est tourné vers l'Orient et la porte vers l'Occident. Un pont rustique, d'une seule arche, vieux et moussu, y mène par une rampe un peu raide ; au-dessous, le Saison roule ses eaux torrentielles.

Un porche grossier et un appentis soutenu par de mauvaises poutres donnent accès dans l'intérieur de l'église. Elle est petite, mais elle ne manque pas de grâce avec son style roman du xie siècle et ses lignes rondes et régulières. Il y a trois nefs à travées, celle du milieu plus spacieuse, celle du midi déformée et plus étroite que les deux autres. Des absides fermées les terminent, toutes trois à voûte hémisphérique et semi-circulaires. Au sanctuaire, les chapiteaux frustes des piliers semblent attendre encore la main de l'ouvrier. Au pourtour extérieur du chevet, de rares modillons rappellent la corniche du moyen-âge.

Çà et là quelques maisons mal bâties et sans art ; pas de bourg, ni de ruines grandioses. Nulle part rien qui parle des temps d'autrefois. Seule la maison de Geintein, masse noire et sombre, semble évoquer de lointaines légendes.

Aurons-nous eu le bonheur de donner quelque vie à des récits arides et à des faits peu connus ? Aurons-nous exhumé, avec quelque profit pour l'histoire de notre pays, avec quelque honneur pour l'Eglise, les secrets ensevelis dans les chartes de nos archives ?

En tout cas, nous pouvons nous rendre le témoignage que nous n'avons rien écrit, rien avancé qui ne s'appuie sur les documents les plus authentiques. Dans toutes ces laborieuses recherches nous n'avons eu qu'un seul guide : l'amour de la vérité.

FIN.

PIÈCES JUSTIFICATIVES.

I.

QUELQUES DÉPENDANCES FRANÇAISES DE RONCEVAUX. — ARCHIVES DES B.-P., G. 219.

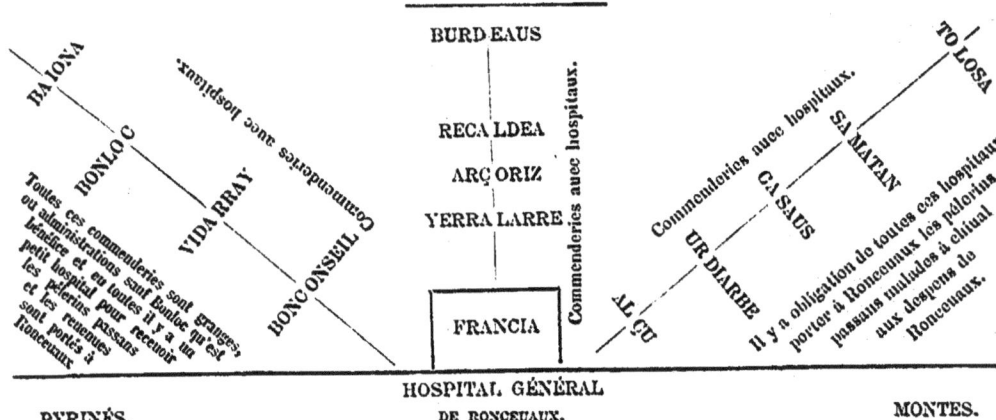

II.

Jugement de Géraud, archevêque d'Auch, attribuant en 1189 à Loup
Arnaud, abbé et aux clercs de l'église St-Michel d'Ordiarp, la
moitié de la chapellenie d'Aussurucq. Charte du temps, sur parchemin. (Arch. B.-P., G. 203).

Sciendum est quod ego Guiraud Auxitanus archiepiscopus, auditiis [1] plenarie allegationibus et examinatis diligenter testibus propter rixam que erat inter Lupum Arnaldum abbatem de Urdiarp et Raymundum A. de Espes supra mediatatem cappellanie de Aucuruc de consilio et assensu fratrum nostrorum B. de Seliras episcopus Olorensis qui eamdem causam audiuerat. S. episcopus Lascurrensis. Guilhermus Bertrandus Aquensis episcopus. B. episcopus Bayonensis. A. Bigorritanus episcopus. A. episcopus Connenarum. G. episcopus Vasatum et B. episcopus Agenensis venerabilium episcoporum quoque et abbas sancti Seueri. B. abbas Sorduensis. et S. abbas [2] sancti Geroncij abbatum qui omnes erant nobiscum in ecclesia sancte Fidei de Morlas adiudicauimus cappellanie medietatem eclesie de Aucuruc nominato abbati et ecclesie sancti Michaelis de Urdiarp et clericis eiusdem ecclesie perpetuo et inconcusso iure semper habendam et possidendam. Ut autem factum hoc habeat firmitatem et robur in perpetuum hanc cartam sigilli mei impressione duxi munitam et corroboratam. Facta est hec carta anno Verbi incarnati m. c. l. xxx. ix. Datum apud Morl. ego G. Auxitanus archiepiscopus qui istam cartam disrrumperit participationem habeat cum Juda et demonibus ubi est fletus et estridor dencium et sit maledictus cum Sodoma et Gomorra hic et in perpetuum. Amen.

1. Pour *auditis*.
2. On remarquera l'incorrection de cette phrase : *episcopus, abbas,* au lieu de *episcopi, abbatis.*

III.

Extrait des Statuts de Roncevaux du 6 décembre 1282. (Arch. B.-P., G. 226. Copie. — *Historia de Huarte*. Arch. de Ronc).

In nomine domini nostri Jesus Christi Amen. Anno ejusdem M. CCLXXXII, octauo Idus decembris die Sancti Nicolai, ut moris est, generali capitulo congregato, ad honorem et bonum statum etc. Jos. P. diuina miseratione prior hospitalis Roscidevallis totiusque ejusdem loci conuentus approbamus et confirmamus quasdam constitutiones statutas a nostris predecessoribus.

Statuimus quod bona totius ordinis tam in hospitali quam extra ubicumque fuerint dispensentur per fratres et non per sœculares homines.

Statuimus quod dominus prior et conuentus taxet cuilibet domui quantum debeat de frumento et de vino dare annis singulis in subsidio hospitali.

Statuimus quod si aliquis de fratribus senex factus fuerit vel valetudinarius, ita quod non possit exercere aliquod officium, tali in hospitali honeste prouideatur.

Statuimus quod institutio et destitutio omnium commendatorum et officialium exteriorum et interiorum libere et sine contradictione aliqua pertineat ad priorem, institutio vero omnium personarum interiorum ad priorem pertineat et conuentum.

Statuimus quod omnes commendatoriæ juxta taxationem inferius annotatam debito tempore ordinentur et quod ista taxatio non possit pro corpore minui vel augeri sine consensu totius capituli vel majoris partis.

Bononia cum tota Italia, Monspessulanus cum Villafranca et cum omnibus quæ tenet Anglia, cum omnibus quæ habemus ultra mare, Rupella, Loyra, Salas, cum omnibus quæ ibi habentur, Burdigala cum Orbajnacho, Vallechaco, Galardo et domo Aquensi, Tolosa cum Samathano et cum alijs quæ habentur ibi, Bidarray, Bonus locus et Bayona, Hospitale nouum Burgarona, Urdiarb etc. (sunt commendatoriæ).

Statuimus quod commendatores qui pro tempore fuerint in prædictis commendatoriis possint de fratribus quos sub se habent clauigeros quos voluerint in domibus sibi commissis libere ordinare....

G. Lupus prior prœdicti hospitalis omnes has constitutiones fecimus legi et ad instantian totius conuentus cas duximus confirmandas ; in cujus rei testimonium sigillum nostrum duximus apponendum. Actum est hoc in capitulo veteri prœdicti hospitalis, die lunœ, Kal. Junii anno Domini millesimo ducentesimo octuagesimo septimo.

IV.

Extrait d'un contrat d'affièvement en faveur de Menaud d'Ohits fait par Jean de Muret et Pierre d'Etcheverry, procureurs de Jean Gallindo prieur de Roncevaux et de Bernard de Saut, commandeur d'Ordiarp, 22 mars 1422. Les procurations sont insérées dans l'acte. Expédition sur parchemin en très mauvais état. Copie authentique et traduction. (Arch. B.-P. G. 207).

Conegude cause sic a tots que lo jorn de la datta de queste presente carta, Pierre Detcheuerry escuder aperat Yputza goarde et ministrador de la mayson de l'ospitau de Urdiarp.... cum ha procurador de l'honorable religios don Miguel Papo sosprior de la horden de santa Maria Darroncesbaux et loctenent de la horden per lo reuerend pay en Dios Monsenhor Johan Gallindo prior dona a legir a my notary public de iuus escriut et estant present et audient aquy Menaut filh d'Ohiz de Garraibie de la parropia de Urdiarp et deu loc et ostau de Sorthera.... So es assaber una carta publica et procuration feyte per Me Guilh. Martau de Bellatza notary publicq et Jurat en lo Reyaume de Nauarre, la tenor de laquoau es : Sapien tots... que constituit personalment en la presencie de my notary et deus testimonys de jus escriuts l'honorable religios don Miguel Papo.... a feyt, constituit, confirmat, beray et legitime procurador es a sçaber per dauant tot senhor et judge de cort seglar et de glesia de que ley et condition que sien es assaber Pierre de Cheuerie escuder aperat Yputza goarda etc. specialement per dar a flus o cens totas las terras apertenentes aud. hospitau aissy bey per demandar et deffender autes causes... constituen audit son procurador plener, franc et liberau poder, speciau mandament de donnar a cens o fius totas lasd. terras etc. So fo feyt en la biele St-Johan xix die deu mes de feurer anno natiuitatis Dni м° cccc' xx secundo test. Don Miguel Dechaux commendayre de St-Miqueu lou Bieyls et Don Domingo Capera de Labau et Jo Guilh. Martau de Belatzea not. publ. ey pausat mon accoustumat signe.

Es assaber que aquy mediz fo portada la susdite procuration deu ...echau de Mauleon aixy cum a procurador de l'honorable Monsenhor Bernard de Saut comendayre de la maison de l'ospitau de Urdiarp de la terre de Soulle segont que apare per sa procuration retente et feyte per meste Guilh. de Bobelin clere de la diocesse de Luçon not. publ. de la gleizia de Nantes donna à legir a my notary.... la tenor de la quoau de mot a mot es contient per la seguente forma.

In nomine Domini Amen. Per huiusmodi presentes publici Instrumenti series cunctis innotescat et sit pariter manifestum quod anno Dni м° cccc° xxj° secundum computationem ecclesie Gallicane, indictione decima quinta, mensis uero februarii die decima quarta, pontificatus sanctissimi in x° patris et domini nostri Martini diuina prouidentia pape quinti, in mei notarii publici et testium infra scriptorum presentia, presens et personaliter constitutus uenerabilis et circumspectus vir magister Bernardus de Saltu confessor consiliariusque et secretarius serenissime principis. ac domine Johanne filie regis Nauarre, regine Anglie et ducisse Britannie, Preceptor domus dei et hospitalis de Urdiarp diocesis Olor. membrum dependens a monasterio et hospitali Beate Marie d'Arroncesbaux Pamp. dioc. et capellanus beate Marie Dantibiu et sancti Juliani dioc. bajonensis, ut asserit, sui et predictotorum suorum beneficiorum tam conjunctim quam diuisim nominibus ex certa sua scientia. meliore via, modo et forma quibus potuit, fecit, constituit, creauit, nominauit et ordinauit quotiens ipsum abesse contigerit nobiles et honestos viros dilectos suos et fideles Joannem de Garsia Armigerum, Dompnum Enceum Danayos capellanum dicti hospitalis de Urdiarp, Birquetum vicinum et mercatorem Maliconis et Joannem de Muret procuratores suos generales et notorios.... ad petendum et leuandum nomine ipsius et pro ipso omnes et singulos fructus, redditus, prouentus et jura etc. Acta fuerunt hocc in Nannetis in domo habitationis mei notarii sub anno, mense quibus supra. Prœsentibus O. Dorditz, vener. Magistro Guilh. Chapellon decano de Porguleto Maclovensi, Antonio Badaun, et Joanne Dandus clericis Nannetensibus testibus et me Guilh. Bouelli clerico Lucionensi curie ecclesiastice Nannetensis jurato notario.

Et aixi legide carta los procuradores Pierre de Cheuerie et Joanot deu Muret per los successores de priores d'Arroncesbaux et comendayres deud. hospitau d'Urdiarp han afflual, dat, liurat.... au suberdit Menaud filh d'Ohitz de Garraibia et deu ostau de Sorthera et a sos hers, so es assaber dus trens de terres, prats, toyars en lo territori deud. hospitau commençan et confrontan de l'un cap assy com la micya deu barat tailhe per dejus part anan tot dret de qui au berger aperat deu Nasarto et de qui anan capsus a l'aigue qui dabare de Garraibie et de qui en fore anan tot dret de qui au camy aperat Surhunbida, et dus jornaus de feugaras en la lanne aperade Biritcoja. Pagan lo soberdit Menaut afflusador aud. hospitau d'Urdiarp annuaument en cade jorn et feste de Nadau per tots tems quinze moutous blancs en la man deu Prior et commenday.... Los dus procuradors chascun per lor et per los constituants an jurat sur los sants Euangelis de Diu nostre senhor toucats corporaumens dab las mas dextres que la tenor de la presente carta obserbaran de punt en punt.... Lo vingt et oueyt jorn en lo mes de mars de mil quate cens vingt et dus. Temoins son d'asso Adam d'Arsur senhor d'Aguerre et Dulos loctenent deu castelan de Mauleon, Gacharnauton, Cheuerie filh, Perarnaud d'Ohits et jo Menaud de Bassagaits not. publicq.

V.

Jugement du Pape Martin V accordant à Jean de Sussaute l. commanderie d'Ordiarp et ordonnant la saisie des revenus au préjudice de Jean d'Espinal. 20 août 1129. (Expédition sur parchemin. Arch. B.-P., G. 207). — Publié par Arnaud de Canal, official d'Oloron, dans l'église St-Michel d'Ordiarp.

Nouerint uniuersi presentes pariter et futuri quod in presentia mei notarii publici et testium infrascriptorum die xx mensis augusti, anno Domini M° cccc xxix in ecclesia parochiali beati Michaelis de Urdiarp Olorensis diocesis venerabilis et discretus vir dominus Arnaldus de Canalo officialis Olorensis exhibuit mihi notario infrascripto quoddam secrestum emanatum a domino Johanne Vallingh decretorum doctore, decano Ecclesie veteris Sancti Pauli Monasteriensis, Domini nostri Pape capellano, ipsiusque sacri palatii apostolici causarum ac cause partibus infrascriptis ab eodem Domino nostro papa auditore specialite deputato.... [1] cuius quidem tenor sine series eiusdem sequitur per modum infrascriptum de verbo ad verbum. Johannes Vallingh etc. venerabili et circumspecto viro domino officiali Olorensi et Johannj de Spinali possessori seu occupatori commende seu casarie de Urdiarp Olorensis diocesis ex aduerso principali infrascripto salutem in Dno et nostris huiusmodi ymmo verius apostolicis firmiter obedire mandatis et in commissis diligentiam debitam adhibere. Noueritis quod nuper sanctissimus in Christo pater et dominus noster dominus Martinus diuina prouidentia papa quintus quandam commissionem sine supplicacionis cedulam nobis per certum suum cursorem presentari fecit quam cum ea qua decuit reuerentia recepimus huiusmodi sub tenore. Dignetur B. V. omnes et singulas causas et causarum predictarum appellationes et appellatores pro parte cuiusdam Johannis de Spinali asserti clerici Pampilonensis in partibus a nonnullis monitionibus et requisitionibus vigore litterarum apostolicarum et processuum inde secutorum denoto viro Johannj de Sussante de commenda seu casaria de Urdiarp Olorensis diocesis et eius occasione concessorum sibi factis et aliis confectis grauaminibus, ad E. B. V. eiusque sanctam solem apostolicam, ut penditur, intromittere et interponere nec non causas et causarum nullitates, iniquitates, et defectus omnes earumdem una cum negotio principali committere alicui ex venerabilibus dominis viris sacri palatii apostolici causarum auditoribus audiendas, cognoscendas, decidendas et fine debito terminandas cum omnibus et singulis suis emergentibus incidentibus, dependentibus et connexis et cum potestate citandi dictum

---

1. La longueur de certaines pièces nous a empêché de les donner intégralement. Nous avons surtout supprimé les formules de la curie romaine.

Johannem de Spinali omnesque alios et singulos sua interesse putantes in Romanam curiam extra et ad presentes totiens quotiens fuerit opportunum ; non obstante quod forsan cause huiusmodi de sui natura ad dictam curiam legitime non sint deuolute neque mea de jure necessitate tractande seu finiende. In fine vero dicte commissionis.... De mandato Domini nostri Pape : Audiat magister Johannes Vallingh, citet, ut petitur, et justitiam faciat... Scrutatis seruandis et examinatis cause meritis ad nostram deffinitiuam sententiam proferendam procedendum duximus et processimus eam que scriptis tulimus in hunc modum. Christi nomine inuocato pro tribunali sedentes et habentes pro oculis solum Deum, de dominorum condictorum meorum consilio et assensu per hanc nostram deffinitiuam sententiam quam ferimus in his scriptis, pronunciamus, decernimus et declaramus commendationem et asseruationem predictas de dicta preceptoria de Urdiarp factas fuisse et esse exauditas suumque debitum debuisse et debere sortiri effectum dictamque preceptoriam ad prefatum fratrem Johannem de Sussaute spectasse et pertinuisse ac spectare, pertinere de jure sibique eandem cum omnibus juribus et pertinentiis suis adiudicandum fore et adiudicamus dictoque Johanni de de Spinali ex aduersario de dicta preceptoria seu ad eam nullum jus competisse neque competere ipsumque Johannem de Spinali ab occupatione et detentione dicte preceptorie etc. amouendum fore et amouemus, dictumque fratrem Johannem de Sussaute in et ad corporalem, realem et actualem preceptorie juriumque possessionem inducendum fore et inducimus, oppositiones, turbationes, et impedimenta predicta fuisse et esse temeraria, illicita et injusta dictoque Johanni de Spinali inde super impedimentis ac preceptoria predictis silentium imponendum fore et imponimus dictumque Johannem de Spinali in fructibus ex dicta preceptoria a tempore mote litis huiusmodi citra perceptis et in expensis, in hac causa legitime factis condempnandum fore et condempnamus, quarum expensarum taxationem nobis in posterum reseruamus, huiusmodi siquidem sententia sit per nos lata.

Prefatus dominus noster Papa quandam aliam commissionis siue supplicationis cedulam nobis per certum suum cursorem presentari fecit quam nos cum simili reuerentia recepimus tenorem qui sequitur continentem. Beatissime Pater, nuper deuotus vir frater

Johannes de Sussaute preceptor preceptorie domus de Urdiarp ordinis sanctj Augustini Olorensis diocesis in nostro sacro palatio apostolico causarum coram venerabili Domino Johanne Vallingh dictj palatii apostolico causarum auditore de et super predicta preceptoria et eius occasione litigando deffinitiuam sententiam pro se adjutoriam cum condempnatione fructuum et expensarum contra quemdam Johannem de Spinali et effectum sententie eiusdem secuturum reportauit et ne predictus ipse Johannes de Spinali fructus dicte preceptorie valeat dilapidare, dignetur E. B. V. dicto domino Johanni Vallingh auditori committerre et mandare ut fructus dicte preceptorie, iuxta Clement. *Ad compescendum.* sub penis et censuris ecclesiasticis suo sub sigillo sequestret et sequestrari mandet constitutionibus apostolicis et aliis in contrarium facientibus non obstantibus quibuscumque. Que quidem commissio sic signata reperitur de mandato domini nostri Pape. Idem magister Johannes Vallingh, sequestret, ut petitur, et justiciam faciat.... Nos igitur Johannes Valling auditor et commissarius prefatus... auctoritate nobis in hac parte comissa, vos dominum officialem Olorensem tenore presentium requirimus et monemus primo, secundo, tertio et peremptorie vos nichilominus in virtute sancte obedientie et sub infrascriptis penis districte precipiendo mandamus quatenus infra quindecim dies post publicationem presentium vos faciatis immediate sequentes quorum quindecim dierum quinque pro primo, quinque pro secundo, et reliquos quinque dies pro tertio et peremptorio termino ac monitione canonica, assignamus omnes et singulos fructus, redditus et prouentus dicte preceptorie, jura, obuentiones et emolumenta dicte preceptorie domus de Urdiarp et quascumque terras, domus, vineas et possessiones et alias res ad ipsam preceptoriam seu ad rectorem ipsius preceptorie pro tempore qualitercumque spectantes et pertinentes dicta auctoritate apostolica sequestretis, quos et quas nos etiam tenore presentium in quantum possumus sequestramus. Itaque fructus, redditus et prouentus, emolumenta preceptorie prout in futurum obuenerint et euenerint diligenti et bona custodia adhibita colligatis et teneatis seu per alios colligi, recipi et leuari faciatis ac utiliter conseruetis et custodiatis et sub certo sequestro teneri et custodiri faciatis ad usum partis in causa triumphantis finaliter et victoriam obtinentis quousque per dictum dominum nostrum vel nos au alium de ipsius mandatis et auctoritate sequestrum huiusmodi fuerit relaxatum et auctoritate apostolica mandatum, inde predictis fructibus et juribus dicte preceptorie debeat responderi: volumus tamen quod huiusmodi sequestro durante preceptoria ipsa in diuinis nullatenus negligatur sed fideliter deseruiatur. Inhibemus insuper et mandamus vobis domino officiali et omnibus et singulis colonis arrendatoribus, agricultoribus, decimatoribus redditunum terrarum et aliarum rerum ad dictam preceptoriam de Urliarp spectantium, possessoribus et detentoribus sub eisdem penis infra scriptis predicta monitione premissa, ne huiusmodi durante sequestro dicto Johanni de Spinali de fructibus, redditus dicte preceptorie respondeatis aut responderi faciatis et promittatis nec tu Johannes de Spinali sub eisdem penis infrascriptis de ipsius preceptorie fructibus, redditibus per te vel alium seu alios quouis quesito colore huiusmodi causa indecisa pendente aliqualiter intromittas. Quod si forte vos, domine officialis et tu Johannes de Spinali aliique predicti premissa omnia et singula, prout superius mandauimus, non adimpleueritis seu adimpleuerint aut aliud in contrarium feceritis seu ad faciendum in auxilium, consilium vel fauorem dederitis publice vel occulte ita quod monitionibus et mandatis nostris huiusmodi ymmo verius apostolicis non parueritis seu parucrint ad effectum, nos in vos dominum officialem et te Johannem de Spinali aliosque predictos contradictores, rebelles et non obedientes, dicta quindecim dierum canonica monitione premissa, excommunicationis sententiam ferimus necnon eundem Johannem de Spinali, si in his delinquens fuerit, excommunicationis sententiam, penas in Clementin. *Ad compescendum* expressas incurrere volumus ipso facto, absolutionem vero omnium et singulorum qui in prefatas sententias incurrerint nobis vel superiori nostro tantum reseruamus. In quorum omnium et singulorum fidem et testimonium premissorum presentes litteras siue presens publicum instrumentum huiusmodi nostram sententiam continentes seu continens exinde fieri et per notarium publicum nostrumque huiusmodi cause scribam infrascriptum suscribi et publicari mandauimus nostrique sigilli jussimus appensione communiri. Actum et datum Rome in ecclesia beate Marie Rotunde pro audientia causarum apostolica deputata specialiter nobis inibi mane hora consueta ad jura reddendum et causas audiendum pro tribunali sedente sub anno de natiuitate Dni millesimo quadringintesimo vigesimo nono, indictione septima, die vero lune quarta, mense Julii, Pontificatus prefati Dni nostri Martini Pape quinti anno duodecimo, presentibus ibidem discretis viris magistris Johanne Millinchus et Arnaldo Haetse notario publico, duobusque nostris clericis Coloniensi et Leodiensi diocesis testibus ad premissa vocatis specialiter et rogatis. Et ego Johannes Hodele de Dulmen clericus Monasteriensis diocesis publicus apostolica auctoritate notarius reuerendique patris Dni Johannis de Vallingh auditoris prefati et huiusmodi cause coram eo scriba predictus sequestri petitioni eiusque decreto omnibusque aliis et singulis premissis dum sic, ut premittitur, agerentur et fierent una cum prenominatis testibus presens interfui eaque sic fieri vidi et audiuj ideoque presens publicum instrumentum per alium fideliter scriptum exinde confeci, subscripsi, publicauj et in hanc publicam formam redegi signoque et nomine meis solitis et consuetis una cum dicti Dni Joh. auditoris sigilli appensione signaui rogatus et requisitus in fidem et testimonium omnium et singulorum premissorum ut perlegerentur de verbo ad verbum. Coram populo ad audiendum diuina officia convocato et aliis gentibus ibidem assistentibus, presbyteris et locum tenente castri Malikonis cum comitissa sua ibi assistente et juxta preceptum dictj domini officialis supradictum sequestrum perlegi et publicaui, quo perlecto auctoritate apostolica in hac parte sibi commissa per supradictum auditorem prefatus dominus officialis ut sequestret deputatus auctoritate qua supra monuit omnes et singulos parochianos supradicte parochie secundum tenorem sapradictj sequestri ut ei respondeant de omnibus decimis et oblationibus et de quibuscumque prouentibus, fructibus et emolumentis ad commendatores supradicti hospitii seu casarie de Urliarp necnon arrendatoribus et hoc sub excommunicationis pena quam proferebat auctoritate apostolica sibi commissa in reuelles et contradictores, et ibidem oblationes offertas per personas predicte parochie manibus propijs recepit et ibidem vices suas ut reciperet et colligeret legaliter fructus et prouentus pertinentes commendatoribus hospitii, rectori de Orliarp commisit ut hoc legitime administraret et de administratione possit rationem reddere, de quibus omnibus et singulis prelibatus dominus officialis requisiuit me notarium infrascriptum ut sibi

conficerem publicum instrumentum ad rei memoriam et ad hoc
ut constaret de diligentia sua nec possit redargui de negligentia
nec incurrere penas in supradicto sequestro contentas. Acta fuerunt hec anno, die, mense, loco, quibus supra, presentibus ibidem
discretis viris dominis Petro Arnaldo rectore de Urdiarp, Arnaldo
de Ahetse prebendario, Arnaldo domino d'Ahetse eiusdem parochie
magistro, Johanne de Iriadcithie eiusdem diocesis testibus al
premissa vocatis specialiter et rogatis. Et ego Petrus Arnaldus de
Aula sancti Stephani clericus Olorensis diocesis publicus auctoritate imperiali notarius qui premissis sequestrationi, monitioni,
executioni et aliis diligentiis factis et de mandato dicti domini
officialis in causa coram eo scriba qui premissis omnibus, dum sic
agerentur, cum testibus presens interfui... et nomine meo signaui
in fidem et testimonium omnium singulorum premissorum.

VI.

Extraits de deux jugements sur la possession d'Ordiarp rendus en
mars et juillet 1443 contre Roncevaux en faveur de Jean de Ste-Marie, par les auditeurs Paul de Ste-Foi et Jean Lohier, au nom
du Pape Eugène IV. Original sur parchemin muni d'un sceau
ogival en cire rouge enfermé dans un sachet de parchemin retenu
par une double cordelette de chanvre rouge. (Arch. B.-P., G. 208).

In nomine Domini Amen. Pridem Sanctissimus in Christo Pater
et dominus noster Eugenius diuina Prouidentia Papa quartus
quandam commissionis siue supplicacionis cedulam venerabili et
circumspecto viro domino Paulo de Sancta Fide decretorum doctori,
Canonico Ilerdensi, dicti Domini nostri Pape Capellano suo et sui
sacri palacii apostolici causarum auditori per certum suum cursorem presentari fecit huiusmodi sub tenore. Dignetur B. V. causam
et causas appellacionis, et appellacionum pro parte deuotorum
virorum Michaelis de Taffalia supprioris ac vicarij generalis venerabilis ac Religiosi viri Domini Johannis Gallindo prioris monasterij beate Marie de Rocideuallibus, Johannis de Valtirica, Garsie
de Rocideuallibus Cantoris, Johannis de Orenz, Martinj de Bonloc,
Michaelis de Yeail infirmarij, Michaelis de Rocideuallibus, Martini
de Spinali, Encci de Sues canonicorum totiusque capituli seu con-

nentus dictj monasterij de Rocideuallibus a quibuscumque pretensis monicionibus, citacionibus et a plerisque alijs grauaminibus in appellacionibus de super inte/lectis, latius specificatis per venerabilem dominum Guillelmum Arnaldum de Rubeo officialem curie Episcopalis Olorensis in quadam causa seu causis que tunc coram eo inter dictos Michaelem de Taffalia et alios supra nominatos ex una et quendam Johannem de Sancta Maria Canonicum Pampilonensem, Priorem de Larraga Pampilonensis diocesis de et super quadam domo siue preceptoria de Urdiarp vulgariter nuncupata a dicto monasterio de Rocideuallibus dependenti rebusque alijs in actis cause huiusmodi expressis.... De mandato Dni nostri Pape audiat magister Paulus, citet et justitiam faciat. Cuius quidem commissionis vigore idem Dnus Paulus in huiusmodi causa *super possessorio, suspenso petitorio*, deffinitiuam sententiam tulit et promulgauit sub his verbis. Christi nomine inuocato.... Pro tribunali sedentes per hanc deffinitiuam sententiam pronuntiamus molestaciones, vexaciones impedimenta per priorem et conuentum monasterii de Rocideuallibus aduersarios de et super Preceptoria predicta prefato Dno Johanni facta esse temeraria, iniqua, iniusta dictosque Priorem et conuentum a detentione et occupatione amouemus et predictum Johannem de Sancta Maria in et ad realem corporalem et actualem restituendum et restituimus, dictisque Priori et conuentui super spoliationibus etc. silentium fore imponendum et imponimus et in expensis factis condempnamus.... A qua sententia per Priorem et conuentum ad Dnum Sanctissum Eugenium papam appellato et super appellacione Dominus Papa noster duas commissionum cedulas nobis Johanni Lobier utriusque juris doctori, Archidiacono ecclesie Constanciensis Rothomagensis prouincie, etiam cappellano et S. Palatii auditori per unum e suis cursoribus successiue presentari fecit quas cum ea qua decuit reuerentia, recepimus, ipsamque primam huiusmodi sub tenore :

Beatissime Pater. Exponitur Sanctitati Vestre pro parte Prioris et Conuentus Hospitalis seu monasterij B. M. de Rocideuallibus, ordinis Canonicorum regularium Sancti Augustini Pampilonensis diocesis. Quod licet Prior et conuentus predicti a tanto tempore citra quod de contrario memoria non est in possessione pacifica cuiusdam Palatii siue domus de Urdiarp nuncupate Olorensis diocesis quam clericis etiam secularibus et etiam religiosis per Priorem et conuentum pro eorum et utilitate pauperum et transeuntium concedi consueuerunt. Tamen quidam Johannes de Sancta Maria assertus Canonicus Pampilonensis ecclesie dicti ordinis expresso quod huiusmodi caseria ecclesiasticum esset beneficium tanquam per obitum quondam Johannis de Spinali vaccans cum annua pensione per eum Monasterio super fructibus casarie assignata exsoluenda apostolica auctoritate commendari obtinuit postquam Prior et conuentus cuidam clerico seculari sub certo annuo censu concesserant. Joanes de Sancta Maria predictum clericum a possessione dejecisse et Monasterium spoliasse et in illam se intrusisse dicitur. Deinde ipsius possessione recuperata seu recontinuata, eandem Casariam deuoto viro Sanctio de Luna canonico prefati monasterij pro certa annua pensione locarunt et post modum a quadam sententia contra eos et pro dicto aduersario per officialem Olorensem lata ad sedem Apostolicam appellarunt et causam Domino Paulo de Sancta Fide auditori committi obtinuerunt. Dictus aduersarius petitorium suspendit et in solo possessorio processit.... Dignetur S. V. mandare ut simul et semel in petitorio et possessorio procedat et terminet (auditor) utrumque eadem sententia et per omnia procedat ac si termini in petitorio simul et possessorio fuissent seruati sicut in causis profanis de stillo dicti Palatii, attento, Pater sancte, quod dictus aduersarius dictam casariam citra mensem detinuit, postquam die Jouis Vicesima secunda presentis mensis Martii commissio fuit oblata.... Dignetur igitur Sanctitas vestra Domino Paulo (de Sancta Fide) committere et mandare ut perinde in omnibus, dicta per eum promulgata sententia non obstante, juxta formam commissionis perinserte procedat. Dignetur Sanctitas Vestra causam appellationis pro parte Prioris et conuentus de R. a quadam deffinitiua sententia per ven. Dnum Paulum de Sancta Fide auditorem lata et alii ex auditoribus committere.... Commissionis cedulam recepimus sub his verbis. De mandato domini nostri Pape (Eugenii). Audiat idem Auditor, seruet terminos in utroque ut in secunda instantia, admittat, ut petitur premissis non obstantibus et justitiam faciat. Supradictus Dnus Johannes de Sancta Maria cedulam dedit sub tenore: Procurator ven. J. de Sancta Maria petit utramque deffinitiuam sententiam pronuntiari per Dnum Paulum de

Sancta Fide, super preceptoria de Urdiarp: bene fuisse processum et sententiam esse confirmandam, male fuisse appellatum nec non prouisionem apostolicam Dno J. de Sancta Maria factam esse canonicam.... Alia cedula. De mandato D. N. P. Magister Johannes Lohier procedat, ut petitur, si partes sint presentes, premissis non obstantibus. Compareus in eodem Judicio coram nobis mag. Stephanus de Valentia Johannis procurator Mag. Theoderici de Wessalia ex adverso procuratoris non comparentis contumaciam accusauit et reputauimus merito contumacem et deffinitiuam sententiam promulgauimus. Nos Johannes Lohier. Christi nomine inuocato pro tribunali sedentes... Primo pronunciamus, decernimus et declaramus per R. Dnum Paulum de Sancta Fide coauditorem quoad possessorium in secunda et quoad petitorium in prima super preceptoria de Urdiarp, commenda et spoliatione bene fuisse et esse processum, sententiatum et deffinitiuum et deffinitiuam sententiam super possessorio esse confirmandam, male fuisse et esse prouocatum et appellatum : nec non gratiam apostolicam et commendationem Johanni de Sancta Maria factas esse canonicas, preceptoriam de Urdiarp ipsi pertinere cum omnibus juribus et Priori et conuentui de Rocideuallibus quoad commendam, regimen et gubernationem nullum jus competere ; vexationes et impedimenta esse temeraria et iniqua et pretensis adversariis silentium imponimus et in expensis eosdem condempnamus. In quorum omnium fidem.... publicari mandauimus sigilique nostri jussimus et fecimus appensione communiri.... Sub anno a natiuitate Dni Millesimo quadringentesimo quadragesimo tertio, indictione sexta, die vero Veneris duodecima mensis Julii, Pontificatus prefati Dni nostri Dni Eugenii Pape Quarti anno tertio decimo presentibus Guillermo de Valle et G. de Breda notariis clericis Loxomensis et Lerdiensis dioc. vocatis et requisitis. — Et ego Gerardus Folie clericus Rotomagensis notarius Reuerendique Patris Dni J. Lohier auditoris scriba ultime deffinitiue sententie interfui....

En appel ce jugement fut confirmé par l'auditeur P. de Caneisrubeis le 14 novembre 1443. (Orig. sur parchemin. Arch. B.-Pyr., G. 208).

VII.

Bulle de Sixte IV du 21 février 1477, renouvelant et confirmant tous les privilèges de Roncevaux. Copie authentique du 27 septembre 1508 faite en présence d'Arnaud Raymond de Béon, Évêque d'Oloron par Martin de Payo, notaire à Tafalla, diocèse de Pampelune. Parchemin muni de la signature autographe et du sceau (détruit) de l'évêque ; cachet appendu à double lemnisque de parchemin. (*Archives Bas.-Pyr.*, G. 209).

In nomine sancte trinitatis et individue unitatis Patris et Filii et spiritus sancti. Nouerint uniuersi hoc presens publicum transumpti instrumentum visuri, lecturi, audituri. Quod nos Raymundus Arnaldus de Benoe Dei et Apostolice Sedis gratia Episcopus Ollorensis. Vidimus, tenuimus, palpauimus et diligenter inspeximus quasdam fel. rec. domini Sixti diuina prouidentia pape quarti litteras apostolicas confirmacionis, aprobacionis et concessionis nonnullarum indulgenciarum monasterio hospitalis generalis beate Marie de Rosc. ordinis sancti Augustini per sedem apostolicam concessarum, cius vera bulla plumbea in cordula sericea rubei croceique coloris more romane curie impendenti bullatas, sanas siquidem et integras, non viciatas, non cancellatas nec in aliqua sui parte suspectas sed omni prorsus uicio et suspicione carentes ut in eis prima facie apparuit nobis pro parte Reu. patris dni Ferdinandi de Egues moderni prioris ac uenerabilium religiosorum virorum canonicorum et conuentus prefati Monasterij et hospitalis generalis beate Marie de Roscideualibus presentatas. Quarum thenor de verbo ad verbum sequitur et est talis.

Sixtus Episcopus seruus seruorum Dei ad perpetuam rei memoriam hijs que pro animarum salutem et personarum ecclesiasticarum presertim sub regulari obseruantia studio pie vite diuinis beneplacitis uacantium, quiete ac pauperum et miserabilium personarum comoditate proinde facta sunt, ut illibata persistant, libenter cum a nobis petitur, nostri adiicimus muniminis firmitatem, ac alias de super statuimus prout in Domino concipimus. Dudum siquidem felicis recordationis Alexander IIII. Nicolaus III. Martinus IIII. Honorius etiam IIII. Urbanus V. Celestinus etiam

V. Johannes XVIII et Johannes XXII. Clemens VI. Benedictus XI. Innocentius V et Benedictus XII. Romani Pontifices predecessores nostri. Uniuersis Christi fidelibus vero penitentibus et confessis qui Monasterio siue Hospitali generali Case Dei de Roncheuallibus Ordinis Sancti Augustini Pampilonensis Diocesis pro manutentione caritatiue hospitalitatis Christi pauperum, peregrinorum et aliarum miserabilium personarum ad illam pro tempore confluentium manus porrigerent adiutrices diuersas indulgencias et peccatorum remissiones aliasue gracias salutem animarum eorundem concernentes per diuersas eorum litteras successiue concesserunt. Pie vero memorie Innocentius III. et Honorius etiam III. Romani Pontifices predecessores nostri Monasterium et Hospitale predicta ad exemplar rec. mem. Innocentii P. P. II. etiam predecessoris nostri sub beati Petri et eorundem Innocentii III. et Honorii etiam III, ac Sedis Apostolice protectione susceperant statuentes inter cetera ut ordo Canonicus qui in eodem loco institutus fore dinoscebatur perpetuis ibidem temporibus inuiolabiliter obseruaretur, nec non quascumque possessiones et quecumque bona que Monasterium et Hospitale predicta tunc canonice et iuste possidebat et in futurum concessione Pontificum, largicione Regum uel Principum, oblatione fidelium, seu aliis iustis mediis prestante Domino possent adipisci firma et illibata permanerent illa propriis exprimentes vocabulis. Et deinde recolende memorie Eugenio Pape IIII. similiter predecessori nostro pro parte tunc Prioris et dilectorum filiorum connuentus dicti monasterii per Priorem soliti gubernari exposito quod, licet ipsi omnia et singula dicti monasterii quod per Reges, Principes, barones, milites, et alios nobiles pro pauperum ad illud Hospitale pro tempore confluencium sustentacione decenter dotatum fuisse dicebatur, domos, casalia, hospitalia, comendarias siue preceptorias, ac membra in diuersis mundi partibus consistencia quandoque dicti Monasterii Canonicis, interdum uero secularibus clericis, per eos tenenda, regenda et gubernanda comittere, seu illorum fructus, redditus, et prouentus eis necnon quibusuis aliis personis, etiam laicis perpetuo uel ad certum tempus sub aliquo annuo censu siue canone arrendare, locare et affirmam concedere consueuissent, nonnulli tamen domos, casalia, hospitalia et comendarias siue preceptorias hujusmodi tam in Francie et Castelle regnis quam in

Ducatu Aquitanie consistencia eorum quibus illa, ut prefertur, comissa fuerunt obitu superueniente, uel alias asserentes illa in titulum perpetuorum beneficiorum assignari consueuisse a Sede Apostolica sub certa annua responsione ipsi monasterio facienda, eis commendari obtinuerant. Vnde diuersis desuper litibus et dissencionibus exortis Monasterium et Hospitale hujusmodi non modica pertulerant dampna et detrimenta idem predecessor Priori Pampilonensi et Decano Beate Marie Tutelensi Tirasonensis diocesis ecclesiarum eorum propriis nominibus expressis suis litteris dedit in mandatis ut de premissis omnibus et eorum circumstantiis uniuersis se diligenter informarent, et circa concedendam licenciam et faciendam commissionem hujusmodi facerent, disponerent et exequerentur prout de jure foret faciendum, prout in singulis predecessorum predictorum litteris plenius continetur. Postmodum uero sicut exhibita nobis nuper pro parte dilectorum filij Johannis de Egues Prioris dicti monasterii et predictorum conuentus peticio continebat quod quondam Martinus de Aoiz tunc Prior Ecclesie Pamp. ad executionem litterarum prefati Eugenij predecessoris procedens Priori pro tempore existenti dicti Monasterii et prefato conuentui, domos, casalia, hospitalia, commendarias siue preceptorias et membra predicta etiam quociens illa per obitum vel alias qualitercumque vacare contingat dicti monasterii canonicis, siue clericis, vel laicis, perpetuo vel ad tempus prout consueuerant et pro utilitate monasterii predicti eis uideretur per eos tenenda, regenda et gubernanda seu illa vel illorum fructus, redditus et prouentus ad uitam uel ad tempus arredandi seu affirmam concedendi licenciam concessit et decreuit domos, casalia et hospitalia, commendarias seu preceptorias et membra hujusmodi de cetero a prefata sede uel legatis eius nullatenus impetrari possent prout in corundem predecessorum litteris et confecto super executione predictarum litterarum Eugenij prefati predecessoris publico instrumento plenius continetur. Cum autem, sicut eadem peticio subiungebat, nonnulli propriis incumbentes affectibus, decedentibus pro tempore possessoribus, seu administratoribus membrorum predictorum, illa per eorum obitum huiusmodi vel alias vacare asserentes de illis nonnunquam eis prouideri procurent et in illorum possessionem huiusmodi pretextu se introducentes ipsos Priorem et conuentum pro talium membrorum occupatorum recuperatione litigijs inuoluere ac laboribus et expensis fatigare non uereantur in animarum suarum periculum et ipsorum monasterii, Prioris et conuentus ac Christi pauperum, peregrinorum et miserabilium personarum predictorum non modicum detrimentum. Quare pro parte tam Iohannis Prioris et conuentus predictorum quam dilecti filii nostri Ferdinandi Castelle et Legionis Regis illustris ac dilecte in Christo filie nobilis mulieris Leonore Principisse Nauarre qui, ut percepimus, ad monasterium et hospitale predicta a suis predecessoribus fundata et dotata specialem gerunt deuotionis affectum, nobis fuit humiliter suplicatum ut eorundem predecessorum litteris predictis et gestis per dictum Martinum Priorem Ecclesie Pamp., vigore dictarum litterarum Eugenij predecessoris ac aliis dicto monasterio concessis priuilegiis, exempcionibus, immunitatibus et indultis pro eorum subsistencia firmiori robur nostro confirmationis adiicere et quod de cetero preceptorie et alia membra predicta per obitum illa obtinentium pro tempore ab eisdem Priore et conuentu uel alias uacare non censeantur et in titulum perpetuorum beneficiorum ecclesiasticorum conferri non possint uel commendari, seu ex quauis alia preterquam Prioris et conuentus predictorum concessione, vel disposicione etiam apostolica, eisdem modis et formis quibus concedi et disponi solita sunt per eos obtineri statuere aliasque eis et eorum quieti ac dicti Monasterij indempnitati super his oportune prouidere de benignitate Apostolica dignaremur. Nos igitur qui animarum salutem intensis desideramus affectibus et Religiosorum quieti ac miserabilium personarum oportunitatibus libenter consulimus huiusmodi supplicationibus inclinati, indulgencias et peccatorum remissiones etiam plenarias in mortis articulo, ac gracias animarum salutem huiusmodi concernentes necnon Innocentij III. et Honorij etiam III. ac Eugenij III. predecessorum predictorum litteras predictas et in illis contenta decreta statuta et ordinata et que per dictum Priorem eccl. Pamp. uigore dictarum litterarum Eugenii prefati concessa et decreta fuerant ac singula alia priuilegia, exempciones, indulta, indulgencias, peccatorum remissiones ac immunitates tam per prefatos quam alios Romanos Pontifices predecessores nostros, Reges, Principes ac Sedis prefate legatos et nuncios ac alios tam Apostolica quam ordinaria auctoritatibus dicto Monasterio hactenus concessas et concessa, necnon prout ea concernunt omnia et singula in litteris et instrumentis publicis desuper confectis quorum tenores presentibus haberi uoluimus pro expressis contenta, auctoritate Apostolica tenore presencium ex certa sciencia nostra confirmamus et aprobamus ac presentis scripti patrocinio communimus illaque omnia et singula robur perpetuo firmitatis obtinere et inuiolabiter obseruari debere decernimus, suplentes omnes et singulos defectus, siqui forsan interuenerint in eisdem quacumque indulgenciarum et peccatorum huiusmodi remissionum generali suspensione et reuocatione per nos vel Sedem apostolicam forsan facta hactenus nequaquam obstantibus. Et insuper prospero et felici statui huiusmodi Monasterii et Hospitalis prouidentes, ne occasione predictorum lis inter Priorem et conuentum predictos ac quoscumque alios in futurum oriri possit, quascumque speciales vel generales reseruaciones reseruandique, nominandi et conferendi facultates, nominaciones, collaciones, prouisiones, commissionnes, commendas, uniones, anexiones, incorporaciones, suppressiones, extinciones, gracias, etiam expectatiuas, concessiones, declaraciones, indulta, litterasque Apostolicas et mandata quecumque que pro quibusuis personis cuiuscumque dignitatis, status, gradus, ordinis vel condicionis aut preeminencie existant vel quacumque ecclesiastica vel mundana prefulgeant dignitate etiamsi persone huiusmodi propter earum preheminentiam, dignitatem aut originem, prerogatiuam aut alias sub generali expressione personarum nisi de huiusmodi dignitate, statu, gradu, origine et preeminentia earum aut obsequii quibus insistant seu alterius cuiusuis qualitatis earum de iure vel priuilegio speciali in earum fauorem concessis specialis et expressa mencio haberetur, comprehendi non censeantur de domibus, hospitalibus, commendariis, preceptoriis, ecclesiis, capellis, beneficiis, presentacionibus ac aliis membris, rebus, et bonis predictis et illorum occasione eis, aut alicui eorum perpetuo vel ad tempus etiam sub certa annua pensione ipsi monasterio facienda a nobis vel Sede predicta, aut legatis eiusdem, etiam motu proprio et ex certa sciencia ac cum illa seu si Priori et Conuentui prefatis vel quibusuis aliis communiter vel diuisim ab eadem sit Sede indultum, quod ad recepcionem vel prouisionem alicuius minime teneantur in litteris huiusmodi poni solita, aut aliis derogatoriis et derogatoriarum prohibitoriis et forcioribus clausulis et adiectionibus per quas presentibus nostris litteris derogaretur specifice et expresse seu derogari censeretur aut alias sub quacumque verborum forma et concessione hactenus concessas et concessa que effectum sortite non saut ex nunc cassamus et irritamus, nulliusque roboris vel momenti existere decernimus ac etiam quascumque similes aut dissimiles, speciales uel generales reseruationes reseruandique nominandi et conferendi facultates, nominaciones, collaciones, prouisiones, commendas, uniones, annexiones, incorporaciones, suppressiones, extinctiones ipsarumque presentium derogaciones, suspensiones et reuocaciones, gracias etiam expectatiuas, concessiones, declaraciones, et indulta, litteras Apostolicas et mandata quecumque que a nobis vel sede predicta ac aliis quibuscumque cum similibus aut aliis etiam forcioribus indiuidualibusque et insolitis clausulis et adiectionibus irritantibusque decretis quibuscumque per quas et que presentibus etiam specifice et expresse preiudicari seu derogari videretur in posterum quomodolibet emanarent ad domos, hospitalia, commendarias, preceptorias, ecclesias, capellas, beneficia, etiam jura patronatus et alia membra et bona predicta nullatenus extendi volumus et declaramus. Ac executoribus et subexecutoribus quibuscumque litterarum desuper pro tempore confectarum deputatis et deputandis ne illorum pretextu processus, censuras et sentencias ferendo promulgando Priorem et Conuentum predictos inquietent ne non personis quibuslibet in quarum fauorem emanassent, vel emanarent ne quarumcumque litterarum pretextu illa acceptando ut sibi conferri, prouideri, commendari et committi faciendo, ut prefertur, vel alias contra presentium thenorem se intromittant eisdem sub excommunicacionis late sentencio pena post presentium vel earum transumpti autentici exhibicionem seu insinuacionem eis pro tempore factam ; si contra fecerint, incurrendam ipso facto a qua per alium quam Ronanum Pontificem absolui non possint nisi in mortis articulo constituti districtius inhibemus, processusque, censuras, sentencias et penas omnes et singulas quas contra haberi et promulgari et quidquid secus attemptari contigerit ex nunc irrita et inania nulliusque roboris vel momenti existere decernimus et eisdem Priori et Conuentui qui, ut asserunt, causantibus guerris et aliis sinistris euentibus et etiam quia igne in dicto Monasterio apposito nonnulla iura, privilegia, exempciones, documenta, donaciones, instrucciones, processus et alii tituli combusta et perdita fuerunt de iuribus, priuilegiis, exempcionibus, documentis, donacionibus, instrucionibus, processibus et aliis titulis et iuribus predictis in domibus, hospitalibus, commendariis, preceptoriis, ecclesiis, capellis, beneficiis et aliis membris ac bonis predictis ad monasterium et hospitale prefata pertinentibus docere posse non confidunt, probare tamen possunt quod a tanto tempore citra cuius initii memoria hominum non existit consueuerunt illa seu eorum administracionem, exercitium committere et concedere dicti Monasterii canonicis, clericis, et aliis personis regenda et gubernanda tanquam membra deputata pro mensa dicti monasterii et hospitalis illorumque fructus, redditus et prouentus, iura obuentiones et emolumenta arrendare et adfirmam seu annuam pensionem dare et concedere juxta formam litterarum prefati Eugenii, quod ad docendum de iuribus, priuilegiis, exempcionibus, documentis, donacionibus, instruccionibus et aliis titulis predictis in illis et quod illa sint dicti Monasterii membra aliter quam, ut prefertur, Prior et Conuentus prefati non teneantur et quod libere et licite in spiritualibus et temporalibus in eisdem, ut in membri de mensa Hospitalis disponere et ordinare possint et valeant eadem auctoritate et sciencia concedimus et indulgemus facultatem. Et nihilominus venerabilibus fratribus Pampilonensi et Legionensi ac Lascurren. Episcopis per Apostolica scripta mandamus quatenus ipsi, vel duo, aut unus eorum per se vel alium seu alios prefatis Prioribus et Conuentui efficacis defensionis auxilio assistentes non permittant eos in premissis quomodolibet molestari et faciant auctoritate nostra Apostolica omnes et singulos quos prefatam excommunicationis sentenciam eis incurisse constiterit, quoties pro parte Prioris et Conuentus predictorum fuerint requisiti tandiu Dominicis festiuisque diebus in Ecclesiis dum major inibi populi multitudo ad diuina conuenerit excommunicatos publice nunciari ac ab omnibus arcius euitari, donec Priori et Conuentui prefatis in premissis satisfecerint uel absolucionis beneficium a nobis vel sede predicta meruerint obtinere, non obstantibus constitucionibus et ordinacionibus Apostolicis ac statutis et consuetudinibus Monasterii et ordinis predictorum iuramento, confirmacione Apostolica vel quavis firmitate alia roboratis nec non omnibus aliis que prefati predecessores in predictis litteris voluerunt non obstare ceterisque contrariis quibuscumque, aut si aliquibus communiter uel divisim ab eadem sit sede indultum quod interdici, suspendi vel excommunicari non possint per litteras Apostolicas non facientes plenam et expressam ac de verbo ad verbum de indulto huiusmodi mencionem. Et quia difficile foret Priorem et Conuentum prefatos presentes litteras ad singula in quibus de eis fides facienda foret loca deferre etiam volumus et dicta auctoritate decernimus quod earum vero transumpto manu notarii publici et sigillo alicuius Prelati munito fides ubilibet in iudicio et extra adhibeatur plenaria ac si eedem presentes nostro littere originaliter essent exhibite vel ostense. Nulli ergo enim hominum liceat hanc paginam nostre confirmacionis, approbacionis, commissionis, constitucionis, supplecionis, cassacionis, irritacionis, decreti, declaracionis, inhibicionis, concessionis, indulti, mandati et voluntatis infringere vel ei ausu temerario contraire. Si quis autem hoc attemptare presumpserit indignacionem omnipotentis Dei ac Beatorum Petri et Pauli Apostolorum eius se nouerit incursurum. Datum Rome apud Sanctum Petrum anno Incarnacionis Dominice millesimo quadringentesimo septuagesimo septimo sexto Kalendas Martii Pontificatus nostri anno septimo. Gratis. De mandato S. D. N. PPᵉ. P. de Monte. A. Rapezuntius. L. de Marcellinis. Que quidem littere apostolice in presencia prefacti Domini Reuer. Episcopi Oloren. per me notarium infrascriptum de verbo ad verbum ibidem lecte, dictus prior et conuentus ac canonici dicti Monasterii pecierunt, requisierunt dictum dominum Episcopum quatenus predicte littere apostolice confirmacionis, aprobacionis et concessionis transcribi ac transumi faceret et ad eternam rey memoriam exemplari et publicari ac in formam publicam redigi per me infrascriptum et per eundem dominum episcopum tanquam judicem subdelegatum judicialiter decerni, ordinari, et declarari huiusmodi transcripto littere apostolice seu exemplari tantam et eamdem fidem in judicio et extra adhiberi debere et adhibendam fore tanquam originali predicto necnon in premissis auctoritatem suam interponi pariter et decretum et dictus dominus episcopus viso per eum dicte littere apostolice illius tenore audito ipseque littere palpate et inspecte ac sane et integre reperte non viciate, non abolite, nec aliqua sui parte suspecte, sed omni vicio et suspicione carentis auditaque requisicione per dictos priorem et conuentum ac canonicos supr. sibi facta et eidem tanquam juri et racioni conforme annuens voluit, decrenit et ordinauit dictum instrumentum per me notarium presentem infrasc. transcribi, transumi ac exemplari et in hanc presentem formam redigi. In quorum omnium et singulorum fidem et testimonium premissorum presentes litteras siue presens punctum transumpti seu vidimus huius littere apostolice in se continentes siue continens, exinde fieri suscribi et publicari mandauit michi not. infrasc. preffactus dominus Episcopus suique proprii sigili jussit et fecit muniri. Datum et actum apud Tafallie, die vero vccisema septima mensis septembris sub anno a Natiuitate Domini millesimo quingentesimo octauo, presentibus ibidem Belmundo de Besia clerico Acquensis diocesis et Petro de Aex clerico et Johanne de Bertiz Nuciffero vicino dicte ville Taffalie Pampilonensis diocesis testibus ad premissa vocatis pariterque rogatis. *Raimundus Episcopus prefatus.*

Et ego Martinus de Puyo clericus Pampilonensis diocesis appostolica auctoritate notarius qui huiusmodi transumptum siue vidimus premissis omnibus et singulis dum sic, ut premittitur, per prefactum dominum episcopum ac coram eo agerentur, dicerentur et fierent una cum prememoratis testibus presens et personaliter interfui eaque omnia et singula premissa sic fieri vidi et audiui et in notam sumpssi ex qua hoc presens publicum instrumentum transumpti manu aliena scribi feci et in hanc publicam formam reddegi et meo solito et conssueto signo signaui una cum ipsius domini episcopi sigili proprii appenssione in testimonium omnium et singulorum premissorum rogatus et requisitus.

VIII.

Bulle de Sixte IV accordant à Emeric de Beaumont, chanoine de Pampelune, une pension de trente livres pendant douze ans, sur les revenus d'Oaliarp, 4 septembre 1479. Original sur parchemin muni d'un sceau de plomb, appendu à double lacs de soie rouge et jaune. — (*Arch. Bas.-Pyr.*, G. 209.)

Sixtus episcopus Seruus seruorum Dei, dilecto filio Hemerico de Bellomonte canonico ecclesie Pampilonensis ordinis sancti Augustini salutem et apostolicam benedictionem. Religionis zelus, uite ac morum honestas aliaque laudabilia probitatis et uirtutum merita super quibus apud nos fide digno commendaris testimonio nos inducunt ut illa tibi fauorabiliter concedamus que tuis commoditatibus fore conspicimus oportuna. Cum itaque, sicut exhibita nobis nuper pro parte tua petitio continebat, tu inter quem et dilectos filios Priorem modernum et Conuentum monasterij beate Marie de Roscideuallibus per Priorem soliti gubernari ordinis sancti Augustini Pampilonensis dioc. super preceptoria de Urdiarbe eiusdem ordinis Olorensis dioc. lis in Romana Curia coram certo palatij apostolici causarum auditore pendebat indecisa ad parcendum laboribus et expensis ac ad effectum certe honeste concordie inter vos inite ; a prosecutione litis huiusmodi penitus destiteris necnon liti et cause ac omni iuri in seu ad eandem preceptoriam tibi quomodolibet competenti hodie in manibus nostris sponté cesseris, nos tibi ne propterea nimium dispendium patiaris de alicuius subuentionis auxilio prouidere premissorumque meritorum tuorum intuitu specialem gratiam facere uolentes ac te a quibuscumque excommunicationis, suspensionis et interdicti aliisque ecclesiasticis sententiis censuris et penis a iure uel ab homine quauis occasione uel causa latis si quibus quomodolibet innodatus existis ad effectum presentium duntaxat consequendum harum serie absoluentes et absolutum fore censentes nec non omnia et singula beneficia ecclesiastica cum cura et sine cura que etiam ex quibusuis apostolicis dispensationibus obtines et expectas ac in quibus et ad quenis, ubi, quomodolibet competit, quecumque quotcumque et qualiacumque sint, eorumque fructuum, reddituum ac prouentuum ueros ualores annuos ac huiusmodi dispensationum tenores presentibus pro expressis habentes pensionem annuam tringinta librarum turonensium paruarum super dicte Preceptorie fructibus, redditibus et prouentibus qui octuaginta librarum similium secundum communem existimationem ualorem annuum, ut asseritur, non excedunt tibi usque ad duodecim annos duntaxat a data presentium computandos uel procuratori tuo ad hoc a te speciale mandatum habenti per modernum ac pro tempore existentem Priorem dicti monasterii et conuentum predictos quorum ad id per dilectum filium Martinum de Erro clericum Pampilonensis dioc. eorum procuratorem siue sindicum ad hoc ab ipsis specialiter constitutum expressus accedit assensus annis singulis in festo Sancti Michaelis de mense septembris in ciuitate Pampilonensi aut Baionensi integre persoluendam auctoritate apostolica tenore presentium reseruamus, constituimus et assignamus, decernentes Priorem et conuentum predictos ad solutionem faciendam pensionis huiusmodi iuxta reseruationis, constitutionis et assignationis predictorum tenorem fore efficaciter obligatos, ac volentes et eadem auctoritate statuentes quod si Prior et conuentus predicti in festiuitate huiusmodi uel saltem infra triginta dies ex tunc immediate sequentes pensionem huiusmodi non persoluerint cum effectu lapsis diebus eisdem singuli corumdem sententiam excommunicationis incurrant aqua donec tibi uel eidem procuratori de ipsa pensione tum debita integre satisfactum uel alias tecum uel cum dicto procuratore tuo super hoc amicabiliter concordatum fuerit absolui non possint preterquam in mortis articulo constituti. Si uero per sex menses dictos triginta dies immediate sequentes sententiam ipsam animo (quo dabsit) sustinuerint indurato ex tunc lapsis mensibus eisdem, dicta preceptoria uacare censeatur eo ipso. Et nihilominus venerabili fratri Episcopo Pampil. et dilectis filiis de Camera ac Vallisonfelle in ecclesia Pamp. Archidiaconis per apostolica scripta mandamus quatenus ipsi uel duo aut unus corum per se uel alium seu alios faciant auctoritate nostra pensionem ipsam tibi uel procuratori tuo iuxta reseruationis, constitutionis, assignationis et decreti predictorum continentiam atque formam efficaciter persolui. Et nihilominus quemlibet ex Priore uel Conuentu prefatis quem huiusmodi excommunicationis sententiam eis incurrisse constiterit quotiens super hoc pro parte tua fuerint requisiti, tandiu singulis dominicis et aliis festiuis diebus in ecclesiis dum maior inibi populi multitudo conuenerint ad diuina excommunicatum publice nuncient et faciant ab aliis nunciari ac ab omnibus arctius cuitari, donec tibi uel procuratori tuo prefato de huiusmodi pensione tunc debita fuerit integre satisfactum quilibetque [1] ex dictis excommunicatis ab huiusmodi excommunicationis sententia absolutionis beneficium meruerit obtinere, contradictores per censuram ecclesiasticam appellatione postposita compescendo, non obstantibus

1. Membre de phrase peu intelligible.

constitutionibus et ordinationibus apostolicis ac monasterii et ordinis predictorum statutis et consuetudinibus juramento confirmatione apostolica uel quauis firmitate alia roboratis contrariis quibuscumque; aut si Priori et conuentui prefatis uel quibusuis aliis communiter uel diuisim ab apostolica sit sede indultum quod ad prestationem uel solutionem alicuius pensionis minimé teneantur et ad id compelli aut quod interdici, suspendi, uel excommunicari non possint per litteras apostolicas non facientes plenam et expressam ac de uerbo ad uerbum de indulto huiusmodi mentionem et qualibet alia dicte sedis indulgentia generali uel speciali cuiuscumque tenoris existat per quam presentibus non expressam uel totaliter non insertam effectus huiusmodi gratie impediri ualeat quomodolibet uel differri et de qua cuiusque toto tenore habenda sit in nostris litteris mentio specialis. Nulli ergo hominum liceat hanc paginam nostre absolutionis, reseruationis, constitutionis, assignationis, decreti, statuti, constitutionis mandati et uoluntatis infringere uel ei ausu temerario contraire. Si quis autem hoc attemptare presumpserit indignationem omnipotentis Dei ac beatorum Petri et Pauli apostolorum eius se nouerit incursurum. Datum Rome apud Sanctum Petrum Anno Incarnationis dominice millesimo quadringentesimo septuagesimo nono Pridie nonas septembris Pontificatus nostri Anno nono.

A. Ingheramius.

IX.

Dénombrement des revenus et des charges de l'hôpital d'Ordiarp signé en 1479 par le commandeur Pedro de St-Jean. — Texte espagnol; traduction française de 1728. Original ou copie du temps sur papier. (Arch. B.-P., G. 210).

Urdiarbe. Recepta : Los bienes que se hallan en la encomienda de Urdiarbe.

Primeramente ay en la dicha encomjenda de Urdiarbe una casa principal con su oratorio y la dicha casa esta al presente razonablemente tratada por que el senor de Olloquj ha hecho en ella un cuarto nueuo y lo resto de la dicha casa tambien en presente la ha reparado, aunque ella esta en la necessidad de reparo.

Item ay un granero pequeno — mas un llegar — Item un molino con dos muelas, una de trigo y otra de mjjo, el qual molino esta mal tratado y en mucha necessidad de ser reparado — Item ay dos huertas arto buenas y bien tratados al presente. — Ay mas una borda medio cayda a cuya causa no se pueden approuechar della nj de sus terras de arte que cumple mucho que se adrece para la utiljdad de la casa principal. — En la dicha borda ay tierra blanca y si se cultiese y labrase abria para sembrar siete robadas de todo pan, y estando de la arte no se podra sembrar mas antes, sino se remedia caera presta y agoçase podria remediar sin mucha costa por que la madera della esta aun buena. — Asi bien ay tierra blanca alderredor de la dicha casa de Urdiarbe para sembrar diez robos de todo pan cada ano algo menos. No ay mancanal njnguno por que los que hauia son perdidos por non labrarlos. — Ay dos cubas y tres pipones o toneles. — Mas ay dos otres prados pequenos en los quales se coge feno hasta diez o doze carros. — Item tiene el hospital de Ordiarbe un herbazo llamado Inuriza en el monte de Inuriza. — Asi bien tiene otro herbazo en Ochacortia. — Mas tiene un carral y cabana de puercos en el Garsa.

Cosecha. — Primeramente se coge en la dicha casa de Urdiarbe de las tierras sobredichas cinquenta robos poco mas de trigo, un ano con otro. — Item de mjjo se cogera cada ano xxv concas poco mas o menos un ano con otro. — El dicho molino traera cada ano quando mucho quarenta concas de trigo y mijo y de todo pan por estar ton mal tratado y perdido como esta.

Oblaciones. — Item abra de renta cada ano de las oblaciones y ofrendras en la dicha yglesia de Sanct Myguel de Urdiarbe en cada semana conca y medja de trigo poco mas o menos uno con otro, ecepto que por todos sanctos ay alguna mejora y razonablemente.

Dinero. — En dinero o moneda se cogera en cinco o seis fiestas principales que ofre en los hombres quatro o cinco reales en cada una dellas.

Cera. — Item las candelas de cera que ofrecen es la meytad para la dicha casa y la meytad para el vicario que montara une libra de cera o libra y medja por todo el ano.

Diezmas. — Otro si las diezmas de las parrochias sobredichas se cogera en cada un ano de todas ellas dos cientas y quarenta concas de trigo poco mas o menos. — Assi mesmo abra y se cogera de mijo de la diezma sacada la quarta dello por cada ano uno ochenta o nouenta concas poco mas o menos. — Assi bien se cogera de abas xxv concas poco mas o menos un ano con otro.

Sidra. — Item abra de diezma de sidra mosta el ano que acierta el agosto ciento y treynta concas.

Ordio. — Assi bien de ordio se cogera de djezma tres o quatro concas cada ano poco mas o menos.

Corderos. — Otro si abra diezma cada ano uno cincuenta corderos poco mas o menos.

Cochinos. — Abra mas un ano con otro quynze o veynte cochinos de la dicha diezma.

Lana. — Item de lana abra setente y cinco libras, sacado el quarto y baldra cinco francos cada ano poco mas o menos.

Queso. — De queso abra xx quesos chicos y grandes poco mas o menos, baldra dos francos y medio o cientos ardjtes que con ellos se da poco mas o menos.

Lino. — De lino ochenta libras poco mas o menos un ano con otro que baldran quatro francos y medio.

Item quando muere algun parrochiano de la dicha yglesia de Sant Mjguel de Urdjarbe, suelen dar por cada un hombre un carnero, y quando muere alguna muger una obeja, y esto suelen dar ansi los que algo tienen et los pobres suelen dar una gallina y destas gallinas de dos la una es siempre por el rector, de los carneros y obejas dizese que no a avido estos seys anos sino tres o quatro tan solamente.

Abra tambien algunos huebos en la dicha ofrenda y la meytad de ellos es para el rector.

Urdiarbe. — Les pechas que son deudas a la casa de Urdjarbe segun estan escriptas en el libro manual del senor de Olloquj de la mesma orden que en el dicho libro estan escriptas, son las segujentes.

Estas son las casas que deuen a la casa de Urdjarbe deueres diezmas y primjcias.

LOS DEUERES		LAS PRIMICIAS
Tres robos de trigo...	Etchebarrena.........	La primicia es del sacrista.
Dos robos de trigo...	Yraçabal............	ij. quartales de trigo. ij. quartales de mijo. ij. quartales de ceuada. ij. quartales de pomad.
Dos robos de trigo...	Jauréguiberrj........	ij. quartales de trigo. ij. quartales de mijo. ij. quartales de ceuada. ij. quartales de pomada
Tres robos de trigo...	Doyhauart..........	un robo de trigo. un robo de mijo. un robo de ceuada. un robo de pomada.
Dos robos de trigo...	Chortéca..........	ij. quartales de trigo. ij. quartales de mijo. ij. quartales de ceuada. ij. quartales de pomada
Dos robos de trigo...	Harizacortea........	Las primicias paga de las garbas fuera.

Estas sobre escriptas casas non pagan quartales sin pagar todo es para el hospital.

Tres robos de trigo...	Lasansunecheberrj...	un robo de trigo. un robo de mijo. un robo de cebada. un robo de pomada.
Treze ardites y medio.	Lasansunjaureguj....	un robo de trigo. un robo de mijo. un robo de cebada. un robo de pomada.
Treze ardites y medio.	Larçabaljaureguja...	un robo de trigo. un robo de mijo. un robo de cebada. un robo de pomada.
Treze ardites y medio.	Urrutia.............	un robo de trigo. un robo de mijo. un robo de cebada. un robo de pomada.
Treze ardites y medio.	Larreyztera........	un robo de trigo. un robo de mijo. un robo de cebada. un robo de pomada.
Treze ardites y medio.	Urrutiagujrre........	La primicia es para el sacrista
Tres robos de trigo...	Larrecheberria......	un robo de trigo. un robo de mijo. un robo de cebada. un robo de pomada.
Tres robos de trigo...	Larea..............	un robo de trigo. un robo de mijo. un robo de cebada. un robo de pomada.

Tres robos de trigo...	Salaranea............	un robo de trigo. un robo de mijo. un robo de cebada. un robo de pomada.
Un robo de trigo......	Yrigaraya............	un robo de trigo. un robo de mijo. un robo de cebada. un robo de pomada.

El clauero de Urdiarbe o quien rige la casa a acostumbrado a ayantar dos vezes el ano, es asaber el dja de Naujdad, y el dia de pascoa de Resurection, a los duenos destas sobre escriptas xvj casas por cada casa a un hombre, y los dichos duenos son obligados a ꝫmbiar un hombre por cada casa de las sosdichas por que estan obligados a venjr à cortar herba una vez a l'ano, en el dja que el clauero a quien esta por el los llamare.

Larçabal Etcheberrja deue por cada un ano un robo de cebada de deuer al dicho hospital. Item de primicia, un robo de trigo, un robo de cebada y un robo de pomada.

Vidabea deue al dicho hospital tres ardjtes por ane a pagar por Naujdad. Ayndaberria deue un quartal de trigo de deuer por cada un ano al dicho hospital.

En Ydauze deueres

Salaberria deue dos robos de trigo y una galljna de deueres al dicho hospital.

Echabarrena deue dos robos de trigo de deuer al dicho Urdiarbe.

Barrechea deue dos robos de trigo, y el dicho clauero de Urdiarbe o quj esta por el le a de dar una cena, es a saber al senor de Barreche si tercero, el dia de Sanct Tersi, y el dja de antes lo an de combidar que venga a cenar con el comendador o con quien estuujere por el, y despues de cena el dicho Barechea a de pagar qujnze ardjtes, y pagados los dichos qujnze ardites puede yr con sus companeros a su casa o donde le plaziere, y los moços de la dicha casa de Urdiarbe pueden hecharle los perros de tras, y si por caso el dicho Barreche qujsiere dormjr en la dicha casa de Urdiarbe los de la casa le an de dar el yugo por cabecera.

En Mendi

Sorocharra deue a Urdiarbe por cada un ano dos robos de trigo.

En Garindayn

Garindayn Muchasquja deue por cada ano dos robos de trigo.
Item Lasaldia deue un robo de trigo.
Item Echaparia deue cada ano una conca de trigo.

En Viudoz

Viudos Urdiarbe deue al hospital de Urdiarbe un robo y medio de trigo por ano.

Las primjcias de Garrabia

Primeramente Yrigoyen deue de primjcia al hospital de Urdjarbe por cada ano un robo de trigo, un robo de mijo, un robo de pomada, y cebada si sembrare.
Item Oyzea un robo de trigo, otro robo de mijo y otro de pomada y cebada si sembrare segun cogiere.
Item Echeandia un robo de trigo, otro de mijo y otro de cebada.
Item Yribarrena un robo de trigo, otro de mijo, otro de cebada, y otro robo de pomada.
Item Soleguj dos quartales de trigo, y dos de mijo, y dos quartales de pomada y cebada si sembrare.
Item Ybarrea dos quartales de trigo, dos de mijo, y dos de pomada y cebada si sembrare.
Item Echegoyna un quartal de trigo, y otro de mijo, y otro de pomada y cebada si sembrare.
Item Etchebercea un quartal de trigo, otro de mijo, otro de cebada y otro de pomada.
Item en Arhamtoy dos quartales de trigo y dos de mijo y dos de pomada y cebada si sembrare.
Item en Zocotea de todo grano segun cogieren, mas un quartal de pomada.

En Mjranda

En Sants de Mjranda, sen dos quartales de todos quatro, es a saber de trigo, mijo, cebada y pomada.
Item Uririuztoya de todos quatro segun cogiere.
Item en Oganbidea segun cogiere.
Item en Vizcaya en el campo segun que cogiere de todas quatro.

Item en Ayartea segun cogiere del campo.

Item Bereterechea segun que cogieren.

Item Lasansungoytia un robo de trigo, otro de mijo, otro de cebada y otro de pomada.

Item Larçabal Yrartea un robo de trigo, otro de mijo, otro de cebada y otro de pomada.

Item Larçabal Echaparea un robo de trigo, otro de mijo, otro de cebada y otro de pomada.

Item Saylin un robo de trigo, otro robo de mijo, otro de cebada y otro de pomada.

Item Larestergaraya dos quartales de trigo, dos de mijo, dos de cebada, y dos de pomada.

Item en Aramburuya un robo de trigo, j. de mijo, j. de cebada, otro de pomada.

Item deue Landia un robo de trigo, otro de mijo, otro de cebada, otro de pomada.

Item Larechartea un robo de trigo, un robo de mijo, otro de cebada, otro de pomada.

Item Lasansunbarrena un robo de trigo, otro de mijo, otro de cebada, otro de pomada.

Item Lasansunartea un robo de trigo, otro de mijo, otro de cebada, otro de pomada.

Item Barachegaraya des quartales de mijo, dos quartales de trigo, dos de mijo, dos de cebada y dos de pomada.

1 robo trigo 1 robo cebada	Item Caseta	1 robo mijo. 1 robo de pomada.
1 quartal trigo 1 quartal cebada	Item Garricaburnja	1 quartal mijo. 1 quartal pomada.
1 quartal trigo 1 quartal cebada	Item en Larondoa	1 quartal mijo. 1 quartal pomada.
1 robo trigo 1 robo cebada	Item en Gentayna	1 robo mijo. 1 robo pomada.
2 quartales trigo 2 quartales cebada	Item en Çubieta	2 quartales mijo. 2 quartales pomada.

Suma de todo el trigo. — De arte que todo el trigo de las pechas, deueres o primicias montera cada ano sesentaynueue concas poco mas o menos y tres quartales.

Suma de todo el mijo. — Item todo el mijo monta xxxij concas y ij quartales.

Suma de ceuada. — Item toda la cebada monta xxvij concas y iij quartales.

Suma de pomada. — Item toda la pomada monta xxxj concas. Por verdad firme *Don P°. S. Jean.*

Los gastos y cargos de la Casa de Urdiarbe

Primeramente se paga cada ano quarenta francos para fabrica de la yglesia de Urdiarbe por sentencja del parlamente de Burdeos   40 fr.

Item xxj francos all obispo de Oloron por el arciot   21 fr.

Al rector

Item treynta robos de trigo, 14 robos de mijo, 24 concas de pomada.

Item tres francos en djnero   3 fr.

Item quel comendador de Urdiarbe es obligado a dar tres comeres al rector y sacristan y a los otros clerigos de la parochia.

Item es obligado à dar dos comjdas a los xvj labradores de las casas pecheras.

Mas obligado de dar una cena al senor de la casa de Barreche con otros dos companeros como de suso esta ya dicho.

Item para labrar las tierras de la casa y coger las diezmas de las parrochias son menester dos moços y una junta de bueyes con su bueyarizo que costaran cada uno doze ducados por ano. 36 dˢ

Item mas son menester una ama y dos moças que costaran x ducados por ano cada una de ellas.   30 dˢ

Item son menester un pastor para las obejas y otro para los puercos que costaran cada ano a x ducados por cada uno dellos que son xx ducados para entrabos.   20 dˢ

Item son menester cient y xx escardaderas que lleba cada una xx cornados y de comer esto se entiende por todo el ano que son por todas   2,400 cornados.

Item son menester para reparos y entretinjmientos de la casa, llagar, cubaje, y borda cinquenta francos por ano.

X.

Accord sur le moulin d'Ahetze entre le Commandeur P. de St-Jean et Arnaud d'Ahetze, le 4 avril 1480. (Arch. B.-P. E. 2127).

Conegude cause sic a tots que cum certane pleytesie fosse estade ventilhade per dauant lo castellan et la cort de Lixarre entre los honorables don Pedro de Sent Johan, canonge de Roncebaux, comenday de Urdiarp agent de une part et Arnaud Senhor d'Ahetza de Peyriede deff. de autre, a cause de certane nobet bastiment de molin quy lod. d'Ahetza a feyt de juus la glisie et hospital de Urdiarp, lod. commendador dise que aquet ere bastit en la terre deud. ospitau et demandan fosse desbatit et lod. senhor d'Ahetza disent que abantz ere en la terre deu Rey et luy thie afflusat deu castellan deud. Mauleon per nom deu Rey, et per estremar de lad. peytasie lesd. partides en presencie de mj not. presnt et test. de jus scriutz de voluntat et de bon grat an appunctat cum de juus se seg. Primeraments lasd. partides send departien de lad. pleytesie et aquere sic nulle sauban los dretz deu Rey. Item per tant que lod. senhor d'Ahetza a feyt grantz costatges au bastit deud. molin et atfin que aye algune reparation de quetz, lo medixs d'Ahetza thienque lod. molin bastit de quj au jorn et feste de nostre Done de Seteme primar venen et de quj en abant ung an sie passat schetz nulh reproig nj perturbation. Item apres que lod. termj sera passat que lod. d'Ahetza incontinent et senytz dilay a sus propis costatges sic thienent de desbatir lod. molin et nasse deu loc om presentement esta bastit per estar franc cum ere dauant part que lod. molin no ere bastit. Et partien so dessus cascune de lasd. partides se sosmetan suus la pene de L marexs d'argent et juran suus los sanctz euangelis etc. Actum a Mauleon lo dimartz apres Pasques quart jorn de april MCCCCLXXX. Test. son desso Moss. Gⁿ d'Orbayts prebender de sancte Lucie et Menaut Borhene besin de Mauleon.

XI.

Bulle du Pape Sixte IV, accordant, le 14 novembre 1482, dispense á Sanche d'Orbara pour posséder plusieurs bénéfices (Arch. de Ronc. Prior y Cab. P. 16. N° 19). Original sur parchemin muni d'un sceau en plomb.

Sixtus seruus seruorum Dei, dilecto filio Sancio de Orbara rectori parrochialis ecclesie de Orbara Pampilonensis diocesis, salutem et apostolicam benedictionem. Vite ac morum honestas, aliaque laudabilia probitas et virtutum merita super quibus apud nos fide digno commendaris testimonio nos inducunt ut te specialibus fauoribus et gratiis prosequamur. Cum itaque, sicut exhibita nobis nuper pro parte tua petitio continebat, tu ad frugem uite melioris aspirans et ob singularem deuotionem quam ad gloriosissimam Virginem Mariam geris monasterium eiusdem beate Marie de Roncisuallibus ordinis S^{ti}-Augustini Pamp. dioc. adjuuante Domino ingredi et inibi professionem per canonicos dicti monasterij emitti solitam emittere regularem et inibi perpetuo, altissimo, famulari cupias, pro parte tua nobis fuit humiliter supplicatum ut tecum quod postquam monasterium ipsum ingressus fueris et professionem emiseris parrochialem ecclesiam predictam una cum canonicali portione dicti monasterii et quocumque alio beneficio ecclesiastico dicti Ordinis obtinere possis dispensare de benignitate apostolica dignaremur. Te igitur ab omnibus et singulis excommunicationis, suspensionis et interdicti aliisque ecclesiasticis sententijs, censuris et penis, iure uel ab homine quauis occasione uel causâ latis, si quibus quomodolibet innodatus existis ad effectum presentium duntaxat consequendum harum serie absoluentes et absolutum fore censentes necnon omnia et singula alia beneficia ecclesiastica cum cura et sine cura que etiam ex quibusuis dispensationibus apostolicis obtines et expectas ac in quibus et ad que ius tibi quomodolibet competit quecumque, quotcumque et qualiacumque sint eorumque fructuum, reddituum et prouentuum veros valores annuos ac huiusmodi dispensationum tenores presentibus pro expressis habentes ac volentes te premissorum meritorum tuorum intuitu fauore prosequi gratioso tuis in hac parte supplicationibus inclinati tecum ut si contingat te monasterium ipsum ingredi et professionem emittere regularem postquam ingressus fueris et professionem emiseris ante dictam parrochialem ecclesiam predictam cuius fructus, redditus et prouentus viginti librarum Turon. paruarum secundum communem estimationem valorem annuum ut asseris non excedunt unacum canonicali portione dicti monasterij et quocumque alio beneficio ecclesiastico dicti ordinis, si tibi alias canonice conferatur in commendam quoad vixeris retinere et illius possessionem continuare necnon de fructibus, redditibus et prouentibus disponere et ordinare sicuti tu antea poteras seu debebas, alienatione tamen quorumcumque bonorum immobilium et pretiosorum mobilium dicte parrochialis ecclesie tibi penitus interdicta libere et licite possis et valeas, generalis concilii et quibusuis aliis constitutionibus et ordinationibus apostolicis, statutis quoque et consuetudinibus monasterii et ordinis predictorum etiam juramento, confirmatione apostolica vel quacumque firmitate alia roboratis, ceterisque contrarijs nequaquam obstantibus, autoritate apostolica tenore presentium de specialis dono gratie dispensamus, prouiso quod parrochialis ecclesia huiusmodi debitis propterea non fraudetur obsequijs et animarum cura nullatenus negligatur sed illius congrue supportentur onera consueta. Nulli ergo omnino hominum liceat hanc paginam nostre absolutionis, dispensationis et voluntatis infringere vel ei ausu temerario contraire. Si quis autem hoc attemptare presumpserit indignationem omnipotentis Dei ac beatorum Petri et Pauli apostolorum se nouerit incursurum. Datum Rome apud Sanctum Petrum, anno incarnationis dominice millesimo quadringentesimo octuagesimo secundo, sexto decimo kal. Decembris. Pontificatus nostri anno duodecimo.

L. de MARCELLINIS.

XII.

Procession de la Pentecôte établie à la chapelle du St-Esprit, le 25 mai 1504, par les chanoines de Roncevaux dont plusieurs figurent dans les documents d'Osliarp. (Extr. de la *Preciosa*, manuscrit du XIVᵉ siècle, livre de chœur de Roncev. f. 14).

Anno a Nativitate Domini millesimo quingentesimo quarto xxv

die mensis madij in monasterio Roncisuallis in maiorj coro capitulariter congregati, reuerendus dominus Fernandus de Egues Dei gratia prior et venerabiles religiosi ac dominj Sancius d'Orbara subprior, Saluator burgi, Michael dErro comendator de Unliarbe, Sancius de Berrioçar, Johannes de Lessaca infirmarius, Lupus dErro, Petrus de Elcano, Stefanus de Mendicoaga et Johanes de Yruleguy Sacrista, canoniej dicti monasterij et hospitalis generalis in honore tam immensœ festiuitatis aduentus Sancti Spiritus que Pentecostes dicitur. Unanimiter et concorditer ordinarunt quotannis sabbato vigilia dicte festiuitatis completo vesperarum officio vadant omnes processionaliter ad capellam antiquam sancti Spiritus ibique dicto responsorio reddeant ad ecclesiam et vadant omnes canoniej et capellanj ad collationem ad domum prioris et sequenti die post primam et absolutionem solitam vadant omnes canonici ad predictam capellam Sancti Spiritus, ibique cantata missa ab uno canonjeo cum diacono et subdiacono et ea completa redeant ad ecclesiam majorem ad officium tercie et misse majoris solito more et dictus dominus prior et eius sucessores teneantur siue teneatur dare pro officio dicte capelle duodecim grossos currentis monete dictis dominjs canonicis. Valeatque presentis ordinatio perpetuis temporibus. Sancius de Berriocar scripsit.

XIII.

Sentence arbitrale de Jean de Ste-Marie, chanoine de Pampelune et de Pierre de Casamajor, secrétaire du Cardinal d'Albret, octroyant la commanderie d'Ordiarp à Sanche d'Orbara au préjudice de Jean de Zabaleta, 23 mai 1508 (1). Copie sur papier. (Arch. B.-P., G. 212).

In Dei nomine Amen. Nouerint uniuersi quod anni, indictione, et loco quibus supra, die vero vicesima tertia suprascripti mensis Maij in mei notarii publici testiumque infrascriptorum presentia constituti personaliter reuerendus et circumspectus relisiosus vir Dominus Joanes de Santa Maria in decretis vacalarius, canonicus-

1. La date se trouve au revers de la copie.

que et cantor ecclesie cathedralis Pampilonensis ordinis Sancti Augustini et venerabilis vir Dominus Petrus de Cassamajor reuerendissimi in Christo patris Domini Cardinalis de Alberto nuncupati secretarius, arbitri, arbitratores et compositores de communi assensu per multum venerabilem et honestatum religiosum virum Dominum Sancium de Orbara rectorem parrochialis ecclesie eiusdem loci, subpriorem et comendatorem de Urdiarbe, Canonicum monasterii Beate Marie de Roseesuallibus, et magistrum Sancium de Zaldarriaga partem et procuratorem venerabilis viri Domini Joanis de Zabaleta in decretis vacalarii in suprascripto instrumento compromissi nominatos ; assumpti, electi et nominati ambo simul et iunctim vigore potestatis eidem in suprascripto instrumento compromissi a dictis partibus atribute et sub pena in eolem instrumento contenta suam super premissis et inter dictas partes pronuntiarunt sentenciam laudum, arbitrium siue amicabilem compositionem in absentia dictarum partium compromitentium sub hac que sequitur forma. Nos Joanes de Sancta Maria in decretis vacalarius canonicus et cantor ecclesie cathedralis Pampilonensis diocesis arbitri, arbitratores, amicabiles compositores per supra nominatos Dnum Sancium de Orbara rectorem parrochialis ecclesie de Orbara, subpriorem, comendatorem de Urdiarbe, canonicum monasterii Beate Marie de Rosciuallibus predicti ordinis et Magistrum Garciam de Zaldarriaga partem et procuratorem venerabilis Dni Joanis de Zabaleta clerici Baionensis diocesis in causa et causis quas ipse partes coram reuerendo patre Dno Benedicto Addam auditore in suprascripto compromissi instrumento contento et alibi mouerunt et intentarunt ac mouent et intentant de et super predictis Rectoria de Orbara, suprioratu et commenda de Urdiarbe et eorum quolibet pretendentes quilibet ad se spectare et pertinere ac suis dependentijs, emergentiis, annexis et connexis per dictas partes de communi assensu assumpti, nominati et deputati volentes lites et controuersias huiusmodi inter dictas partes motas ad parcendum sumptibus et expensis partium pacificari, concordare et modo amicabili componere. Quare visis, inspectis, et diligenter examinatis juribus, munimentis, litteris, priuilegiis et instrumentis tam dicti Dni Sancii de Orbara quam dicti Dni Ioanis de Zabaleta super dictis subprioratu et commenda a Sede Apostolica obtentis et alias ad plenum habita informatione de qualitatibus huiusmodi beneficiorum vidimus et reperimus dictum Dnum Sancium de Orbara obtinuisse dispensationem Apostolicam ad obtinendam dictam Rectoriam de Orbara una cum canonicatu dicti monasterii dictosque subprioratum et commendam non fore neque esse beneficia in dicto monasterio imo verius officium et administrationem in dicto monasterio Beate Marie de Roscinallibus ad nutum Dni Prioris et Canonicorum dari absque dispensatione Apostolica etiam insimul et ideo incompatibilitatem non patere et ipsum ac ipsam modo aliquo in litteris Apostolicis in favorem dicti Dni Joanis de Zabaleta decretis non vacasse, imo illum et illam dictum Dnum Sancium canonice consequutum fuisse et obtinuisse. Ideo per hanc presentem nostram sententiam laudum siue arbitrium quam et quod etiam de peritorum consilio Deum solum pre oculis habentes ut de vultu suo nostrum procedat judicium, pronunciamus et declaramus, laudamus et sentenciamus dictum Dnum Sancium de Orbara fuisse et esse verum et indubitatum Rectorem dicte parrachialis ecclesie de Orbara et canonico titulo nec non subpriorem dicti Monasterii Beate Marie de Roncesvallibus et comendatorem de Urdiarbe que quidem Commenda a dicto Monasterio dependet illasque et illa juste, legitime et canonice ex dispensatione Apostolica et iuxta consuetudinem dicti Monasterii obtinere et possidere et ideo non vacasse nec vacare ad presens nullumque jus in seu ad dictas Rectorias, subprioratum et commendam eidem Dno Joani de Zabaleta pertinuisse neque pertinere, molestationes, vexationes et impedimenta per dictum Dnum Joanem de Zabaleta eidem Dno Sancio Rectori, canonico, subpriori et comendatori desuper factas et prestitas factaque et prestita fore et esse irritas, cassas et nullas irritaque cassa et nulla in et super eisdem Rectoria Prioratu et Commenda eidem Dno Joanni de Zabaleta de dicto suprioratu silencium perpetuum imponentes. Verum quia dictus Dnus Joanes de Zabaleta in expeditione litterarum et prosecutione cause huiusmodi plures sustinuit expensas ut idem de alicuius subuentionis auxilio succurratur dictum Dnum Sancium de Orbara Subpriorem et Comendatorem ad dandum et soluendum eidem Dno Joani de Zabaleta vel predicto eius procuratori summam viginti ducatorum auri de Camara per hanc nostram sententiam laudum sententiam laudum siue arbitrium similiter condempnamus et cum hoc dictus Joanes de Zabaleta teneatur et obligatus sit per se vel procuratorem suum ad id legitima potestate suffultum in manibus nostris et mei dicti officialis tanquam judicis ordinarii, omni iuri et actioni, liti et cause sibi quomodolibet in dictis Rectoria, subprioratu et commenda competentibus renunciare et in signum vere et realis renuntiationis litteras apostolicas super eisdem per dictum Dnum Joanem a Sede apostolica obtentas eidem Dno Santio vel procuratori suo legitimo tradere. Et quod predicte partes principales teneantur et astricti sint sub pena in suprascripto compromisso contenta laudare approbare, emologare et ratificare huiusmodi nostram senteneiam laudum siue arbitrium in et super eadem ac contenta in ea silentium perpetuum eisdem partibus principalibus imponentes et quia quamplures labores subportauimus in visitatione dictorum instrumentorum, iurium et munimentorum necnon in prolatione huiusmodi nostre sentencie dictum Dnum Sancium de Orbara ad dandum et soluendum nobis dictis arbitris pro esportulis nostris binis et notario infrascripto, pro reportatione compromissi et huiusmodi nostre sentencie in notam salua sibi in grossa centum (?) ducatos auri de Camara similiter condemnamus et ita pronunciamus, decernimus et declaramus. Nos Joanes de Sancta Maria canonicus, cantor et officialis, Petrus de Cassamaior secretarius arbitri, arbitratores et amicabiles compositores prefati. Super quibus premissis omnibus et singulis dicti Dni arbitri, arbitratores et amicabiles compositores mandarunt mihi notario publico infrascripto ut retinerem et conficerem publicum instrumentum et publica instrumenta unum et plura tot quot fuerint necessaria et oportuna. Acta fuerunt hec anno, indictione, loco quibus supra, presentibus honorabilibus et prouidis viris Dominis Lupo de Ororbia ministro ecclesie Sancti Michaelis de Monte excelso Pampilonensis et Eneco de Eliçalde beneficiato sedis Pampilonensis, presbiteris Baionensis diocesis, testibus ad premissa vocatis pariterque rogatis.

XIV.

Prise de possession d'Ordiarp par Esteben de Mendicoaga, chanoine de Roncevaux, au nom du prieur François de Navarre, le 18 août 1523. Original sur parchemin. (Arch. B. Pyr., G. 213).

In nomine domini Amen. Conegude cause sie a totz cum presenci de mj notarj et testimonis jus nommatz et scriutz constituit personalment au dauant la mayson de Urdiarbe au loc de Peyriola don Esteben de Mendicoaga canonge et religios deu monester, conbent et hospital general de nostre dame de Roncesbaux au Reyaume de Nabarra com a procurador deu mot Reuerent don Frances de Nabarra prior et ministre deudit monester et hospital general de Roncesbaux et en son nom loquoau de Mendicoaga exibi lo Instrument de la procuration retente en la vielle de Ypia (?) au Reyaume de Aragon per meste Miguel de Vayetola notarj public audit Reyaume de Aragon et habitant en ladite vielle de Ypia datat lo xij deu mes de may mil cineq centz vingt tres et apres feyte lecture deudit instrument de procuration per mj dit notarj en la presence deusditz testimonis jus scriutz. Lodit de Mendicoaga au nom deudit de Nabarra prior et ministre suslit prenco corporalment, realment et actualment la possession de ladite mayson de Urdiarbe et dessas apartenences per la intrade en aquere, et aussi per la uberture, intrade et salhide de las portas de l'oratorj de Sent Laurentz et de la glisie de Sant Miqueu de Urdiarbe et asso feyt incontinent lodit de Mendicoaga au nom susdit valha lo cart et la charge de l'administration et gobernament de ladite mayson de Urdiarbe et sas apartenences au nom deudit senhor prior a Mossen Arnaud de Aynciondo aquj present. Loquoaudit Aynciondo accepta et prenco ladite charge et promete de bien regir et administrar ladite mayson de Urdiarbe et sas apartenences au nom deudit senhor prior dont et deu tot lodit de Mendicoaga requerij a My notarij jus scrint retenir et far acte et instrument so que lo ey autreyat. Asso fo feyt en ladite mayson de Urdiarbe lo xviij jorn deu mes de agost l'an mil cineq centz vingt tres. Testimonis son desso per ataus pregatz et requeritz los venerables Mossen Arnaut de Rospide Rector de ladite parropi de Peyrieda. Mossen Guixernaut de Irassabal. Mossen Guilhem de Arroquieta. Mossen Jayme de Rospide et Mossen Guilhem de Domec caperans habitantz en ladite parropi de Peyrieda. Et jo Arnaut de Iriart notarj public per auctoritat real en toute la senescaucie de Lannes quj la present carte de possession retenguy et scriseuy en la quoaut mon signe acostumat y pausey en testimonj de vertat.

J. d'Echebarne commandeur d'Orliarp est condamné par le Parlement de Bordeaux le 31 janvier 1533 à payer 80 francs par an pour les réparations de l'Eglise paroissiale. Expédition sur parchemin. (Arch. Bas.-Pyr., G. 213). — [*XIV bis*].

Extraict des registres du Parlement.

Entre maistre Jehan de Chebarne commandeur de Hurdiarp demandeur en cas de procès le procureur général du Roy joinct a luy d'une part, Pierre Arnault de Tardetz, escuier seigneur d'Ahetze defendeur d'autre. Aussi entre les clauers, fabriqueurs de l'église parrochiale de Sainct Michel de Hurdiarp demandeurs d'une part et ledit de Chebarne defendeur dautre. Veu les informations, escriptures, additions, enquestes, procédure faicte deuant maistre Jehan Dibarola,conseiller en la cour entre lesdits fabriqueurs et Chebarne, inquisition faicte auecques les expertz sur la ruyne de lad. église, autre inquisition faicte a la requeste dudit de Chebarne sur la valleur et charges dicelle et autres pièces et productions desdites parties. Dit a esté que la cour a condampné ledit de Chebarne a payer dedans le jour de la my caresme quarante francs bourdelois et dedans la feste de la Penthecouste prochain venant autres quarante francs bourdelois et a bailler chascune des années suyuans aud. jour de feste de Penthecouste lad. somme de quarante francs bourdelois pour employer aux réparations d'icelle église Sainct Michel selon et suyuant l'aduis desd. espertz et ce à la peine du double applicable moytié au Roy et moytié a la réparation de lad. église jusques a ce que autrement en soit ordonné, aussi ordonne que les deniers et reuenu de ladite parroisse qui resteront apres auoir fourny lad. église de torches, huile, luminaires et autres affaires d'icelle seront employés a lad. réparation et rendront compte et presteront le reliqua lesdits clauers et fabriqueurs desd. deniers et reuenu deuant ceux qu'ils ont acoustumé de ce faire. Et quant auxd. ladicte cour a absoult et relaxe led. Tardetz et lui faict inhibicion et defense a la peine de mil liures tournois de ne empescher les parroissiens de lad. église de aller a l'offrande comme par ce deuant auoient acoustumé. Le tout sans despens et pour cause. Prononcé a Bourdeaulx en parlement le dernier jour de jannier l'an mil cinq cens trente troys, DE POSTAC. Collation est faicte.

XV.

Arrêt du Parlement de Bordeaux qui maintient Roncevaux en la possession de la Commanderie d'Ordiarp au préjudice de Jean d'Etchebarne, le 15 mai 1535. — Copie sur parchemin. (Arch. B.-P., G. 213).

Extraict des registres de Parlement.

Entre Domp Francisco de Nauarre prieur du prieuré nostre Dame de Roncesuaulx demandeur requérant estre maintenu en la possession et jouyssance de *la commanderie, administration ou grange d'Urdiarp* comme estant de la table du prieuré de Roncesuaulx d'une part et M⁰ Jehan de Chebarne deffendeur et aultrement demandeur requérant l'entérinement de certaines requestes tendant afin d'auoir delay pour recouurer les bulles d'une signature cy après expédiélée d'aultre. Veu les statutz et constitutions dud. prieuré dattés de l'an mil trois cens et douze. Idibus decembris, confirmation faicte par l'euesque de Pamplona, nona septembris mil trois cent treize, bulle du Pape Sixte le quart recitatiue de plusieurs priuiléges octroyés aud. prieuré de Roncesuaulx par Eugène le quart et confirmation faicte par led. Sixte de tenir les commanderies deppendentes dud. prieuré et ospital de Roncesuaulx comme estants de la table dud. prieuré sans aultre verification dattée Sexto Kalend. martij mil quatre cens soixante dix sept, réuocation faicte par ledict de Nauarre de la charge et administration que tenoiet feu domp Sancho d'Orbara datté du douziesme de may mil cinq cens vingt trois, signifification de lad. verifiication faicte aud. chappitre et audict d'Orbara present et procuration faicte à messire Estienne de Mendicoaga, pour régir lad. commanderie ou administration au lieu dud. Orbara pour et au nom dud. prieur, prinse de possession dud. Mendicoaga, prouision faicte aud. d'Etchebarne du quinziesme de juin mil cinq cens trente ung, cédulles et quietances faictes tant par led. Orbara que par Messieurs Arnaud et Jehan Danciondos et messire Arnaud d'Osses, instrumens et baillettes de fief de nouuel produictes par led. d'Etchebarne, enquestes faictes par lesd. parties, objets baillés par icelles ensemble une signature dud. d'Echebarne dattée apud Sanctum Petrum quarto decimo Kal. Septembris anno octauo et requeste baillée par led. d'Echebarne pour luy estre baillée terme competant pour recouurer les bulles en forme, autre requeste tendant afin d'estre receu approuuer certaines conclusions d'entre lediet Domp Sancho dOrbara et un sien nepueu et auoir baillé les collations et prouisisions faictes a auleuns commandeurs d'icelle commanderie d'Urdiarp et aultres pièces et productions desd. parties. Dict a esté que sanes auoir reguard ausd. deux requestes et signature produietes par led. d'Echebarne led. procés est en estat de juger sans enquérir desd. obicctz et a maintenu et maintient lsl. de Nauarre prieur susd. en la possession et jouyssance de l'administration de lad. commanderie ou grange de Urdiarp, fruicts, profficts, reuenus et esmolumens d'icelle comme estans de la table dud. monastaire et hospital de Roncesuaulx et a tollu et ousté la main du roy et touts aultres troubles et empeschemens mis et apposez sur les fruicts de lad. commanderie et sera tenu led. demandeur porter les charges ordinaires d'icelle tout ainsy que les aultres administrateurs et commandeurs deppendans dud. Roncesuaulx ont acoustumé faire et a condampné et condampne led. d'Echebarne à rendre et restituer audict de Nauarre les fruicts qu'il a prins et perceus dud. Urdiarp sauf a desduire aud. d'Etchebarne pour ses viures et alliments cent cinquante liures chascune année qu'il a administré la commanderie, aussy ce que se trouuera auoir esté baillé aud. de Nauarre tant pour la pension que aultrement et pareillement les réparations et aultres choses nécessaires que ledit d'Echebarne auroiet faict et fourny pour l'entretenement de la grange ou commande sans despens et pour cause. Prononcé aux parties à Bourdeaulx en parlement le quinziesme jour de may l'an mil cinq cens trente cinq.

Donné par coppie par moy huissier au parlement de Bourdeaulx collationné à son original, GEOFFRE.

XVI.

Main levée de la saisie des biens situés en Navarre accordée par Jeanne d'Albret au chapitre de Roncevaux le 25 avril 1572. — (Arch. Bas.-Pyr., G. 211). Copie authentique sur papier.

Johanne par la gracy de Diu Regine de Nauarre, dame souueraine de Bearn et de Donnesan, duchesse de Vendosmois, de Beaumont, d'Albret, contesse de Foix, d'Armaignac, de Roddes, de Bigorre, de Perigort, de Marle, viscontesse de Limoges, de Marsan, Farsan, Gabardan, Nebossan, d'Ailhas, Tartas, Marempne, Lautrec et Villemeur. A nos amez et feaulx conseilhers les gens de nostre conseilh et chancellerie de nostre Royaume gens de nostred. conseilh et court souueraine en nos pais et soueranité de Bearn, gens de nos chambre des comptes esd. lieulx, salut et dilection. Les prieur et chanoynes du monastère et ospital de Ronsseuaulx nous ont faict entendre et remonstrer que de tout temps, ils sont en bonne possession de jouir et perceuoir les fruietz et reuenus qu'ils ont et leur apartient en nostre Royaume et pais et soueranitté qui se consistent en rentes, de diuerses premisses et autres droicts, a cause dudict monastère et ospital de Ronsseuaulx. Ce neantmoins nos officiers de nostred. Royaume soubs nostre nom ont faict saisir et mettre en main de commissaires lesd. fruiets et reuenus, iceulx prins et perceux jusques à present nous requerans et supplians leur estre sur ce pourueu et ordonné; à ces causes nous par l'aduis de nostred. conseilh auons ausd. prieur et chanoynes donné et octroyé, donnons et octroyons par ces présentes entière main leuée et déliurance de touts et chacuns les biens eclésiasticques qu'ils ont scituez et assis en nostred. Royaume et pais de soueranitté desquels ils joyssoient auperauant lad. main mise comme d'anexes et deppendens dud. monastère et ospital de Ronseuaulx pour jouyr cy apres a mesmes conditions et charges que ceulx qui ont a present l'administration des biens eclesiasticques de nos dicts Royaume et pais de soueranité jouyroint desd. anexes et deppendences des beneffices scitués en nostre Reyaume et pais de soueranité qu'ils ont és Royaumes et pais du Roy catholicq et d'autant que touts lesd. fruiets et reuenus desd. beneffices ont esté saisis comme par forme d'ostillité et qu'ils ont esté employez soubs nostre nom pour le faict des armes et autres charges que nous auons jusques a présent esté contreints de pourter pour la conseruation de nostre Royaume et pais nous n'auons entendu ne entendons que lesd. prieur et chanoynes en quelque sorte et manière que se soit puissent reppetter ne demander la restitution desd. fruiets de quelque nature qu'ils soient qui ont auparauant le jour et datte desd. présentes estés leuez et perceus tant par les commissaires a ce comis et depputez que par les trésoriers de nostre Royaume et païs de soueeranitté. Sy vous mandons et commettons par ces patentes et a tous nos autres justiciers, officiers et subjects que de nos présens don, octroy et main leuée desd. fruicts saisis et de tout le contenu en ces patentes vous faictes, soffrés et laissés led. prieur et chanoynes de Ronsesbaulx jouyr et user plainement et paisiblement sans en ce leur faire mettre ou donner ne souffrir être faict, mis ou donné ores ne pour l'aduenir aucun troble ou empeschement, au contraire ains si aucun leur estoit faict, mis ou donné, le mettés ou faictes mettre incontinent et sans dilay a plaine déliurance et au premier estat et deu, car tel est nostre plaisir nonostant quelsconques ordonnances, restreinctions, mandemens, deffances et lettres a ce contraires. Donné a Blois le vingt cinquiesme jour d'april l'an de grace mil cinq cens soixante douze. Ainsi signée Johanne et plus bas. Par la Royne, nous présents, contre signé Moureau et Segondes du grand seau de scire roge a queue pendente.

Extreyt deu registre de la chancelerie et corregit bien et fidellement per my jus signat a St-Palay lo trente d'aoust mil cinq cens septante sept. J. D. not.

XVII.

Bail de ferme des revenus d'Onliarp entre l'hôpital de Roncevaux et le baron Charles de Lusse, passé à Tardets le 20 septembre 1578. Original en espagnol sur papier en très mauvais état. Signature autographe de C. de Lusse. (Arch. B.-P., G. 211).

Sepan todos que la presente veran que antes mi notario real y testigos infra escritos y nombrados, constituido en su perssona el illustre senor don Carlos de Lussa, cauallero del orden del Rey y lugar teniente por su magestat en el viscontado de Sola y Reyno de Francia el qual aber visto y entendido que se an passados ciertos conbenios por el arrendamiento de la casa de Unliarbe miembra y appertenente a la santa casa de Roncesballes en el Reyno de Nauarra entre illustre senor don Frances d'Ezpeleta, senor de Pena y Berriossar etc. y Joan Nauarro de Byndos mayordomo del dicho senor constituente y en su nombre, y los senores. prior, soprior y cabildo de la dicha santa casa Roncesballes tanto para confirmar como de nuebe contractar sy menester fuesse a constituido por su procurador y negociador especial y general sin que la especialitat no derroga a la generalidad ny por el contrario, es asauer al dicho Joan Nauarro su mayordomo ausens como sy fuesse presente y especialmente accordar y contractar con los dichos senores prior, soprior y cabildo de la dicha santa casa de Roncesballes la dicha arrendacion de la dicha casa y sus pertenencias de Urdiarbe hecho el dicho combenio a nueve de mayo mil y quinientos setenta y ocho dentro los aposientos del senor prior, soprior y cabildo della por el tiempo de seys annos primeros venientes despues del dicho combenio y datta della y este por la soma de dos cientos y sesenta ducados de cada onze reales de Castilla por ducado pagaderos aquellos la primera paga para Nabidad primero veniente deste presente anno de mil y quinientos setenta y ocho y d'ay adelante para el dicho dia en cada un anno de los dichos seys annos traydos a proprias costas del dicho senor constituente en una solucion y paga y para dar en nombre del dicho senor constituente a los dichos senores prior y cabildo de Roncesballes fianças llanas y abonadas para cumplir en pagar in cada uno anno los dichos dos cientos y sesenta ducados como esta dicho arriba deste presente y que el dicho senor constituente tenrra la dicha casa y pertenencias de Urdiarbe en debida forma y que no hara obras ny reparaciones en la dicha casa sin expressa licencia y consentimiento de los dichos senores prior y cabildo de la dicha santa casa de Roncesballes y que passados los dichos seys anos de arrendacion el dicho senor de Lusse constituente dexara la dicha casa libramente à los dichos senores prior y cabildo de Roncesballes; y en quanto es de los trezientos ducados que Sebastian d'Ozcariz habia con ellos, el dicho senor constituente pagara à los dichos senores prior y cabildo de Roncesballes cinquanta ducados dentro estos dos annos primeros venientes. ygualmente para hazer acordar y passar lo que veran ser necessario como sy el dicho senor constituente haria sy estaba en su perssona y fuessen tales que requisiessen mandamiento mas especial y prometiendo el dicho senor constituente de aber y tener bueno, fermo y agradable todo lo que el dicho Joan de Nauarro su procurador hara y abra hecho en el dicho negocio y arrendacion y de releuar

indempnes a los dichos procurador y fiadores dados y presentados
à ello, y de no contrayr directemente ny indirecte obligando todos
qualesquiere bienes mobles et immobles, presentes y futuros
apertenientes al dicho senor constituente y sobre todas renun-
tiaciones a eso requisas y necessarias y assy por mayor cumpli-
miento a protestado y jurado sobre los quatro santos euangelios
de Jesu Cristo nuestro senor. Hecho y passado dentro el castillo
de Tardez en el dicho viscontado y reyno de Francia a los veynte
dias del mes de setiembre mil y quinientos setenta y ocho annos,
presentes por llamados y requiridos Gachen de Arabehere senor de
la casa de Chuhurra y Joana Netol vezinos de Bilenave cerca de
Tardez que an dicho que no saben signar y el dicho senor constituente qui a signado tanto el presente que el original deste, y yo
Menault de Breterreche notario subscripto y subsignato en testi-
monjo lo susdicto DE BRETERRECHE.

CHARLES DE LUSSE.

XVIII.

Arrêt du Parlement de Bordeaux adjugeant à Arnaud de Maytie
la commanderie d'Ordiarp au préjudice de Roncevaux, 5 septembre 1592. (Arch. Bas.-Pyr., G. 217) Expédition sur parchemin.
67 feuillets in-4°.

Extrait des registres du Parlement.

Nostre dicte Cour par son arrest du cinquiesme de septembre
mil cinq cens quatre vingts douze. Entre Me Arnaud de Maytie
prestre, prieur du prieuré, commenderie et hospital Sainct-Michel
d'Ordiarp au pays de Soule, diocèze d'Oleron, appellant des sénes-
chaux des Lannes et Guienne ou leurs lieutenans demandent l'entérinement de certaines lettres royaux en forme de requeste ciuille
et aussy appellant comme d'abus de l'exécution de certaine bulle
de nostre sainct Père le Pape Sixte quatriesme et aultrement deffendeur d'une part. Et les prieur et chanoines réguliers du prieuré,
monnastaire et hospital de Ronsseuaux, diocèze de Panpelonne,
inthimés et deffendeurs et aultrement demandeurs l'entérinement
de certaines lettres royaux *de pacificis possessoribus*. Et entre

M⁰ Oliuier Chartzin demandeur et opposant et le sindic du pays de Soule demandeur l'enterinement de certaine requeste d'une part. Et lesd. Maytie, prieur et chanoines dud. Ronsseuaux deffendeur d'aultre.

Veu le procés, appoinctement dont prouient l'appellation intericetée par led. Maytie dud. seneschal des Lannes ou sond. lieutenant au siége d'Acqs inceeré au procés-verbal faict sur l'exécution de certaines lettres patantes d'œconomat du dernier jour d'octobre mil cinq cens quatre vingt dix. Lettres royaux de relief d'appel et exploicts des trentiesme mars, neusuiesme et dixiesme d'apuril aud. an quatre uingt unze. Lettres *de pacificis possessoribus* obtenues par led. prieur et chanoines de Ronsseuaux le douziesme januier aud. an mil cinq cens quatre vingts unze. Sentence dont vient l'appellation intericetée dud. Senneschal de Guienne donnée sur lesd. lettres de pacificis possessoribus du vingt deuxiesme dud. moys de jung aud. an. Arrest du retractement duquel est question du quinziesme may mil cinq cens trente cinq par lequel entre aultres chozes le prieur de Ronsseuaux auroict esté maintenu en la possession et jouissance de l'administration de lad. commanderie ou grange d'Urdiarp, fruicts, proffiets et esmolumens d'icelle comme estant de la table du monnastaire dud. hospital de Ronsseuaux. Lettres royaux en forme de requeste ciuille obtenues par led. Maytie du vingt deuxiesme jung aud. an quatre vingts unze tendans affin pour les causes y contenues sans auoir esgard aud. arrest et union mentionnée et iceux déclairant pour non faicts et aduenus et cassant tout ce qui a esté faict, en conséquence d'iceux remetre les parties en l'estat qu'elles estoient auparauant iceulx auecq tous despens, dommaiges et interests et restitution des fruicts. Arrest du vingt troysiesme nouembre aud. an quatre vingt unze par lequel entre aultres chozes sans auoir esgard à la fin de non procéder desduicte et alléguée par led. prieur et chanoines dud. Ronsseuaux est ordonné qu'ils défendront aux susd. appellations comme d'abus et requeste ciuille dans ung mois prochainement venant, diront produiront et contrediront au principal de la matière tout ce que bon leur semblera pour ce faict et communiqué à nostre procureur genniéral et deuers la Cour rapporté estre faict droict des concluzions desd. parties et aultrement procédé comme il appartiendra dire respectiuement, bailler par lesd.

Maytie et inthimés procés-verbal faict pardeuant le seneschal de Guyenne ou son lieutenant sur la translation de langaige des contracts d'afferme faicts par lesd. inthimés des fruicts dud. bénefflice et quictances du payement du pris desd. affermes dans lequel sont incérés lesd. contracts et quictances dacté du quatriesme jung aud. an quatre vingts unze. Extraict et vidimus des status et constitutions dud. Rousseuaux dactés de l'an mil troys cens treze et le vidimus du sixiesme jung mil cinq cens trente troys. Bulle octroyée par nostre Sainct Père le Pape Sixte quatriesme contenant confirmation des priuiléges dud. Rousseuaux dacté sexto Kalendas martii mil quatre cens septente sept. Acte de renocquation de M° Sancho d'Orbara chanoine et soubs prieur dud. monastére et commanderie d'Urdiarp du douziesme may mil cinq cens vingt troys. Procuration passée par le prieur dud. Rousseuaux à M° Estienne de Mendicoague chanoine dud. Rousseuaux pour au nom dud. prieur prendre possession de ladicte commenderie d'Urdiarp du douziesme may mil cinq cens vingt et troys. Acte contenant entre aultres chozes procuration pour signiffier la renocquation y contenue aud. d'Orbara et chanoine de Rousseuaux dacté du sixiesme jung aud. an mil cinq cens vingt et troys. Vidimus de bulles dactées Romæ apud Sanctum Petrum anno incarnationis Dni millesimo quadragesimo septuagesimo septimo et le vidimus decima septima mensis Martij anno dni millesimo quingentesimo trigesimo secundo. Acte de prinse de possession de la maison, de la commenderie et hospital d'Urdiarp de dom Arnault d'Asses comme procureur du prieuré du cinquiesme juillet mil cinq cens trente. Quictance contenant les payemens des journées des commissaires et aultres qui ont vacqué à l'exécution dud. arrest du retractement duquel est question du sixiesme may mil cinq cens trente cinq, signées Ciret et Lahet. Bulle octroyée sur la diuision des rentes et reuenus de la table dud. Rousseuaux du troisiesme nouembre mil cinq cens trente quatre. Procés verbal par lequel appert que lesd. inthimés ont esté remis en la possession dud. prieuré d'Urdiarp suiuant nos lettres pattantes du Roy Françoys et données à Chambort le dixiesme mars mil cinq cens quarante quatre, lediet procés verbal dacté au commencement du treziesme apuril mil cinq cens quarante cinq. Enqueste du vingt uniesme apuril aud. an faicte a la requeste desd. inthimés sur l'exécution desd. lettres patantes incérées aud. procés verbal. Aultre acte de prinsse de possession faicte au nom des prieur et chanoines de lad. esglize par l'entrée de lad. maison et chappelle St-Laurens et esglize parroissielle Sainct Michel d'Urdiarp de lad. maison et hospital d'Urdiarp par dom Jean de Doumit chanoine de lad. esglize et monnastaire de Ronssauaux du premier apuril mil cinq cens septente huict. Attestation du dixneufuiesme mars mil cinq cens nonnante deux faict par deuant le juge ordinaire du pays de Cysse en la ville de Sainct-Johan de Pede Port comme les fruicts de l'afferme de lad. commenderie est subiect en troyes parties dont l'une partie est baillée au prieur, l'aultre aux chanoines dud. Ronsseuaux et la troysiesme employée à la norriture des pauures et réparations. Collation obtenue par M⁰ Menault de Lacarre dud. prieuré d'Urdiarp dud. euesque d'Oleron du treziesme décembre mil cinq cens cinquante ung. Procuration passée par led. de Lacarre pour prendre possession dud. prieuré du dernier janu ier mil cinq cens cinquante deux. Lettres de tonsure dud. Maytie du vingt uniesme septembre mil cinq cens cinquante sept, insignuation des pénultiesme mars mil cinq cens septente huict. Lettres de minores et majores du quatorziesme nouembre mil cinq cens septente sept, insignuation du vingtiesme dud. moys. Lettres de quatuor minores du dixhuictiesme apuril mil cinq cens septente neuf, insignuation d'icelle du vingt sixiesme septembre mil cinq cens quatre vingt troys. Lettres de subdiacre du quatriesme jung aud. an quatre vingt troys, insignuation du quatorziesme nouembre mil cinq cens quatre vingts quatre. Lettres de diacre du dix septiesme de mars aud. an, insignuation du quatorziesme nouembre ensuiuant. Lettres de prestrise du vingt uniesme septembre mil cinq cens quatre vingt cinq, insignuation du dernier dud. moys. Collation obtenue par led. Maytie dud. prieuré d'Urdiarp dud. euesque d'Oleron du treziesme nouembre mil cinq cens quatre vingt dix, insignuation du vingtiesme dud. moys. Vidimus du viccariat de Ogier de Bonnecaze vicquaire général dud. euesque d'Oleron du premier de jung mil cinq cens quatre vingt sept. Acte contenant la prinsse de possession faicte par led. Maytie dud. prieuré du quatorziesme nouembre mil cinq cens quatre vingt dix, insignuation du pénultiesme dud. moys. Quictance par laquelle appert led. Maytie auoir payé la pention de celluy qui a faict le service diuin aud. Urdiarp du treziesme feburier dernier. Sentence contenant la réformation faicte du chappitre et chanoines de Ronsseuaux l'an mil cinq cens quatre vingt dix. Requeste présentée par led. Chartzin le cinquiesme mars dernier mil cinq cens nonante deux aux fins de luy octroyer acte de son opposition au procès et en lui faisant droict d'icelluy le maintenir deffinitiuement aud. prieuré et inhiber à toutes parties de le troubler ne empescher en icelluy prieuré fruicts, proflicts, reuenus et esmolumens d'icelluy. Signature obtenue en cour de Rome par led. Chartzin dactée Romœ apud sanctum Petrum quarto idus Aprilis anno primo. Visa octroyé par l'euesque d'Oleron ou son vicaire dacté die vicesima prima mensis februarij anno duj millesimo quingentesimo nonagesimo secundo et l'insignuation anno Dnj millesimo quingentesimo nonagesimo, die vero vicesima quarta mensis februarij. Lettres de tonsure dactées die octaua mensis aprilis anno Dnj millesimo quingentesimo quinquagesimo quinto et l'insignuation die vicesima mensis februarij anno Domini millesimo quingentesimo septuagesimo quarto. Acte de prinse de possession faicte par led. Chatzin du vingt uniesme feburier mil cinq cens quatre vingts douze. Requeste présentée par led. de Behugary sindic le quatorziesme dud. moys de mars aud. an aux fins de le recepuoir partie aud. procès et pour obuier aux désordres y mentionnées ordonner qu'il y eust ung commandeur résident en lad. commenderie et prieuré qui fust tenu entretenir l'hospital, nourrir les paunres d'Urdiarp et aultres pèlerins passans et repassans suiuant le reuenu dud. prieuré et comme il auoict esté institué autrement et estoict de costume néanmoingt enjoindre aud. commendeur résident sur les lieux administrer ou faire administrer les saincts sacremens et faire le service diuin ensemble de réparer l'hostel dud. prieuré et logis destiné pour les paunres qui s'en va par terre et en ruyne sur peyne de priuation de ses droicts et saysie de fruicts et reuenus dud. prieuré et inhiber tant aux gouverneurs dud. pays de Soule, prieur, soubs prieur, chanoines et chapitre dud. Ronsseuaux et tous aultres de désormais s'immisser en la perception d'aucungs fruicts dud. prieuré commendataire, troubler ne empescher led. prieur, ains luy prester tout ayde et faueur pour la jouissance et reuenu d'icelluy a peyne de dix mil escus et d'amende arbitraire. Vidimus de certaines lettres patantes octroyées par le feu Roy Henry a feu maistre Menault de Lacarre des neufuiesme feburier et vingt huictiesme aoust mil cinq cens cinquante six. Vidimus des quictances des unziesme et seziesme may mil cinq cens cinquante sept. Contredicts et salutations desd. appelans et inthimés et aultres pièces et productions desdictes parties auecq l'appoinctement à droict, ensemble les concluzions de nostre dict procureur général qui auroict mis lesd. appelations et ce dont auroict esté appellé au néant et sans auoir esgard aux lettres obtenues par led. prieur et chanoines dud. Ronsseuaux pour jouir du décret de paisibles possesseurs entérinant lesd. lettres de requeste ciuille auroict remis les partyes en l'estat qu'elles estoyent auant led. arrest dud. quinziesme may mil cinq cens trente cinq et faisant droict de lad. appellation comme d'abus et aultres fins et concluzions tant du sindic du pays de Soule que nostred. procureur général auroict déclairé auoir esté nullement et abusiuement procédé et exécuté en unissant l'esglize parrochielle sainct Michel et hospital d'Urdiarp à la table du prieuré, monastaire et hospital de Ronsseuaux et sans auoir esgard à lad. union auroict ordonné que l'ancienne hospitalité seroict remise et restablie aud. lieu d'Urdiarp et qu'aduenant vaccation de lad. cure, prieuré et hospital d'Urdiarp lesd. prieur et chanoines dud. Ronsseuaux nommeroient et présenteroyent à l'euesque d'Oleron diocezain dans le temps porté par les saincts décrets personnaige suffisant et capable, natif de ce royaume et résident en icelluy pour estre par led. euesque pourueu desd. cure, prieuré et hospital d'Urdiarp, à la charge de faire le seruice diuin, anoncer la parolle de Dieu, administrer les saincts sacrements en lad. parroisse Sainct Michel et faire aussy le seruice tel qu'il estoict accostumé à la chappelle destinée aud. hospital d'Urdiarp et en oultre auroict ordonné en suiuant nos edicts et ordonnances que ledict hospital seroict régy et gouuerné par deux gens de bien, catholiques, resceans et soluables qui seroient à ses fins nommés et choisis de troys en troys ans par le seneschal d'Acqs ou son lieutenant, appellé ledict titulaire, lequel senneschal pour certaines causes a ce le mouuans et jusques à ce que aultrement en fust ordonné nostre dicte cour auroict commis et depputé aud. effect par lesquels administrateurs tous et chescungs les fruicts et reuenus dud. bénéfice et hospital d'Urdiarp seroyent perceus et régis et sur iceulx seroict par lesd.

administrateurs baillhé et déclairé par cheseung an la somme de cent quarante liures aud. titulaire pour le seruice qu'il estoiet tenu faire en lad. parroisse et aultres cent quarante liures pour seruir la chappelle des pauures et leur administrer les saincts sacrements receuans lesd. sommes à la somme de quatre vingt treze escus et ung tiers quictes de toutes charges ordinaires et extraordinaires et le surplus seroiet employé entièrement à la nourriture des pèlerins passans et aultres pauures, réparations des édifices desd. bénéfice et hospital et aultres charges deppendans d'iceux dont lesd. administrateurs rendroyent compte par cheseung an deuant led. seneschal ou sond. lieutenant en la présence de l'euesque d'Oleron ou son viquaire. Et sans avoir esgard à l'opposition dud. Chartzin nostre dicte cour auroiet maintenu led. Maytie en la possession et jouissance desd. bénéfice et hospital d'Urdiarp à condition de prendre sur le reuenu temporel d'iceux lad. somme de quatre vingts treze escus ung tiers par an seulement et auroiet faict inhibitions et deffences ausd. prieur et monnastaire de Ronsseuaux, aud. Chartzin et tous aultres troubler ne empecher icelluy Maytie et administrateurs dud. hospital au faict de leurd. charge et ne s'entremettre en la possession et jouissance desd. fruicts a peyne de dix mil escus et aultre arbitraire et si auroiet enjoinct au seneschal des Lannes ou son lieutenant en procédant à l'exécution de cest arrest de pouruoir promptement au restablissement de l'hospital aud. lieu d'Urdiarp, informer de la détention et usurpation des biens, tiltres et reuenus d'icelluy bénéfice et hospital contraindre lesd. détempteurs d'iceux les rendre et restituer et procéder contre eux par les peynes de droict enjoignant au gouuerneur de Soule de tenir la main à lad. exécution et à ses fins prester toute ayde et main forte à peyne de quatre mil escus et en oultre auroiet ordonné que tant par led. seneschal de Lannes que tous aultres baillifs et seneschaux du ressort leurs lieutenans et nos juges cheseung en leur endroict seroiet enquis des usurpations et occupations indeuhes des hospitaux du ressort leur enjoignant de mectre a deuhe et entière exécution nos édicts concernant le restablissement desd. hospitaux et mesmes l'édict du moys d'apuril de l'an mil cinq cens soixante ung et aux substitues de nostred. procureur genneral d'en faire les dilligences et certiffier nostred. cour du debuoir qu'ils y auroient faict dans six sepmaines à peyne de suspention de leurs charges sans restitution des fruicts, despens, dommaiges et interests de toutes les instances et pour cause. Et que ce jourd'hui sur la requeste présentée par led. Maytie nostred. cour enjoinct audict séneschal des Lannes ou sond. lieutenant qu'en procédant par luy à l'excéecution dud. arrest de faire estat de la quallité dud. prieuré-commenderie, mesmes de la desmolition et ruyne de l'hospital d'icelluy et par mesme moyen enquérir contre ceux qui ont ruyné et desmoly led. prieuré et commenderie et hospital pour le tout rapporté par devers nostre dicte cour en estre par elle ordonné ainsy qu'il appartiendra. Si donnons en mandement audict senneschal des Lannes ou son lieutenant que à la requeste dud. maistre Arnault de Maytie ces presentes il mecte à deuhe et entière excéecution de poinct en poinct selon leur forme et teneur en controignant à ce faire et souffrir tous ceux qui pour ce seront à controindre par toutes voyes et manieres deues et raisonnables. Nonobstant opposition ou appellations quelconques faictes ou à faire, relleuées ou à relleuer et sans preiudice d'icelles auecq enjoinction au gouuerneur de Soule de tenir la main à lad. excéecution et à ses fins prester tout ayde et main forte aux peynes cy dessus contenues. Mandons et commandons a tous nos justiciers, officiers et subiects que a vous ce faisant obéyssent. Donné à Bourdeaulx en nostre parlement le neufuiesme jour de mars l'an de grace mil cinq cent quatre vingts treze et de nostre règne le quatriesme.

Par arrest de la cour prononcé présidentalement.

DALESME.

XIX.

Accord entre Arnaud de Maytie et les curés de Musculdy en 1590 et 1616, sur le vicariat perpétuel d'Ordiarp. (Arch. B.-P., G. 233). Expédition sur papier, pag. 11.

Extrait des registres du Parlement de Navarre.

Le sieur de Maythie devint Evesque d'Oloron quoyqu'il feut prieur curé d'Ordiarp en sorte qu'il y avoit une incompatibilité entre ces deux bénéfices. Voici comment il tacha de se maintenir par une police du 22 octobre 1603, qu'il passa avec le sieur Raymond d'Etchegoyen, curé de Musculdi ; il se dit commandeur de la Commanderie et préceptorie de l'Eglise paroissiale et hopital d'Ordiarp qu'il appelle néantmoins sa paroisse. Après auoir donné des éloges au sieur d'Etchegoyen, il dit qu'il a cru devoir attacher cet ecclésiastique au service de ses parroissiens pour y administrer la pature spirituelle à sa place et pour lui marquer sa reconnoissance, il luy transporte pendant sa vie seulement et sans tirer à conséquence toutes les offrandes qui se font en pain, chandelle et argent dans l'église d'Ordiarp : cet espèce de légat étant venu à descéder en 1616, M. l'Evêque présenta le sieur Jacques Laflitte pour être curé des paroisses de Musculdy et de St-Michel d'Ordiarp qu'il dit être annexés avec pouvoir de prendre titre des vicaires généraux. Ensuitte et le 15 janvier 1622, il passa une police avec le prétendu curé par laquelle il feut dit qu'il auoit passé le 15 octobre 1593 une transaction avec le s^r d'Etchegoyen par laquelle il luy auoit cédé 30 conques de froment, 14 conques de millet, 21 conques de cidre, et 45 fr. en argent pour raison du service de l'Eglise d'Ordiarp et sur les fruits descimeaux et premiceaux de la commanderie, ensemble les oblations ; a ratifié ce traité avec led. s^r Laflitte, curé de Musculdy et d'Ordiarp qu'il dit avoir été unies. Voilà quelle a été la source des principalles discutions auxquelles le bénéfice d'Ordiarp a été livré.

XX.

Nomination de Bernard de Yturburu, comme sacristain d'Ordiarp, par le chapitre de Roncevaux, le 1er avril 1595. (Arch. de Roncevaux. Libros de autos. P. cxiii).

En el Monasterio y Hospital de nuestra senora de Roncesvalles y dentro de los aposentos del s^r doctor don Diego de Valbas Prior del dicho monastério, primero dia del mes de abril de mill y quinientos nouenta y cinco asi por presencia y testimonio de mi esc^o infrascripto y de los testigos a vaxo nombrados estando juntos y congregados en cauildo a son de campana sus^o y los soprior y canonigos del dicho monasterio como y por la orden forma y manera que dixieron tienen de usso y costumbre de se juntar y congregar para expedir y librar semejantes autos y negocios tocantes al dicho cauildo donde se hallaron presentes el dicho sr doctor don Diego de Valbas, prior, el licenciado don Juan de Uarte soprior, el licenciado don Joan de Monrreal, clauero mayor, el lic. don Sancho de Calba, camarero, el lic. don Martin de Arricabala, chantre, y el lic. don Phelipe de Viguria Thesorero, todos prior, canonigos y cauildo del dicho monasterio y de las tres partes de los canonigos del dicho monasterio que de presente residen en el las dos y mas, capitulo hacientes y celebrantes, y los presentes firmando por los ausentes siendo todos unanimes y conformes y ninguno discrepante certificados de su derecho en la mejor via, forma y manera que de derecho y de hecho podian y deuian, dixieron que entre otros miembros y anexos que el dicho monasterio tiene an sido y son la Yglessia y encomienda de Usliarbe y su anexo de Musquildi que an sido y son seruidas por un rector ambos las dichas yglesias, cuya disposicion y presentacion y del sacristan y otros ministros que a hauido y ay en ellas a pertenecido y pertenece a los dichos señores prior, soprior, canonigos y cauildo que an sido en el dicho monasterio y de presente a su Sª y mercedes por la authoridad apostholica que para ello tienen y en esta possession an estado y estan de siempre aca y porque de presente vaca la dicha sacristia por fin y muerte de Joan de Suigarri ultimo sacristan de las dichas yglesias y por causa dello habian hecho nominacion de sacristan de las dichas sacristias en onze dias del mes de setiembre ultimo passado en la persona del licenciado Don Bernardo de Yturburu natural de la Villa de San Joan del pie del Puerto, y agora de nueuo confirmado la primera presentacion assi hecha en conseruacion de su derecho atendido el merecimiento, habilidad y sufficientia del dicho licenciado Yturburu por ser persona benemerita para ello nombraban y presentaban, nombraron y presentaron por sacristan de las dicha sacristia o sacristias al dicho licenciado don Bernardo de Yturburu como de hecho nombraron y presentaron como patronos ecclesiasticos que son de tiempo inmemorial a esta parte de la dicha sacristia y de los de mas beneficios pertenescientes y dependientes a la dicha encomienda cuyo derecho y administracion le pertenece, y pidian y soplicaban al Rev. señor obispo de Oloron y su vicario general y al señor Arçobispo y metropolitano de Aux y su vicario general para que presentandose ante sus señorias Reuerendissimas y Mercedes con la dicha presentacion el dicho lic. Yturburu prouean de la dicha sacristia y colandole le den titulo della y para que assi puedan presentar en nombre de su señoria del dicho sr prior y de sus mercedes al dicho lic. Yturburu por sacristan de la dicha sacristia ante el dicho sr obispo de Oloron o su vicario general, y en su ausencia o denegacion del dicho sr obispo ante el dicho sr Metropolitano de Aux o su vic. gen. y pidir la colacion e institucion de la dicha sacristia y para hazer todos los autos y diligencias que sobre la dicha presentacion se ouieren de hazer en fauor del dicho licen. Yturburu constituieron por sus procuradores bastantes a los aduogados y procuradores de las audiencias de los senores obispo de Oloron y Arçobispo y metropolitano de Aux y sus vicarios generales ausentes como si fuessen presentes a cada uno y qualquier dellos por si et in solidum, dandoles poder cumplido y bastante, con todas sus incidencias y dependencias anexidades y conexidades con libre y general administracion y poder de sostituir los procuradores que fueren necessarios y prometieron de no reuocar esta dicha presentacion y de haber por bueno, rato, grato, firme, y valedero todo quanto por los dichos suspriores y cada uno y qualquier dellos sera presentado, pidido y suplicado, dicho, fecho, procurado y negociado, y los releuaran de caucion y flança segun derecho estaran a justicia y pagaran lo jusgado, obligaron sus bienes y rentas y los bienes y rentas del dicho su cauildo hauidos y por hauer, renunciaron su fuero y juez y a su ley : « Si couuenerit de jurisdictione omnium judicum » y a la que dize general renunciacion no valga sino que la especial preceda y a las demas leyes, derechos y renunciaciones a esto de derecho y de hecho renunciar necessarias y oportunas y requerieron a mi el escriuano testificasse siendo testigos dello Joan Gonçalez y Domingo de Sagardi criados del dicho sr Prior, y su senoria y merced firmaron el doctor Valbas. El lic. Uarte, soprior, el lic. don Joan de Monrreal, el lic. Çalba, el lic. Arriçabala, el lic. Viguria Vaso ante mi Hernando del Pesso y Burguete escribano, laqual dicha escritura y presentacion su senoria y mercedes la mandaron tresladar en este libro, el año mes y dia suso dichos, y lo firmaron de sus nombres.

XXI.

Lettres patentes de Henri IV pour la main levée des biens saisis a l'abbaye de Roncevaux, 18 septembre 1595. (Arch. B.-P., G. 216). Copie authentique sur papier.

Henry par la grâce de Dieu Roy de France et de Nauarre à tous ceux qui ces présentes lettres verront salut. Les prieur et chanoines de l'hospital de Ronce-laux en nostre royaume de Nauarre nous ont remonstré que led. hospital a plusieurs commanderies, granges ou maisons d'administration et autres biens, priuilèges et autres droiets de présentation en nostre Royaume de France aux ressortz de Thoulouse et Bourdeaux entre autres la commanderie ou grange de St-Mathan auecq ses autres membres, plusieurs privilèges, prérogatiues au ressort de Thoulouse, la commanderie ou maison d'administration de Bonlocq en nostre pays de Labourt et diocesse de Bayonne, la grange d'Ourdiarp appelé vulgairement Urdinarbe en nostre pays de Soule diocesse d'Oloron, la commanderie d'Orbaignacq aux Lannes et ressort de Bourdeaux, desquels mesmes du temps de nos prédécesseurs ils ont jouy librement et enthièrement sy ce n'est puis quelque temps en çà que la plus part d'iceux soubs prétexte de la guerre ou autrement ont été saisis, occupez en vertu des dons et prouisions que nous en auons faict a certains particuliers nous suplians trés humblement attendu que les biens qu'ils ont en nostre Royaume leur ont esté baillez par nos prédécesseurs pour nourrir et receuoir dans ledict hospital les pélerins de France et autres allans a St-Jacques en Galice qu** passent et repassent par ledict hospital en grand nombre leur vouloir accorder et octroyer l'enthière et générale main levée des susd. biens auecq plain pouvoir de bailler iceux à ferme à tels pactes et conditions et à telles personnes que bon leur semblera selon les régles et saintes constitutions de leur religion. A ceste cause étant informez de l'affection que lesd. chanoines nous ont tousiours témoigné et de l'hospitalité qu'ils font obseruer et comme conservateurs des fondations de nosd. prédécesseurs et protecteurs des biens des pauures auons auxd. prieur et chanoines de l'hospital de Roncesbaux accordé et octroyé accordons et octroyons par ces présentes la plaine et enthière main leuée de tous et chascuns leurs biens. Voulons et nous plaist qu'ils puissent jouir et administrer iceux et en disposer librement comme ils ont cy deuant faict et ont de tout temps accoustumé faire mesmes auparauant. Lesd. saisies faites en vertu de nosd. précédentes prouisions et lesquels nous avons cassez, reuocquez et annullez, cassons, reuocquons et anullons, ensemble tous autres que nous pourrons faire par cy apres a quelques personnes et pour quelques occasions que ce soit. Si donnons en mandement à nos amez et feaulx conseillers les gens tenans nos courts de Parlement de Thoulouse et Bourdeaux et à tous nos autres justiciers et officiers qu'il appartiendra que du contenu cy dessus en facent, souffrent, laissent jouir lesd. prieur et chanoines dud. hospital de Roncesbaux, et autres y ayant droict et cause plainement et paisiblement cessans et faisans cesser tous troubles et empechement car tel est nostre plaisir, nonobstant quelconques règlemens, mandemens, deffences et lettres à ce contraires auxquelles nous auons derrogé et derrogeons, en tesmoing de quoy nous auons signé ces présentes de nostre propre main et à icelles faict mettre et aposer nostre seel. Donné à Lion le xviij: jour de septembre, l'an de grâce mil cinq cens quatre vingts quinze et de nostre règne le septiesme. Ainsy signé : Henry. Et plus bas, Par le Roy, Ruze, et plus bas du costé droict : Enregistrez pour seruir comme de raison et y auoir recours quand besoing sera. A Bourdeaux en Parlement le vingt deuxiesme jour de janvier mil cinq cens quatre vingts seize. Ainsi signé : de Pontac, gref.

Extraict de son original qui est escript en parchemin signé Henry et plus bas : Par le Roy, Ruze. Scellé du grand sceau de cire rouge et encore plus bas Pontac. La requeste de Me Angelo de Guinda, chanoine de l'eglise et hospital de nostre Dame de Roncesbaux charge ayant du trésor des papiers de ladicte Eglise au pouuoir duquel est demeuré led. original et collationné par moy not^{re} soubssigné. Faict audict Roncesbaux le huictiesme jour du moys de janvier mil six cens soixante un et led. Me Angelo de Guinda a signé avec moy. Don Angelo Guinda. de St-Esteben, not^{re} royal.

XXII.

Arrêt d'enregistrement des lettres patentes d'Henri IV en faveur de Roncevaux maintenant les anciens arrêts sur Ordiarp, 22 janvier 1596. — (Arch. B.-P., G. 216. Expédition sur parchemin.

Extrait des registres du Parlement de Bordeaux

Veu par la cour la requeste à elle présentée le trentiesme décembre mil v^c quatre vingts quinze par les prieur et chanoynes de l'hospital de Ronceuaulx au royaume de Nauarre tendant aux fins pour les causes en icelle contenues ordonner que les lettres patantes octroyées ausdicts supplians seront leues, publiées et enregistrées au greffe de la cour pour leur seruir comme de raison et néantmoings inhiber à toutes personnes de quelque qualité et condition qu'ils soient d'y contreuenir directement ou conjoinctement et ce faisant troubler et empescher lesd. supplians en la jouissance de leur bien a peyne de dix mil escus et de tous despens dommaiges et interests a laquelle auroit esté respondu soit monstré au procureur général du Roy, responce faicte à lad. requeste par led. sieur procureur général, lettres patantes obtenues par lesdicts prieur, chanoynes de l'ospital de Ronceuaulx au Royaume de Nauarre du huitiesme de septembre mil cinq cens quatre vingts quinze auec la requeste huy à lad. requeste présentée aux fins de l'interinement de la susdicte. Dict a esté que la cour ayant esguard aux lettres dud. prieur et chanoynes de Ronceuaulx que la cour leur a octroyé main leuée des biens quy leur ont esté saisis pour raison des troubles et pour le reguard de l'ospital et commanderie d'Ourdiars ordonne que les arrets sur ce donnés sortiront leur plain et entier effect et auant faire droict des autres saisies faictes pour autres causes ordonne que les parties y ayant interest seront assignés pour elles ouyes et le tout communiqué au procureur général en estre ordonné comme il apartiendra et néantmoings ordonne que les di tes lettr eront enregistrées aux registres de la cour pour seruir comme de raison et y auoir recours quant besoing sera. Prononcé à Bourdeaulx en parlement le vingt deuxiesme jour de janvier mil cinq cens quatre vingts seze.

DE PONTACQ.

XXIII.

Supplique de Jean de Monréal, ancien visiteur d'Ordiarp, au chapitre de Roncevaux, pour obtenir un adoucissement de régime, 1596. (Arch. de Roncevaux. Libros de autos fol. cxi).

Muy Ill.^e senor. El licenciado Joan de Monrreal dise que ha treinta y quatro años que el supplicante es canonigo desta Sta Yglesia y que en todo el dicho tiempo ha serbido y sirbe en alla en todo los officios diurnos y nocturnos y en los demas negocios comunes de la casa con la continuacion y puntualidad que a V. su Senoria y a todos es notorio y por que durante el dicho tiempo ha pasado muchas y varias y muy graues enfermedades y entre ellas una de gota artetica de que quedo lisiado de pie y manos como lo esta oy dia padeziendo muchas veses vehementes dolores y attende d'ella tiene tambien una quebradura que a beces se le van vajandosele y caiendosele las tripas con las quales enfermedades y otros acidentes que con sus muchos ano y veses de dia en dia se levan cargando y con el rigor de frios, aguas y hielos, ayres, nieblas y abundancia de niebes que caen en esta santa casa en la mayor parte del año dize no puede sino es con notorio peligro de su vida dormir en dormitorio ni de himbierno comer en refetorio por estar como esta el dicho dormitorio muy alto y frio que de contino combatido de vientos, aguas, nieblas, hielos, niebes, por las quales dichas causas y otras consideraciones que por breuedad dexa aqui de alegar pide y supplica muy humilmente a V. senoria se sirba de dispensar con el supplicante para que de aqui en adelante no este obligado a dormir en dormitorio pues demas que en el no ay hartas, celdas para el numero de canonigos que al presente son, su larga edad, sus dichas enfermedades continuas no puede sufrir tanto rigor y trauajo como tampoco podra tambien por las dichas causas, razones continuar a comer en retorio, sino que fuere en tiempo de verano para todo loqual implora el auxilio y clemencia de V. senora cuya etc. El lic. Joan de Monreal.

..... Leida esta peticion ante el muy Ill.^e senor don Diego de Valbas Prior del dicho Mon. dixe que.... daba licencia por la presento al lic. Monreal suplicante. No tenga que asistir a comer ni cenar en el refitorio durante el dicho tiempo, sino es tam solamente los dias de fiesta, attento que es hombre viejo y enpedido y que concurren en el las causas que dize en su dicha peticion y lo firmo de su nombre. El doctor Valbas.

XXIV

« Extrait d'une lettre escritte par Don Tristant de Luxe, abé de l'abaye de Saubelade en datte à Tardetz au pays de Soule du 5 juin 1601 aux S⁺ˢ d'Aubonnes et Domingo, pour solliciter M⁺ et Mme de Bouteuille a donner au roy différentes plaintes de vexations contre M. Arnaud de Maytie, alors euesque d'Oleron, lad. dame etant niepce du S⁺ don Tristan de Luxe et héritière de la grande baronnie de Luxe et autres lieux en Navarre, Béarn et pays de Soule » [1]. (Arch. B.-P., G. 218. Copie sur papier).

.... Plus aussy sera de sçauoir le susd. Euesque auoir en ce pays et viscomté de Soule une comende des dépendances du prieuré de Ronceuaux nommée Urdiarp et que le reuenu d'icelle et de ses dépendances auoir été de tout temps employé par eux pour l'entretenement des pauures et passans et repassans des monts Pyrennées et de ce royaume en France vers le royaume de Nauarre et d'Espagne, réseruée durant les guerres des deux roys qui lors auroit été parfois occupée par des particuliers sous ombre de guerre et ce en vertu de quelques prouisions qu'ils auoient obtenues du prédécesseur de S. M. de quoy ayant été aduerty le susdit Euesque il auoit à leur imitation trouué moyen d'obtenir, ces derniers troubles, en cour de Rome [2] comme vaccante, la susd. commande et d'en prendre possession, disant les reuenus

---

1. De son mariage avec D^lle Claude de S⁺-Gelais, Charles de Lusse eut plusieurs filles dont l'une était Charlotte-Catherine de Luxe. Héritière de la maison, elle fut mariée, le 4 octobre 1593, avec Louis de Montmorency, baron de Bouteville.
V. M. Communay, *Les Huguenots dans le Béarn et la Navarre*, p. 129, et M. de Jaurgain, *Revue de Béarn*, t. I, p. 104.

2. Aucun document ne nous dit qu'Arnaud de Maytie ait eu recours à Rome pour obtenir la commanderie d'Ordiarp.

d'icelle et de ses dépendances estre dédiez pour l'entretenement des pauures du pays et non pour estre employé en leurs particulières affaires, et ce, plus poussé de son profit particulier que de pitié pour les pauures. Surquoy s'estant opposez le susd. Prieur et chanoines, il seroit interuenu procez entre eux en la cour du Parlement de Bourdeaux et enfin par arret de lad. Cour, maintenu le susd. Euesque en lad. commande à la charge toutefois d'employer le susd. reuenu à la nourriture des pauures du pays et de rendre compte annuellement à ceux qui seront depputez de lad. cour, réserue de cent écus ou enuiron qui luy furent adjugez comme titulaire commendeur.

Ce que luy étant de mauuaise digestion pour faire son profit particulier, il auoit trouué moyen d'obtenir de Sa Majesté un breuet pour de tant mieux fruster les susd. pauures de ce qui leur auroit été adjugé par lad. cour contenant en substance de ne rendre compte qu'à Monsieur le grand aumonier, et ce pour estre asseuré qu'estant loin du lieu de sa demeure que ces choses ne viendront à ses oreilles.

XXV

Titre de commandeur d'Ordiarp accordé par M° Arnaud de Casenave, vicaire-général d'Oloron, à Pierre d'Etchart, chanoine, le 16 novembre 1622. — Original sur parchemin, muni d'un sceau plaqué, empreinte sur papier avec signature authographe du vicaire-général. (Arch. B.-P., G. 219).

Arnaldus de Casanaua presbyter in sacra theologia licentiatus canonicus Ecclesiæ cathedralis Sanctæ Mariæ Olorj nec non Vicarius Generalis in spiritualibus et temporalibus huiusce diocesis Olorensis sede episcopali vaccante dilecto nobis in Christo magistro Petro Detchart canonico præfatæ Ecclesiæ cathedralis Olorj salutem in Domino. Præceptoriam seu prioratum Sanctj Michaelis d'Ordiarp in prouincia Scula huiusce diocesis ad præsens de jure pariter et de facto vaccantem per mortem naturalem seu decessum Reuerendissimj Dnj Dnj Arnaldj de Maytia Episcopi Olorensis et ultimj pacificj dictæ præceptoriæ siue prioratus possessoris seu alio quocumque modo, nos tibi petenti, requirentj et acceptantj tanquam bene merito sufficientj et idoneo fidemque Catholicam, Apostolicam, Romanam, juxta formam Concilij Tridentinj professo, prædictam præceptoriam seu prioratum sic, ut præmittitur, vaccantem cum omnibus suis juribus, fructibus, pertinentijs, dignitatibus, honoribus, proeminentijs et oneribus via ordinaria plenoque jure contulimus et donauimus, conferimus et donamus, inuestientes te eadem per pillej mej in caput tuum impositionem factam in signum quasi adeptæ possessionis. Cæterum authoritate nostra ordinaria mandamus omnibus et singulis presbyteris aut clericis solutis huiusce diocesis Olorensis ut te uel procuratorem tuum tuo nomine in realem, actualem et corporalem possessionem dictæ præceptoriæ seu prioratus d'Ordiarp et pertinentia easdem ponat et inducat positum et inductum tueatur ac deffendat amoto exinde quolibet alio illicito detentore si quis sit, quem nos tenore præsentium amouemus et amotum denuntiamus. Tu quoque jurastj in meis manibus quod eris fidelis, obediens Reuerendissimis Episcopis huiusce diocesis Olorensis canonice intrantibus et eorum officiarijs et quod jura dictj prioratus seu præceptoriæ illæsa seruabis et alienata si quæ sunt pro posse recuperabis et repetes et quod bene in diuinis deseruies seu deseruire facies aliaque munera et onera ad dictum prioratum seu præceptoriam incumbentia diligenter et fideliter exequeris. Actum et datum Sanctæ Mariæ Olorj sub signo nostro manualj et sigillo ordinario ac graffario nostro ordinario die decima sexta mensis nouembris anno Dominj millesimo sexcentesimo vigesimo secundo præsentibus ibidem magistris Petro de Tartas canonico præfatæ Cathedralis Ecclesiæ Sanctæ Mariæ et Guilhermo du Faur rectore de Gurmenson testibus ad præmissa vocatis et requisitis.

De Casenaue vicarius generalis præfatus. De dicti dominj vicarij generalis mandato, A. Echecapar graff.

XXVI

Prise de possession de la commanderie d'Ordiarp par P. Du Faur, au nom de P. d'Etchart, le 17 novembre 1622. — Original sur papier. (Arch. B.-P., G. 219).

Aniourd'huy dix septiesme du moys de nouembre mil six cens vingt deux auant midy par deuant moy Pierre d'Irigaray notaire et tabellion royal et en presence des tesmoings bas nommés estant au deuant l'église parrochialle Saint Michel d'Ordiarp, M⁶ Pierre du Faur prestre au nom et comme procureur de M⁶ Pierre d'Echart chanoine de S¹⁰ Marie d'Oloron et pourveu de la commanderie et prieuré dud. S¹ Michel d'Ordiarp parlant à M⁶ Martin d'Elissagaray aussi prestre a dict qu'icelluy sieur d'Echart a esté pourveu de la dicte commanderie et prieuré d'Ordiarp vacquant par la mort naturelle et décès de feu messire Arnaud de Maytie viuant Euesque d'Oloron et dernier paisible possesseur de ladite commanderie et prieuré ainsy qu'il a monstré par le tiltre qu'il a en main obtenu de Monsieur de Casenaue vicaire général en datte du *die decima sexta mensis nouembris anno Dni millesimo sexcentesimo vigesimo secundo*. A tant le dict Du Faur aud. nom a requis ledict d'Elissagaray de le mettre en possession réelle, actuelle et corporelle de la dicte commanderie et prieuré, droits, profits, reuenus, émolumens, appartenances et deppendances d'icelle en vertu du susd. tiltre et possession, lequel S¹ d'Elissagaray après auoir veu et leu le susd. tiltre en datte que dessus a pris ledict sieur du Faur par la main et icelluy aud. nom introduit en possession réelle, actuelle et corporelle de lad. commanderie et prieuré, appartenances et deppendances d'icelle par l'entrée de lad. Eglise et bail de l'espersoir lequel tenant a jetté de l'eau béniste aux présens et assistans, sonné la cloche, baisé le grand autel, leu au liure messel de lad. Eglise et ce faict a demeuré dans icelle tant que bon luy a semblé comme aussy icelluy d'Elissagaray a introduit icelluy sieur du Faur aud. nom dans la maison et hospital de lad. commanderie, attouchement de crémail, entrée aussi de la chapelle S¹ Laurent deppendante de lad. commanderie dans lesquelles il a aussy demeuré tant que bon luy a semblé, le tout pour bonne et vraye possession réale, sans opposition ne contredict de personne, dont et de lad. prinse de possession réalle led. sieur du Faur aud. nom a requis acte à moy dict notaire qui lui ay octroyé pour le deu de mon office faict es lieux jour, moys et an que dessus en présence de M⁶ Gratian de Rocquain prestre soubs secraitain de lad. Eglise d'Ordiarp, Pierre Arnaud d'Echebarné d'Aignarp et Gratian d'Irigaray du lieu de Mendite, tesmoings a ce appellés et requis. D'Irigaray notaire et tabellion royal.

XXVII.

Résumé de la célèbre enquête sur Ordiarp faite en janvier 1623 à St-Palais par François de Goyenèche. (Arch. B.-Pyr., G. 219). Sur papier.

Information ou enqueste faite à St-Palais en basse Navarre par un commissaire deputé par le conseil royal de la chancelerie de Nauarre a la requeste de Pierre de Uriz chanoine de l'Eglise et hospital de Roncevaux en 1623, par laquelle quinze témoins des plus notables et des plus instruits ayant esté ouis. Ils ont certifié les faits suiuants.

1° Que Ronceuaux est un hospital general ou l'hospitalité est obseruée trois iours durant pour chaque Pélerin. Tous les témoins.

2° Que les revenus consistent en des commenderies. Tous les témoins.

3° Qu'Ourdiarb en question est une de ces commenderies. Tous les témoins.

4° Que toutes ces commenderies sont de mesme nature. Le 1, 4, 6, 7, 9, 10, 12.

5° Que le revenu de toutes est porté à Roncevaux. Presque tous, ou tous.

6° Qu'à Roncevaux la distribution s'en fait en 3 portions. La 1ʳᵉ pour le prieur, la 2ᵉ pour le chapitre, la 3ᵉ pour les pauvres. Le 1, 6, 7, 9, 10, 11, 12.

7° Que dans chaque commenderie il ne se fait nulle distribution en particulier à Pélerins ny à pauvres. Le 4, 5, 8, 11, 12, 14.

8° Moins encore en celle d'Ourdiarb qui est escartée du chemin des pelerins, loin de cinq lieues qui en font dix de France communes. Le 1, 5, 6.

9° Que pas une de ces commenderies et singulièrement celle d'Ourdiarp, n'ont jamais esté appelées, ny tenues pour benefice, cure, ny pricuré de temps immémorial. Le 1, 2, 3, 5, 7, 10, 14.

10° Qu'elles ont toujours esté administrées par un chanoine de Roncevaux, qui en portoit le revenu au chap. et au nom duquel chap. elles estoient affermées à des personnes laiques. Le 2, 3, 5, 6.

11· Qu'Ourdiarb a esté ainsy administré de temps immémorial, comme membre et dépendance de Roncevaux. Tous les témoins ou presque tous.

12· Que Roncevaux a fourny d'ornements d'eglise à la parroisse d'Ourdiarb et entretenu un vicaire perpétuel et un sacristain. Le 1, 2, 3, 4, 6, 14.

13· Qu'encore qu'en lad. commenderie il y eut une chapelle, on n'y avoit fait d'autre service que d'y dire la messe par dévotion une ou deux fois l'année le jour de S· Laurent son patron. Le 2, 3, 4, 13, 14, 15.

14· Qu'Ourdiarb a toujours esté en la jouissance et possession de Roncevaux jusqu'au temps de la Ligue 1593 auquel Arnaud Maytie ensuite Evesque d'Oleron l'impétra comme un bénéfice. Tous ou presque tous.

15· Que cette impétration extraordinaire contre le droit ancien de Roncevaux surprit et scandalisa tout le monde. Tous ou presque tous.

16· Que led. Maytie supposa faussement que c'estoit un bénéfice, prioré, cure, que ceux de Ronceveaux armoient pour la Ligue contre le Roy, et que ce fut luy qui fit intervenir au procès le sindic de Soule, sans en advertir les habitans qui le désapprouvérent. Le 1, 4, 6, 10.

17· Que le dit Maytie retirant tout durant 29 ou 30 ans ne faisoit nulle aumosne ny reparation ayant laissé tout ruiner et vendu une métairie avec des terres. Le 1, 2, 3, 4, 5, 6, 8, 10, 11, 15.

18· Que les remors de conscience le portérent à vouloir rendre Ourdiarb à Roncevaux et faire casser les arrets de Bourdeaux, qu'il a eu plusieurs conférences pour cela, et que la mort l'a empesché de faire cette restitution. Le 1, 3, 4, 7, 8, 9, 10, 11, 12.

19· Qu'une fois faisant venir un commissaire, il assembla beaucoup de pauvres les chassant aussytost. Le 4.

20· Que led. Evesque d'Oleron emporta chez luy beaucoup de papiers, entrautres un ou le portrait de Charlemagne estoit au commencement et qui faisoit mention de la fondation de Roncevaux et de la donation de la commenderie d'Ourdiarb. Le 5ᵉ témoin.

21° Qu'au commencement de sa possession led. Evesque durant 3 ou 4 dimanches fit distribuer aux pauvres les offrendes, ce qu'il deffendit de continuer et ne la plus jamais fait. Le 5ᵉ témoin.

XXVIII.

Arrêt du Parlement de Bordeaux qui attribue au juge de Licharre, à Mauléon, le choix d'administrateurs lettrés pour Ordiarp. 1ᵉʳ août 1623. Copie sur papier. (Arch. B.-P., G. 219).

Extraict des registres du Parlement.

Veu par la cour la requeste huy à elle présentée par le procureur général du Roy tendant aux fins pour les causes y contenues ordonner que l'arrest du cinquiesme septembre mil cinq cens quatre vingt douze sera entretenu, exécuté selon la forme et teneur et ce faisant, faire inhibitions et deffances aux prieur et chanoines de Roncevaux et titulaire de l'hospital d'Ordiarp de prendre ny receptoir aucuns fruicts ny reuenus appartenant aud. hospital et commanderie ny apporter aucun trouble en la perception d'iceux aux administrateurs et néantmoins attendu que l'inexécution dud. arrest procède de ce que le seneschal des Lannes lequel a esté commis par l'arrest pour eslire lesd. administrateurs et leur rendre compte est grandement distant des lieux et que led. pouuoir n'a esté attribué aud. sénéchal que par prouision et jusques à ce que autrement par la cour feust ordonné, ordonner que par cy apres lad. eslection se faira par le juge de Lixarre et qu'aussy les comptes seront rendeus par deuant luy par chacun an, appellé led. titulaire et éuesque d'Oloron ou son vicaire conformémentaud. arrest, enjoindre au substitue dud. procureur général au pays de Soule de tenir la main à l'exécution d'entretenement dud. arrest et ausd. administrateurs nommez par led. juge de Lixarre faire le debuoir de leurs charges à peine de mil liures et néantmoins ordonner que les frais qu'il conuiendra faire pour la leuée de l'arrest qui interuiendra seront prins sur lesd. fruicts et reuenus dud. hospital allouez ausd. administrateurs en leurs comptes. Autre requeste présentée par Dominique de Chabois prestre, chanoine de Ste-Marie d'Oloron et commandeur de la commanderie dud. hospital d'Ordiarp au pays de Soule, aussy aux fins y contenues en interprétant l'arrest dud. jour cinquiesme septembre mil cinq cens quatre vingt et douze que lesd. administrateurs et autres qui pourroient par cy après estre esleus ne pourront proceder sans au préalable y appeller led. suppliant et qu'ils seront tenus de prendre son advis et se conformer à icelluy et neantmoins veu qu'il s'y est commis de l'abus par le passé à cause qu'il a esté esleu pour administrateurs les gens rustiques et illétrés ordonner aussy que désormais il ne sera receu auant a faire lad. charge d'administrateur qu'il ne sache lire ni escrire. Autre arrest dud. jour cinquiesme septembre de l'exécution duquel est question ; autre coppie d'arrest donnée entre les prieur et chanoines religieux du prieuré et monastére de l'hospital de Ronceuaux et maistre Arnauld Maytie prestre, prieur du prieuré, commandataire de l'hospital de St-Michel d'Ordiarp au pays de Soule, led. seyndic du pays de Soule sur la requeste ciuille tenene par lesd. chanoines religieux de Ronceuaux du vingt deuxiesme décembre mil cinq cens quatre vingts douze. Dict a esté intérinant lad. requeste quand a ce que la cour a ordonné et ordonne que l'arrest dud. jour cinquiesme septembre mil cinq cens quatre vingt douze sera exécuté de point en point selon lad. forme et teneu, fait inhibitions et deffances tant aud. prieur et chanoines de Ronceuaux titulaires dud. hospital d'Ordiarp que tous autres de prendre ny perceuoir aucuns fruicts et reuenus appartenant aud. hospital et commanderie, troubler ny empescher lesd. administrateurs qui seront esleus à peine de mil liures et plus grande s'il y eschoit et pour procéder tant ausd. elections que redition des comptes desd. administrateurs commis et depputé le juge royal de Lixarre auquel lad. conuention de procéder à l'entiére exécution dud. arrest à peine de respondre des domaiges et interetz que led. hospital en pourroit souffrir auxquelles élections et redition de comptes led. substitué dud. procureur général sera appellé. Prononcé à Bourdeaux en parlement le premier d'aoust dernier mil six cens vingt trois. Ainsy signé : de Pontac.

XXIX.

Intervention d'Arnaùd d'Oihénart, sindic de Soule, en faveur de
Dominique de Chabos contre Roncevaux le 29 septembre 1623.
(Arch. B.-P., G. 219). Copie sur papier

Au Roy et à Messeigneurs de son Conseil,

Sire. Arnault d'Oihenart sindicq général de tiers estat député et procureur spécial de votre païs de Soule, vous remonstre très humblement qu'il y a audit païs un hospital appelé d'Ordiarp qui a esté de tout temps l'entretien des pauures du païs et la retraicte des pélerins passans vers S¹-Jacques, Monserrat et autres lieux de deuotion; aussy il y a eu aud. hospital un prieur ou curé pour faire le diuin seruice en la chapelle de S¹-Michel, y fonder et administrer les sacremens ausd. pauures et pellerins. La nomination et présentation d'un prieur et chapellain appartient aux Prieur et chanoines de Ronseuault en la Haulte-Nauarre occupée par le Roy d'Espagne diocèse de Pampelone, lesquels estant cy deuant led. prieuré venu a vacquer, ont tasché de le suprimer et de s'aproprier le reuenu dud. hospital au préjudice des pauures pellerins et contre la volonté des fondateurs en conséquance d'une bulle d'union qu'ils auoient obtenue du Pape Eugène quatre et confirmée par Sixte quatrième. Sur quoy s'estant meu procés au Parlement de Bordeaux entre feu Mᵉ Arnault de Maytie titulaire dud. prieuré cure de St-Michel d'Urdiarp, le sindicq dud. païs de Soule et votre procureur général aud. Parlement de Bordeaux d'une part et lesd. prieur et chanoines de Ronseuault d'autre, par arrest dud. Parlement prononcé en robe rouge le 6ᵐᵉ septembre 1592 auoit déclaré lad. union abuziue, l'hospitalité restablie and. hospital et led. de Maytie titulaire, maintenir en la jouissance dud. prieur et chanoines de Ronseuaux le droit de nommer et présenter, vaccation aduenante aud. prieuré dud. hospital, un naturel françois contre lequel arrest ayans lesd. prieur et chanoines obtenu requeste ciuille et poursuiuy icelle aud. parlement, ils en auoient esté déboutez par autre arrest du 20ᵐᵉ décembre aud. an 92. Nonobstant lesquels arrests exécutés l'espase de plus de 30 ans lesd. prieur et chanoines perceuans aduantage du décedz dud. de

Maytie titulaire aduenu depuis, naguerres ont voulu se remettre en la possession dud. hospital en conséquence d'un arrest de votre grand conseil du 14ᵐᵉ juillet dernier donné auec un prieur imaginaire qu'ils nomment Mᵉ Pierre d'Etchart par lequel led. grand conseil enthérinant une segonde requeste ciuille présentée par lesd. prieur et chanoines contre led. arrest dud. Parlement de Bordeaux prononcé en robe rouge 30 ans y a ont adjugé conformément à lad. bulle d'union le reuenu dud. hospital d'Urdiarp aud. prieur et chanoines quoyque estrangers et partant incapables de posséder aucun bénéfice dans le Royaume sans que led. suppliant qui est la partye la plus intéressée en ceste cause et auecq lequel particulièrement lesd. arrests dud. parlement de Bordeaux qu'on a voulu rétracter ont esté donnez ayt esté ouy ny appellé aud. Grand Conseil, car cela estant le suppliant eust fait veoir que le Grand Conseil ne pouuoit cognoistre de ceste cause au prejudice du Parlement de Bordeaux au ressort duquel led. hospital est scitué en la juridiction et esté approuué par toutes parties, moins encore enthérinées contre un arrest prononcé en robe rouge une seconde requeste ciuille 30 ans après le déboutement d'une autre précédente par lesd. prieur et chanoines de Roseuaulx aud. Parlement et en ce faisant changer l'usage du reuenu dud. hospital qui est le seul entretien des paures dud. pais pour le conuertir au proffit d'un chappitre très riche et oppulant : finallement que le prétexte de la contrariété desd. arrests du Parlement de Bordeaux auecq l'arrest donné au Parlement de Thoulouse en l'an 1600 sur la Commanderie de Sᵗ-Mathan duquel lesd. prieur et chanoines de Roseuaux ont faict leur fondement pour laisser de ceste cause le grand conseil estoit du tout friuolle et inconsidérable pour auoir led. arrest du Parlement de Thoulouse esté donné par expédiant longtemps après ceux du Parlement de Bordeaux sur un autre subjet et auecq d'autres parties. A ces causes, Sire, ce qu'il vous appert dud. arrest du Parlement de Bordeaux prononcé en robe rouge du 5ᵉ septembre 1592 donné particulièrement auecq le suppliant ou ses prédécesseurs scindics de Soule et lequel se trouue conforme en votre ordonnance fayte sur le redablissement des hospitaulx que au contraire led. arrest du Grand Conseil a esté donné sans attribution et juridiction et sans parties autres que led. feu d'Etchart qui n'auoit aucun droict aud.

prieuré d'Ourdiarp qui coldoit auecq eux, lequel estoit décédé plus de 2 mois auparauant comme il est justifié par l'attestation et encorre contre toute forme de justice enthérinant une seconde requête ciuile 30 ans après le jugement d'une précédante et que le suppliant désire estre au procès d'entre M⁶ Dominique de Chabos, les prieur et relligieulx de Ronceuaux. Plaise à Votre Majesté receuoir le suppliant partie interuenante aud. procès et ce faisant casser led. arrest du Grand Conseil du 14ᵉ juillet dernier et tout ce qui s'en est ensuiuy, ordonner que led. arrest du Parlement de Bordeaux du 6ᵉ septembre 1592 et 22ᵉ décembre 1593 seront exécutez, imposant silence ausd. prieur et chanoines de Bordeaux sur ce subjet et auctroyer acte aud. appelant de ce qu'il employe pour tous moyens d'interuention les productions faictes respectiuement par led. chapitre prieur et chanoines de Roseuaulx en la presente requeste et suppliant continuera ses prières pour la sainté et prospérité de Votre Majesté.

XXX.

Protestation des habitants d'Ordiarp, le 1ᵉʳ novembre 1623, en faveur de Roncevaux, contre le commandeur Chabos et le syndic de Soule. — Original sur papier. (Arch. B.-P., G. 219). Copie sur papier.

Aujourd'huy premier du mois de nouembre mil six cens ving trois au deuant la porte de l'eglise parroissialle sainct Michel d'Ordiarp a l'issue de la grande messe par deuant moy notaire royal soubsigné et en présence des tesmoings bas nommés se sont constitués Bernard d'Echaux escuyer, sieur vieux d'Ahetze et Erbihaut, Arnaud de Saïharane, Petiry de Arnestegaray, Johanot de Albiot, Menaud de Carricaburu, Jayme de Larrando, Guilhem de Lahunsunbarne, Arnaud d'Irigoien, Petiry d'Oyhenard, Petiry de Mirand, Bethan de Parih, Petiry de Jaury, Peyrot de Bordegaray, Gachenaud de Sarlius, Arnaud d'Iribarne, Johantho d'Ajudart, Petiry de Larichart, Domingo d'Etchart, Martin de Rospide, Gachenaud d'Echeuerry, Guilhem d'Irissabal, Petiry d'Okotoguy, Petiry d'Elichondo, Sansot d'Urruty, Pierre Arnaud de la Fite dict d'Apeseche, Gachenaud d'Ahetzborie, Gachenaud

d'Arhansloy, Pes de Landechepare, Ramond d'Argunsol, Petiry
de Goihenechc, Gratian d'Echepare, Arnaud d'Iriart, Petiry de
Casenaue dict de Bonsouar, Bernard d'Auson, Anderie de Barachegaray, les tous voysins, manans et habitans de la parroisse
d'Ordiarp en Soulle fesant tant pour eux que pour les autres
manans et habitans dudict lieu lesquels unanimement et d'ung
commun vouloir et consentement ont dict et declairé qu'ils sont
de nouueau aduertys que Monsieur Me Gabriel d'Etchart procureur du roy audict pays de Soulle s'est seruy de leur nom et
interuention a certains arrest qu'il a faict donner au parlement de
Bourdeaux soubs le nom de monsieur le procureur général du
roy au préjudice des messieurs les prieur, chanoynes et chapitre
de Nostre Dame de Roncesuaux et qu'il est en voye de voulloir se
seruir du mesme nom et interuention desd. constituans pour
continuer les mesmes prejudices ausd. sieurs prieur, chanoynes et
chapitre tant au priué conseilh que ailheurs, et d'aultant que leur
intention n'a jamais esté de faire de pareilhes interuentions, que
au contraire les habitans sauent, les ungs par cognoissance et
sçauance certaine et les autres pour auoir ouy dire que la commanderie scituée audict lieu d'Ondiarp auec les appartenances et
deppendances appartient directement et de toute antiennetté ausd.
sieurs prieur, chanoynes et chapitre de Roncesuaux et partant
réuoquent comme présentement ils ont réuoqué toutes les poursuittes et interuentions que led. sieur Detchart pourroiet auoir
faictes en leur nom, soiet en son propre et priué nom que en
celluy dud. sieur procureur général, que encore d'abondant il
vouldroiet faire tant au parlement de Bourdeaux que priué
conseilh du roy ou ailheurs soubs quelque prétexte que se soiet,
comme aussy réuoque tous actes et procurations que tant led.
sieur d'Etchart que Me Ramond de Sallauerry prébendier, Pierre
de Lafite, Bernard de Cayet leur pourroient auoir extorqués cy
denant par faulx entendre contre lesd. sieurs prieur, chanoynes et
chapitre de Roncesuaux, lesquels actes et procurations lesd.
habitans d'ung mesme consentement déclairent en tant que besoin
seroiet pour nulles et abusiues et protestent tant contre lesdicts
sieurs Detchart, Sallauerry, Lafite et Cayet que tous autres de
tous despens, domaiges et interest et en oultre lesd. habitans ont
dict et déclairé que cy denant led. sieur Detchart, son substitué

assistant et auecq M° Jehan Delissalt notaire royal les firent assembler au présent lieu le sixiesme du mois d'octobre dernier pour leur faire députter une douzaine d'entre eux afin d'aduisser ce qu'il falloit faire contre lesd. sieurs prieur, chanoynes et chapitre de Roncesuaux, et que dès lors lesd. habitans déclairèrent et protesteirent de ne voulloir faire quelque persuation que lesd. sieurs Detchart, de Sallauerry, ensemble M° Dominique de Chauoix chanoyne d'Oloron leur voulloient faire et ainsy confirment encore de nouueau cette mesme déclaration et qu'ils ne ueulent empescher directement ny indirectement en quelque sorte et manière que se soict des droicts qu'ils ont tant en ladite commanderie d'Ondiarp que ses appartenances et deppendances, de quoy lesd. habitans haultement et d'une mesme volonté m'ont requis acte et estre signiffié audict sieur Detchart que je leur ay octroyé pour le debuoir de ma charge en présence de M° Pierre de Barneche escolier et Pierre Daguerre marchand habitans à Garindeinh tesmoings a ce appellés et requis qui ont signé la cedle avecq lesd. sieurs Dechaux, Barachegaray, Cazenaue et non les autres pour ne scauoir escripre comme ils ont déclaré, de ce faire interpellés suiuant l'ordonnance par deuant moy. De Berterrèche notaire royal [1].

XXXI.

Attestation de Lafite, vicaire perpétuel d'Ondiarp, déclarant que la commanderie, maison noble, paie 15 liv. 15 s. d'*arcint* à l'Evêque d'Oloron. 20 mai 1625. (Arch. B.-P. G. 219). Copie sur papier.

Aujourd'huy vingtiesme du mois de may mil six cens vingt cinq à Ondiarp et au-deuant la commanderie dud. lieu enuiron l'heure de midj par deuant moy Bernard de Portere notaire et tabellion roial au present pais et vicomté de Soule soubssigné, presens les tesmoings bas nommés a esté présent en sa personne M° Gédéon d'Arros de Foix escuyer et aduocat és court du présent pais au nom et comme procureur substitué de M° Jean de la Salle

1. Pareille protestation fut faite par les habitants de Musculdy.

sieur dud. lieu et de Sainct Pé cheualier de l'ordre de Nostre Dame de Roncesuaux en la haulte Nauarre lequel s'adressant et parlant aux personnes de M⁰ˢ Jacques de Lafiete recteur de Musculdj et son anexé du present lieu d'Ordiarp et Jacques de Larrando prestre son vicaire les a audict nom sommé et requis de l'esclaircir et faire sçauant de ce quj conserne le seruice diuin exercé en present lieu et s'il y a ne a jamais eu de leur mémoire autre qu'eux quj ayt administré les saincts sacrements et presché la parolle de Dieu au peuple d'Ordiarp et bref faict les autres fonfions du diuin seruice et aussj si lad. commanderie ne paye pas annuellement debuoir d'*arciuls* au sieur Euesque d'Oleron conformément les autres maisons nobles du présent pays ayant patronaige. Lesquels estant aagés sçauoir led. sieur de Lafiete de soixante ans et led. de Larrando de cinquante ans ou enuiron ont dict sçauoir. ledit sieur de Lafiete curé y auoir neuf ans qu'il fust pourueu et introduict en lad. cure de Musculdj et estant obligé par le debuoir de concexité de seruir aussj au present lieu d'Ordiarp auroit pour son soulagement establj deux vicaires, à l'une fois Mᵉ Raymond de Sallauerry prestre et a présent curé d'Ossas et a l'aultre led. de Larrando sans que despuis led. temps aucun autre ayt seruj en l'églize et faict les fonctions requises au seruice diuin et dict auoir souuenance de trois curés successifs qui l'ont précédé et lesquels il a trés bien cogneuz pour estre né nourry et esleué au logis de lad. commanderie, l'ung nommé Garat, l'autre Vichendary et le dernier d'Etchegoihen quj seuls en leur personne ou celle de leurs substitués ont en leur temps seruy et vacqué aux charges du diuin seruice aux lieux anexes que dessus sans que jamais aucun aultre se soit ingéré d'y mettre le pied ou d'y faire entendre sa voix et la mesme choze a esté déclaré par led. de Larrando lequel exerce despuis cinq ans la charge de vicaire soubs led. sieur de Lafiete le seruant et aydant tantost à Ordiarp, tantost à Musculdj selon les occurences soubs la récompence et salaire de vingt conques froment et six liures en argent et autres menus profficts de l'haustel. Dict aussj auoir esté l'espace de vingt ans ou enuiron en charge de vicaire soubs led. feu sieur d'Etchegoihen és lieux et parroisses que dessus a mesmes condictions. Et quand au payement desd. *arciuls* ont dict auoir tousiours ouy dire que lad. commanderie est redeuable et paye annuellement au sieur euesque d'Oleron la somme de quinze liures quinze sols tournois dont et de laquelle déclaration led. sieur d'Arros aud. nom a requis à moydit notaire luy en faire et retirer acte pour seruir et valoir ausd. sieurs chanoines en temps et lieu ce que de raison que luy ay octroyé, faict et passé aud. lieu d'Ordiarp led. jour, mois, an, lieu et heure que dessus es presence de M⁰ Jean de Sartanchu prêtre et Pierre Daguerre marchant habitans du lieu Graindeing tesmoings qui et lesd. de Lafiete, de Larando et d'Arros ont signé la cède de présence auec moy : signé Desportes nʳᵉ roial.

XXXII.

Lettre curieuse signée « L'home de paille » adressée en 1612 à M. d'Etchart, curé d'Ossés, sur l'administration de Maytie et Chabos. (Arch. B.-Pyr., G. 221). Original sur papier.

A Monsieur Monsieur Detchart curé d'Ossés à Ossés.

Monsieur. Quand à l'affaire duquel ie vous ay fait mention, par ma précédente, il est à apprendre que de toute ancienneté il y a un monastère et hospital royal en la haute Nauarre des monts Pyrennées appellé l'hospital de N. Dame de Roncesuaux.... pour quoy subuenir plusieurs seigneurs françois ont laissé par charité et de leur libéralité des maisons nobles auec leurs rentes et renenus entre aultres la commanderie ou grange d'Ordiarp auec ses annexes qui sont six paroisses scituées au pais et visconté de Soulle et diocèse d'Oloron.... On doit sçauoir qu'il n'y a aucun des viuants quy a ye veu qu'en lad. commanderie y eust ny aye à présent hospitalité des pélerins ny passage d'iceux d'autant qu'elle est fort escartée du droict chemin, ny nourriture ny logement pour les panures dud. lieu ny autre du pays plus que aux autres maisons rurales ou champestres ny chappelle pour administrer les saincts sacrements que lad. église parroissiale de St-Michel.... Maytie ne s'est jamais présenté aud. lieu d'Ordiarp en qualité de sa requeste ny accomply ny en partie ny en quart ny peu ny prou le contenu dud. arrest, ains bientost qu'il deuint Euesque d'Oloron par sa grandeur appropria à soy au dela de l'arrest, non seulement le nom de Comandeur mais aussy la maistrise et perception de toutes les rentes et reuenus de lad. Commanderie mesme le patronat et en ceste qualité a régi, gouuerné et perceu les rentes et reuenus de lad. comanderie et de ses annexes sans que jamais durant sa vie aye laissé un seul grain ny paille en lad. comanderie ou grange aux fins de sa requeste ny désisté de sad. cure ains pour mieux couurir son fait a fait seruir sa propre cure dud. Ordiarp à ses confidentiaires (conuentione facta) comme on peut voir par les contracts passés entre eux en transaction, cotte L et C.

Tost apres le déces dud. Maytie et le 12 may 1623 un nomé Dominique de Chabos chanoyne de l'église cathédrale de Ste-Marie d'Oloron par mesmes ruses et finesses que son prédécesseur s'est intreux en lad. comanderie soubs prétexte de la cure de l'église parrochialle d'Ordiarp lequel voyant que les prieurs et chanoynes dud. Roncesuaux se mettoint en deuoir de recouurer leur pristine possession de lad. comanderie d'Ordiarp au conseil priué du roy, il a présenté diuerses requestes à nos seigneurs du Parlement aux fins y contenues pour faire confirmer et maintenir led. arrest du neufuiesme mars 1593. D'abondant pour mieux décevoir nosd. seigneurs du parlement leur a fait accroire auoir cy deuant commis de l'abuz pour auoir esleu des gens rustiques et illitérés pour administrateurs de lad. comanderie (quoy qu'on n'a jamais veu autre administrateur sçauant ny ignorant qu'aud. Maytie) et partant leur pleut ordonner qu'à l'aduenir ne soit receu aucun en lad. charge qu'il ne sache lire et escrire, comme on peut voir cotte D...

Or pour faire voir que luy mesme a commis l'abuz et surpris ausd. seigneurs du parlement n'y a rien plus clair car luy mesme a mis et choisis (nomine tenús) à l'une fois André Sortere et Petiry Etchebarne, à l'autre fois Guilhem de Caset et Guillem Arnaud de Urruty les plus ignares et plus paures d'esprit, de moyens et de langage qu'il y aye en la parroisse voire au pays comme leur présence et organe le tesmoignèrent, et comme il a obtenu l'arrest à son souhait il a fait autant que son prédecesseur et ne s'est point contenté d'auoir déceux à nosd. seigneurs du Parlement mais a aussy eu la hardiesse de décevoir au Roy en personne selon les épithètes que Sa Majesté les luy a imposés en ses patentes, cotte E. touchant l'administration de lad. comanderie car pour luy il n'a jamais résidé sur les lieux, ny dit heures canonicales, aussy peu célébré la Ste messe, n'a jamais administré aucun sacrement ny ne fust en l'église ny au cœur ny en chère, ny en autel, non plus a-t-il rendu conte comme administrateur de lad. comanderie aud. chapitre de Roncesuaux, ainsy qu'il est obligé par lesd. arrest du roy et arrest du parlement. Cependant il déuerse 3 mille liures par an ausd. ses confidantaires et custodinos et d'un pouuoir de haute lutte et comme absolu et indépendant pendant bon temps a fait des extorsions très scandaleuses, come il se voit par l'acte de notaire cotte F., et ce qui est fort notable le lendemain des tous saincts, sans aucune crainte de Dieu ny respect du lieu sacré, ayant brisé la porte de la sacristie emporta l'oblation dud. jour sans qu'on ayt eu aucune réparation du forfait. A pourueu à la vacance de la cure d'Ordiarp et Musquildy de son authorité sans recognoistre et donner cognoissance aud. chapitre de Roncesuaux qui en est le patron maintenu par le roy et y a pourueu des homes inhabiles, sur quoy j'ay impétré en cour de Rome et suis tout au point d'entrer en possession dès l'arriuée de Monsieur de Troisuille de Bourdeaux.... Et pour le fait de la malladie et hospitalité pour les pauures, il n'y a jamais eu aussy ny a-t-il point autre quy y réside sy ce n'est un métayer pour cultiuer les terres de lad. comanderie ou grange, bien qu'il y aye 4 lits somptueusement garnis en lad. comanderie seruants pour lors que led. Chabos y veut prendre ses esbats auec ses amis. Point de pauures, ainsy qu'on preuuera par des tesmoignages suffisants et par des refus que les pauures tant voisins qu'estrangers quy sy sont présentés tout à dessein, ont receu par led. de Chabos et ses métayers, d'où est à inférer que quoyque la possession de ce bien leur soit acquise par droit de prescription, toutesfois leur meschanceté est intolérable et partant déboutable de telles charges et indigne de tels reuenus et par conséquent aussy messieurs les chanoines de Bayonne ont droit de se faire payer et restituer depuis leur temps de la compensation comme bien appartenant à ceux de Roncesuaux et cauteleusement et meschamant gouspillé par led. Chabos et ses confidentiaires quy sont plus de 4. Et peuuent aussy lesd. sieurs chanoines présenter à la cure d'Ordiarp à laquelle led. Chabos a pourueu de nouueau il y a tantost 2 ans et cela contre les ordonances et patentes que le roy a renouuellés en faueur de ceux de Roncesuaux et oblige led. Chabos a rendre conte annuellement ainsy qu'il est recogneu administrateur pour cest effect et gagé de tant par an en récompense de ses peines. Je vous prie de me renvoyer cet escrit affin que ie sois soulagé d'en faire un semblable pour Monsieur de Troisuilles a quy je suis au propre d'en faire part parce qu'il veut le mal de mort à ceste cabale et ne cherche que des instructions et fondements pour ruiner ces gens y employant tout son crédit, ce que je feray au cas que les messieurs de Bayone ne treuuent goust à cecy bien que Monsieur de Troisuilles les y pourra seruir de beaucoup. Mais aussy vous scauez que dignus est operarius mercede sua principalement les simples prestres tels que moy et ainsi j'offre les pièces nécessaires moyennant certain gain et qu'aussy ie ne soit descouuert et attens dans 6 iours pour le plus tart une dernière et solide résolution là dessus de ces messieurs par vous a quy ie dis de cœur et d'ame pour ma vie, Monsieur, votre très humble et affidé serviteur. *L'home de paille.* Ce 22 Aoust 1642.

Lisez et relisez celle-cy pour en faire le rapport auxd. Messieurs et me la renuoyez par ce donneur sans nulle faute. Que si vous sçauez quelque bonne vicarie par delà à seruir ie vous offre un honeste home de prestre assez capable.

XXXIII.

Prise de possession de la commanderie d'Ordiarp par P. de Gouvert, chanoine de Bayonne, au nom du chapitre, le 29 septembre 1644. (Arch. B.-P. G. 221). Copie sur papier.

L'an mil six cens quarante et quatre et le vendredy vingt-cinquiesme jour du mois de nouembre en la ville et cité de Bayonne a comparu par deuant nous Pierre du Mus huissier audiancier au siége de lad. ville Me Pierre de Gaubert chanoine en l'esglize cathédralle Nostre Dame de lad. ville lequel nous auroict dict que le Roy par ses lettres patentes du xxvij^e septembre mil six cens trente sept de luy signées et plus bas Philipeaulx auroict donné à Monseigneur l'éuesque de Bayonne et à Messieurs du chappitre de lad. esglize, ce quy reste des deniers par eux saisis, non payes en vertu de sa lettre de caisse et ordonnance du feu seigneur comte de Gramond et ce qui prouiendra à l'aduenir des biens par eux saisys et autres qu'ils pourront faire saisir par cy apres en ce royaulme appartenant à des religieux et ecclésiastiques subjects du Roy d'Espaigne........ Led. sr de Goubert au nom et comme procureur spéciallement fondé de procuration tant des sieurs vicaires généraux de ce diocèse representans led. seigneur éuesque et comme en ayant charge que de Messieurs dud. chappitre ainsy que d'icelle il nous auroict fait apparoir en date du xxve nouembre 16e quarante quatre signée de Harran not. roy. nous auroict requis recepuoir de nouueau lesd. pattantes et le susd. arrest et commission et en continuant les premières saisyes, nous transporter quand et luy à touttes heures et lieux où besoing sera à cest effect affin que lad. saisie estant faite nous puissions le metre et installer en lad. qualité (conformément au susd. arrest et commission dud. quinziesme de juin xvie trente huict) en la possession réelle, actuelle et corporelle des choses et effects qui seront par nous saisys......

Et le lendemain vingt sixiesme dud. mois et an en lad. ville de Bayonne auroict comparu par deuant nous dict huissier, led. sr de Goubert. procureur susd., lequel nous auroict dict que les biens et effects appartenant aux ecclésiastiques subjects du roy d'Espaigne que tant led. seigneur éuesque que Messieurs du chappitre désirent à présent faire saisir, sont les prieuré, commanderie et hospital d'Ourdiarbe en Soulle au ressort du Parlement de Bourdeaux auec le juspatronat dud. prieuré, commanderie et hospital et touttes les cures et anexes en despendantes aueq le juspatronat desd. cures et anexes, ainsy nous auroict requis nous acheminer vers le lieu d'Arnéguy affin de faire lad. saisie au préjudice de Messieurs les prieur, soubs prieur, chanoines et chappitre de Ronsesuaulx en la Haulte-Nauarre, comme le tout leur appartenant. *(Suit le récit du voyage à cheval et des halles à Méharin, Bunus, Arnéguy où est faite la déclaration de saisie).*

Et le lendemain vingt neufuiesme, nous serions transportés en lad. Commanderie d'Ordiarbe où estant led. sr Gouuert nous auroict dit qu'en ensuyuant nostre appoictement précédant et assignation donnée ausd. sieurs prieur, s. prieur, chanoines et chappitre de Ronsesuaulx, il veoit qu'ils ne se présentoient poinct... nous exécutant iceux (arrets) ayant pris par la main led. sieur de

Gouuert procureur susd. icellny faict entrer dans l'esglize principalle dud prieuré Commanderie et hospital d'Ourdiarbe, baizé le grand hostel, demeuré dans icelle tout aultant de temps que bon luy a semblé, ouuert et fermé sur soy la porte principalle de lad. esglize, nous lui aurions baillé la réelle, actuelle et corporelle possession tant dud. prieuré, commanderie et hospital dud. Ourdiarbe que des juspatronat etc. comme aussy d'une aultre esglise ou chapelle deppendante dud. prieuré, par l'attouchement du berroilh de la porte d'icelle à cause qu'elle estoit fermée soubs clefs, et peu après d'une grande maison aussy deppendante dud. prieuré, commenderie tant par l'entrée faicte en icelle, attouchement de la cramailhére, ouverture et fermeture des portes que sortye de lad. maison, le tout en présence dud. s^r Dasqué et de Biscaiboure tesmoings. Du Mus, huissier et com^{re} susdict.

.... Et la susd. prinse de possession a esté (par tant que besoin est ou seroict) signifliée a Me Dominique de Chabos occupant la charge de Prieur ou commandeur dud. Ourdiarbe le tout affin qu'il n'en prétende cause d'ignorance, auquel j'ay satisfaict de coppie parlant à une de ses seruantes....

Et tout soudain a comparu deuant nous d'huissier et commissaire susd. Me Menault de Bartarretche prestre et vicaire dud. Ourdiarbe lequel a dit que faisant pour led. s^r de Chabos, il s'oppose pour les droicts quj luy peuuent appartenir aud. prieuré, commanderie et hospital et nous a requis en retenir acte pour seruir aud. sieur de Chabos ce que de raison, ce que je luy ay octroyé.

.... Nous serions retirés en la paroisse de Sibis et le lendemain en celle de Hasparren et d'illeq le lendemain en la ville de Bayonne, de quoy et de tout ce dessus nous en auons dressé le present procés verbal pour seruir et valloir aud. seig^r Euesque et M^{rs} du chappitre dud. Bayonne.... Dumus, huissier et C^{re} susd. 5 l. outre ma despence et du cheual vingt quatre liures.

XXXIV.

Lettre du roi d'Espagne au marquis de St-Roman, vice roi de Navarre, sur l'insuccès de la première conférence d'Arnéguy et les restitutions, le 21 février 1663. (Arch. B. P. G. 223. Mauvaise copie sur papier).

El Rey. Marques de San Roman Pariente, mi virrey del Reyno de Nabarra, y capitan general de la provincia de Guipuscoa. Vuestra carta de treinta y uno del passado y papeles que en ella remitis, sobre los lames que a abido entre el Licenciado don Francisco Ochoa vuestro subdelegado en la comision que se os doy en conformidad de los capitulos de la paz con Francia para el ajuste y execucion de diferencias de los vienes pertenecientes, en la frontera, a mis subditos y los del Rey cristiano con Arnaldo Oyanart subdelegado del duque de Agramont. Por la parte de Francia se an recibido y bisto y aparecido deciros que teniendo presentes todos los lames que sobre esta materia an passado, he resuelto se escriba a mi enbasador en Francia, refiera al Rey cristiano y sus ministros que por mi parte sea cunplido enteramente con todo lo dispuesto en los capitulos de la paz y que por parte de Francesses quedo en no aberse llegando a este ajustamiento, baliendose para ello de los pretestos que an ynsigniado en su respuesta Oyanart despues de aberse reconocido quan ynsustancial y quartada fue la subdelegacion que hizo en el el duque de Agramont ynfiriendose desto y del camino que el cabildo de Bayona y demas ynteresados de Francia yntenta seguir para sus pretensiones que su animo es el de no venir. En el efecto de lo dispuesto y ajustado por la paz y para que pueda executarlo con yndividual noticia de lo que a passado desde su principio en esta materia y estado que oy tiene se le envia relacion. Muy por menor dello ynsertos los capitulos que ablan en esta razon para quedando la questa al Rey Christianissimo y a los ministros de aquel gobierno aga oficios, para que se ordene, se executen y de una bez se de reciproca satisfacion a los ynteresados de anbas partes, y ebiten las questas que continuamente se oyen de unos y otros. Y al duque de San Ducar e hordenado lo de a entender aqui al enbasador de Francia de que estareis adbertido y que de lo que resultare destas diligencias se os abisara con lo que yo resolbiere con dichas noticias. Y porque conbiene a mi serbicio tener muy yndibidual noticia de que basallos y subditos mios son ynteresados, en las restituciones que se deben acer por parte del Rey de Francia y de los suyos de que cantidades y teneros de acienda en conformidad de los dichos capitulos de paces y de los de la Berbins que ablan. En esta razon me informareis sobre ellos tomando bos las noticias que allaredeis, muy por menor para que yo mando loque mas fuere conbeniente a mi serbicio y alibien dellos executareis lo assi como fio de vuestras obligaciones, a mi serbicio. Madrid, a beinte y uno de febrero de mil seiscientos sessenta y tres. Yo el Rey. Don Blasco de Loyola.

Por scribirlo, sacado de lo xismal que queda en poder del lic. D. Francisco Ochoa auditor yeneral de la jente de guerra, comisario subdelegado por su ex.ª del ex.ᵐᵒ señor duque de San Jerman, birrey y cappitan jeneral deste reyno de Nauarra, para este negocio y con mandato de su ex.ª Francisco de Hosta s.ᵃᵒ real y de la jente de guerra communio husado y acostumbrado. En testimonio de verdad. Francisco de Hosta.

XXXV.

Ferme des Revenus de Musculdy faite par Chabos, commandeur d'Ordiarp, le 8 juin 1663. (Arch. B.-Pyr., G. 222). Copie du temps sur papier.

Aujourd'huy huictiesme du mois de juin mil six cens soixante trois à Ordiarp et dans la maison dite de l'opital et commanderie auant midy par deuant moy notaire soubs signé, les tesmoins bas nommés a esté constitué Monsieur Mᵉ Dominique de Chabos prestre, commandeur dud. lieu, lequel a fermé par ces présentes la dixme de la paroisse de Musculdy de la présente année, et finissant en pareil jour de Rameaux de l'année prochaine à luy appartenante, à Mᵉ Pierre d'Aysaguer prestre faisant pour Jean s.ʳ d'Aysaguer son père et à la charge de luy faire ratifier les présentes, à Johan de Donamarj, à Jeanne d'Echeberritoüe, damoiselle Vesue de fu Mᵉ Arnaud de Berretereche aduocat, à Marie d'Ariçacorte et à Marie d'Olhasso, les tous habitans dud. Musculdy à ce aussy présent et stipulant esgalement, sauf lad. d'Echeberritoüe en a deux de six parts auec promesse qu'iceluy sr de Chabos leur a fait de leur faire jouir paisiblement en leur portant indemnité et garantie enuers et contre tous qu'il appartiendra, sans que portant il y demeure à aucun cas fortuit de grelle, pluye, broye et vent et autres qu'à la guerre guerroyente sur les lieux auxquels lesd. fermiers par exprès ont renoncé, laquelle ferme a esté faite par led. sr de Chabos pour et moyennant la somme de quatre cens quatre uingt liures faisant six cens quarante francs bourdelois, reuenant à chacun desd. fermiers sçauoir, à lad. d'Echeberritoüe deux cens treize francs bourdelois cinq sols, et aux aultres à chacun cent six francs bourdelois et dix sols, en tout faisant la susd. somme de quatre cens huitante liures tournoises que lesd. fermiers chacun pour sa part seront tenous, ainsy qu'ils ont promis payer aud. sr de Chabos, en argent pandant le jour et feste de St-Michel prochain uenant, et en outre lesd. fermiers seront tenus de bailler aud. sr de Chabos, sçauoir lad. de Echeberritoüe six conques d'auoyne et les autres chacun trois, et pour plus grande asseurance lesd. fermiers ont baillé caution, sçauoir lad. d'Echeberritoüe, Arnaud sr d'Arginsol dud. Ordiarp à ce aussy présent, lequel volontairement s'est constitué plaige de lad. d'Echeberritoüe pour la susd. somme de deux cens treize francs bourdelois cinq sols et de laquelle fait son propre debte, lad. d'Ariçacorte, Pierre de Labarte, sieur d'Echecapar, tisserant habitant dud. Ordiarp, et lad. d'Olhaso, Joanné d'Iriarte Heguiburu dud. Musculdy, lesquels aussy présents, se sont contitués par ces mesmes présantes pour caution chacun desd. sommes de cent six francs et dix sols et fait leur debte propre, et aussy led. sr de Chabos à leur faire jouir sans préjudice de soixante liures qu'il doit prandre de la dernière année en lad. d'Echeberritoüe et lesd. fermiers et leursd. cautions à faire lesd. payemens sur peine de tous dépans, domages et interets, et lesd. d'Echeberritoüe, d'Olhaso et d'Ariçacorte, a releuer les susd. cautions ont obligé et ypotéqué tous et chacuns leurs biens et causes qu'ils ont soubmises aux rigueurs de justice, renoncé aux moyens à ce dessus contraires et juré de n'y contreuenir. Fait en présance de Petirj de Goyhennestux me charpantier et Pierre de Sortera laboreur habitans dud. Ordiarp tesmoins requis, lequel de Goyhennestix contémoin auec led. sr de Chabos et d'Aysaguer a signé l'original, ce que n'ont fait les autres pour ne sçavoir escrire, ainsi qu'ils ont dit de ce faire interpellés par moy. A. d'Iriart notaire royal.

XXXVI

Contrat de ferme des revenus d'Idaux et Mendy, fait par Chabos, le 9 juin 1663. (Arch. B.-Pyr., G. 222). Copie du temps sur papier.

Constitué a esté M° Dominique de Chabos prestre, comandeur de ce présent lieu d'Ordiarp, deuant moy notaire royal soubs signé et tesmoins bas només, lequel a fermé tous les fruicts et droits décimeaux de la dizme des parroisses d'Idaux et Mendy de la présente année comancée le jour et feste de Rameaux de l'année mil six cens soixante quatre, sçavoir la moitié à M° Gerat de Plantarose auocat en parlement habitant à Mauléon et l'autre moytié à Arnaud de Jauréguiberrj dit Jaugoyhen de Menditte, à Pierre d'Echecapar et à Jean de Cuperehex s' de la maison de Récalt dud. Idaux marchand a ce aussy présens et stipulans, sans que led. s' de Chabos y demeure à aucun cas fortuit de grelle, pluye, broye, vent, n'y d'autre qu'à la guerre guerroiente des annemis sur les lieux, auxquels lesd. fermiers ont par exprés renoncé, laquelle ferme a esté faite pour la somme de sept cens quatre vingts francs bourdelois reuenans à cinq cens quatre uingts et cinq liures tournoises que lesd. fermiers seront tenus, ainsj qu'ils ont promis payer en argent pendant le jour et feste de St-Michel prochain, sçavoir led. s' de Plantarose la moitié desd. cinq cens quatre uingts cinq liures quy est deux cens nonante deux liures dix sols séparément et par diuers des austres ses confermiers, et les austres de Jauréguiberrj, d'Echecapar, et de Cupereix, l'austre moytié solidairement l'un pour l'autre, et l'un d'eux seul pour le tout renonçant au bénéfice de diuision, ordre de droit et discussion, qu'ils ont dit de bien entendre, et aussy led. s' de Chabos à leur faire jouir plainement, portant éuiction, indemnité, et garantie enuers et contre tous, et led. s' de Plantarose et les autres fermiers à luy faire le susd. payement sur peine de tous despans, domages et interests ont promis, obligé et ypotéqué, sçavoir led. sr de Chabos ses biens et rentes temporels et les austres tous et chacuns leurs biens et causes qu'ils ont soubmis aux rigeurs de justice renonçant aux moyens à ce dessus contraires et juré de n'y contreuenir. Fait et passé à Ordiarp et dans la maison de comanderie dud. sr de Chabos, le neusuiesme juin mil six cens soixante trois, en présence de Monsieur Me Arnaud de Hégoburu, prestre, prieur d'Ainharp et chanoine de Ste-Marie d'Oloron et Me Pierre d'Aysaguer aussy prestre, habitant de Musculdy, tesmoins requis qui et lesd. srs de Chabos, Plantarose et d'Echecapar ont signé l'original, ce que n'ont fait lesd. Cuperaix et de Jaureguiberrj pour ne sçauoir, ainsj qu'ils ont dit de ce faire interpellés par moy. A. d'Iriart, notaire royal.

Signiflé le 26e may 1677 à Me Basille de Bonnecase aduocat en sa propre cause, par copie délaissée en son domicille par moy. de Cazenaue greffier.

XXXVII.

Lettre écrite par M. Denis de Nyert, chanoine de Bayonne, à M. Harriet, sur les affaires concernant les chapitres de Bayonne et de Roncevaux le 1er octobre 1663. (Arch. B.-P., G. 222). Original sur papier.

A Monsieur, Monsieur de Harryet, chanoine de la cathédralle à Bayonne.

A Figuiéres, le 1er octobre 1663.

Monsieur,

A mon retour en ce lieu, j'ai apprins que le uice roy de Nauarre auoit escrit au chanoine de Ronceuaux de se retirer parce qu'il auoit ordre du roy d'Espagne de nous restituer nos biens, affin qu'il rapportat les piéces qu'il auoit apporté en cette ville pour justifier les demandes de son chapitre, mais je crois que ce n'est qu'un prétexte pour se retirer et obtenir du uiceroy de Catalogne son congé par ordre duquel il est retenu jusques à ce que nous soyons en possession de nos biens ; je ne uous dis pas que j'en auois prié les Comres d'Espagne et les nostres pour obliger ce chapitre à faire moins de difficulté à l'exécution du traitté en sorte que présentement, il consté icy qu'un com^re est à Roncenaux enuoié par le uiceroy pour nous faire rendre et néantmoins je crois que le chanoine sera retenu jusques à l'entière exécution, si la mort du roy d'Espagne qui passa en l'autre monde le jeudy 17e à 4 heures du matin n'apporte quelque changement à tous les ordres donnés. Le uiceroy de Catalogne jura le prince Charles 2e le uendredy 25e de ce mois ayant eu nouuelle commission pour le faire, la sienne ayant cessé par la mort du roy son M^e; je uous enuoie une coppie du récit que nous auons receu de Madrid. peut estre en scaués uous dauantage; tout est icy en consternation et dans l'appréhension, car on garnit les places frontières de soldats qu'on fait marcher des trouppes que les galéres de Sicile auoient desbarqué à Barcelone; nous n'auons sceu ces choses que dimanche au matin par un courrier extraordinaire et depuis il n'y a point eu de confiance. J'appréhande que nos comptes seront beaucoup retardés et que les commissaires d'Espagne auront besoin d'un pouuoir nouueau pour traitter des affaires qui restent à uider, la nostre seullement ayant esté acheuée.

Depuis cette lettre escritte j'ay receu la vostre qui m'apprend qu'un commissaire a escrit à M. l'evesque et M^r. J'ay à uous dire que uous auès les ordres du roy, pour en user comme uous le jugerés. Et que uous ne deués pas songer à faire aucun compte ni parler d'affaires qu'après la restitution, les ordres du roy n'estant que pour cette seule fin, comme uous uerrés aussi bien que r . Ne rendés pas la lettre de M. de Grammont puisqu'il n'est pas dans la province, mais adressés uous à M. Pellot qui attestera à la cour la uérité de ce qui se sera passé.

Je ne scais pas pourquoy M. Patron qui sert si bien le corps se plaint de ce que je ne luy ay pas escrit puisqu'il est très uray que je l'ay fait deux fois depuis sa response.

Bonloc sera rendu comme il est, cella ueut dire que Mrs de Roncenaux y seront mis en possession et que M. d'Urtubie doit payer tous les fruits escheus puisque le roy a ratifié le traitté et qu'au pis aller en luy donnant copie dud. traitté en forme il demeure deschargé ualablement. Si les conférances alloient à l'ordinaire il feroit esclaircir l'affaire par les com^res mais n'ont pas entré et ils n'entreront pas qu'ils n'ayent, les nostres, ordres

— 214 —

de la cour, et eux, commission nouuelle d'Espagne, la leur ayant fini par la mort du commettant; je uous rends très humbles graces de uos nouuelles, contentés uous de m'en escrire de Bayonne car nous scauons ce qui se passe à Paris et aux environs. Je vous souhaitte satisfaction entière de ce que uous demandés en cette uie et que uous me croyés, Monsieur, vostre très humble et très obéissant seruiteur,

De Nyert [1].

Je n'escris pas à M. l'éuesque n'ayant point de temps; communiqués luy ma lettre.

Saluta amicos nominatim.

XXXVIII.

Procuration donnée à D. de Nyert, chanoine de Bayonne, par l'évêque et le chapitre, pour traiter des représailles, à la conférence de Figuières. 7 nov. 1664. (Arch. B.-P., G. 222). Original sur papier avec signatures autographes. Mauvais état.

Ce iourd'huy septiesme du mois de nouembre mil six cens soixante quatre après midy en la ville et cité de Bayonne, par deuant moy notaire et tabellion royal soubs signé présens les tesmoins bas nommés ont esté constitué en leurs personnes Illustrissime et Reuerendissime Père en Dieu Messire Jean d'Olce, conseiller du Roy en ses conseils et éuesque de ceste ville, Messieurs M⁰ˢ Michel d'Oyhenart, Bertrand de Hayet, Estienne d'Harriet, Saubat de St-Martin, Saubat de Sorhaindo, Saubat de Hayet, Estienne d'Etcheuerry, Pierre de Lafargue et Jean du Linier, les tous chanoines en l'église cathédralle Nostre Dame de ceste dicte ville, lesquels de leurs bons grés et franches volontés ont faict et constitué leur procureur exprés et irrévocable, scavoir est M⁰ M⁰ Denis de Nyert aussy chanoine en la susd. Eglize pour et au nom dud. seigneur Euesque et desd. sieurs, chanoines et chapitre de la

[1]. Denis de Nyert est l'auteur de nombreuses notes marginales que l'on attribuait jusqu'à présent au fameux chanoine Veillet. C'est cette lettre-ci qui nous a valu le plaisir de cette petite découverte. V. *Etudes d'histoire locale et religieuse*, 1ᵉʳ vol.

susd. Eglize et du sien propre, se transporter exprès dans les contrées de Roussillon, Conflans en Cerdaigne, et là estant y gérer et négotier les affaires qu'ils ont ou pourront auoir pendant son seruice ès dicts en conséquence du don et droict de représailles que le Roy leur a octroyé sur tous et chacuns les droits, rentes, et reuenus de la viscomté d'Ille appartenante au seigneur marquis d'Ayetonne, et retirer ce quy se trouuera estre dheub de termes escheus et a eschoir pour les susd. droits, rentes et reuenus de tous et chascuns quy pourroient les auoir à affermo ou en quelque manière qu'ils puissent estre dheubs, du receu en donner tous acquits et descharges que lesd. seigneurs Euesque et sieurs dud. chapitre promettent auoir agréables, de mesmo que s'ils les auoient donnés, et à deffault de payement y constraindre tous débiteurs et reliquataires par toutes voyes qu'il jugera à propos et les poursuiure jusques en fin de cauze et aux fins examiner comptes, retirer bails d'affermes, faire faire toutes saizies, exécutions et actes qu'il apartiendra, appeller de tous jugemens préjudiciables, reieuer, acquiesser, récuzer, affermer de nouueau lesd. droits, rentes et reuenus, sy tant est que l'afferme cy deuant faicte d'iceux par Messire Arnault de Lissague-Belsunce, gouuerneur de la ville et Prats de Mello aud. comté de Roussillon, en qualité de leur procureur, soit expiré et ce pour le temps qu'il aduisera, en passer tous contracts soubs tels pactes et conditions qu'il trouuera à propos, traicter du changement d'espéces et romises qu'il conuiendra des sommes quy se retireront ou auront esté retirées desd. affermes, soiet ès villes de Tholose, Perpignan, Paris, qu'ailleurs au plus grand aduantage des constituans et genneralement a raison du tout, circonstances et despendences faire, dire, gérer et négotier par led. sieur procureur tout de mesme que lesd. seigneur éuesque et sieurs du chapitre pourroient faire s'ils y estoient présens, nonobstant leur absence et que le cas requist mandement plus spécial, comme aussy de se présenter par deuant Messieurs de Chatillon, lieutenant pour Sa Majesté ésd. comtés de Roussillon, Conflans et Cerdaigne, et de Macqueron, conseiller du Roy en ses conseils, Mᵉ des requestes de son hostel, intendant de justice ésd. prouinces et comtés, et tous les deux commissaires nommés par Sa Majesté pour le règlement des affaires des frontières de France et d'Espaigne, et par deuant lesd.

sieurs faire, gérer, demander, accorder, deffendre tout ce qu'il trouuera à propos au subiect des représailles qu'il a plu à Sa Majesté leur accorder sur lad. viscomté d'Ille et reuennus appartenans à M[rs] les chanoines et chapitre de Roncesuaux en France, promettant…. [1] et ne le réuocquer ains le releuer du tout à peyne de tous despens, domages et interest, soubs obligation de leurs biens, renthes et reuenus qu'ils ont soubsmis à toutes rigueurs de justice et à quy la cognoissance en appartiendra. Et ainsy l'ont promis et juré en présence de Jean Reboul et Pierre Duhalde, habitans dud. Bayonne, tesmoings à ce appellés et cy signés aucq lesd. seigneur Euesque et s[rs] dud. chappitre et moy. Jean E. de Bayonne. d'Oiharart. E. Harriet. De Hayet. De St-Martin. De Sorhaindo. De Hayet. Du Livier. Duhalde. J. Reboul. De Reboul notaire royal.

XXXIX.

Extrait du mémoire présenté par le chapitre de Roncevaux aux Commissaires de Figuières, en 1665. (Arch. B.-P. Copie sur papier. G. 222).

Le prieur et chapitre de la sainte et royale maison de Roncevaux disent que le duc de St-Roman vice-roy et capitaine général du royaume de Nauarre a communiqué aux supplians un ordre ou commandement exprès de S. M. Catholique affin qu'ils enuoient un chanoine ou prébendier de lad. royalle maison pour informer et représenter aux Sg[rs] C[res] les raisons qu'ils ont de deffandre le droit dans lequel ils sont de retenir les rentes saisies sur l'euesque et chapitre de Bayonne, jusqu'à ce que eux et les autres François ayent restitué aux supplians et à leur hospital général celles qu'ils leur retiennent en France, et le tort qu'ils font au marquis d'Agetone dans la séquestration de la viscomté d'Isle parce qu'il est arriué à cette conférance un chanoine de l'église de Bayonne pour deffendre lad. séquestration ou représailles et obéissants aud. commandant, ils représentent aux Sg[rs] C[res] ce qui suit.

1. Manquent quelques mots.

Le 1er, que par ordre de S. M. Très Chrétienne en l'année 1638 ensuite de la dernière guerre entre les deux couronnes les Commanderies de St-Michel, Recaldea etc., furent saisis à la requeste de l'église de Bayonne...

L'autre, qu'à la requeste des supplians et par ordre de S. M. catholique furent saisies et arrestées les rentes et quarts decimaux des vallées de Bastan, terre de Lérin, valée de Bertix, Avera, et de Cinq Villes, et l'archiprêté de Fontarrabie dans la prouince de Guipuscoa appartenants à l'euesque et chapitre de Bayonne et par une sentence du conseil royal de représailles donnée à Madrid et ce en partie de la satisfaction des rentes saisies à lad. royalle maison par ceux de Bayonne et la commanderie d'Ourdiarbe enuahie par les François au temps de la guerre pacifiée par le traitté de Verueinx...

L'autre, qu'en l'année 1610 l'euesque de Bayonne sous prétexte de la dernière guerre obtint lettres patantes de S. M. Très Chrestienne pour nommer aux bénéfices de chapellain majeur de St-Jn-Pied-de-Port, vicaire de Ste-Eulalie de la même ville etc...

L'autre, que l'euesque et chapitre de Bayonne ayant prétendu rentrer en jouissance de leurs rentes scituées en la Haute-Navarre et Guipuscoa depuis la publication de la paix, de leur propre autorité ceux de Ronceuaux présentèrent des mémoires à S. M. Catholique étant à Fontarrabie affin qu'il luy pleut d'ordonner qu'en mesme temps qu'ils rendroient à ceux de Bayonne leur bien on restituât aussi à Ronceuaux *ceux que les autres François leur retiennent*... Et dans la conférance qui fust tenuë sur ce par les deux plénipotentiaires des deux couronnes, ils nommèrent des commissaires d'une et d'aultre part les vice-roy de Nauarre et de Béarn, comme il conste par un ordre de S. M. Catholique du 8 may 1662, expédié au marquis d'Astorga et de St-Roman et par deux lettres escrittes sur cella par le duc de Grammont et la response du sr d'Oyhénart à la sommation qui luy fust faite à l'instance du sr Ochoa affin qu'il sortit à la frontière comme commissaire subdélégué pour conférer sur lesd. restitutions.

L'autre, comme le comte de St-Etienne estoit allé viceroy au Péru et que le marquis de Villanueua n'estoit pas uenu en Nauarre bien que nommé viceroy de ce royaume, il pleut à S. M. de donner ordre de pouuoir entier au marquis de St-Roman le 13 féurier

1662, affin qu'il s'assemblat auec le commissaire nommé ou que le roy Très-Chrestien nommeroit auec esgal pouuoir de faire la restitution.... et en ce qui concernoit les nouuelles instances faites à S. M. Catolique par l'ambassadeur de France, il donna nouuel ordre au marquis de St-Roman, le 8ᵉ may 1663, d'exécuter promptement et précisément sa volonté sans aucun délay ou retardement et au cas qu'il fust nécessaire de subdéléguer le pouuoir qu'il auoit receu pour terminer ces différends, il le donnat au régent du conseil royal de Nauarre, comme il est amplement exprimé dans lad. patante et de plus que si led. régent ny pouuoit vacquer, il choisit telle personne qu'il jugeroit proportionnée au grade et à la qualité qu'auoit le commissaire de France.... Et le marquis de St-Roman voulant bientost mettre à exécution les ordres du roy escriuit au marquis de la Fontaine ambassadeur d'Espagne en France pour scauoir du duc de Grammont qui auoit de pareils ordres pour la mesme négociation, s'il estoit en volonté de subdéléguer et quelle personne il choisiroit affin que de son costé, il esgalisat la sienne conformément aux ordres de S. M. Catolique, à quoy il respondit qu'il ne pouuoit pas y aller mais qu'il auoit subdélégué son ordre au sʳ d'Oyhenard pour aller à cette conférance, de la qualité duquel ayant informé S. M. catolique, il substitua auec son approbation le sʳ François d'Ochoa, aduocat du royal conseil, juge des gardes et auditeur des gens de guerre qui sont en Nauarre, auec le mesme pouuoir qu'il auoit receu, luy enjoignant de s'assembler auec le Commissaire de France ou celluy que le duc de Grammont nommeroit pour rendre et restituer tout ce qui seroit retenu par les chapitres de Ronceuaux et Bayonne respectiuement....

L'autre, qu'en exécution de cette royalle commission le chapitre de Ronceuaux escriuit diuerses lettres puis le 14 januier 1663 aud. licentié Arnaud d'Oyhenart comme le sʳ d'Ochoa estoit prest à partir uers la frontière, et le 16 du mesme mois il l'auertit qu'il seroit le jour après à Ronceuaux comme deffait il y arriua et y demeura attendant response de sa lettre jusques au 19 que le chapitre la receut portant qu'il ne pouuoit se rendre si tost à la frontière pour exécuter sa commission parce qu'il estoit préalable d'auertir les parties intéressées et les sommer de se trouuer au lieu de la conférance.... ce qui obligea le sʳ d'Ochoa de luy escrire le mesme jour

19e janvier par un exprés qu'il se rendroit le jour suiuant à Arnéguy, limite des deux royaumes et lieu destiné pour les conférances où il l'attendoit. En effet il y arriua le 21 auec le licencié don Angelo de Guinda chanoine ayant procuration des supplians pour faire lesd. restitutions, qui auertit encore le sr d'Oyhenard par un exprés de leur arriuée à Arnéguy distant 5 ou 6 lieues de St-Palais où il fit sa résidance, à quoy il respondit par sa lettre du 23 dud. mois qu'il venoit d'arriuer de Béarn et qu'ayant appellé ceux de Bayonne, le commandeur d'Ourdiarbe, les prieurs de Bonloc et Bourgarouue affin qu'ils se rendissent aud. lieu d'Arnéguy le jeudy 25e dud. mois pour voir procéder lesd. commissaires à l'exécution de leurs commissions, il receut response de ceux de Bayonne qui disoient ne pouuoir se présenter deuant les commissaires puisqu'ils ne jouissoient et ne possédoient aucuns biens qui eussent appartenu à ceux de Ronceuaux leur ayant rendu et délaissé ceux qu'ils auoient possédé, et quant à ce qu'ils demandoient au chapitre de Ronceuaux, ils s'estoient pourueus deuant le Roy auec résolution de continuer à luy demander justice et qu'en deux ou trois jours, ils espéroient qu'il la leur feroit, ce que voyant led. François d'Ochoa et qu'il ne respondoit pas à la lettre qu'il luy auoit escrit, il rescriuit encore le 23e du mesme mois le pressant de venir à la frontière, à quoy il respondit par sa lettre du 25 que sa commission n'estoit pas dans l'estat.... Ce qu'entendant led. sr d'Otchoa et que led. sr d'Oyhenard ne viendroit à la frontière pour l'exécution de lad. commission qu'il n'en eût une autre, y ayant longtemps qu'il y estoit pour cette seulle affaire, laquelle il uouloit finir suiuant ses ordres à ses couts et despans auec ses officiers et seruiteurs, il requit en forme et par acte le susd. d'Oyhenart de venir à Arnéguy où il l'attendoit, lequel acte luy ayant esté notifié par un notaire françois, il respondit que les lettres de subdélégation que le duc de Grammont auoit fait expédier en sa faueur le mois de septembre 1600 étoient fondées sur l'ordre qu'il auoit receu du Roy pour examiner le droit que le prieur et chanoines de Ronceuaux pouuoient auoir sur les *commanderies et hospitaux d'Ourdiarbe, Bonloc* et autres.... Ayant communiqué ses lettres de subdélégation ceux du chapitre de Bayonne auoient répondu que leurs différends auoient prins fin par le traitté de paix fait entre les deux coronnes l'année 1659 qui dit que tous les biens qui auoient esté usurpés durant et constant la guerre dernière par les sujets des deux roys seroient rendus tant d'un costé que d'autre à quoy il auroit été satisfait par le chapitre de Bayonne ayant absolument restitué tout ce qu'ils auoient possédé durant lad. guerre appartenant aux chanoines de Ronceuaux lesquels auoient refusé de faire la mesme restitution a leur esgard et que les autres intéressés auoient répondu qu'il ne leur constoit pas des ordres du roy mentionnés dans lesd. lettres de subdélégation et qu'il estoit préalable qu'ils en eussent communication auant que de procéder à l'exécution et laquelle communication led. d'Oyhénard ne pouuoit pas leur donner parce que les chanoines de Ronceuaux ne luy auoient pas enuoié l'ordre du Roy Très Crestien mais seulement une copie de celluy que S. M. Catolique auoit donné au marquis d'Astorga et St-Roman au mois de féurier 1662 qui estoit enuiron 17 mois depuis les lettres de sa subdélégation.... Et les choses estant en cet estat, il s'estoit trop pressé, sous son respect, d'aller à la frontière, et auec cette deffaite led. François d'Otchoa se retira à sa maison, apres auoir demuré à Ronceuaux ou à la frontière 19 jours à ses despens.

L'autre, que le marquis d'Astorga et St-Roman ayant informé S. M. Catolique des fourbes qu'on auroit fait au lic. d'Otchoa, elle donna nouuel ordre le 21 féurier 1663 aud. marquis d'Astorga d'escrire à son embassadeur de France d'informer le Roy Très Chrestien de ce qui s'estoit passé, ayant donné ordre au duc de St-Lucar de dire la mesme chose à l'embassadeur de France résidant à Madrid....

L'autre, que le marquis de St-Roman ayant informé S. M. Catolique des prétentions de la royalle maison de Ronceuaux, S. M. donna nouuelle dépêche le 3e de mars 1663 par laquelle il ordonna qu'on luy envoiat toutes lesd. pensions et autres vérifiées et passées dans le conseil royal de Nauarre....

L'autre, que le marquis de St-Roman ayant remis cest ordre du Roy au conseil royal de Nauarre et commandé de luy expédier acte de la remise auec le respect qui leur estoit deu, les supplians présentèrent requeste articulans leurs prétentions.... Il fust escrit à S. M. Catolique que des papiers et instruments veus par le conseil et présentés par la rojalle maison de Ronceuaux, il se prouuoit ce qui suit :

. . . .

Que la Commanderie d'*Ourdiarbe* est de Ronceuaux et qu'elle valoit mille escus de rente par an et qu'au temps de la paix de Verneins en 1598 Arnaud de Maytie qui a esté depuis euesque d'Oleron enuahit lad. commanderie et que par sa mort, elle a esté possédée par Dominique Chabos, chanoine d'Oleron, qui l'a résignée au fils du sʳ Gassion président du Parlement de Pau et cela puis auoir esté connuocqué aux conférances de la frontière par le commissaire Oyhénard, et ensuitte réuocquant la 1ʳᵉ résignation, il en a fait une autre en faueur d'un autre françois....

Il conste aussi par lad. information que toutes les rentes desquelles les françois se sont emparés appartenantes à Ronceuaux vallent par an plus de 4,000 ducats.... et que pour compensation ils ne jouissent que de douze cents ducats (des revenus de Bayonne)....

Le duc de St-Germain a receu une commission de S. M. Catolique semblable à celle qu'avoit cy deuant le marquis d'Astorga et de St-Roman.... Il a des ordres précis pour subdéléguer le lic. François de Ochoa lequel est prest de se rendre à la frontière toutes et quantes fois de la part de la France il y aura commissaire nommé pour cest effet.

L'autre que la saisie ou représaille que l'euesque et chapitre de Bayonne ont obtenue de la visconté d'Ille est contre le dernier traitté de paix, spécialement contre l'article 29 qui dit que les seigʳˢ roys ne pourront donner représailles contre les suiets excepté qu'on leur desnye justice....

L'autre que les Sʳˢ Cʳᵉˢ de cette conférance ne peuuent cognoistre des susd. restitutions auec la certitude et cognoissance véritable de la qualité desd. rentes et de la manière qu'elles doiuent estre faittes et les seigneurs commissaires n'ont point de pouuoir ny commission pour appeler les parties intéressées de cette frontière, et comme il se traitte icy des différants qui sont entre ceux de cette frontière, il doit estre traitté de mesme dans la frontière de Nauarre....

L'autre que led. traitté de paix fait à Verneins n'est point exécuté pour ce qui concerne les commanderies d'Ourdiarbe et d'Ormenac et qu'il le doit estre présentement suiuant les articles susd. 108 et 109 du dernier traitté de paix....

Ce qui estant considéré, les seigneurs commissaires sont suppliés très humblement qu'il leur plaise d'ordonner que les susd. restitutions, accommodements et liquidations seront de la cognoissance des commissaires nommés ou qu'il plaira aux Seigneurs Roys de nommer dans la frontière de Nauarre, veu qu'il a esté ainsi ordonné par S. M. et par le traitté de paix, qu'aussi pour cest effet le duc de St-Roman a effectiuement plein pouuoir de S. M. Catolique auec faculté de subdéléguer telle personne esgalle au Commissaire qui sera nommé du costé de France affin que lesd. restitutions soient faittes auec esgalité et justice.

XL.

Extrait du procès-verbal de la conférence de Figuières entre les chapitres de Bayonne et de Roncevaux, le 21 juillet 1665. (Arch. B.-P., G. 223, 226). Expédition sur papier.

Nous Jacques de Souillac d'Ascrac, marquis de Chatillon, lieutenant général pour le Roy en la prouince de Roussillon, Conflans et pays adjacentz de Cerdagne et lieutenant par Sa Majesté au gouuernement particulier de la ville de Perpignan, et Charles Macqueron, conseiller du Roy en ses conseils d'Estat et priué, son procureur général au Conseil souuerain de Roussillon, intendant de la police, finances, fortifications et viures dud. pays, commissaires, députtés par Sa Majesté pour l'exécution du cinquante neufuiesme article du traicté de la paix generalle. Nous estans assemblés pour l'exécution de nostre commission en la ville de Figuières au principat de Catalogne auec les sieurs don Fabricio Pons de Casteluy, cheualier de l'ordre de St-Jacques, conseiller de Sa Majesté catholique, en l'audiance royalle ciuille dud. principat de Catalogne au comté de Cerdagne et don Pedro de Capons docteur, ez droitz, chanoine et trésorier en l'esglise cathedralle de Barcellonne, commissaires députtés pour le mesme effet par Sa Majesté Catholique, nous aurions entre autres choses traicté de la restitution réciproque tant des biens dont les prieur et chanoines de l'esglize Nostre-Dame de Ronceuaux jouissent appartenant à l'éuesque et chanoines de l'esglise cathédralle de Bayonne et de ceux dont lesd. Euesque et chanoines de Bayonne jouissent appartenans aud. prieur et chanoines de Ronceuaux que du Vicomté d'Illes en Roussillon appartenant au marquis d'Ayetonne duquel Sa Majesté tres chrestienne a accordé la jouissance par représailles ausd. Euesque et chanoines de Bayonne, à cause du refus faict par lesd. prieur et chanoines de Ronceuaux de leur rendre leurs biens en exécution du traité de la paix et après auoir examiné les papiers qui nous ont esté présentés pour cet effect. Ouy par leur bouche les scindiqs desd. Euesque prieur et chanoines de Bayonne et de Ronceuaux pour ce mandés en la salle de la conférence et considéré toutes les raisons alléguées d'une part et d'autre. Nous avons résolu et conclu tous uniformément que en conformitté des articles 28, 29, et autres du traicté de la paix génerallle, lesd. prieur et chanoines de Ronceuaux seront tenus de rendre et restituer réellement, effectiuement et de faict ausd. Euesque et chanoines de Bayonne les quarts décimaux de la vallée de Bastan consistant en paroisses de Batzo etc. Que lesd. Euesque et chanoines de Bayonne seront tenus de rendre etc. ausd. prieur et chanoines de Ronceuaux les commanderies de St-Michel etc. au marquis d'Ayetonne led. Vicomté d'Illes etc.

Que sur les demandes et prétentions tant dud. Seigner Euesque et chanoines de Bayonne, pour estre réintégrés en la jurisdiction spirituelle sur les lieux dud. diocéze sittués en l'obéissance d'Espagne et pour leur remboursement et indempnité des fraix et despences par eux faictes pour la deffence des procès qu'ils ont été obligés de soustenir etc. pour la jouissance des commanderies d'Urdiarbe etc. ils se retireront par deuant lesd. commissaires nommés ou à nommer.... Faict et conclu en la ville de Figuières au principat de Catalogne le vingt quatriesme juillet mil six cens soixante cinq.

(Suit la ratification du traité par Louis XIV, le 21 août et par Philippe IV le 15 août 1665).

XLI.

Subdélégation de J. Badaran, conseiller royal, en faveur d'Aguirre, avocat d'Irun, pour la conférence de l'ile des Faisans, le 15 septembre 1665. (Arch. B.-P., G. 223). Copie sur papier.

En la villa de Tolossa a quinze de sep^{re} del ano de mil seiz^s sessenta y cinco, el s^r don Martin Joseph Badaran de Ojinalde del consejo de S. M., su alcade de corte del Reyno de Nauarra y corregidor desta prouincia de Guipuscoa, dijo que su mno (?) se halla con el despacho de su Magestad su fecha en Madrid de veinte y seis de Agoste deste presente ano en el qual se da comision para la execucion del tratado que sea echo por los comisarios desta corona y la del Rey christiano de Francia en las deferencias que hauia entre las yglesias de Roncesualles y de la de Bayona sobre la restitucion de los vienes de que se hallan desposeidos y por quanto su ministro del dicho senor corregidor se halla ocupado en otros negocios muy del seruicio de su Mag^d de partida para la probincia de Alabara donde se lesta cometido por el Rey consejo de Castilla el haueriguar ciertos exscesos hechos por algunas vez^{es} del balle d'Ellodio por tanto confiando del celo y buenas partes de Don Domingo de Aguirre y Curco abbogado de los reales coussejos y vecino de la Uniuersidad de Yrun Yrançu, delegaua y delego la dicha comision para que en su virtud execute todo lo en ella espresado en lo perteneciente a esta dicha prouincia de Guipuscoa cumpliendo en todo y por todo lo contenido en la dicha comision y que para ello se le remita con este auto y subdelegacion en forma. A si lo mando y firmo ante el présente escriuano licenciado Don Martin Josseph Badaran de Ojinalte, ante mi Francisco de Yturrieta.

XLII.

Subdélégation de C. Pellot, intendant de justice en Guyenne, en faveur de Barés, pour la conférence de l'ile des Faisans, au sujet des biens de Roncevaux, 7 octobre 1665. (Arch. B.-P., G. 223). Copie sur papier.

Claude Pellot, seigneur de Port David et Sandars, conseiller du Roy en ses conseils, M^e des requestes ordinaire de son hostel et intendant de la justice, police et finances ès generalité de Guienne. Veu les ordres du Roy à nous adressés du 25ᵉ aoust dernier portant que le traité fait à Figuiéres le 24ᵉ juillet précédent entre les commissaires de S. M. et ceux du Roy catholique, les différans qui sont entre les Evesque et chapitre de Bayonne et les prieur et chanoines de Roncevaux ayant esté terminés au moyen de la restitution réciproque qui doit estre faite des biens et reuenus apartenans aux uns et aux autres et dont ils se sont emparés et jouissent par forme de représailles, nous ayions à faire jouir lesd. prieur et chanoines de Roncevaux de tous et chacun les biens et reuenus à eux apartenans, desquels lesd. Euesque et chapitre de Bayonne sont en possession, le tout conformément et aux termes dud. traité. Veu aussi led. traité dud. jour 24ᵉ juillet et la ratification d'icelluy, nous avons commis le sieur de St-Martin Barès, commissaire de S. M. pour le règlement des limites sur la frontière, pour mettre en possession et faire jouir paisiblement, conformément aud. traité lesd. prieur et chanoines de Roncevaux des biens et reuenus à eux apartenans dont lesd. Euesque et chapitre de Bayonne sont en pocession, enjoignant pour cet effet aux écheuins jurats et consuls des lieux de nostre département où lesd. biens sont scitués, à tous magistrats et officiers de justice de tenir la main à l'exécution de nostre présente ordonnance, à peyne de desobéyssance, d'en estre responsables en leur propres et priués noms. Fait à Bourdeaux, ce septiéme octobre mil six cens soixante cinq. Ainsi signé Pellot. Et plus bas. Par mond. seigneur, Dru.

XLIII.

Subdélégation de T. de Lavie, Premier Président au Parlement de Navarre, en faveur d'Arnaud d'Oihénart, avocat à St-Palais, sur la restitution des biens, 19 octobre 1665. (Arch. B. P. G. 223). Trés mauvaise copie faite en Espagne.

Thibault de Lavie, chevalier, conᵉʳ du Roy en son conseil d'Estat et premier Président en sa cour de Parlement de Navarre et Béarn par l'absence de Messieurs le duc de Gramont et marquis de Poyanne, gouverneurs et lieutenans générau⒳ de S. M. és dites prouinces. A maistre Arnaud d'Oyanart, sieur de la Sale, avocat au Parlement, salut. Vu les ordres de S. M. à nous adressés en l'absence de Messieurs les gouverneurs et lieutenans du Roy, en date à Paris du vingt cinquiesme d'aoust 1665, signé Louis et plus bas Letellier et cy-dessous insérées aux fins que nous auons à faire jouir sans difficulté et sans aucun retardement les prieur et chanoines de Ronceuaux de tous les biens et reuenus a eux apartenans situés esd. royaume de Nauarre et païs de Béarn desquels les Euesque et chapitre de Bayonne sont en possession aux termes du traité passé à Figuières le vingt-quatriesme juillet dernier entre les commissaires de Sa Majesté et ceux du Roy catholique, suiuant lequel traité lesd. Euesque et chapitre de Bayonne doiuent estre mis en possession des biens qui leur appartiennent dans les terres de l'obéissance dud. seigneur Roy catholique. Nous conformément aux commandements et intentions de Sa Majesté, vous auons commis et député pour mettre en possession et faire tous autres actes requis et nécessaires pour faire jouir paisiblement lesd. prieur et chapitre de Ronceuaux de tous les biens à eux apartenans, ainçy qu'il est porté par led. traité que nous vous enuoyons qui se trouueront sis et situés dans lesd. royaume de Nauarre et païs de Béarn dont jouissent lesd. Euesque et chapitre de Bayonne, de ce faire vous donnons pouuoir en vertu de celuy à nous donné par S. M. Mandons à tous officiers et sujets de S. M. de tenir la main à ce que sera par vous ordonné. Fait à Pau, le dix neufuiesme d'octobre mil six cens soixante cinq. Ainsy signé Lavie. Et plus bas. Par mond. seigneur. de Laurans, et scellé avec le cachet aux armes dud. seigneur.

(Suit la teneur des ordres du roi adressés, le 25 août 1665, au duc de Gramont, pair et maréchal de France, gouverneur et lieutenant général en Navarre et Béarn et en son absence à celuy qui commande esd. pays).

XLIV.

Extrait d'une procuration du chapitre de Bayonne en faveur de M Du Livier chanoine, pour assister à la conférence de l'Ile des Faisans. 4 janvier 1666. (Arch. B. P. G. 223). Copie sur papier.

Ce jourd'huy quatriesme du mois de janvier mil six cens soixante six..... Messieurs du chapitre ont constitué leur procureur exprés et irrévocable Monsieur M⁰ Jean Dulivier aussy chanoine en lad. Esglise pour et au nom dud. seigneur Esuesque et s¹⁹ dud. chapitre de Bayonne assister à la conférence quy doibt estre tenue en l'Isle des Faisans ou autre lieu de la frontière de France et d'Espagne du costé de Guipuscoa par Messieurs l'abbé de St-Martin Barez conseiller du Roy en ses conseils, chevalier de son ordre de St-Michel et commissaire de S. M. pour la décision des différends des limites desd. frontières de France et Guipuscoa subdélégué de Monsieur Pellot, C⁰⁰ du Roy en ses conseils, M⁰ des requestes ordinaire de son hostel et intendant de la justice, police et finances de Guienne et dom Domingo de Aguerre y Çurco subdélégué de dom Martin Joseph Badaran de Osinalde, Corregidor de la prouince de Guipuscoa et en lad. conférence requérir et poursuivre tout ce qu'il conuiendra et jugera à propos pour mettre led. seigneur Esuesque et lesd. sieurs chanoines de lad. Esglize de Bayonne en pocession des dismes, reuenus, patronatz et tous esmolumens quy leur sont dheubs, peuuent apartenir et quy sont scituées dans la prouince de Guipuscoa conformément et en exécution du traité faict à Figuières par Messieurs les commissaires de France et d'Espagne...... Et ainsy l'ont promis et juré ez presence de Pierre La Caussade et Raymond Verdoys, pratitiens habitans dud. Bayonne, tesmoings à ce appellés et signes à la celde auecq lesd. sieurs constituans et moy.

DE REBOUL, not. royal.

XLV.

Procuration du chapitre de Bayonne à Dulivier chanoine pour la restitution réciproque des biens entre Bayonne et Roncevaux. 15 décembre 1665. (Arch. B. P. G. 223.) Copie sur papier.

Ce jourd'huy quinziesme du mois de décembre mil six cens soixante cinq auant midy en la ville et citté de Bayonne par deuant moy notaire royal et greffier de Messieurs du chapitre et chanoines de l'églize cathédralle de Bayonne, présens les tesmoings bas nommés capitulairement assemblés en jour et heure de chapitre Messieurs M⁰⁸ Bertrand de Hayet, Estienne de Harriet, Saubat de St-Martin, Saubat de Sorhaindo, Saubat de Hayet, Estienne de Cheuerry et Pierre de Lafargue, les tous chanoines en l'église cathédralle Nostre Dame de lad. ville pour traicter de leurs affaires communs et après auoir conuocqué et faict appeler selon les formes et coustumes de lad. Esglise tous et chacuns les chanoines dud. chapitre, lesquels faisant tant pour Réuérandissime Monseigneur Jean d'Olce, conseiller du Roy en ses conseils et Euesque de Bayonne absent de lad. ville, que pour les autres sieurs chanoines aussy absens et à tous lesquels ils promettent et s'obligent de faire approuuer et ratifier leur présente procuration, ont de leurs bons grez faict et constitué leur procureur exprès et irréuocable Monsieur M⁰ Jean Dulinier aussy chanoine de lad. esglise pour et au nom desd. seigneur euesque et s⁰⁸ dud. chapitre dud. Bayonne assister à la conférence qui doibt estre tenue en la frontière de France et d'Espagne du costé de la basse et haute Nauarre par Messieurs d'Oyhenard, conseiller du Roy, subdélégué de Monsieur de Lauie, premier président au Parlement de Pau, et dom Fausto Burutain, scindicq général de la haulte Nauarre aduocat des audiances Royalles, et subdélégué de Monseigneur le duc de St-Germain, vice roy de la haute Nauarre et en lad. conférence requérir et poursuiure tout ce qu'il conuiendra et jugera à propos pour mettre led. seigneur euesque et les d. s⁰⁸ chanoines de lad. esglise de Bayonne en pocession des biens, dimes, reuenus, patronatz et tous esmolumens quy leur sont dheubs, peuuent apartenir et quy sont scitués en lad. haulte Nauarre et prouince de Guipusquoy, conformément et en exécution du traicté faict à Figuiéres par Messieurs les commissaires de France et d'Espagne et ratifié par les Roys de France et d'Espagne et en conséquence des résolutions prinses en lad. conférence procéder incessamment à estre mis par led. s⁰ Burutain subdélégué en pocession de leursd. biens, dismes, patronatz, esmolumens, apartenances et deppendances en quoy qu'ils puissent concister et dont lesd. s⁰⁸ constituans jouissoient en lad. haute Nauarre et prouince de Guipusquoy auant la dernière guerre entre les deux couronnes et aux fins dud. mise et prinsse de pocession au nom desd. seigneur Euesque et sieurs chanoine et chapitre de Bayonne faire, comme dit est, tous actes, réquisitions, poursuittes, sommations, protestations et dilligences, mesme consentir sy besoing est que les s⁰ˢ chanoines et chapitre de Ronceuaux soient mis en pocession des dismes et reuenus quy leur appartiennent en France et dont lesd. constituans jouissoient par représailles sur eux, le tout conformément au susd. traicté de Figuières et sans qu'il puisse estre rien faict de contraire au susd. traicté, à ces fins faire aussy tous actes nécessaires que lesd. s⁰ˢ chanoines constituans aud. nom promettent auoir agréable de même que s'ils les auoient requis ou y auoient consenty promettant ne reuocquer leurd. procureur ains avoir le tout a gré soubz obligation des biens, rentes et reuenus dud. chapitre qu'ils ont soubzmis à toutes rigeurs de justice et à quy la cognoissence en appartiendra et ainsy l'ont promis et juré en présence de Pierre La Caussade et Raymond Verdoye habitans dud. Bayonne, tesmoings à ce appellés et signés à la colde auecq lesd. s⁰ˢ constituans et moy. de Reboul, not. royal.

XLVI.

Conférence d'Arnéguy du 30 décembre 1665, sur la restitution des biens. (Arch. B.-P., G. 223.) Copie sur papier.

L'an mil six cens soixante cinq et le deuxiesme jour du mois de nouembre à nous Arnaud Doihenant aduocat en la cour de Parlement de Nauarre feust présentée en la ville de St-Palais par le sieur de Liuier chanoine en l'église cathédralle de Bayonne la commission qui s'ensuit à nous adressée par Monseigneur de Lanie, premier Président en la cour de parlement de Nauarre

Thibaut de Lanie, cheualier, conseiller du Roy etc.

Laquelle commission ayant receu auec le respect deu, nous aurions soudain escrit à Messieurs les prieur et chanoines de l'église royalle de Roncesuaux pour leur donner aduis et leur faire connoistre que nous serions prest a tous jours et heures de vacquer à l'exécution de lad. commission, leur demandant quand ils seroient disposés d'y procéder de leur costé, lesquels par leur response du cinquiesme du mesme mois nous auroient faict entendre qu'ils enuoyoient en diligence vers le sieur don Fausto de Burutain, aduocat aux audiances royalles de Pamplonne et sindic du

Royaume de la haute Nauarre, quy auoit receu une pareille commission à la nostre de la part du seigneur marquis de St-Germain viceroy de la haute Nauarre pour executter le mesme traicté fait à Figuières en Cathalogne par Messieurs les Commissaires du Roys très chrestien et catholique touchant les restitutions des biens quy sont à faire respectiuement entr'eux et Mʳ l'euesque et Messieurs les chanoines de lad. Eglise cathédralle de Bayonne et que dés que led. sieur de Burutain leur auoit fait sçavoir le jour auquel il pourroit vacquer à l'exécution de lad. commission, ils nous en donneroient aduis.

Quelques jours après, led. sieur de Liuier nous auroit faict entendre que led. sʳ de Burutain luy auoiet faict sçauoir qu'il seroit prest à se rendre au lieu d'Arnéguy qui est aux confins des pays de la basse et haute Nauarre, à tel jour que nous voudrions pour s'aboucher avec nous.... Sur quoy nous aurions escrit aud. sʳ de Burutain que nous nous rendrions le mardy vingt et neufuiesme du mois de décembre en la ville de St-Jean-Pied-de-Port quy n'est qu'à une lieue de distance dud. lieu d'Arnéguy et que le lendemain matin nous l'irions joindre aud. lieu d'Arraneguy, lequel sieur Burutain nous auroit respondu qu'il ne manqueroit point de se rendre aud. lieu ; de faict nous nous serions rencontrés aud. lieu d'Arreneguy led. jour de mercredy trentiesme décembre, environ l'heure de midy et nous estans assemblés à l'heure de relleuée au millieu du pont dud. Arreneguy qui faict la séparation de la basse et haute Nauarre, sy seroient aussy trouués led. sieur du Liuier, chanoine de l'église cathédralle de Bayonne et procureur spécialement fondé par led. seigneur Euesque et par lesd. sieurs chanoines de Bayonne ses confrères d'une part, et don Martin de Calua, chanoine de lad. Eglise de Roncesuaux et procureur aussy spécialement fondé par Messieurs les prieur et chanoines de Roncesuaux et après que led. sieur de Burutain et nous nous sommes respectiuement communiquéz nos pouuoirs et lesd. sieurs du Liuier et de Calua leurs procurations, nous aurions pris et donné délay pour les examiner ausd. sieurs procureurs durant le reste desd. jours.

Et aduenu le lendemain trente uniesme dud. mois de décembre environ les neuf heures du matin, nousd. commissaires nous serions rassemblés sur led. pont où se seroient rendus aussy lesd. sieurs du Liuier et de Calua procureurs des parties lesquels après anoir déclaré estre satisfaits des pouuoirs et procurations qu'ils s'estoient mutuellement communiqués auroient consenty d'une même voix à ce qu'il fent procédé par nous d'Oihénard à la mise en possession dud. sieur de Çalua des commanderies de St-Michel etc. et par nousd. de Burutain à la mise en possession réelle et actuelle dud. sieur du Linier comme procureur dud. seigneur Euesque et desd. sieurs chanoines de Bayonne des quarts décimaux des biens des vallées de Bastan, de Lerin etc.[1].

Sur quoy nousd. commissaires auons octroyé acte ausd. procureurs des parties de leurs dires, consentemens et protestations respectives et auons ordonné que veu lesd. consentemens il sera procédé incessemment par nous d'Oihénard à la mise en possession du s^r de Çalua au nom qu'il procède des commanderies biens et droicts ausd. sieurs prieur et chanoines de Ronceuaux au pays de la Basse Nauarre.... et par nousd. Burutain à la mise en possession dud. s^r du Linier en qualitté qu'il agist des quarts des dismes des lieux et parroisses des vallées de Vastan, Lérin, Vertix et Cinq villes et autres biens appartenans ausd. seigneur Euesque et chanoines de Bayonne de la Haute Nauarre plus au long spécifiées dans led. traité faict à Figuières... Et les procureurs du Linier et de Çalua ont déclaré ne pouuoir satisfaire à la présente ordonnance en ce qui regarde l'estat et déclaration des fruicts sujects à restitution et des réparations dont lesd. seigneur éuesque et chanoines de Bayonne entendent faire déduction, d'autant qu'ils n'ont pas en main les actes justificatifs ayans esté obligés de les enuoyer cy deuant ausd. sieurs de Niert et de Guinda députtés des chapitres de Bayonne et de Roncesuaux au principat de Cathalogne pour les faire voir à Messieurs les commissaires quy ont faict le traicté de Figuières demandant leur octroyer un délay compettant pour les raporter par deuant nous....

Et par nousd. commissaires a esté ordonné que les parties remettront par deuers nous dans trois mois l'estat et déclaration des fruicts suject à liquidation.... faute de ce faire estre par nous ordonné le délay passé ce que de raison et que cependant suiuant nostre précédente ordonnance, il sera par nous procédé incessam-

---

1. Il y eut des réserves faites sur la Commanderie d'Ordiarp appartenant à Roncevaux.

ment à l'exécution du surplus de nostre commission. Ainsy signés, Doihénart commissaire et de Burutain commissaire.

La prise de possession juridique des biens de Roncevaux par Çalva en France eut lieu le 2 janvier 1666 et jours suivants (G. 223).

XLVII.

Frais et dépenses de Me de Nyert député du chapitre de Bayonne à Figuières, du 6 décembre 1664 au 4 avril 1666. (Arch. B.-P., G. 223). Copie sur papier.

Au voyage de M. de Nyert de Paris à Roussillon	248 l. 10 s. 6d
Perdeu sur l'argent receu en Roussillon........	57 l. 13 s. 6d
Perdeu sur le rabais de la monnoye............	51 l. 15 s.
A l'homme qui a porté les jambons............	18 l. 10 s.
Diuerses coppies données aux commissaires d'Espaigne soit des dires, requestes, descomptes, à don Angelo de Guinda et don Joseph de Paillares......	23 l. 10 s.
Ports des letres payés au sr Marcourel par deux comptes 63 l. 9 et au courrier qui portoit les lettres à Figuiéres 14 l. 4 s., en tout................	77 l. 13 s.
L'acte par où il se voit que Me de Lissague reste redeuable de 1310 l. passé à Figuiéres deuant Balard...	12 l.
Donné au sr Colondres secrétaire de la conférance pour l'acte de nomination fait par les commissaires de France à ceux d'Espaigne.................	22 l.
Le traicté passé le 24 juillet auec les 4 coppies qui se font de toutes les expéditions qui se font en la conférance dix pistolles......................	110 l.
Les coppies de diuers actes sur les contestations des comptes deux pistolles.....................	22 l.
L'original du traicté fait sur les comptes receus en conférance par tous les commissaires, auec une coppie aussi en forme du secrétaire de France, et le certificat du jour que Me de Nyert arriua à Figuiéres et qu'il en partit cinq pistolles...............	53 l. 15 s.

La coppie desd. comptes en Espaignol et donné au secrétaire d'Espaigne..................................	21 l. 10 s.
Le voyage de Perpignan jusques à Bayonne......	135 l. 12 s.
Les ports des lettres payés à M⁰ Verdier et Daguerre soit de Bayonne jusques à Thoulouse, ou de celles que led. s' de Nyert a receu de Cataloigne qui leur ont esté adressées soubs leur couuert.........	106 l. 11 s.
M. de Nyert a demeuré en Cataloigne depuis le 6 décembre 1664 jusques au 4 août 1666. Mais comme l'homologation des comptes fust faict dès le 6 auril aud. an 1666, je ne compte pas que jusques aud. jour 6 avril, et ainsi 485 jours, lesquels à raison de six liures par jour montent........................	2910 l.
Montent tous ces articles de l'employe des despences à la somme de............................	3858 l.

Il faut remarquer que suiuant le traicté de Figuiéres, la liquidation qui se doibt faire entre M⁰⁰ l'éuesque et chanoines de Bayonne et M⁰⁰ de Ronceuaux est des fruicts écheus depuis la publication de la paix (qui fust le 7 nouembre 1659) jusques au jour de la restitution des biens (qui fust au moys de jannier 1666).

Suit la ferme des biens de Ronceuaux.

XLVIII.

Vérification des pouvoirs des procureurs des chapitres de Bayonne et de Roncevaux, à l'Ile des Faisans, le 23 janvier 1666. (Arch. B.-P., G. 223. Copie sur papier).

En la Isla de los Faisanes situada en el Rio Bidassoa, media legua lejos de la uniuersidad de Yrun que es en la prouincia de Guipuzcoa y otro tanto de la villa de Hendaya de la de Guiena en la casa o barraca que en la dicha isla esta hecha, sauado veinte y tres de henero del año de meil seiz⁰ sessanta y seis, hauiendo nos juntado de comun acuerdo nos los comisarios en virtud de las subdelegaciones a nos cometidas y zedulas expedidas de los señores reyes de ambas coronas en confirmacion, efectuacion y execucion de la sentencia dada en el tratado de Figueras, por los comisarios diputados, nombrados por sus Magestades sobre el articulo cinquenta y nuebe del tratado de la pas general que en el progresso de estas diligencias eran ynsertas exscriuidas y entregᵃˢ por traslados autenticos reciprocamente llamamos al lic. don Martin de Zalua canonigo de la santa y glezia real de Ronzesvalles y mos. Duliuier canonigo de la santa yglessia de Bayona y entrados en la sala de la conferencia exsiuieron, manifestaron, y entregaron los poderes en cuya virtud representando sus cauildos asistian y llegaron a decir de su derecho por loque a cada uno le tocase que tambien en el yngresso de estos autos yran ynsertos los dichos poderes e yncontinente el dicho canonigo don Martin de Zalua en nombre de los senores prior, canonigos y cauildo de Ronzesvalles. Dijo que presentaba su poder protestando no le parasse perjuicio al derecho que su cauildo tenia para recobrar las encomiendas de Urdiardi, Ormanac, Burgarona, Santa Luzia, los diezmos de Undarrola y otros derechos y rentas que ocupan deferentes personas en el reyno de Francia : a loqual respendio el dicho Mos. Dulibier que su cauildo de Bayona no posseya otros vienes y rentas pertenecientes a la caza real de Roncesualles de manera que los que se mandan restituir por la dicha sentencia de Figueras por echo del dicho cauildo de Bayona, de manera que esta protestacion del dicho don Martin de Zalba no les toca en ninguna manera a los dichos senores Obispo y canonigos y cauildo de Bayona, y protesto el dicho Mos. Dulibier que tampoco le parasse perjuicio a su cauildo la execucion de la sentencia de Figueras en el derecho que su cauildo tenia a que se buelba a yncorporar al dicho obispado los lugares que en Nauarra la alta y prouincia de Guipuscoa pertenecian a l'obispado de Bayona.... à lo qual el dicho don Martin de Zalua respondio que lo que narra el dicho Mos. Dulibier no pende de la casa real de Roncesualles y assi no le toca dicho protestacion, ni que la dicha real casa esta obligado a satisfacer los gastos que el cauildo de Bayona hubiere tenido en los negocios referidos.... Estaua mandado restituir à Roncesualles en el tratado de Beruins la encomienda de Urdiarbe y otras, tubo justa causa el dicho cauildo para no entregar al de Bayona luego que le hizo el primer requirimiento.... Y con las dichas protestas admitimos los dichos poderes cuyas copias autorizadas con las demas de los sobre dichos despachos, como sea dicho, demas reciprocamente y para determinor su validacion y justificacion y acordamos juntar nos en este puerto manana dia domingo que se contara veinte y quatro de este presente mes y ano, lo firmamos juntamente con los dichos canonigos poder hauientes y yo descriuano. Don Domingo de Aguirre y Curco. L'abbé de St-Martin Barés. Don Martin de Zalua. Dulivier. Ante my Martin de Yparraguirre.

Suivent toutes les pièces relatives aux conférences de Figuières et de l'île des Faisans.

XLIX.

Arrêt de Bordeaux, du 19 juin 1673, qui reconnaît au chapitre de Roncevaux le droit de patronage sur Ordiarp, Musculdy, Viodos, etc. (Arch. B.-P., 224. Copie sur papier).

Extraits des registres du Parlement

Entre M⁰ Arnaud de Paisuhare, prêtre, pourueu sur la nomination et présentation du chapitre royal de Ronceuaux de la cure St-André de Vidos et de son annexe St-Vincens de Garindein, païs de Soule, diocèse d'Oleron tant en son nom que comme ayant la cession des droits de Mᵉ Tristant Domet aussy prêtre, curé de Mendibiu et en cette qualité apelant de certain appointement rendeu par les juges de Lixarre et demandeur en requéte aux fins d'être maintenu deffinitivement au possesoire desd. cure et annexe et autrement demandeur d'une part.

Et Mᵉ Pierre Darripe prêtre, curé de Lurbe en Béarn, pourueu desd. cure et annexe comme gradué par le sieur éuéque d'Oloron, Mᵉ Pierre de Jauréguiberry, pretre, ausy pourveu dud. bénéfice sur la nomination et présentation de noble Jean de Gassion, baron de St-Vincent de Salies soy disant commandeur de la commanderie d'Ordiarp et Mᵉ Pierre Maytie soy disant aussy commandeur dud. Ordiarp et en cette qualité prétendant estre patron dud. bénéfice deffendeurs, chacun en ce qui les concerne, et autrement lesd. Jauréguiberry et Maytie demandeurs en requetes des huitieme feurier 1668 et 31 mai 1669, tendans sauoir celle dud. Jaureguiberry a estre maintenu au pocessoire desd. cure et annexe et celle dud. Maytie à fin d'être conserué au droit de patronage d'icelles d'autre.

Et le sindic dud. chapitre de Ronceuaux deffendeur à la requête dud. Maytie et ausy de sa part deffandeur en requête du 29 janvier 1669, tendant à ce que prononsant sur la maintenue dud. bénéfice en faveur dud. Suharre pourueu sur sa présentation, il soit maintenu par même moyen en la possession du droit de patronage tant de lad. cure que autres bénéfices dont les reuenus sont incorporés à lad. commanderie d'Ordiarp d'autre.

Et led. Maytie en lad. qualité de commandeur dud. Ordiarp deffendeur à la dite requête, encore d'autre.

Et entre M⁰ Xans de Bonnecase, prêtre, docteur en théologie, chanoine de Sᵗᵉ-Engrâce, pourueu sur la nomination et présentation dud. Maytie desd. cure et annexe comme vacquante par le décedz de Mᵉ Pierre Charrite Lichos viuant prêtre qui en étoit aussy pourueu sur la nomination et présentation dud. Maytie interuenant et demandeur en requête du xxij février 1672 afin d'être maintenu au possessoire dud. bénéfice et autrement deffendeur d'une part.

Et tant led. Suharre que lesd. Arripe et Jauréguiberry et led. sindic du chapitre de Ronceuaux deffendeur, chacun en ce quy le concerne d'autre.

Et encore entre led. Suharre demandeur en excés et autrement deffendeur d'une part, et Pierre de Corostis dit Conchusqui, Pierre Certanchu, Dominique d'Etchecopar et Pierre d'Iriart, commissaires établis pour faire la leuée des fruits décimaux dud. bénéfice deffendeurs, et autrement demandeurs en relaxance et payement de leurs frais, courses et vacations d'autre.

Et encore entre Mᵉ Charles de Boloscar, auocat en la cour, demandeur de l'enterinement de certaine requête d'une part.

Et tant lesd. Suharre, Bonnecasse et Jauréguiberry que Henry de Charrite escuyer, noble Arnaud de Vigneau, capitaine, comme mary de demoiselle Marguerite Charrite et Marie Charrite, cohéritiers dud. feu Charrite Lichos deffendeurs chacun pour son regard d'autre.

Veu le procès. Acte de nomination et présentation faite par led. Maytie de la personne dud. feu Charrite pour être pourueu desd. cures et annexe vaquante par le décés de Mᵉ Arnaud de Méharon du 6e octobre 1661. Acte de nomination et présentation faite par led. chapitre de Ronceuaux de la personne dud. Suharro à lad. cure de Viodos et son annexe du 24 novembre aud. an. Acte de nomination et présentation faite par led. sieur de Maytie Euesque d'Oleron et Commandeur dud. Ordiarp de la personne de Dominique Chabos à la cure et annexe d'Idaux et Mendy du dernier juillet 1618. Acte de prise de possession de lad. cure par led. Chabos du 11e septembre aud. an. Autre acte de prise de pocession de la sacristie d'Ordiarp et Musculdy par Pierre Hegoburrie pourueu d'icelle sur la présentation faite de sa personne par Me Arnaud de Maytie Comandeur dud. Ordiarp du 2 septembre 1661. Autre acte de prise de pocession de lad. sacristie par Me Arnaud de Conget pourueu d'icelle sur la présentation du sr de Maytie Euesque d'Oleron et Comandeur d'Ordiarp dud. Ourdiarp du 5 novembre 1616. Acte de nomination et présentation faite par led. sieur de Maytie de la personne de Me Jacques Lafitte pour la cure de St-Ciprien de Musculdy et St-Michel d'Ordiarp annexes et acte de prise de possession d'icelles par led. Lafitte des 3 et 6 mars 1616. Titre de lad. cure d'Ordiarp et Musculdy octroyé à Me Jacques Lafite par le sr Euesque d'Oleron sur la présentation de Chabos commandeur d'Ordiarp du 5 novembre 1639. Autre titre de lad. cure de Vidos et son annexe octroyé par led. sr Euesque à Maitre Xans de Bonuecase sur la présentation dud. commandeur du 9 décembre aud. an. Résignation faite par led. Lafite de lad. cure de Musculdy et son annexe entre les mains dud. Commandeur pour y nommer telle autre personne que bon luy sembloit auec l'admition de lad. démition par le sieur Euesque d'Oleron des 14e auril et 7 juillet 1611. Acte de prise de pocession de lad. cure d'Ordiarp et Musculdy par led. Lafite en verteu du titre à luy octroyé par le sr Euesque. Acte de présentation faite par led. Chabos Commandeur de la personne de Me Dominique de Jauréguiberry à lad. cure d'Ordiarp et Musculdy du 8e may 1615. Arret par deffaut portant maintenue en faueur dud. Chabos au droit de patronat et présentation à toutes les cures et annexes dépendantes de lad. cure et commanderie d'Ordiarp du 12 auril 1611. Titre d'institution octroyé par l'ordinaire à Jean de Chugarry présenté à la sachristie d'Ordiarp par les prieur et chapitre de Ronceueaux du 21 juillet 1535. Nomination faite par led. chapitre de Ronceueaux à lad.

sachristie de la personne de Jacques Larondo, institution de l'ordinaire et prise de pocession faite en conséquence des 16 féurier 11 et 24 mars 1647. Démission de lad. cure d'Ordiarp et Musculdy faite par M⁰ Jacques Lafite titulaire d'icelle ez mains dud. Commandeur en faueur d'autre Jacques Lafite et les titres et prise de possession des 4 auril, 7 et 9ᵉ juillet et 11ᵉ aoust 1611. Titre de lad. cure d'Ordiarp expédié sur la nomination dud. chapitre de Ronceuaux de l'année 1452. Acte de nomination et présentation faite à lad. cure de Vidos par led. Commandeur d'Ordiarp de la personne dud. Bonnecaze du 7 aoust aud. an 1670, titre et prise de possession des 28 mars et 13 auril 1671 etc.

Dit a esté que la Cour a mis et met sur lad. appellation les parties hors de cour et de procès et faisant droit au principal énoqué par l'arrest dud. jour quatrième juin mil six cens soixante six a maintenu et maintient deffinitiuement led. Suharre en la pocession et jouissance de la cure St-André de Vidos et St-Vincens de Garindein son anexe dont est question, fruits, profits reuenus, émolumens en dépendans, fait inhibitions et deffences aud. Bonnecaze, Jauréguiberry et tous autres de le troubler ny empecher en icelle à payne de mil liures et de telle autre qu'il apartiendra et en conséquence ordonne que lesd. Corostis, Certaussu et consorts, commissaires establis au régime et gouuernement desd. fruits remettront aud. Suharre tous ceux qu'ils ont pris et perceus ou deu perceuoir depuis leur établissement et qu'à ces fins ils luy en rendront conte par deuant le plus prochain juge royal des lieux non suspect que lad. cour a à ces fins commis et député, condemne led. Suharre comme ayant les droits dud. Domec en douze liures d'amande du dit appel et lesd. Bonnecaze, Jauréguiberry et Arripe enuers iceluy Suharre aux dépans chacun le conscrnant, lesquels néanmoins il ne pourra prétendre contre ledit d'Arripe que jusques au deuxième aoust mil six cens septante qu'il s'est désisté et departy du droict qu'il auoit sur lesd. cure et annexe et faisant droit des conclusions dud. sindic des prieur et chanoines dud. chapitre de Ronceuaux lad. cour l'a maintenu et maintient définitiuement au droit de présentation et nomination tant de lad. cure et annexe que celles d'Idaux et Mendy, Ordiarp et Musculdy et de la sacristie dud. Ordiarp et Musculdy et ordonne que vaccation d'icelles auenant led. sindic nommera et présentera en qualité de patron à l'éuêque d'Oleron diocézain dans le tems porté par les saints décrets des personnes suffisant et capables, natifs de ce Royaume et résidant en iceluy pour être par led. Eueque pouruens desd. cure et sachristie. Fait inhibitions et deffences aud. Maytie de troubler ny empecher led. sindic au droict de patronage, ny de prendre autre qualité que celle de prieur curé d'Orliarp aux termes de l'arrêt dud. jour 5 septembre 1592 à telles peines que de droit condemne iceluy de Maytie enuers led. sindic aux dépans le concernant et faisant droit des conclusions desd. Corostis, Sertanchu et consorts lad. cour les a relaxés et relaxe des excés contre eux prétendus par led. Suharre auec dépans faits et soufferts desquels ensemble de leurs peines, journées et vacations suiuant la taxe et liquidation quy en sera faite, ils seront payés et remboursés sur les fruits dont la restitution a esté cy dessus contre eux ordonnée et sur les conclusions prises par le sieur Beloscar en sa requête du 3⁰ septembre dernier aux fins d'être payé sur les fruits qui sont en mains desd. sequestres des sommes à luy deues par l'hérédité de feu Me Pierre Charrite, a mis et met les parties hors de cour et de procés sauf à luy de se pouruoir à l'encontre des héritiers et bien tenans dud. feu Charrite ou autrament ainsy et comme il verra estre à faire. Dit aux parties à Bordeaux en Parlement, le 19 juin 1673. Signé de Pontac, Présid.

L.

Nomination de Pierre Chamalbide, à la cure d'Orliarp, le 22 octobre 1673, par le chapitre de Roncevaux. (Arch. de Roncev. Catalogo gener. P. 96. N⁰ 51). Copie sur papier.

In sancta Ecclesia Regalis domus Beatœ Mariœ Roncesvallis, etc. die vigesima secunda mensis octobris anni millesimi septuagentesimi tertij, domini lic. Joannes Bertrandus de Vidau subprior etc. dixerunt ad eorum pervenisse notitiam quadam die huius presentis mensis octobris et anni predicti obiisse sive ex hac vita migrasse D. Petrum de Mahitia ejusque obitu vacasse rectoriam sive curatum vel vicarium Ecclesiœ Parrochialis Sancti Michaelis oppidi seu loci de Urdiarbe cum servitio deputato Capellœ

S. Laurentii ejusdem oppidi in dioc. Oloren. cujus dictœ ecclesiæ parochiallis sunt predicti domini Prior et Capitulum veri patroni... Quapropter sui juris certi eoque utentes meliori forma et via qua possunt et debent et requiritur de jure nominabant et de facto nominarunt et presentarunt ad predictum curatum... D. Petrum de Chamalbide presbiterum oppidi de Aleurue dictœ dioc. Olorensis ut presentatus rectorque nominatus obtineat titulum et canonicam collationem a suo superiori ad id jus habente, predictique domini suprior et canonici, capitulum celebrantes, supplicarunt Illustrissimum et Reverendissimum Dominum Antistitem Olorensem ejusque dominum vicarium generalem ut predicto domino Petro de Chamalbide ita presentato conferant et concedant commissionem serviendi dictum curatum.

LI.

Lettre de Louvois au chapitre de Bayonne sur les représailles, 27 novembre 1673. (Arch. B. P. G. 224. Signature autogr.)

Messieurs,

J'ay rendu compte au Roy de vostre lettre du 15e de ce mois, S. Mté a bien voulu vous accorder la confiscation du prieur et des chanoines de Roncevaux de laquelle vous trouverez l'expédition cy-jointe, mais elle n'est plus en estat de vous donner ce que vous demandez en Roussillon, parce qu'elle en avoit desja disposé. Je suis, Messieurs,

Vostre bien humble et tres affectionné serviteur,
M. Louvois.

Ce 27 novembre 1673.

LII.

Acte de démission de la commanderie d'Ordiarp, fait par Sans de Bonnecaze en faveur de Roncevaux, le 31 décembre 1674. (Arch. B.-P., G., 224). Copie sur papier.

Aujourd'huy trente unième décembre mil six cens septante quatre, au lieu d'Ugange et dans la maison de St Jean de Pied de

Port, par devant moy notaire royal soussigné, présens les témoins bas nommés, a été constitué en sa personne, Monsieur M⁹ Sanz de Bonnecase de la ville de Mauléon en Soule, docteur en théologie, curé de lad. ville et commandeur prieur d'Urdiarp aud. païs de Soule, lequel de son bon gré a fait démission de lad. commanderie et prieuré, droits, rentes, revenus et batimens purement et simplement et ce en faveur du chapitre de Ronceveaux, à condition et sous la réserve expresse de jouir desd. rentes et revenus, même desd. maisons de lad. commanderie et prieuré jusques à ce qu'il aye retiré au moyen de la jouissance desd. fruits jusques à la concurrance de deux mille écus sol qu'il faira à commancer de l'année prochaine de mil six cens septante cinq et continuera jusques à l'entier payement de lad. somme de deux mille écus, laquelle démission led. sieur de Bonnecaze a faite sous le bon plaisir de Sa Majesté et pour la décharge de sa conscience, attendu qu'il est plainement convaincu que lad. commanderie et prieuré est des deppendances dud. chapitre de Ronceveaux et laquelle démission messieurs don Angelo de Guinda et don Andres d'Esnos y Anduçza chanoines dud. Ronceveaux ont acceptée, faisant pour led. chapitre et pour tout ce dessus ainsy tenir et accomplir led. sieur de Bonnecaze a promis de ne révoquer à peine de tous dépens, dommages et intérets, et pour cet effet lesd. parties respectivement, chacun ainsy qui leur touche ont obligé leurs biens et causes qu'ils ont soumis aux rigueurs de justice, renoncé aux renonciations de droit et de fait à ce contraires, juré à Dieu de ne venir au contraire directement ny indirectement. Fait ez présences de Monsieur M⁹ Pierre d'Arroz de Mauléon écuyer, et noble Pierre de Lacco sieur de la Salle d'Iriberry témoins à ce requis et appellez, lesquels avec lesd. parties ont signé à l'original, étant à ce interpellez par moy. Ainsy signé aud. original Bonnecaze. Don Angelo Guinda. Don Juan Andres de Esnos y Anduçza. Laco présent, d'Arros. D. Mendiry notaire royal.

LIII.

Ordonnance de Louis XIV, renvoyant à M. de Sève, intendant de Guyenne, le chapitre de Bayonne et Bonnecaze, commandeur d'Ordiarp, le 26 octobre 1675. (Arch. B.-P., G. 221). Imprimé.

Louis par la grâce de Dieu, roy de France et de Navarre, à nostre amé et féal le sieur de Sève, conseiller en nos conseils, maistre des requestes ordinaire de notre hôtel et commissaire départy en la généralité de Bordeaux, Salut. Par arrest de nostre conseil d'estat dont l'extrait est cy-attaché soubs le contre séel de nostre chancelerie, nous avons entre autres choses ordonné que l'ordonnance par nous renduc le 18 janvier 1674 en forme de représaille sera exécutée selon sa forme et teneur et pour faire droit à la prétention du nommé Bonnecaze mentionné aud. arrest touchant les six mil livres assignés par le chapitre de Roncevaux sur la commanderie de Dourdiarbe, nous avons renvoyé les parties par devant vous pour estre par vous oüyes sur leurs contestations, en dresser procès verbal, et iceluy nous envoyer avec vostre avis pour ensuite estre par nous ordonné ce qu'il appartiendra, cependant que lad. somme de six mil livres prétendue par led. Bonnecase sur les fruits courans de la d. commanderie de Dourdiarbe, conformément à la transaction qu'il a passé avec led. chapitre de Roncevaux sera mise ès mains de telles personnes que vous estimerés à propos pour la garder, jusques à ce que diffinitivement il en ait nostre main, que led. arrest vous ayés à exécuter selon sa forme et teneur ; commandons au premier nostre huissier ou sergent sur ce requis de le signifier à tous ceux qu'il appartiendra, à ce qu'ils n'en prétendent cause d'ignorance et ayent à y déférer et obéir et en outre tous autres exploits et actes de justice nécessaires sans pour ce demander autre permission ; car tel est nostre plaisir. Donné à Versailles le vingt-sixième jour d'octobre, l'an de grâce mil six cens soixante quinze et de nostre règne le trente troisième.

Par le roy

Phelippeaux.

LIV.

Assignation de Bonnecaze, commandeur d'Ordiarp, par devant M. de Sève, intendant de Guyenne, décembre 1675. (Arch. B.-P., G., 221). Original sur papier, signature autographe.

Guillaume de Seue, cheualier, seigneur de Chastillon le Roy, Izy et Criqueuille, C° du roy en ses conseils, M° des requestes ordinaire de son hostel et C° departy pour l'exécution de ses ordres en la géneralité de Bordeaux.

Veu l'arrest du conseil rendu S. M. y estant le vingt cinq octobre dernier et commission à nous adressante pour l'exécution d'iceluy dud. jour, nous auons ordonné que led. arrest sera exécuté selon sa forme et teneur et a ceste fin pour faire droict sur la prétention de M° Sans Bonnecase y desnommé concernant les six mil liures assignez par le chapitre de Ronceuaux sur la commanderie de Dourdiarbe que led. Bonnecase sera assigné par deuant moy au mois pour parties ouyes estre par nous dressé procès verbal de leurs dires et contestations et iceluy estre enuoyé à S. M. auec nostre aduis et cependant faisons deffenses aux fermiers des fruit et reuenus de lad. commanderie d'en uuider leurs mains ny s'en dessaisir jusqua ce qu'autrement par nous en ait esté ordonné à peine de payer deux fois.

Fait à Bordeaux, dix décembre 1675.   De Sève.

Par Mandement de Monseigneur,
Drouet.

LV.

Bail à ferme des revenus d'Ordiarp, consenti à M° Basile de Bonnecaze, avocat, par M° Sans de Bonnecaze, pour la somme de 1,800 livres par an. 23 septembre 1676. (Arch. B.-P., G., 231). Copie du temps sur papier.

Auiourd'huy vingt troisième de septembre mil six cens soissante seze apres midy en la parroisse d'Ourdiarp et au-deuant la chapelle S¹ Laurent dud. lieu par deuant moy notaire royal soubsigné et en présence des té. sus bas nommés a esté constitué en sa personne Monsieur M⁰ Sans de Bonnecase prieur curé sieur commandeur de ced. lieu d'Ordiarp habitant de la ville de Mauleon lequel de son gré a donné et par les présentes donne à titre de ferme à M⁰ Basile de Bonnecazo aduocat en la cour habitant de ced. lieu son frère a ce présent stipulant et acceptant. Est a sauoir tous les fruits et reuenus dependans de lad. commanderie ou prieuré cure. En quoy ils puissent consister et sans aucune réserue et ce pour le temps et espace de trois années et cueilletes prochaines a les commencer au premier jour de janvier prochain et de l'année qui se contera mil six cens septante sept et a les finir en pareil jour premier de janvier de l'année qui se comptera mil six cens quatre vingt. Et a esté faite lad. ferme pour le prix et somme de dix huit cent liures par an, laquelle somme de dix huit cens liures ledit sieur de Bonnecase fermier a promis et sera tenu de payer aud. Sʳ commandeur sauoir la moytié reuenant à neuf cens liures pendant un moys a le conter de ce jourd'huy et l'autre moytié pendant le jour et feste de pasques prochain venant à peine de tous despens, domages et interest sans qu'il soit loisible aud. Sʳ fermier de demander aud. Sʳ commandeur aucune compensation des sommes et pretentions qu'il doit prendre et a sur luy; de plus led. Sʳ fermier a promis et sera tenu de le descharger de *toutes les charges auxquelles lad. commanderie peut estre suiéte a la réserue des dismes de don gratuit,* mesme de payer trente liures à la fabrique de l'église Sᵗ Michel dud. lieu suiuant l'usage ancien et autres trente liures au Sʳ de Rospide prestre et Mᵉ Descolle pour l'instruction des enfans et escoliers de ced. lieu. Et pour le regard du surplus du prix de lad. ferme icelluy Sʳ de Bonnecase fermier a promis et sera tenu de payer aud. Sʳ commandeur ou a son ordre sauoir la moytié de lad. somme de dix huit cent liures de la deuxième année reuenante a pareille somme de neuf cens liures pendant le premier jour de Janʳ de l'année qui se contera mil six cens soissante dix huit et l'autre moytié pendant le jour et feste de Sᵗ Michel de septembre de la mesme année et à l'esgard des autres dix huit cent liures de la troisième année il a promis et sera tenu payer comme dessus sauoir la moytié reuenante à neuf cens liures en semblable jour premier de janʳ mil six cens soissante dix neuf et l'autre moytié aussy en pareil jour de feste de Sᵗ Michel de la mesme année. Et a esté arresté que led. Sr commandeur ne sera point tencu suiuant l'usage des lieux a aucun cas fortuit de gresle, brouecs (?) vent ny pluye qu'a celluy de la guerre guerroyante l'ennemy sur les lieux et pour l'entretenement de ce dessus ausd. peines lesd. parties et chasqune d'elles en ce qui la regarde ont respectinement obligé leurs biens et causes, iceux soubmis aux rigueurs de justice, renoncé aux moyens contraires aux presentes et juré de ny contreuenir en presences de Mes Arnaud de Domecq, prestre habitant de ce lieu et prieur, de Bourdois, compagnon courdonnier habitant de lad. ville de Mauléon qui ont signé à l'original auecq lesd. parties et moy. Ainsi signé : de Jaureguiberry Nre royal.

LVI.

Appel de l'Evêque et du chapitre de Bayonne de jugements portés par la cour de Licharre, 10 juin 1677. (Arch. B. P. G. 224). Copie sur papier.

Ce jourd'hui dixième du mois de juin mil six cens soixante dix sept auant midy en la ville et cité de Bayonne et dans le palais épiscopal d'icelle, par deuant moy notaire royal soubs signé présens les tesmoings bas nommez ont esté constituez en leurs personnel Illustrissime et Reuerendissime Père en Dieu messire Jean d'Olce conseiller du Roy en ses conseils et Euesque de cette ville et Mr Me Pierre de Lafargue prestre et chanoine de l'Eglise cathédralle Nostre Dame de lad. ville, tant en son nom qu'en qualité de scindic de Messieurs les autres chanoines et chapitre de lad. Eglise et d'eux ayant charge expresse, lesquels dits seigneur Euesque et sieur de Lafargue ont dit qu'en vertu de deux arrests du conseil d'Estat qu'ils ont obtenus contre Me Sans de Bonnecaze, curé de Mauléon, ils ont fait saisir et séquestrer tous les fruits deppendans de la commanderie, prioré d'Ourdiarbe et estably commissaires d'iceux, sauoir de ceux des parroisses de Viodos et Guarindain Arnault d'Etcheuers et Oliuier de Métol dit Daergatain, sieurs des maisons d'Etcheuers et de Daergatain et dudit Guarindain ; Pierre de Behetj et autre Pierre Cruchasquj, srs desdites maisons et demeurans aud. lieu de Guarintain ; plus de ceux de la parroisse d'Idaux Bertrand d'Aroitz forgeron et Xans d'Alhantspe laboureur et sieurs desd. maisons d'Aroitz et d'Arbantspe dud. lieu d'Idaux ; plus de ceux de la parroisse d'Ourdiap, Arnault Danhum et Jean de Bordaleon dit Lahuncibarnen sieurs des maisons d'Oinhum et de Lahuncibarnen dud. lieu d'Ourdiarp ; pour ceux de Musquindj Jean de Barreitz laboureur et Arnault de Licirj forgeron sieurs desd. maisons dud. lieu de Musquindj, et finallement pour ceux de la parroisse de Meindj, Petrj d'Olhapar et Joanto d'Etchegoyen dit Aguer sieurs desdites maisons de lad. parroisse de Meindj. Mais au lieu par iceux commissaires de retirer par eux mesmes les fruits ou les faire exposer en afferme judiciaire ils ont par intelligence auecq led. sieur Bonnecaze baillé requeste deuant le juge de Licharre incompétant de connoistre de la chose et sur le nom de Me Basile de Bonnecaze frère dud. sieur curé ont fait rendre un appointement le vingt huitième du mois de may dernier portant entr'autres choses que les mesmes commissaires sequestres ne seront comptables desd. fruits, duquel appointement, comme donné par juge incompétant et qui est contraire à l'intention de Sa Majesté et ausd. arrests du conseil et préiudiciable à l'interest dud. seigneur et desd. sieurs du chapitre, les mesmes seigneur et led. sieur de Lafargue scindicq susditz déclarent en estre appellans pour en poursuiure la cassation ou besoing sera, sommant cependant par ces présentes lesd. commissaires sequestres susnommés de faire le deuoir de leurs charges, autrement protestent de les rendre responsables desd. fruits et de tous euennemens qui s'en peuuent ensuiure, ensemble de tous despens, domages interests, de quoy m'ont requis acte et leur en expédier copie pour le faire notiffier, tant auxd. commissaires sequestres, qu'ausd. sieur de Bonnecaze, ce que je leur ay octroyé, en presence de sr Jean Reboul commissaire de l'artillerie de France et Tristan de Salha Me d'hostel dud. seigneur éuesque qui se sont signés à l'original auecq le mesme seigneur et ledit sieur de Lafargue et moy. de Reboul, notaire royal.

LVII.

Arrêt du 26 juillet 1677, en faveur de Bonnecaze contre l'Ordre de St-Lazare, donné par la Chambre royale de l'Arsenal à Paris. (Arch. B.-P., G. 224). Copie.

Extrait des registres de la Chambre royalle.

Entre les sieurs grand vicaire général, commandeurs et chevaliers de l'ordre de Notre-Dame de bon Carmel et de Saint-Lazare de Jerusalem demandeur aux fins de la requete insérée en l'arrest de lad. chambre du quatre mars mil six cens soixante treize et exploit fait en conséquence, le treizième novembre ensuivant, controllé led. jour d'une part ; Et Maitre Jean de Bonnecaze prieur curé de l'église paroissiale de Saint-Michel d'Ordiarp, diocèse d'Oleron deffendeur d'autre part... Vu par la chambre l'instance du treize novembre mil six cens soixante treize fait par Bordegain sergent royal et controllé à Soubchoro par Begué led. jour, fait à la requete desd. sieurs dud. ordre portant assignation aud. sieur de Bonnecaze, tant pour luy que pour les autres administrateurs de l'hopital ou commanderie hospitallière Saint-Michel d'Ordiarp en Soulle, diocèze d'Oleron, a comparoir en la chambre pour se voir condamner de se désister et départir de biens appartenans et dependans de l'hopital et commanderie hospitallière de Saint-Michel d'Ordiarp, rendre et restituer ausd. s⁹ˢ de l'ordre tous et chacuns les fruits et revenus qu'il a perceus depuis vingt ans ou du moins pendant le tems qu'il en a joüy, faire faire les réparations nécessaires qui se trouueront es lieux dépendans dud. hopital suivant la visite qui en sera faite par gens à ce connoissans, conformément et ainsy qu'il est porté par l'Edit du mois de décembre mil six cent soixante douze... et condamner aux dépens auec deffences à Maître Pierre Bourdois trouué aud. hôpital soit disant concierge, de se dessaisir de biens et deniers qu'il auroit en ses mains, l'établissant commissaire pour régir et gouuerner led. hopital jusques à ce que par justice en eut esté ordonné... requête dud. sieur procureur général, poursuite et diligence de son subtitut aud. Berenet sergent, aux nommés Sarraude, Arnaud de Sallaran, Sans de Baretchegaray, Jean de Lahunsunbarne habitans dud. lieu d'Ordiarp, Maitre Pierre de Jauréguy curé, Pierre de Salle, marchand, Joseph Vidau dud. lieu, Pierre Betresy et Marie de Chaporo dit Anguin habitans du lieu de Gorindain, la dame de Candare, Estienne Jaury, Catherine Vidare, la dame Clirgerinchin, Pierre de Sorthere, Marie de Portebordes habitans du même lieu d'Ordiarp, Thomas d'Orluoque, Pierre Landare aussy habitans de lad. paroisse, Jean de Habite domicillié en la Borde d'Essant de Mendy, Jean Bonne et le nommé Eussebe de la Chopo d'Estchat de Mendy portant assignation à comparoir en la maison de Pierre Gourde hostellier de la ville de Mauléon par devant led. subdélégué pour déposer témoignagne de vérité etc.

Ouy le rapport du sieur Margurie, conseiller ordinaire du Roy en ses conseils d'Etat et privé commissaire à ce député, le tout consideré, la chambre faisant droit sur le tout ayant égard à la demande dud. de Bonnecase inéreé en la requête du vingt neuf aoust mil six cent soixante quinze l'a déchargé et décharge de la demande desdits de l'Ordre, sans préjudice de l'exécution de l'arrest du Parlement de Bordeaux du cinquième septembre mil cinq cent quatre vingt douze et condamne lesd. de l'Ordre en la moitié des dépens, l'autre moitié compencée. Fait en la Chambre royalle séante à l'Arsenal à Paris, le vingt sixiesme juillet mil six cent soixante dix sept. Signé Male.

Collationné par Nous conseiller et secrétaire du Roy, maison, couronne de France et ses finances, signé Boucher.

LVIII.

Nomination de Ris et Baritault, commissaires français, le 29 mai 1689, pour régler les différends entre les chapitres de Bayonne et de Roncevaux. (Arch. B.-P., G, 225, Copie sur papier).

De par le Roy. A nos chers et bien amez les sieurs de Ris conseiller en nos conseils, maitre des requestes ordinaire de nostre hotel, et intendant de justice, police et finances en notre prouince de Guyenne et de Baritault aussy nostre conseiller et second auocat général en nostre cour des aydes de lad. prouince de Guyenne, salut. Comme nous sommes bien aises de contribuer de nostre part à tout ce qui peut affermir la paix qui a esté si heureusement conclue à Nimègue, nous nous appliquons volontiers à faire cesser touttes les causes qui pourroient y donner quelque atteinte, et parce que nous estimons que pour terminer différends qui sont entre les sr éuesque et chapitre de Bayonne et les prieur et chapitre de Ronceuaux, touchant la restitution des biens dont ils ont réciproquement ioüy par représailles pendant la guerre ; il est nécessaire de commettre tant de nostre part que de celle de nostre très cher et très amé frère, beau-frère et neveu, le Roy catholique, des personnes qui puissent régler conjointement et de concert les prétentions desd. chapitres de Ronceuaux et que nous sommes d'ailleurs informez que nostre d. frère y a déia satisfait. Pour ces causes, voulant maintenir autant qu'il nous est possible la bonne correspondance qui doit estre entre nos suiets, et ceux de nostred. frère le Roy catholique, nous vous auons commis et députez, commettons et députons par ces présentes pour assister de nostre part ensemble ou séparement l'un en l'absence de l'autre en cas de maladie ou quelqu'autre legitime empechement à l'assemblée qui sera tenue à cet effet au lieu dont il sera conuenu, et vous employer conjointement avec le commissaire de nostred. frère le Roy catholique à tout ce qui sera nécessaire pour régle, les prétentions desd. chapitres de Bayonne et de Ronceuaux, ordonner la restitution réciproque des biens qui leur appartiennent les y mettre en paisible possession, et le tout décider et terminer à la satisfaction des uns et des autres en la forme la plus juste et la plus équitable que vous auiserez bon estre. De ce faire vous donnons pouuoir, commission, autorité et mandement spécial par cesd. présentes. Promettant d'auoir pour agréable, tenir ferme et stable tout ce qui sera par vous ou l'un de vous, en l'absence de l'autre, fait en cette occasion et d'en fournir acte de rattiffication dans le temps et ainsy qu'il sera par vous conuenu, avec les commissaires de nostred. frère. En témoin de quoy nous auons fait mettre le scel de nostre secret à cesd. présentes. Mandons et ordonnons à tous nos officiers et suiets qu'il appartiendra de vous donner toutte ayde et assistance pour l'effet d'icelles. Car tel est nostre plaisir. Donné à Fontainebleau le 27e iour de may 1680. Signé Louis. Et plus bas. Par le Roy, Colbert. Et scellé.

LIX.

Arrêt du conseil privé qui condamne Sans de Bonnecaze et le réduit à la portion congrue. Obtenu par Anathase de Belapeire, vicaire général de Soule, le 24 juillet 1682. (Arch. B.-P., G., 224). Expédition sur papier.

Extrait des registres du conseil privé du roy.

Entre Sans de Bonnecaze prieur curé d'Ordiarp au païs de Soule tant en son nom que comme prenant le fait et cause de Bazille de Bonnecaze fermier général des reuenus de lad. cure demandeur en requete contenue en l'arrest du conseil du 9ᵉ auril mil six cent quatre vingt d'une part, et maitre Oliuier d'Etchecapar semelier du tiers état du pays de Soule, Arnaud Behety du lieu de Garindein et Jayme de Jaury du lieu d'Ordiarp, administrateurs établis pour la régie des fruits et reuenus de l'hôpital Sᵗ Michel dud. lieu d'Ordiarp et maitre Athanaze de Belapeire, prestre curé de Chéraute vicaire général et official au pays de Soule deffendeur d'autre part.......

Le roy en son conseil faisant droit sur l'instance sans s'arrêter aux requêtes par écrit et verballes dud. de Bonnecaze des neusuieme auril, treize décembre mil six cent quatre vingt, seize septembre et quatorzieme nouembre mil six cent quatre vingt un dont Sa Majesté l'a débouté et ayant égard à celle desd. Belapeire et administrateurs laïques dud. hopital d'Ordiarp des six mars, sept nouembre et vingt trois decembre mil six cent quatre vingt un a ordonné et ordonne que les arrets du Parlement de Guienne des cinq septembre mil cinq cent quatre vingt douze, douze juillet et cinq aoust mil six cent quatre vingt seront exécutés selon leur forme et teneur, ordonne que les lettres pattentes expédiées sur la nomination dud. grand aumonier le deux aoust mil six cent quatre vingt un seront raportées pour estre incessamment remises ès mains de Monsieur le Chancellier, fait deffences aud. de Bonnecaze de s'en seruir et de tout ce qui s'en est ensuiuy que Sa Majesté a cassé et annulé, ce faisant a condamné et condamne led. de Bonnecaze à rendre compte ausd. administrateurs laïques par deuant le lieutenant général de Li-

charre, sauf à recuzer des fruits et reuenus dud. prieuré, cure et
hopital depuis le douze octobre mil six cent soixante treize, jour de
sa prise de possession jusques au vingt six juillet mil six cens
soixante dix sept, jour de l'arrêt deffinitif de la chambre royalle;
et à l'égard des fruits et reuenus dud. hopital que led. Bonnecaze
a perceus depuis led. jour vingt sixième juillet mil six cent
soixante dix sept jusques à présent l'a condamné et condamne de
les rendre et restituer ausd. administrateurs s'ils sont en nature,
sinon la juste valeur d'iceux à dire d'experts dont les parties
conuiendront par denant led. lieutenant général de Licharre ou
qui seront par luy nommés d'office à laquelle restitution tant led.
Bonnecaze que ceux qui ont perceu lesd. fruits seront contraints
comme dépositaires, déduction préalablement faite de la somme
de deux cents quatre vingt liures par chacun an qui est deu aud.
Bonnecaze pour sa portion congrue suiuant l'arrest dud. Parlement du cinq septembre mil cinq cent quatre vingt douze,
condamne en outre led. Bonnecaze aux dépens envers led. Belapeire et administrateurs, dépens compencés à l'égard dud. d'Etchecapar. Enjoint Sa Majesté à ses gouuerneur et lieutenant général
aud. païs de Soule, intendant de justice et à tous autres officiers
qu'il appartiendra de tenir la main à l'exécution du présent
arrest. Fait au conseil priué du roy tenu à Versailles le vingt et
quatrième jour de juillet mil six cent quatre vingt deux. Collationné, signé Daguillaumot.

LX.

Mémoire d'Athanase de Belapeire, vicaire général de Soule sur les
origines d'Ordiarp et le procés de Bonnecaze de 1682. (Arch. B.
P., G. 226). Copie sur papier.

*L'hôpital d'Ordiarp sur la route de St-Jacques en Galice
dépend de Roncevaux ; découverte probable de son fondateur
Gentein.*

L'hôpital fondé d'ancienneté au lieu d'Ordiarp est fort considérable ; il a pour fonds et dot les dixmes qui feurent autrefois
inféodées des parroisses dud. Ordiarp, Musculdy, Idaus, Mendj,

Viudos et Garindain, un moulin à eau, un hautin vigne, des bonnes prairies, cens et fiefs de 53 conques de froment, une paire de chapons et certains sols en argent, le tout à prendre sur diuers tenanciers et dont il jouit jusques à présent, lesquelles rentes et reuenus valent annuellement trois mille liures, ou enuiron suiuant le debit actuel des denrées.

Le chapitre collégial de Ronceuaux à la haute Nauarre qui est régulier de l'ordre de St-Augustin a d'ancienneté le droit et la possession de présenter au tems de vacance au prieuré-curé dud. Ordiarp, qu'on apelle vulgairement commenderie aussi bien qu'aus cures des parroisses de Musculdy, Idaus et Mendi, annexes, ensemble à la sacristie desd. parroisses d'Ordiarp et Musculdy, le tout situé aud. pays de Soule : cette vérité se justifie par les titres d'institution expédiés par l'ordinaire diocésain, sur les actes de présentation et titres faits à ces bénéfices par led. chapitre de Ronceuaux et qui sont en datte des années 1415, 1417, 1452, 1482, 1486, 1630, 1661, et plusieurs autres nominations produites au Parlement de Guienne, et insérées dans le veu de l'arrest par luy rendeu le 18e juin 1673 au raport de M. Labourin conseiller par lequel M. Arnaud de Suhare prestre titulaire institué par l'ordinaire sur la présentation dud. chapitre de Ronceuaux a esté pleinement maintenu dans le possessoire de lad. cure de Viudos contre M. Xans de Bonacase prestre présenté par le susd. prieur curé d'Ordiarp, soit disant abusivement commendeur, et ainsi se prétandant patron de tous les susd. bénéfices.

Le chapitre de Ronceuaux entretient fort régulièrement un hôpital général joignant son église collégiale pour l'entretient des pauvres et pélerins passans ; il entreprit autrefois de faire unir à cet hopital les rentes et reuenus de divers autres hopitaux, singulièrement ceux de l'hopital dud. lieu d'Ordiarp par une bulle concédée par le pape Eugène 4, qui feut promeu au St-Siége l'an 1171, confirmée et exécutée par autre bulle du Pape Sixte 4 de l'an 1177 et en fit une table qu'il distribua en trois portions, la 1re pour le prieur conventuel, la 2e pour led. chapitre, et la 3e pour l'entretien des pauures dans sond. hopital général, comme il est raporté par Barbosa et Nauarrus qui feurent prieurs de ce même chapitre dans leurs traités sur l'état de Ronceuaux.

En conséquence de ces bulles d'union qui étoient générales, le chapitre a joüi de diuers gros reuenus en plusieurs royaumes et prouinces qu'il a régis durant longues années par certains prêtres délégués de son corps qu'il apelloit ordinairement commendeurs c'est-à-dire procureurs, comme l'explique Barbosa au lieu déjà cité, lesquels commandeurs résidans aus lieus de leurs dépendances administroient leurs biens et dont ils étoient comptables à leur chapitre ; tel étoit don Sancho d'Orbara commendeur d'Ordiarp énoncé au verbal de la publication et enregistrement de la coutume écrite de Soule de l'an 1520, et on y faisoit rendre le seruice par des vicaires amovibles. Mais comme par cet ordre les pauvres du pays de Soule et autres passans ne retiroient pas les soulagemens nécessaires sur les biens sous prétexte qu'on prétendoit que le bon reueneu d'Ordiarp étoit distribué à Roncevaus, M. Arnaud de Maitie de Mauléon qui feut depuis éuèque d'Oleron pressé par le grand zèle qu'il auoit pour le bien public dans son pays natal de Soule et de rétablir le titre d'un pasteur fixe en ce lieu d'Ordiarp se pouruut en ses jeunes ans en cour de Rome par déuoleu du titre de prieuré cure de St-Michel d'Ordiarp et ayant fait appel comme d'abus de la fulmination desd. bulles d'union desd. prieuré, cure et hopital d'Ordiarp à la table de Ronceuaus contre le scindic de ce chapitre, il feut rendeu un arrest solennel et présidental en robbes rouges par le parlement de Guyenne le 5ᵉ septembre 1592 qui feut confirmé par un autre arrest du 1ᵉʳ aoust 1623 par lesquels entre autres choses il est porté que : déclarant y avoir abus en lad. union, il est ordonné que l'ancienne hospitalité sera remise au lieu d'Ordiarp, qu'auenant vocation les prieur et chanoines de Ronceuaus présenteront au sʳ évèque d'Oleron diocésain un personnage capable et natif du royaume pour être pourueu de lad. cure d'Ordiarp lequel curé sera obligé de faire le seruice diuin tant dans lad. église parroissiale que dans la chapelle de St-Laurens de l'hopital, que suiuant les édits et ordonnances du roy led. hopital sera régi par deus personnes de bien, catholiques, et soluables qui seront à ces fins nommés et choisis de trois en trois ans, apellé led. titulaire, par lesquels administrateurs tous et chacuns les fruits et reuenus dud. hopital seront perceus et régis et que sur iceus sera par led. administrateurs déliuré par chacun an la somme de 280 l. aud titulaire pour lesd. seruices et le surplus employé entièrement à la nourriture des pélerins passans et autres pauures, réparations d'édifices desd. bénéfices, et hopital et autres charges dépendantes d'iceus, dont lesd. administrateurs rendront compte en présence du sⁱ Euêque ou de son vicaire général par chacun an deuant le juge royal de Licharre auec inhibitions et défenses sous peine de mille liures au curé de troubler ny empecher lesd. administrateurs en la perception de tous les reuenus, enfin led. sⁱ Maitie feut maintenu dans la possession dud. prieuré cure d'Ordiarp.

Les arrests sur les ordonnances royaux que j'ay rapportées cy dessus ont esté souuent attaqués par le chapitre de Ronceuaus, mais c'est en vain, car ils ont esté confirmés toujours par diuers autres arrests tant dud. Parlement que par ceus du Conseil du roy des 1ᵉʳ octobre 1624 et 56 aoust 1625 rendus à la diligence du sⁱ Chabos prieur curé d'Ordiarp, successeur dud. sⁱ Maitie, du sindic du tiers état du pays de Soule et des administrateurs laïques dud. hopital, contre le sindic du chapitre de Ronceuaus.

Tous ces arrests ayant esté exécutés à l'auantage des pauures dud. pays et autres pélerins passans et durant quelques années néamoins Chabos qui n'étoit au fonds qu'un stipandié à gages se préualant du désordre des guerres entre les deux couronnes de France et d'Espagne, et se qualifiant commendeur de cet hopital d'Ordiarp s'ingéra témairement depuis d'usurper en son particulier d'un costé l'administration entière de tous les reuenus de cet hopital, ayant fait cesser la régie ordonnée par lesd. arrests denoir être faite par deus hommes laïques, soluables pour la seureté des pauures et d'ailleurs de faire le patron présentateur de toutes les cures et sacristies des paroisses sus mentionnés et dont les dixmes sont reportées aud. hopital, laquelle même entreprise feut continuée dans une occasion par M⁰ Pierre Maitie prieur curé dud. Ordiarp successeur dud. Chabos, en tant qu'il s'immisça de présenter à l'ordinaire diocésain le sieur Lichos prêtre et encore après le décès de celuy-cy, M⁰ Sens de Bonnecase prêtre à la cure de Viudos quoy qu'elle dépende seulement du patronage de Ronceuaus, mais ce chapitre sy oposant et ayant nommé à cette cure M⁰ Arnaud de Suhare prêtre par acte cap. du 24 octobre 1664, celuy-cy après une longue plaidoyerie de neuf années à très grands frais a obtenu arrest au parlement de Guyenne le 19 juin 1673, qui ayant maintenu comme dit a esté cy-dessus Suhare auec dépens et restitution des fruits contre led. Boncase dans la possessoire de lad. cure de Viudos et Garindain son annexe, a pareillement maintenu le chapitre de Ronceuaus au droit du patronage de toutes les susd. cures et sacristies auec inhibitions et défenses and. Matie prieur curé de se qualifier à l'auenir commendeur ny prendre autre qualité que celle de prieur curé d'Ordiarp aus termes du susd. arrest de l'an 1592 à telles peines que de droit. Voila l'arrest dud. sr de Suhare qui a réglé à perpétuité tous les droits de patronage en faueur du chapitre de Ronceuaus, dont j'ay soutenu le droit en parlement et partout ailleurs pendant la longue contestation injustement formée entre Suhare à qui et à sa famille Ronceuaus demeurera infiniment redeuable pour auoir soutenu ses droits à ses propres grand dépens que led. Boncase ne luy remplaça jamais faute de facultés.

Après ce célèbre arrest rendeu, led. Boncase ayant succédé aud. Pierre Maitie dans le prieuré cure d'Ordiarp, l'hopital dud. lieu feut recherché par M. le Procureur général de la chambre royale pour lors établie par le roy à Paris, requérant l'unir à l'hopital général de St-Lazare restauré par le roy Loüis 14, dans la ville de Paris ; mais Boncase s'y oposa et soutint n'y auoir lieu de faire cette union : sur quoy les parties ayant fortement plaidé, Bonacase faisant l'administrateur de cet hopital a esté relaxé auec dépens de cette instance par arrest contradictoire de lad. chambre du 26 juillet 1677 sans préjudice néamoins, est-il porté par cet arrest, de l'exécution de l'arrest présidental du parlement de Gujenne du susd. an 1592.

Mais Bonacase s'étant malheureusement repenti d'auoir bien secouru jusqu'alors la cause des paures de ce pays et ce qu'il fit encore aus dépens de tous leurs reuenus qu'il s'apliquoit à soy-même entièrement, sous prétexte de ce procés en lad. chambre royale, enfin par un principe fort peu chrétien entreprend de s'aproprier en son particulier tout le beau patrimoine de l'hopital d'Ordiarp, soutenant hautement qu'il n'étoit pas obligé d'y entretenir aucune hospitalité en faueur des paures laquelle façon de faire en vérité me parent semblable à celle des misérables Templiers, prendre ce qui est donné pour distribuer aux paures, se l'aproprier ensuite et frustrer ceux à qui il apartient, c'est un crime qui surpasse la cruauté des voleurs les plus criminels dit St-Jérome. *Ad. Nep. de vita clericorum.*

Mais comme je luy conféray le titre de ce bénéfice en qualité de vicaire général de ce pays de Soule, voyant l'abus horrible qu'il faisoit de son ministère et contre ses propres lumières, Mgr de Maitie, évêque d'Oleron, ny moy ne l'ayant jamais peu ramener au deuoir pour le profit des pauures, je fis pouruoir cet hopital d'Ordiarp de deus administrateurs layques, exécution de tous les susd. arrets de règlement par jugement de M. Hegoburu lieutenant général de robbe longue au siège royal de Licharre. Bonacase se confiant à quelque suport sur les lieus s'opose à tout, alléguant toujours qu'il étoit le maitre unique et absoleu de tous les reueneus de cet hopital sans vouloir plus oüir parler des pauures ; il se rend apellant du jugement de la nomination des administrateurs : sur cette violence impitoyable M⁰ˢ de Beloscar, Belapoy aduocat en Parlement et de Suhare écuyers les tous releués par la grande intégrité dud. sieur lieutenant s'étant joins à moy par un pur zèle tout désintéressé pour les pauures de cour et de bourse pour faire rétablir solidement l'hospitalité à Ordiarp, il feut rendeu deus arrets par le Parlement des 12 juillet et 5 août 1680, l'apel de Bonacase mis au néant, au surplus que le susd. arrest de 1592 seroit exécuté par prouision et M. le gouverneur de la prouince exorté d'y donner main forte, après quoy je feus obligé auec le sieur de Beloscar de faire deus cens lieus de chemin dans la plus grande ardeur du mois d'aoust à la suite de M. le duc de Roquelaure gouverneur de Gujenne pour obtenir son ordonnance du 7 septembre aud. an 1680 portant la main forte requise pour cet effet ; il enuoyea auec nous le sieur de Castelmore soldat de ses gardes, lequel logea diuers soldats, qu'il prit sur les lieus tant chés Bonacase à Mauléon que sur les fermiers et detenteurs des reuenus dud. hopital qui s'entendant auec Boncase prétendoient en auoir anticipé les payemens, mais ils feurent tous contrains de restituer la valeur des fruits au profit dud. hopital.

Boncase obstiné accourt au conseil du roy, requiert cassation de tous les arrets du Parlement, y fait trainer un facheux procès deux années, mais le baron de Bela Chéraute s'étant trouué heureusement à meme tems à la suite du roy, résista vigoureusement contre toutes ses entreprises et fraudes et me donna le tems pour l'aller releuer, et de fait m'étant rendeu au conseil du roy et poursuiui viuement le débouttement des fins de Boncase, sur quoy celuy-ci se réfugia à la fin à des lettres d'économat de M. le cardinal de Bouillon en qualité de grand aumônier de France ; il surprend en conséquence des patentes du grand sceau pour tacher de s'aproprier à quel prix que ce feut le patrimoine des pauures ; cependant pour éuiter une nouvelle instance que M. le grand aumonier auroit peu former en la suite contre nous en vertu de son *committimus* au grand conseil, pour en sortir tout d'un coup et lier la partie entre luy et nous tous, j'apellay aussitost M. le grand aumonier dans notre instance pendante au conseil priué du roy au rapport de M. de Fortia, maitre des requestes et juge très équitable, en vertu des lettres de la grande chancellerie pour voir annuler cet économat surpris de M. le grand aumônier sans pouuoir, parce que le roy auoit déjà osté par un breuet particulier le maniement de tous les hopitaux et être jugés les tous par un seul et même arrest. Après quoy Bonacase produit au proces six paires de pareilles lettres d'économat surprises cy deuant par des titulaires prieurs curés d'Ordiarp pour la régie dud. hopital de divers grands aumoniers de France ensemble les patentes ensuiuies de plusieurs de nos roys, mais moy ayant soutenen que toutes ces prouisions étaient subreptices et insoutenables par diuerses raisons, enfin après auoir bien combatteu prés d'un an, Dieu par sa miséricorde a si bien présidé à cette afaire des pauures que par arrest contradictoire du 21 juillet 1682 le roy en son conseil, sans s'arretter aus requestes de Bonacase, et ayant égard à celles de Belapeyre et administrateurs dud. hôpital d'Ordiarp, ordonna que les arrets du parlement de Gujenne du 5e septembre 1592, 12e juillet et 5e aoust 1680 seront executés selon leur forme et teneur, ordonna aussi que les lettres patentes expédiées sur la nomination dud. Sr grand aumonier le 2 aoust 1681 seront raportées pour être incessament remises és mains de M. le chancellier, fait défenses à Bonacase de s'en seruir et de tout ce qui s'est ensuiui que Sa Majesté a cassé et annullé, Bonacase condemné à la restitution des fruits par luy perceus et aus depens enuers lesd. Belapeyre et administrateurs, enjoint S. M. à ses gouuerneurs et lieutenant général du pays de Soule, intendant de justice et tous autres officiers qu'il appartiendra de tenir la main à l'exécution du présent arrest. Fait au conseil priué du roy tenu à Versailles, le susd. jour, Messieurs Le Tellier chancellier président et de

Fortia raporteur. Collationné, signé La Guillaumée, greffier en chef et la commission du grand sceau y attachée.

A mon retour en ce pays de Soule j'ay fait exécuter cet auguste arrest, qui seruira de titre glorieus et inuincible à jamais aux pauures de ce pays dans cet hopital, mais Bonacase n'a pas eu le moyen de restituer les fruits adjugés, de payer les gros d...ns qu'il restera toujours nous denoir et j'ay remis à mond. S⁺ d'..egoburu et aus administrateurs les susd. procedeures auec les derniers arrests du conseil que je sors de raporter pour conseruer soigneusement le tout dans les archives de l'hôpital.

J'estime, comme j'ay déjà dit dans mon 1ᵉʳ liure[1] chap. 9 art. 4, pour bien fixer un autre principe de cet hopital, que le prieur curé autrefois appelé commendeur auoit à la vérité accoutumé d'être apellé, et d'assister annuellement aus assemblées générales et particulières des trois états du pays de Soule et d'assister aussi à la cour de Licharre en qualité de juge jugeant, quoyqu'il ne possédat pas aucune maison noble, mais que le motif et le fondement de ces usages denoit être sans doute la considération de l'union et incorporation avec le siége royal de Licharre de l'ancienne juridiction du *faimidvet* que led. S⁺ prieur ou procureur commendeur du chapitre de Ronceuaus exerceoit autrefois sur tous les tenanciers dud. hopital d'Ordiarp mais tous les susd. arrets ayant dépouillé de toute régie temporelle des reuenus et rentes de cet hopital et conséquement de toute la seignerie directe sur lesd. tenanciers, le tout se trouuant attribué à deux administrateurs laïques, il est constant que ce seroit à ceux cy de remplir la susd. place de juge par eux-mêmes, ce droit temporel faisant une partie des fruits, rentes, cens et fiefs de leur gestion, en quoy se trouue le droit de remplacement de la jurisdiction du susd. *faimidvet*, ou bien au moins par un procureur capable, qu'il me semble qu'ils pourroient constituer pour occuper la continuation de cette place ancienne de jugenterie, enfin le prieur curé doit se contenter, comme il y est absolument tenu, de la seule direction spirituelle de la paroisse et chapelle hospitalière dud. Ordiarp.

Cet hopital paye annuellement au seigneur Euêque d'Oleron

---

1. De la copie du manuscrit de Belapeire, il n'y a, aux archives des B.-P., que ce qui regarde Ordiarp.

140 sols Morlàas de redeuence pour raison des dismes autrefois inféodées, dont leurs anciens possesseurs précaires l'ont depuis gratifié et doté ; cela paroit au liure censier de l'éuéché d'Oleron.

Nous ignorons le temps et les noms de ceux qui ont fondé et doté d'ancienneté cet hopital. Sj M.rs du chapitre de Ronceuaus qui viuoient toujours dans un regret sensible d'auoir perdu la joüissance et maniemens de cet hopital ne tenoient à mon auis par quelque motif secret les premiéres archiues et actes de cette belle fondation cachéz réuant continuellement dans une assurance flateuse de faire réunir les reuenus à leur hopital général et table commune : attendant donc que la Prouidence nous en fasse découurir quelque premier principe, j'ose croire par des grandes probabilités et bonnes conjectures que les fondateurs et dotateurs de l'hopital d'Ordiarp sont pour la plus part les anciens gentils-hommes des lieus d'ou les reuenus de cet hopital sont pris et principalement à mon sentiment ce feut le seigneur potestat de l'ancienne et forte structure maison noble de Gentein assise en cette même parroisse d'Ordiarp ayant une chapelle ou oratoire près de soy, et qui possible étoit le nommé Loup de Janute, ce nom ayant plus de raport et d'analogie à cette maison de Gentein que pas aucune autre de ce pays de Soule, duquel seigneur de Janute parle et se plaint fort la chartre de l'évêque de Dax et lequel, dit-elle, étant père de l'habile Heraclius ancien archidiacre du pays de Soule, les deux ensemble et de concert avec Salamale I.er cy deuant dénombré vicomte de Soule contribuérent efficacement à la réunion de ce pays de Soule à l'euéché d'Oleron, comme à sa matrice église par sa distraction de celui d'Ax, qu'il auoit usurpé quelque tems, comme je l'ay raporté cy dessus dans la vie d'Etienne de Mauléon Euêque d'Oleron : il a cette notable circonstance pour apuyer mon opinion cy dessus que la chartre de Dax dit que Janute ou Gentein étoit le plus puissant baron de la terre c'est à dire potestat à cause de sa jurisdiction en ce pays de Soule, et il est certain qu'il feut fort accrédité et accommodé en son tems, ayant en diférens endroits diuers domaines, qui feurent démembrés de cette grande maison de Gentein. Après le décès de ce seigneur, sa veuue feut mariée avec Loupaner vicomte d'Oleron, comme de ce dessus fait mention M. Marca dans son histoire de Béarn au L. 4 pages 283 et 290, et tous les personnages viuoient entre les années 1010 et 1060. Or ce seigneur de Gentein ou Janute peut auoir donné ou bien quelqu'un de ses successeurs en faueur de cet hospital d'Ordiarp une partie de ses anciens domaines, gros fiefs, cens et rentes, memes les dismes, qu'il possédoit par inféodation aparement comme les autres gentils-hommes dans leurs parroisses, ceux tant dans son village d'Ordiarp que ceux de Musculdj, Idaux, Mendi et Garindain, tous ces lieus étant contigus et terre tenans auec le principal domaine de Gentein : les circonstances de la situation et proximité de touttes ces parroisses concourant auec la qualité de potestat et la réputation ancienne de Gentein nous doiuent faire présumer que son seigneur fonda cet hospital en tout, ou bien le dota de la plus part de ses renenus veu memes qu'il n'y a jamais eu aucune maison noble ausd. trois lieus de Musculdi, Idaux et Mendj ; il est vai pour ne dissimuler rien, qu'il y a dans les autres villages d'Ordiarp, Garindain et Viodos qui sont aussi des dépendences de cet hospital dud. Ordiarp, trois autres maisons nobles médiocres et nommées Ahetze, Arrocain et Domec, dont il se peut encore faire que les seigneurs de ces maisons ayent contribué chacun en droit soit par donnation aussi de quelques portions de dixmes qu'ils pourroient auoir acquises lors de l'inuestiture générale des dixmes de ce pays et autres du voisinage par les gentils-hommes, par les raisons touchées au Ier L. chap. 13.

Il est d'une suite également probable que ce Gentein seul ou bien par participation de quelqu'un ou de tous de ces trois gentils-hommes remit par gratification le droit de présenter à tous les cures et sacristies de ces mêmes parroisses à Messieurs du chapitre de Ronceuaux en Haute Nauarre, mais basque comme ceus de Soule et qui étoient d'anciennté en réputation de mener une vie très sainte d'autant plus qu'ils auoient déjà mérité de receuoir de pareils dons de diuers états et prouinces, singulièrement en Basse Nauarre, qui est entre nous et eus et que cet hospital d'Ordiap est assis sur la route droite pour les pélerins qui passent à Ronceuaux : enfin ce feut par la pieuse confiance qu'on eut de leur donner l'auctorité de faire pouruoir des ecclésiastiques capables pour la direction spirituelle tant du chef lieu d'Ordiarp que des autres susd. cinq parroisses.

LXI.

Concordat passé à Irissarry, le 29 juin 1683, entre l'Evêque de Bayonne et le chapitre de Roncevaux, sur la commanderie d'Ordiarp.(Arch. B. P. G. 225). Original, avec signatures autographes, sur papier.

Ce jourdhuy vingt neufiesme juin mille six cents quatre vints trois, Monseigneur Gaspard de Priellé Euesque de Baionne et M⁵ de Niert et de Sorhande le jeune chanoines députés de l'église cathédrale de Baionne se sont transportés en ce lieu d'Irisarry pour conférer de leurs affaires communes auec M⁵ don Angelos de Guinda souprieur et don André de Esnos y Anduessee chanoines députés de leurs chapitres de Roncenaus. Sur differents traités qui ont esté faits par le passé qui n'ont point eu d'exécution a esté proposé par led. seigneur Euesque que n'estant entré en aucune manière dans lesd. traités pour n'auoir esté nommé que postérieurement il n'étoit tenu à aucun desd. traités et que pour témoigner la confiance qu'il a en la bonne conscience et probité desd. sieurs députés du chapitre de Roncenaus il s'en raportera à leursd. consciences et honneurs pour la jouissence qu'ils ont fait depuis le trente may mille six cents quatre vints un, jour de sa nomination à l'éuesché de Bayonne, de laquelle ils rendront compte fidelle de l'excédant de ce que led. seigneur Euesque et messieurs du chapitre ont jouy des biens apartenants à M⁵ de Roncenaux tant pour le passé depuis lad. nomination jusques au jour de la restitution réciproque desd. biens ou eschange et autres conuentions qui pourroient estre faites ce que led. sieur don Angelos de Guinda sous prieur et don André de Esnos y Anduesza ont promis raporter à M⁵ le prieur, chanoine et chapitre de Roncenaus, pour, sur leur délibération, en rendre sçauant led. seigneur Euesque et M⁵ de Niert et de Sorhande lesquels se sont chargés pareillement d'en donner connoissance à M⁵ de leur chapitre. A esté de plus proposé de trouver des moyens seurs et prompts pour suiure l'affaire d'Ordiabe et autres comprinses dans la commission du conseil du Roy sur quoy a esté résolu que don Angelos de Guinda et don Andres de Esnos y Anduessa représenteront à leurs chapitres que les fraits du conseil d'estat ou l'affaire est pendente sont de tres petite depense et que la poursuite deuant estre faite au nom dud. seigneur et M⁰ˢ les chanoines de Bayonne, la cause sera beaucoup plus fauorable pour M⁰ˢ de Ronceuaus sur quoy il est juste que M⁰ˢ de Ronceuaus donnent une indemnité aud. seigneur Esuesque et ausd. S⁰ˢ chanoines comme ne faisant que prester leur nom pour les faire entrer dans leur bien, à quoy ils offrent de contribuer de leur crédit et de leurs soins, mesme led. seigneur Esuesque leur a offert de leur donner un homme de la fidélité, diligence et capacité duquel il leur répond. Fait double aud. lieu d'Irissarry led. jour, mois et an que dessus.

Gaspard Eueq. de Bayonne. De Nyert. Don Angelo Guinda sosprior. De Sorhainde. Don Andres de Esnos y Anduçca.

LXII.

Approbation à Roncevaux, le 3 août 1683, de l'accord d'Irissary et promesse de fournir aux 2 3 des frais du procès soutenu par le chapitre de Bayonne pour recouvrer Ordiarp. (Arch. B.-P., G. 225). Traduction du temps. Copie sur papier.

Dans l'église collégiale et maison religieuse de Nostre-Dame de Ronceuaux, le 3 jour du mois d'aoust 1683, en présence de moy greffier et notaire public et des témoins soussignez furent présents en personne M⁰ˢ les sousprieur, chanoines et chapitre de lad. église estant ensemble assemblez et congrégez au son de cloche dans la chambre capitulaire et lieu accoutumé pour traitter et délibérer semblables et autres actes et affaires touchant lad. église et son hospital général, en l'absence de très-illustre seigneur dom Joseph Inigues Abatea prieur de lad. église, grand abbé de Cologne, et du Conseil de Sa Majesté, estant presents M⁰ dom Angelo de Guinda, licentié sous prieur et procureur dud. seigneur prieur, dom Michel de Gassalde chantre, don Martin de Celba, trésorier, dom Martin de Lasseichoa infirmier, dom Joan Andrea d'Esnos et Anduessa archiprestre et dom Jean Firmin de Ascarate, les tous chanoines profez de lad. église et des trois parties qu'il y a les présents faisant le plus grand nombre faisans et célébrans chapitre et disent que auec ordre spécial desd. S⁰ˢ prieur et chapitre lesd. S' dom Angelo de Guinda licentié sous prieur et dom Jean André d'Esnos et Anduessa se sont transportez dans le lieu de Irissarri en Basse Nauarre pour conférer auec M⁹ʳ l'Illustrissime et Reuerendissime Euesque et deux M⁹ˢ chanoines députez du chapitre de l'église cathédrale de Bayonne pour les affaires communes des deux églises et ayant esté assemblez pour conférer desd. affaires auroient les tous ensemble signé une police de la teneur suiuante....

Lesquels dits sous prieur et Esnos estant de retour de lad. conférence auroient fait rapport en chapitre qui fut célébré dans lad. église le jour du samedy 3 juillet de la présente année de toutes les choses qu'on auroit traitté dans lad. conférence et auroit esté fait lecture dans led. chapitre de lad. police signée dans lad. conférence..... Quant au 2ᵉ point, promettent l'indemnité que demandent led. Sʳ Euesque et Sʳˢ deputez du chapitre de Bayonne pour les frais du procez qu'ils poursuiuent au conseil d'estat conformément à la commission de Sa Majesté très chrestienne et lad. indemnité et contribution des frais dud. procez au conseil d'estat sera pour les deux tiers pour compte dud. chapitre de Ronceuaux et que l'autre tiers sera pour compte desd. Mʳˢ de Bayonne lesquels concourront et contribueront comme ils ont toujours offert de faire led. tiers et qu'ils donneront bon et fidelle compte desd. frais, ce qui a esté exprés délibéré és présences des témoins dom Martin de Reta et dom Joan Assarassa et dom Martin La Caue, prestres et rationaires de lad. église et les tous ont icy signé avec moy notaire et greffier. Dom Angelo de Guinda licentié sous prieur, dom Michel de Gassalde, dom Martin de Salua licentié, dom Martin Lassainsa, dom Joan André de Esnos et Anduessa, dom Joan Fermin de Ascarate, dom Martin de Sera, dom Joan de Lassalla, don Martin de Lacaue. Par deuant moy Raimon de Aiguerra notaire et greffier.

LXIII.

Arrêt du Parlement de Navarre maintenant Paul d'Arhets à la commanderie d'Ordiarp, 18 mai 1695. (Arch. B.-P., G. 226). Copie sur papier.

Extrait des registres du Parlement de Pau.

Entre M⁰ Pierre Paul d'Arhetz prêtre, bachelier en théologie, prieur commandeur de l'eglize parroissielle S⁰ Michel d'Ordiarp et de la chapelle S⁰ Laurenx en dépendante, pourueu dud. prioré tant par l'ordinaire, qu'en cour de Rome, et par breuet du roy après le décès de M⁰ Sans de Bonnecase dernier titulaire dud. prioré, appellant de certaine sentence de récréance des fruicts et reuenus dud. prioré renduë par le juge de Licharre à son préiudice en faueur de M⁰ Pierre de Chamalbide, prêtre, pourueu dud. prioré sur la nommination du chapitre de Ronceuaux après le décès de M⁰ Pierre de Maytie clerc tonsuré précédent titulaire et possesseur dud. prioré, et autrement le mesme d'Arhets demendeur en éuocation du fonds et en maintenue dud. prioré et appellant comme d'abus du tiltre d'institution accordé par le vicaire général du chapitre de Bayonne, le siège vacant, en vertu d'une signature de Rome, au reffus de l'ordinaire, du métropolitain et du primat à M⁰ Arnaud de Suhare prêtre nommé aud. prioré par le chapitre de Ronceuaux après le décès dud. Bonnecase et demendeur l'utilité de certain deffaut contre Pierre de Jaureguiberry et Michel de Reyau pretres. Et led. M⁰ Pierre de Chamalbide aussy pretre inthimé et appellant comme d'abus des tiltres de la cure et vicairie perpétuelle de l'églize S⁰ Michel d'Ordiap et de la chapelle S⁰ Laurenx en dépandante obtenus par M⁰ Pierre de Jauréguiberry, pretre, pocesseur de lad. cure et ses predecesseurs en icelle et demendeur l'utilité de certain deffaut contre led. Jauréguiberry et M⁰ Michel de Reyau défaillans, et demendeur en maintenüe aud. prioré et cure ou en tout éuénement à ce qu'il soit sursis au jugement du procés jusqu'à ce qu'il en soit autrement ordonné par le roy et son conseil sur le raport par luy demandé du breuet obtenu par led. S⁰ d'Arhetz, et M⁰ Arnaud de Suhare pretre pourueu dud. prioré sur la nommination dud. chapitre de Ronceueaux après le décez dud. Bonnecase, interuenant et deffenseur ausd. appels comme d'abus et demendeur en maintenüe au plein pocessoire dud. prioré d'autre, et le procureur général du roy concluant en la cause d'autre.

Veu le procez, la distribution d'iceluy faitte au sieur de Bonnecaze conseiller, ouy son rapport, les actes du proces et le tout veu. Dit a esté que la cour faisant droit de l'apel interietté par led. d'Arhetz de l'appointement du juge de Lixarre, a mis et met l'apellation et ce dont a esté appellé au néant, et faisant droit au fonds et principal et iceluy éuoquant par tant que besoin seroit, a déclaré et déclare led. Chamalbide pourueu par le décés de Maytie non receuable en son action contre les titulaires pourueus du bénéfice en question par le décés de feu Bonnecase paisible possesseur, et sans s'arrester à choze ditte ny alléguée par led. Chamalbide, sur les conclusions par luy prises a mis et met les parties hors de cour et de proces, et en déclarant le deffaut leué contre Reyau et Jauréguiberry collitigans duement obtenu, et faisant droit de l'utilité d'iceluy, ensemble de la demande en maintenüe dud. d'Arhetz, et de l'apel comme d'abus par luy releué de l'exécution du bref du quatre auril mil six cens nonante deux et procédure faitte sur iceluy par le vicaire-général du chapitre de Bayonne, le siège vacant, attendu la nommination faitte par le chapitre de Ronceueaux au préiudice des droits du roy reconnus par son breuet déclaratif dud. droit remis au procés, a déclaré et déclare auoir esté nullement et abusiuement procédé par led. vicaire général du chapitre de Bayonne à l'institution dud. de Suhare nommé par le chapitre de Ronceueaux en temps prohibé, et en conséquance a maintenu et maintient led. d'Arhetz pourueu par l'ordinaire en la pocession et jouissance dud. prioré d'Ordiap auec inhibitions et deffences tant aud. de Suhare, Reyau et Jaureguiberry qu'à tous autres de l'y troubler sans préiudice néantmoins aud. de Suhare de se retirer sy bon lui semble deuers le roy sur l'octroy du breuet remis au procez, et néantmoins sur la restitution des fruits que led. Chamalbide peut auoir perceus a mis et met les parties hors de cour et de proces, tous depens compensés entre Chamalbide, Suhare et d'Arhetz et ceux de l'arrest seront pris sur les fruicts existans et non perceus par les titulaires, condamne led. Suhare en l'amande de douze liures enuers le roy pour l'apel comme d'abus et lesd. de Reyau et Jauréguiberry aux depens du deffault consernant et l'amende de l'apel de l'apointement de Lixarre sera renduë, et faisant droit de la réquisition du procureur général du roy, a ordonné et ordonne que les arrests de réglement rendeus par le Parlement de Bordeaux des cinq septembre mil cinq cens quatre vingts douze et dix et neuf juin mil six cens septante trois et l'arrest du conseil du vingt quatre juillet mil six cens quatre vingts deux seront exécutez suiuant leur forme et teneur ce faisant que led. d'Arhetz ne pourra prendre sur le reuenu dud. hopital que la somme de deux cens quatre vingts liures quitte de toutes charges ordinaires et extraordinaires, laquelle somme il receura par les mains des administrateurs dud. hopital qui sont à présent et qui seront à l'auenir, fait deffances ausd. administrateurs de luy payer annuellement au dela de la somme de deux cens quatre vingts liures à peine d'en répondre en leur propre et priué nom, et pour estre pourueu à la plus seure dispensation du reuenu dud. hopital et à l'exécution de la volonté du fondateur, et des arrests sur ce rendus, ordonne que par le juge royal des lieux ou en cas de suspition par le premier juge suiuant l'ordre du tableau et à l'assistance du procureur général du roy, il sera dressé procès-verbal de l'estat dud. hopital et sy l'hospitalité y est gardée, par deuant lequel commissaire les administrateurs dud. hopital remettront l'estat des fruits et reuenus dud. hopital, ensemble les comptes rendus par les administrateurs depuis l'année mil six cens quatre vingt deux, datte de l'arrest du conseil rendu contre Bonnecaze et les actes justifficatifs des diligences qui ont esté faittes ou deus faire en vertu dud. arrest contre led. Bonnecase ou ses héritiers pour la restitution des fruits ordonnée par led. arrest, pour ce fait et led. procès verbal reporté et communiqué au procureur général du roy estre fait droit ainsy qu'il apartiendra. Prononcé au Parlement de Nauarre séeant à Pau le dix et huitième may mil six cens quatre vingts quinze. Collationné, Capot. Soluit led. d'Arhets deux cens onze liures quatre sous pour le raport de la cour et deux sous pour liure. Trente et cinq liures quatre sous, pour le sixieme de Messieurs les gens du roy et deux sous pour liure et vingt et sept liures dix sous pour le raport du parquet et deux sous par liure. A Pau ce 26 juillet 1698. Camgrand pour 278 l. 18 s. — Soluit led. sieur d'Arhets cinquante sept sols six deniers et cinq sols pour le droit du comis à Pau led. jour, Capot.

LXIV.

Mémoire du chapitre de Bayonne établissant l'antiquité de ses droits sur des biens situés en Espagne et les réclamant à Roncevaux qui les détenait, à cause de l'usurpation d'Ordiarp et d'autres commanderies, 25 août 1607. (Arch. B.-P., G. 226). Sur papier.

Le diocèse de Bayonne est composé des vallées de Labourt en Guienne, d'Arberoue, Cise, Baygorry et Ossès en Basse Nauarre, celles de Bastan, Lairin, Bertis et les Sacquers dans la Nauarre espagnolle ; et celle d'Oyarçun en Guyposcoua qui est l'archiprêtré de Fontarabie, qui va jusques aux portes de St-Sébastien.

Les chartes anciennes et les bulles, qui sont le dénombrement de l'étendue de ce diocèse comprennent toutes ces vallées ; et elles sont toutes marquées dans les anciennes cartes de géographie, comme dans celles de Sanson du Royaume de Navarre de 1552, les curés des parroisses de ces vallées sont appellés au synode de Bayonne. Les autheurs qui parlent de la contenance du diocèse de Bayonne, comme Mr de Marca et Oihénard, en font mention ; les éuêques de Bayonne ont conféré et confèrent actuellement les ordres aux diocésains de ces vallées d'Espagne qui se présentent aux ordinations sans reconnoître ny exprimer dans leurs lettres, les dimisoires de l'éuêque de Pampelune. Il est remarqué dans le Concile de Constance session 31, que l'Eueque de Bayonne a jurisdiction dans trois royaumes, France, Espagne et Nauarre où il y a enuiron 33 parroisses dans chacun de ces royaumes. La jurisdiction qu'il a en Espagne est si reconnue des Espagnols que l'éuêque de Pampelune ayant voulu obliger le curé d'Irun, il y a enuiron trois ou quatre ans, de luy payer le droit de déport, comme il se paye dans son diocèse, ce curé s'en deffendit en justice, attendu que l'Eueque de Bayonne dans le diocèse duquel est son bénéfice ne jouissoit pas de ce droit, et qu'il n'estoit soumis à l'authorité de l'Euêque de Panpelune que prouisionelement et comme délégué du St-Siége, et sur ces raisons et ce fondement le curé a gagné son procés en Espagne ; il est constant que l'étendue de ce diocèse ne souffre aucune difficulté et l'église de Bayonne a exercé librement et auec plaine auctorité sa jurisdiction et ses droits dans ces vallées d'Espagne depuis son établissement jusques en l'année 1566 que Philippe second roy d'Espagne fit remontrer à la cour de Rome que les erreurs de Caluin s'estant repandues dans le Béarn et la Nauarre françaíse, il y auoit lieu de craindre que par le commerce spirituel, elles ne se communiquassent dans son royaume et sous ce prétexte il en fit demander la distraction et le démembrement et n'ayant pas eu de réponse fauorable il obtint enfin de Pie 5 [1] que l'Euêque de Bayonne seroit obligé de nommer pour les parties de la Nauarre espagnolle et du Guypouscoüa de son diocèse des vicaires généraux natifs de ces lieux mêmes ; et faute par l'Euêque de Bayonne d'y satisfaire, six mois après la notification du bref, Sa Sainteté permettoit à l'Euêque de Pampelune de faire fonction d'Euêque dans ces vallées et à celuy de Calaorra celle de Métropolitain sous cette condition et en ces termes : « Decrnentes præsentes nostras litteras durantibus in dictæ Franciæ regnis erroribus præfatis dumtaxat durare debere ». Ainsi le pouuoir que le Pape donna aux Euêques de Pampelune et de Calaorra n'estoit que prouisionnel et ne deuoit durer qu'autant que l'hérésie de Caluin subsisteroit en France. Il semble que depuis la réuocation de l'Edit de Nantes, l'Euêque de Bayonne pouuoit rentrer de plain droit dans sa jurisdiction et dans ses droits puisque la délégation ou pouuoir des Euêques de Pampelune et de Calaorra a cessé depuis la réuocation de cet édit.

Il est remarqué dans l'histoire de M. de Thou que ce bref fut accordé par Pie 5 au roy d'Espagne Philippe second, au deshonneur de la France, « magna gallici nominis jactura et injuria » et quoyque le roy d'Espagne eust obtenu ce bref, on n'en osa tenter l'exécution, ny le signiffier à l'Euêque de Bayonne que deux ans après : ce fut même dans une conjoncture que le royaume étoit affligé d'une guerre pestilentieuse, et on sçait, par la tradition du

---

1. V. cette bulle Arch. B.-P., G. 3.

païs, que le roy fit entendre à l'Eueque de Bayonne et à l'archeueque d'Auch de ne point nommer des vicaires généraux, ny d'officiaux sur les lieux pour ne donner aucune sorte de consentement à une telle bulle ; se réseruant de se pouruoir contre l'injustice de ce bref ; et enfin puisque par les soins pieux de Sa Majesté la religion de Caluin n'est plus professée en France, par les termes meme de la bulle, l'Eueque de Bayonne est rétably dans ses droits et dans sa jurisdiction naturelle. C'est pourquoy il se croit obligé à l'occasion des conférences pour la paix de se donner la liberté de représenter au roy son droit par les deuoirs de sa conscience, la fidélité qu'il doit à Sa Majesté et le zèle qu'il doit aussi auoir pour les interets de son royaume d'autant mieux, s'il est vray comme l'ont dit des historiens, que le motif qu'eut la cour d'Espagne de demander la distraction de ce diocèse pour le spirituel fut de couurir l'ancienne usurpation de ces contrées sur la couronne de France.

L'Eueque de Bayonne ose espérer que Sa Majesté aura la bonté de luy ordonner la conduite qu'il doit garder sur le rétablissement de sa jurisdiction et des droits de son diocèse.

Cette usurpation sur le spirituel a attiré depuis ce tems là des injustices sur le temporel que l'Eueque et son chapitre ont en Espagne ; et elles ont esté d'autant plus grandes que par la bulle meme de Pie 5, l'Eueque et le chapitre de Bayonne doiuent jouir sans trouble des reuenus qu'ils ont en Espagne dont ils ont jouy tranquilement jusques à la déclaration de la guerre en 1635, que les chanoines du chapitre de Ronceueaux, sous prétexte que des François jouissoient de quelques commanderies dépendentes de leur maison demandèrent des lettres de représailles au Roy d'Espagne qui les leur accorda, en leur donnant par confiscation les reuenus appartenant à l'Eueque et chapitre de Bayonne qui de leur part en obtinrent aussi du feu Roy et ils en ont depuis obtenu de Sa Majesté en vertu desquelles ils jouissent de quelques biens appartenans au chapitre de Ronceueaux qui sont dans la Nauarre françoise, qui ne valent que deux mil liures de reuenu, et les dixmes que l'Eueque de Bayonne et son chapitre ont en Espagne valent enuiron sept mil liures de ferme ; le chapitre de Ronceueaux en a si mal usé qu'estant conuenu, il y a enuiron vingt ans, auec l'Eueque de Bayonne et son chapitre que jusques à ce qu'ils fussent rentrés dans la possession des dixmes qu'ils ont en Espagne, l'Eueque et chapitre jouiroint de ces reuenus que le chapitre de Ronceueaux a dans la Nauarre françoise et donneroit deux mil liures par an au dela qu'il payeroit de bonne foy, en paix, et en guerre, a quoy les chanoines de Ronceueaux n'ont point satisfait, durant cette guerre, ce qui fait prendre la liberté à l'Eueque de Bayonne de supplier très respectueusement Sa Majesté d'auoir la bonté d'ordonner à ses plénipotentiaires d'en exiger le payement, comme il fut pratiqué après le traité des Pirenées, le chapitre de Ronceueaux aiant restitué à l'Eueque de Bayonne et à son chapitre ce qu'il leur auoit usurpé durant la guerre précédente et il fust aussi réglé par le traité de Figuières qu'ils seroient remis dans la possession de leurs véritables reuenus auec la restitution des fruicts.

LXV.

Extrait d'une lettre écrite le 26 avril 1698 par le chapitre de Roncevaux pour refuser le paiement de certains arrérages, à cause de l'usurpation d'Ordiarp. (Arch. B.-P., G. 226). Plusieurs copies sur papier.

Los senores del cauildo de la santa yglesia de Roncesualles han receuido la carta de 6 del presente escrita por el senor don Juan de Nogaro syndico del Illmo senor obispo y cauildo de Bajona en que pide la respuesta de la carta de 7 de deciembre ultimo pasado.... En la carta de 7 de deciembre piden los senores obispo y cauildo de Bajona que se les de satisfacion de las cantitades que se les esta debiendo por el exceso de sus rentas de Roncesualles conforme a la conferencia hecha por diputados de ambas partes en Irissarri el ano passado de 1683 a que se responde que los senores del cauildo de Roncesualles tienen satisfechas y pagadas á los senores obispo y cauildo de Bajona todas las cantidades aque se pudieron obligar en dicha conferencia, pues con los 258 ds. 6 reales que el senor don Pedro de Verrio e yo entregamos el ano de 1693 a los senores Dujac y Sorhendo sindicos o diputados del Illmo cauildo de Bajona, estan pagados los plazos asta nouidad del ano 1686 inclusiue y al delante no pueden estar obligados los senores del cauildo de Roncesualles a pagar á los senores obispo y cauildo de Bajona cossa alguna por el excesso de sus rentas, por que desde el dicho ano de 1686 asta el de 1691 cobro conforme a lo mandado por la junta de represalias con consulta del Rey nuestro senor que Dios guarde, don Martin de Aldunate comendador que fue de la encomienda de Urdiarbe las cantitades que le pertenecian por razon de la dicha encomienda..... y en la misma conformidad desde el dicho ano de 1691 asta ora a perceuido y cobrado lo perteneciente en dichas rentas represaliadas el senor licenciado don Juan Antonio Portal de Huarte como en todos tiempos constara por cartas de pago de dichos dos comendadores, con que no pueden estar obligados los senores del cauildo de Roncesualles a la dicha conferencia de Yrissarri passado el dicho ano de 1686.... y la razon por que los senores del cauildo de Roncesualles han pagado y satisfecho a los senores obischo y cauildo de Bajona los plazos desde la dicha conferencia de 1683 asta el plazo de Nauidad de 1686 a sido por hauer cobrado en este tiempo el excesso de las rentas por no hauer hauido en este medio comendador de Urdiarbe.... En quanto á la mutua restitucion de las rentas, no pueden venir en ello porque el senor licenziado don Juan Antonio Portal de Huarte quien esta en posession de la dicha encomienda de Urdiarbe se a manifestado no consentira por la parte que le toca en dichas rentas represaliadas por razon de dicha encomienda, conforme al dicho auto de la junta de represalias, y que no pudo perjudicar a su drecho lo tratado en la dicha conferencia de Yrissarri.... Esperan que en breue se desembarazaran de este inconueniente, porque el pleyto que se litiga en el consejo supremo de la camara del Rey nuestro senor contra el dicho senor Portal sobre la dicha encomienda de Urdiarbe, se sentenciara dentro de breues dias y jusgan sera a sa fauor, con que estaran independentes para voluer a la acostumbrada y amigable correspondencia con los senores obispo y cauildo de Bajona y trataran en este caso de conuenirse........ Roncesualles, abril 26 de 1698. D⁰ʳ Simeon de Guinda y Apesteguy syndico.

LXVI.

Extrait d'une lettre de Mgr Don Thoribio de Mier, évêque de Pampelune, vice-roy et capitaine-général du royaume de Navarre, à Mgr de Lalanne, évêque de Bayonne, sur le refus du chapitre de Roncevaux, touchant la restitution des biens, 7 novembre 1698. (Arch. B.-P., G. 226). Copie sur papier.

Aviendo escrito, al cavildo de Roncesvalles la proposicion de V. S. I. acerca de los interesses de represalias que ay de una y otra parte y demas circonstancias, solicitando el convenio para excusar como V. S. I. me previno el recurso y molestia a los reyes pareziendo asi por esta razon, como por excusar gasto, seria mas conveniente el tratarlo amigablemente entre las partes arreglandose al estado que teman estas cosas en el ultimo convenio, me respondio, que el prior de aquella casa se hallava ausente que les avia dado parte y que sin su dictamen no podia tomar resolucion que lo haria immediatamente que tuviesse respuesta ; ultimamente me llega la carta que remitto à V. S. I. en que vera han determinado que sin comissarios nombrados por ambas coronas, no se puede conferir este punto.

LXVII.

Lettre de Mgr de Lalanne, évêque de Bayonne à l'Evêque de Pampelune sur la restitution des biens, 2 décembre 1699. (Arch. B.-P., G. 226). Copie sur papier.

Monseigneur. J'ay receu la lettre que vous m'avés fait l'honneur de m'écrire le 7 de ce mois et celle que vous avés receue de Mrs du chapitre de Roncevaux. Comme ils ont gardé le silence depuis la première lettre que je me donnay l'honneur de vous écrire, j'ay eu lieu de croire qu'ils ne vouloient pas faire un bon usage des démarches respectueuses que j'ay faites envers vous à leur occasion ; il semble même par leur silence qu'ils ayent voulu tirer avantage de ma facilité et de ma bonne foy. Nous demandons vivement nôtre bien par les voyes qui doivent se pratiquer entre des voisins, des prêtres et des catholiques. J'avois pris la liberté, Mgr, de m'addresser à vous parce que j'ay l'honneur d'être vôtre confrère et que vous avés, si je l'ose dire, une très bonne réputation, que vous êtes respecté et honoré dans vôtre frontière ; enfin mon chapitre et moy nous aurions exécuté tout ce qui auroit été réglé par votre grandeur, mais Mrs de Roncevaux n'ont pas accepté une proposition qui leur devoit être agréable et honorable, et de sortir d'affaire par une voye courte et sans frais. Nous sommes présentement également obligés d'être importuns à la cour de nos maitres. Il m'est même revenu que M^r le marquis d'Harcourt, ambassadeur du roy, a parlé au conseil d'Espagne de ma juste demande et afin que vous soyez pleinement informé du détail de nos affaires, je prends la liberté de vous envoyer la copie du règlement qui fut fait en 1666, dans une pareille occasion, entre Mrs de Roncevaux, mon chapitre et un de mes prédécesseurs ; par ce traité toutes les questions que ces M^{rs} voudroient faire aujourd'hui sont réglées.... Ils croient nous lasser par des longueurs et par des dépances, mais nous avons assés de fermeté et de bien pour nous deffendre et si ces M^{rs} ont d'autres biens en France que ceux que nous possédons, ils n'ont qu'à demander justice au roy, mon maitre, qui la leur fera. Et à vous dire la vérité, Monseigneur, je suis surpris qu'un chapitre qui doit donner bon exemple, soit si industrieux à faire le mal pour le mal, car enfin le Seigneur ne voudra pas que la guerre reste entre des ecclésiastiques, tandis que la paix est si solidement établie entre nos maitres et nos nations et ces M^{rs} ne peuvent gagner en fuyant que peu de temps. J'espère même que le roy d'Espagne ne souffrira pas que Mrs de Roncevaux exercent dans son royaume si catholique une injustice si criante et qu'ils ayent envers leurs voisins et leurs confrères un procédé qui blesse la beauté et la douceur de la paix, la grandeur de la religion et la simplicité même du droit naturel qui ne permet que sans aucun prétexte l'on fasse à autrui ce que nous ne voudrions pas qui nous fut fait ; et il est constant que le roy, mon maitre, puniroit sévèrement et mon chapitre et moy, si nous en usions de la sorte envers ces M^{rs} ; enfin, Monseigneur, je vous rends mille graces de vos bontés, je vous supplie de me les continuer et de croire que je suis, avec une reconnoissance très respectueuse, Monseigneur, vôtre très humble et très obéissant serviteur, Léon, Ev. de Bayonne. — A Bayonne ce 2 décembre 1698.

LXVIII.

Lettre du roi d'Espagne à son ambassadeur nommant des commissaires pour la restitution des biens entre les chapitres, 30 juillet 1700. (Arch. B. P., G. 227). Traduction et copie de Veillet.

Marquis de Castel dos Rios (Pariente) de mon conseil de guerre et mon ambassadeur à Paris. En veue de ce que le 17 d'avril dernier l'ambassadeur de France a fait sçavoir que son roy avoit nommé pour ses commissaires pour traitter et régler les anciens différents qui sont entre l'évêque et ce chapitre de Bayonne et l'église de Roncevaux, l'Intendant du Béarn et une autre personne de la même province, et ayant veu le mémoire du député de l'église de Bayonne que vous envoyastes avec vôtre lettre du 2 may de cette année. J'ay résoleu de nommer pour commissaires de ma part don Pedro del Busto, conseiller en mon conseil de Navarre et don Joseph de Azedo archidiacre de l'église cathédrale de Pamplune, afin qu'avec ceux du roy très chrestien ils s'assemblent en une chambre qui se fera au pont d'Arnéguy qui est sur la rivière de Val-Carlos, dont le milieu sépare les limites des deux royaumes. En conformité de quoy, plein pouvoir a déja été dépêché aux dits commissaires en deue et suffisante forme, avec la clause de substituer en cas de nécessité. Et ayant donné avis de cela au ministre de France qui est icy, il a paru à propos de vous en avertir afin que vous en soyiez informé. De Madrid, le 30 juillet 1700. Signé Yo el Rey. Et plus bas : Don Joseph Perez de la Puente,

Monseigneur le marquis de Torsi est très humblement suplié de faire expédier une commission pareille pour M{{}} Guyet, intendant de Béarn et Navarre, et pour M{{}} l'abbé de la Cassagne, avec pouvoir de substituer et même (s'il le juge à propos pour faciliter) d'agir l'un en l'absence de l'autre. Veillet, député de Bayonne.

LXIX.

Commission envoyée par le roy à M. Guyet, intendant en Béarn, novembre 1700. (Arch. B.-P., G. 227). Copie sur papier.

Louys par la grâce de Dieu, roy de France et de Nauarre, à notre amé et féal conseiller en nos conseils, M^e des requestes ordinaire de notre hostel, et intendant de justice, police et finances en Béarn le Sr Guyet, Salut. Notre très cher et très amé frère le roy d'Espagne, en suitte des instances qui lui ont esté faites de notre part, par le S^r marquis d'Harcourt cy-devant notre ambassadeur extraordinaire en Espagne, de faire obtenir à l'Euêque et au chapitre de Bayonne la juste satisfaction qu'ils ont lieu d'attendre sur les différentes prétentions qu'ils ont contre le chapitre de Ronceueaux ayant nommé pour les commissaires le S^r dom Pedro de Busto, son conseiller en son conseil de Nauarre et le S^r dom Diego d'Echaren, prieur de l'eglise cathédralle de Pampelune, et désirant aussi contribuer ce qui peut dépendre de nous, pour terminer à l'amiable les différents d'entre lesd. chapitres de Bayonne et de Ronceueaux. Pour ces causes, nous vous auons commis, ordonné et député, commettons, ordonnons et députons par ces présentes, signées de notre main pour, auec notre cher et bien amé le Sr de la Cassaigne, abbé de La Réolle, chanoine de l'Eglise cathédrale de Lescar, que nous auons aussi choisi, vous transporter au pont d'Arnéguy ou tel autre lieu dont il sera conuenu et prendre auec les commissaires de notred. frère le roy catholique, munis d'un pareil pouuoir et commission, un^e exacte connoissance des différents d'entre l'Euêque, lesd. chapitres de Bayonne d'une part et celuy de Ronceueaux, sur leurs différentes prétentions, les régler et terminer deffinitiuement, soit conioinctement auec led. Sr de Lacassagne, soit vous seul en son absence, maladie ou autre légitime empêchement en la forme que vous croyés la plus juste et la plus équitable en vos consciences, de ce faire vous auons donné et donnons pouuoir, commission authorité et mandement spécial par cesd. présantes, car tel est notre plaisir. Donné à Fontainebleau le premier jour de nouembre l'an de grâce 1700 et de notre règne le 58e. Ainsi signé : Louys, et plus bas, Par le roy, signé Colbert, et scelé du grand sceau de cire jaune.

LXX.

Lettre de Mgr de Beauveau demandant des représailles contre Roncevaux, 1702. (Arch. B.-P., G. 226). Copie sur papier.

Au Roy. Sire, René François du Rivau de Beauveau, évêque de Bayonne et le chapitre de la même ville remontrent très humblement à Votre Majesté que la requete et les pièces justifficatives cy-jointes ayant été présentées il y a environ quatre ans par le député des supplians vers Vôtre Majesté, elle luy fit répondre par Mr de Torsi, qu'elle écriroit au roy d'Espagne deffunct pour nommer des commissaires. Ces commissaires furent en effet nommés, à savoir le Sr don Pedro de Busto, conseiller au conseil de Navarre, et le Sr don Diégo d'Echaren prieur de l'église cathédralle de Pampelune de la part du Roy Catholique et le Sr Guyet alors votre intendant en Béarn et le Sr de Lacassagne, abbé de la Réolle, chanoine de l'église cathédralle de Lescar de la part de Vôtre Majesté. La mort du roy d'Espagne dernier et les sollicitations qu'il a fallu renouveller pour faire confirmer par le roy d'Espagne d'à présent la commission déjà expédiée par le roy son prédécesseur avec le changement de vôtre intendant en Béarn ont retardé l'exécution de tous ces ordres. Les supplians, Sire, ayant appris tout nouvellement que pour régler les limites de cette frontière des monts Pyrénées au lieu appelé les Aldudes dans les vallées de Bastan et de Baigorry, Vôtre Majesté et le Roy Catholique étiez convenus de nommer commissaires Mr de Torsi et Mr l'Embassadeur d'Espagne qui est en France, ils demandent très humblement à Vôtre Majesté la grace de vouloir aussy faire régler par ces mêmes commissaires que les restitutions mutuelles énoncées en la requete cy jointe seront incessamment faites entre lesd. Srs de Roncevaux et les supplians, sans préjudice à ceux de Roncevaux d'avoir leur recours contre d'autres François, ainsi qu'ils aviseront, comme il a déjà été décidé unanimement par les commissaires des deux roys à Figuières en Catalogne en 1665 et exécuté par d'autres commissaires assemblés à l'ile des Faisans en 1666, ainsi qu'il est justiffié par l'extrait cy-joint des pièces en bonne forme. Et les suppliants redoubleront leurs prières pour la santé et prospérité des armes de Vôtre Majesté. Dubrocq chanoine et syndic.

LXXI.

Nomination de Pierre de Pierre de Lascor à la vicairie perpétuelle d'Ordiarp par le chapitre de Roncevaux, le 31 août 1703. (Arch. de Roncevaux. Catalogo. Abadias, p. 98, fajo 4).

En la santa Iglesia colegial y real casa de Nuestra Senora de Roncesualles à los trenta y un dia del mes de agosto del ano mil setecientos y tres ante mi el secretario y notario apostolico infr° y testigos abajo nombrados fueron constituidos en persona los senores suprior, canonigos y cabildo de ella en su sala capitular... en ausencia del muy Ill° S°r D. Joseph Iniguez Abarca, prior de la dicha santa iglesia, grand abbad de Colonia, del consejo de sa Majestad et donde se hallaron presentes los senores Licenciado D. Juan Antonio Portal de Huarte suprior procur. del dicho senor Prior, D. Pedro de Verrio, arcipreste, D. Martin de Retta infermero, D. Pedro Ignacio de Lanz ch., D. Diego Manuel Portal de Huarte y Echalaz thesorero : todos canonigos de la dicha santa Iglesia collegial y real casa... y dixeron que ha llegado a noticia de los dichos senores que este presente mes de agosto ha vacado la vicaria perpetua de San Miguel de Urdiarle y la de San Ciprian de Musquildy su anexa en valde de Sola, en el obispado de Oloron en el reyno de Francia por muerte de M⁺ D. Pedro de Jaureguberrj su ultimo poseedor et que la probision y nominacion de vicaria perpetua o cura de las dichas dos Iglesias *ad invicem* unidas toca y pertenecia de tiempo prescripto, emmemorial ha esta parte, à la dicha santa Iglesia y a su hospital general y en su nombre a los dichos senores otorgantes como Patronos de las dichas Iglesias por ser miembros pertenecientes a la encomienda de Urdiarbe que es de esta Santa Iglesia y de su hospital general.... Presentaban y presentaron, nombraban en efecto y nombraron por vicario perpetuo o cura de las dichas Iglesias de San Miguel de Urdiarbe y San Ciprian de Musquildo *ad invicem* unidas à don Pedro de Lascor presbitero del obispado de Dax atendiendo a que es sujeto beno merito y capax para obtener la dicha vicaria y suplicaran y suplican al Ill^p y R^{mo} senor obispo de Oloron, a su senor prouisor vicario general y otro qualquiera que tenga facultad para ello manden dar y den al dicho D. Pedro de Lascor como al tal presentado y nombrado en virtud de este auto la colacion y canonica institucion y la comision ordinaria por exercerla y seruir à la dicha vicaria cumpliendo con todas las obligaciones anexas a ella pueda percebir y gozar de todos los frutos, rentas, emolumentos, honores, exempciones y pribilegios pertenencientes a las dichas vicarias *ad invicem* unidas como la han gozado y debido gozar sus predecessores. Assi lo otorgaron y me requecieron a mi el dicho secretario y notario...... assi siendo presentes por testigos D. Juan de Sarassa. D. Garcia de Garralda y D. Estaban de Sarrassa presbiteros. D. Miguel Mocca.

LXXII.

Commission de M. de St-Macari pour régler les prétentions des chapitres de Bayonne et de Roncevaux 30 mars 1705. (Arch. B.-P., G. 227). Copie de Veillet.

Louis par la grâce de Dieu, Roy de France et de Nauarre, à notre ami et féal conseiller en notre cour de Parlement commissaire et subdélégué général départi pour l'exécution de nos ordres en notre royaume de Nauarre et pays de Béarn, le s^r de St-Macary salut. Nous auons été informez des prétentions réciproques du s^r Eueque de Bayonne et du chapitre de son Eglise contre le chapitre de Roncevaux d'une part, et dud. chap. de Roncevaux, tant contre led. sieur Evêque de Bayonne et contre le chapitre de son Eglise que contre plusieurs de notre Province de Béarn d'autre part et comme nous avons reconnu que ces prétentions peuvent être nuisibles à la bonne correspondance qui est établie entre nos sujets et ceux de notre cher et très amé frère et petit fils le Roy d'Espagne, nous avons bien voulu avoir égard aux instances qui nous ont été faites de la part dud. sieur Evêque et desd. chapitres de Bayonne et de Roncevaux, de nommer un commissaire de notre part pour, conjointement avec celuy qui sera choisi par notre frère et petit-fils le Roy Catholique, régler et terminer définitivement et à l'amiable, les différents et contestations desd. parties. Pour ces causes et autres à ce nous mouvans, nous vous avons commis, ordonné et député et par ces présentes, signées de notre main, commettons, ordonnons et députons pour, conjoinctement avec le commissaire qui sera nommé par notred. frère et petit-fils, le Roy catholique, et qui sera muni de pouvoirs suffisans, vous transporter sur les lieux, lorsque le cas le requerra; entre telles personnes que besoin sera et prendre conjointement ou séparément une exacte connoissance des différents, prétentions, tant de l'Evêque et du chapitre de Bayonne à l'égard du chapitre de Roncevaux d'une part, que de celles dud. chapitre de Roncevaux tant à l'égard de l'Evêque de Bayonne et du chapitre de son église que desd. particuliers de notre province de Béarn d'autre; régler, et terminer définitivement toutes les contestations, accorder à qui il appartiendra dédomagements, réparations et indemnités qui seront jugées nécessaires pour les pertes et domages soufferts par aucune desd. parties, si le cas y eschoit; le tout en la forme et manière que vous croirez la plus juste et la plus équitable en votre conscience; et généralement faire avec le commissaire de nôtred. frère et petit-fils tout ce que vous estimerez utile et convenable pour établir par de bons traitez, transactions ou règlements définitifs, nos droits de souveraineté et ceux de nôtred. frère et petit fils sur ce qui regarde lesd. contestations et les prétentions dud. s.r Evêque de Bayonne et de son chapitre sur celuy de Roncevaux d'une part; et dud. chapitre de Roncevaux tant sur led. s.r Evêque et le chapitre de Bayonne que sur lesd. particuliers de notre province de Béarn; en sorte que la tranquillité puisse être solidement établie à l'avenir de part et d'autre. De ce faire vous avons donné et donnons pouvoir et mandement spécial par cesd. présentes, promettant d'avoir agréable et de confirmer tout ce que vous aurez réglé et terminé en nôtre nom, en vertu des présentes, et d'en fournir la ratification en bonne forme dans le temps convenu; car tel est nôtre plaisir. Donné à Versailles, le 30.e jour de mars, l'an de grâce 1705 et de notre règne le soixante deuxième; ainsi signé Louis. Et plus bas, Par le Roy, Colbert, avec le sceau y pendant.

LXXIII.

Etablissement d'un bureau d'administration pour l'hôpital d'Ordiarp, le 26 février 1709. (Arch. B.-P., G. 224). Copie sur papier.

Extrait des registres du Conseil.

Sur la requête présentée au Roy étant en son Conseil par le sindic des Etats du pays de Soule dans la province de Guienne contenant que dans une des parroisses du l. pays appelée d'Ordiarp il y a un ancien hopital étably pour les pauures du même pays et pour les pellerins et quoyque les reuenus en soient considérables montans enuiron à trois ou quatre mil liures par an ils sont néantmoins si mal administrés que depuis vingt ans il n'en a esté rendu aucun compte, ce qui fait qu'il n'y a point de bâtimens faute de les auoir réparés, que l'hospitalité n'y est point gardée, ny les pauures secourus et que pour empescher la ruine entière de cet hopital il plait au Roy d'y établir un bureau d'administrateurs comme dans les autres hopitaux du Royaume et de faire rendre compte des reuenus depuis vingt ans par ceux qui en ont eu la disposition et le gouuernement, laquelle requête ayant été enuoyée au sieur de la Bourdonnoye, intendant de justice en Guienne, pour s'informer de l'estat dud. hopital et au sieur Euesque d'Oloron diocézain en vue de faire un bureau d'administrateurs afin de remédier à ces désordres, empescher la ruine dud. hopital, veu lad. requete et les amis desd. sieurs Euesques d'Oloron et de la Bourdonnaye, ouy le raport et tout considéré. Le Roy étant en son Conseil a ordonné et ordonne conformément à la déclaration de Sa Majesté du douze décembre mil six cent quatre vingt dix huit qu'il sera étably un bureau aud. hopital d'Ordiarp qui sera composé. Premièrement dud. sieur Euesque d'Oloron et en son absence d'un de ses grands vicaires, du chatelain du pays de Soule, chef de la justice et siége de Licharre, et en son absence à son lieutenant de robe longue ou procureur du Roy aud. siége, du prieur d'Ordiarp ou en son absence à son vicaire perpétuel et de leurs successeurs ausd. charges qui seront réputez administrateurs nez et en outre de deux députés de plus, notables de la parroisse, qui composent la rente dud. hopital qui seront changés de deux en deux ans, par deuant lesquels administrateurs ordonne Sa Majesté que les comptes des reuenus dud. hopital seront rendus depuis l'année mil six cent quatre vingt deux par ceux qui en ont eu le gouuernement pour estre clos et arrestez à quoy faire contraints, et qu'à l'auenir les dépenses ne seront passées que sur les mandemens signés par led. sr Eueque d'Oloron ou de son grand vicaire, si l'un ou l'autre s'y trouuent présens par le chef de la justice de Licharre, par son lieutenant de robbe longue en son absence, par le procureur du Roy et par les deux députtés de la paroisse d'Ordiarp. Fait au Conseil d'Etat du Roy, Sa Majesté y étant, à Versailles le vingt sixième jour de féurier mil sept cent neuf. Signé Phelipeaux.

Louis par la grâce de Dieu, Roy de France et de Nauarre, à nos amez et féaux les gens tenant notre cour de Parlement de Nauarre à Pau. Salut. Nous auons esté informé par le sindic des Etats du pays de Soule en notre prouince de Guienne que dans led. pays, il y a une parroisse appellée d'Ordiarp dans laquelle il y a un hopital étably depuis très longtemps pour y receuoir des pellerins et les pauures dud. pays dont les reuenus sont très considérables montant trois à quatre mil liures par an mais qui ont été si mal régis et gouuernez que depuis vingt sept ans il n'en a esté rendu aucun compte, n'y ayant presque pas de batimens, à quoy ayant estimé a propos de pouruoir pour en empescher la ruine entière en y mettant un bureau d'administrateurs pour les régler à le mettre en meilleur état, nous auons par arrest de notre conseil de ce jourd'hui conformément à notre déclaration du douze décembre mil six cent quatre vingt dix huit étably aud. hopital un bureau d'administrateurs qui sera composé de notre ami et féal le sieur Eueque d'Oloron diocézain et en son absence d'un des grands vicaires, du chef de la justice du siége de Licharre, de son lieutenant de robbe longue en son absence, de notre procureur du Rey dud. siége, du curé de lad. parroisse d'Ordiarp qui seront administrateurs nez et leurs successeurs aussy à raison de leurs charges, des deux députez des plus notables de lad. parroisse d'Ordiarp et d'un député de chacune parroisse ou se perçoiuent les reuenus dud. hopital, lesquels seront changez tous les deux ans par deuant lesquels administrateurs nous voulions que ceux qui ont régy lesd. reuenus en rendent compte depuis l'année mil six cent quatre vingt deux, à quoy faire ils seront contraints et qu'à l'auenir les dépenses ne seront passées que sur le mandement signé par led. sieur Eueque d'Oloron ou d'un de ses grands vicaires en son absence, si l'un ou l'autre se trouuent présent à Ordiarp, par le chef de la justice de Licharre, par son lieutenant de robbe longue en son absence et par les deux députez de la parroisse d'Ordiarp en désirant que le tout soit exécuté. A ces causes, nous vous mandons et ordonnons par ces présentes signées de notre main que led. arrest, ensemble lesd. présentes vous ayez à enregistrer et du contenu en iceux faire jouir et user led. hopital d'Ordiarp plainement et paisiblement cessant et faisant cesser tous troubles et empeschemens, au contraire commandons au premier notre huissier ou sergent sur ce requis de signiffier led. arrest à tous ceux qu'il appartiendra, à ce qu'ils n'en prétendent cause d'ignorance et ayent à y déférer et obéir, car tel est notre plaisir. Donné à Versailles le vingt sixième jour de féurier l'an de grace mil sept cent neuf et de notre règne le soixante sixième. Signé Louis. Par le Roy. Signé Phelipeaux. Registré és registres du Parlement en exécution de l'arrest du quatorze féurier mil sept cent dix. Signé Palette.

LXXIV.

Contrat d'échange de biens entre les chapitres de Bayonne et de Roncevaux, le 12 février 1712. (Arch. B.-P., G. 227). Plusieurs copies sur papier.

In nomine sanctissimæ et indiuiduæ Trinitatis Patris et Filii et Spiritus Sancti. Amen.

Sçachent tous présens et à venir que ce jourd'huy douzième du mois de féurier mil sept cent douze en la ville et citté de Bayonne, par deuant moy notaire royal et apostolique soussigné, présens les témoins bas nommés, ont comparu en leurs personnes Monseigneur l'Illustrissime et Réuérendissime André de Druillet, Eueque de Bayonne, conseiller du Roy en ses conseils d'une part, et M⁰ˢ M⁰ˢ Alphonse de Lansac, abbé de Bonnefont, et Martin de Constantin, les deux chanoines de l'Eglize cathédralle Notre Dame de lad. ville, procureur et députtés du chapitre d'icelle, par acte du quatrième du présent mois de féurier retenu par moyd. not. d'autre. Et Messieurs les licentiers Don Pedro Ignacio de Lanz et Don Joseph de Illaréguy, chanoines, profez de la Sainte Eglize collegiale et maison royalle Notre Dame de Ronceucaux de l'ordre de Sainct Augustin en Haute Nauarre, domination du Roy d'Espaigne, aussy procureurs et députtés du très illustre sieur don Joseph Iniguez Abarca, prieur de lad. Eglize, grand abbé de Colonia, conseiller de Sa Maiesté Catholique et des sieurs soupricur, chanoines et chapitre de lad. Eglize et maison royalle, ainsy qu'apert des actes des quinzième et vingtième du mois de januier dernier passé à Pamplune et aud. lieu de Ronceuaux deuant Martin de Ascarate et Francisco Vergara not^{res} royaux, lesd. sieurs procureurs et députtés de lad. église collégiale et maison royalle de Ronceucaux parlant par le ministère du sieur Jean Paissas, bourgeois et marchand de cette d. ville, interpretto de la langue vulgaire françoise en la langue espagnolle et de la langue espagnolle en la françoise, pris d'office par Monsieur le lieutenant général au siége du sennéchal de cette d. ville, le neufuieme de ce mois sur la requête à luy présentée à l'effet des présentes et après auoir presté le serment deuant luy suiuant les actes sur ce tenus, annexés à la minutte pour estre incérés cy après encore d'autres ; lesquels trois actes de procuration demeureront attachés à la minutte du consentement des parties, pour y auoir recours quand besoin sera ; qui ont dit et déclaré que comme les fréquentes guerres d'entre les deux couronnes de France et d'Espaigne, singulièrement celle qui feut déclarée en l'année mil six cens trente cinq et qui a esté renouuellée plusieurs fois depuis la paix des Pyrennées de l'année mil six cens cinquante neuf, ont donné lieu auxd. sieurs prieur et chapitre de Roncevaux de demander et obtenir du Roy catholique la confiscation des biens et reuenus que mond. seigneur l'Euesque de Bayonne et son chapitre ont en la Haute Nauarre et dans la prouince de Guipouscoua et à ces derniers la confiscation par forme de représailles du Roy très chrétien des biens et reuenus de Ronceucaux scittués en France, Béarn, Soule, et Basse Nauarre, ce qui leur auroit causé de sy grands domages par la suruallcur de leurs biens et par frais de réparation des batimens de ceux de Ronceucaux et des procès qu'ils ont esté obligés de soutenir, même par les subsides ordinaires et extraordinaires, que ne pouuant suporter tant de maux et sy long temps, sans se plaindre de leurs pertes, ils ont plusieurs fois sollicité Sa Maiesté très chrétienne par leurs agens et députtés en Cour à leur donner des commissaires pour rentrer dans leurs biens et faire agir ses ambassadeurs auprès de Sa Maiesté Catholique pour en nommer de sa part ; mais quoy qu'ils en ayent obtenu particulièrement depuis la paix de mil six cens quatre vingts dix sept et l'auènement du Roy Philipe Quint à la couronne d'Espaigne, ils n'ont jamais peu auoir le bonheur de les voir assemblés pour mettre la main à la restitution respectiue des biens et reuenus des parties, quelques efforts qu'ils ayent fait pour y paruenir ; et ce qui auroit augmenté leur affliction est que lesd. commissaires auroient esté chargés par leurs Maiestés de trauailler à même temps à décider les procez desd. sieurs de Ronceuaux, contre les usurpateurs de leurs autres biens de France, Béarn et Soule ; de sorte que la décizion de tant d'affaires importantes auroit infailliblement entraîné des temps infinis et causé de grosses dépenses, outre que la liquidation exacte desd. frais de réparation et de poursuites de procés, auroit esté très difficile à faire depuis tant d'années, mais ce qui acheuoit d'affliger l'Eglize de Bayonne est que par la raison des différends qui arriuèrent entre les deux couronnes et les autres princes souuerains, elle se voyoit toujours en danger euident de perdre ses reuenus par de nouvelles confiscations même après qu'elle seroit rentrée en possession d'iceux ; d'un autre côté, lesd. sieurs procureurs et députtés de Ronceuaux ont dit que par les réitérées confiscations et représailles, leur Eglise a souffert des domages semblables à ceux de l'Eglise de Bayonne, au moyen des gros fraix qu'ils ont été obligés d'essuyer pour auoir recours à Sa Maiesté Catholique et en obtenir des représailles en enuoyant des chanoines du corps pour instruire les commissaires des deux Roys dont elle a éprouuée des décizions si peu fauorables qu'elle n'a peu s'empêcher de recourir vers Sa Maiesté Catholique en se pleignant auec justice de ce qu'ils n'auoient pas ordonné la restitution entière de ses biens et reuenus mais exédé leur pouuoir en les laissant contre toute raison et justice au pouuoir de leurs usurpateurs et qu'enfin ses pertes ont été notoires au temps desd. représailles parce que les reuenus dud. Seigneur Euêque et de son chapitre de

Bayonne ne suffiroient point à beaucoup près pour compenser ceux que l'Eglise de Ronceueaux auoit sous la couronne de France et que les commandeurs d'Ourdiarbe ses chanoines ont possédé et possèdent encore et que pour raison de cette commanderie usurpée, il en est résulté non seulement des procès entre son chapitre et lesd. sieurs commandeurs, sur la prefférence à perceuoir lesd. reuenus confisqués, mais encore beaucoup de gros frais à poursuiure l'adjudication de lad. commanderie uzurpée au moyen de ses chanoines députtés en la Cour de France et en d'autres tribunaux sans en pouuoir venir à bout quoy qu'ils en ayent obtenu des décizions fauorables ; de manière que les parties ayant considéré ce qui conuient le mieux à l'utilité des deux Eglizes, pezé le bien et le mal, le fort et le faible, elles seroient entrées en confèrence pour chercher et trouuer des moyens sûrs et raisonnables de joüir de leurs biens et reuenus auec plus de repos et de tranquilité qu'elles n'ont fait depuis sy long-temps et après auoir débattu toutes choses autant que faire se pouuoit, elles ont jugé en Dieu et en concience et suiuant les lumières de la raison et de la prudence humaine qu'il ny en auoit pas de meilleurs que celluy d'eschanger et permutter leurs biens et reuenus suiets à confiscation sous le bon plaisir de Sa Sainteté et la permission des deux Roys et celluy d'un suppléement d'argent comptant de la part desd. sieurs de Ronceuaux pour la suruuleur des reuenus de l'Eglise de Bayonne et la nature d'iceux qui sont en dimes et reuenus de bénéfices, sans fonds, ny batimens pour les réparations des édifices des biens de Ronceueaux et pour la poursuite et la décision desd. procès intantés. C'est pourquoy lesd. sieurs procureurs députtés de Ronceueaux s'étans rendus en la présente ville pour mettre la dernière main à un ouurage sy important, et toutes les parties s'étant abouchées, elles auroient résolu de passer le présent contrat d'eschange et de permutation de la manière qui s'ensuit, après auoir aprouué toute la susd. narratiue.

Sçauoir est que mond. Seigneur l'Euêque et lesd. sieurs procureur et députtés de son chapitre faisant tant en leur noms propres qu'en celluy du même chapitre, ont donné, cédé et transporté, comme ils donnent, cèdent et transportent par ces présentes en forme d'échange et de permutation, stable, perpétuelle et durable à jamais, sous le bon plaisir, ainsy qu'il a été dit, de Sa Sainteté et la permission des Roys Très Chrétien et Catholique, auxd. sieurs Prieur, Sous prieur, chanoines et chapitre de lad. Eglize et maison royalle de Ronceuaux, lesd. sieurs Don Pedro Ignacio de Lanz et don Joseph de Illareguy stipulans et acceptans tant en leur noms de chanoines profés qu'en celluy desd. sieurs prieur, sous prieur, chanoines et chapitre de leur Eglize, suiuant les pouuoirs qu'ils en ont, les bénéfices ou quarts d'Oyharçun et les quarts décimaux de l'archiprêtré de Fontarrabie qui font partie de ceux de lad. ville et ces bourgs de Renteria, Irun, Lesso, et du Passage, les quarts de la vallée de Bastan qu'on a droit de leuer sur les lieux d'Almandos, Berrueta, Aniz, Giga, Arrayoz, Irurita, Garçain, Elissondo, Lecarros, Eluetea, Ariscun, Erratçu, Azpileueta et Maya, les quarts des cinq villes qui sont celles de Lesaca, Berra, Ihausy, Aranaz et Echalao ; les quarts de la vallée de Bertissarana composée des lieux de Legasa, Naruarto, Oyaréguy, Oronas et des villages de Sozaya ; les quarts des dépendances de Saint Esteuan de Lerin, composées du bourg de Saint Esteuan et des lieux d'Elgorriaga et de Gastelu et ceux des villages indépendans et séparés des bourgs de Iturin et de Zumbilla et des lieux de Subieta, Verrotz, Oys et Dona Maria ; et généralement tous les droits, noms, raisons et actions exprimées et à exprimer qu'ils ont et peuuent auoir tant ezd. lieux et vallées qu'en toutes lesd. vallées de Bastan et de Bertizarana et en l'archiprêtré de Fontarrabie, prouince de Guipouscoua, sans aucune réserue, à quoy ils renoncent par exprès pour le présent et pour l'auenir, sans préiudice néanmoins de la jurisdiction spirituelle de mond. Seigneur Euêque ezd. lieux pour estre de son Diocèze de Bayonne qu'il n'entend et ne peut aliener ny eschanger en quelque façon et manière que ce soit.

Et en contr'échange lesd. sieurs de Lans et Illaréguy, faisant comme dit a esté cy-dessus, ont donné, cédé, et transporté, donnent, cèdent et transportent par ces mêmes présentes, pour tous les temps du présent et de l'auenir et en la meilleure forme et manière qu'ils peuuent à mond. seigneur l'Eueque et auxd. sieurs chanoines et chapitre de l'Eglise cathedralle de lad. ville de Bayonne, mond. Seigneur l'Eueque stipulant et acceptant pour soy et ses successeurs et lesd. sieur abbé de Lansac et Constantin, chanoines, stipulans et acceptans ezd. noms et tant pour eux mêmes que pour led. chapitre, en ce qui les touche et pour la part et portion qui leur conuient, tous les biens et reuenus, cens, rentes, droits et redeuances, justice ciuile, honneurs et prérogatiues, quels qu'ils puissent estre et qu'ils auoient en France, Béarn, Soule et Basse-Nauarre, le tout au long exprimé dans la procuration dud. chapitre de Ronceuaux dud. jour vingtième du mois de janvier dernier, comme sont entr'autres les droits qu'ils ont sur les commanderies de la Rochelle, d'Ormignac, dans les landes de Bordeaux, de Burgarono et de Sainte-Lucie auprès de Sauueterre en Béarn, de *Ourdiarbe* au pays de Soule auec tous ses membres et les commanderies de Bonloc au pays de Labourt, de Saint Michel avec ses membres, de Çaro et de Behorléguy, celles d'Arsorits, de Recaldea, de Mocossail et de Bidarray en Basse-Nauarre, auec les dixmes d'Uhart, de Gastelumendy, d'Arnéguy ou Haldea et d'Ondarrola, l'enclos d'Ahunstalatzo auec lad. maison d'Olhunse et tout le droit qu'ils y ont et peuuent auoir, les pensions sur les cures d'Uhart et de Saint Jean le Vieux et généralement toutes les dixmes, cens, rentes, fiefs, deuoirs, fonds et domaines, moulins à farine, maisons nobles, granges et autres batiments, agrières, droits de justice ciuile, bannalités, honneurs et priuilèges, prééminences et autres droits y attachés, appartenances et dépendances, sans rien accepter ny reseruer qu'un droit de cens perpétuel de huit réaux et douze marauédis que le chapitre de Ronceuaux a sur les biens de la maison de Cestau scittués en la vallée de Valcarlos, domination d'Espaigne, ensemble les memes sieurs procureurs de Ronceuaux leur ont cédé tous les droits de patronage que lesd. sieurs prieur, sous prieur, dignitaires, chanoines et chapitre d'icelluy ont et auoient des cures dependantes desd. commanderies cédées singulièrement, celluy de Saint Estienne de Baigorry, nonobstant le droit d'y nommer alternatiuement prétendu par le sieur vicomte de Belzunce et celluy du Prieuré de Sainte Magdelaine d'Orizon, nonobstant que quelques titulaires, mal informés, l'ayent assigné à l'ordre de Prémontré, celluy de Saint Michel et de Saint Martin de Çaro, son annexe, celluy de Behortéguy, celluy de Sainte Eulalie du lieu d'Ugange et de Notre Dame du Pont de la ville de Saint Jean Pied de Port, son annexe, celluy de Saint Pierre d'Usacoa, autrement de Saint Jean le Vieux, le tout en Basse Nauarre, celluy de Bonloc au pays de Labourt, celluy

d'*Ourdiarbe* et de ses annexes aud. pays de Soule et le droit qu'a
Ronceuaux de faire déclarer nulles les érections des Eglises parroissielles d'Arnéguy et de la Madelaine de Reculosa, et en cas de
subsistance d'icelles le droit de patronage et autres qui les peuuent
regarder, attendu que lesd. érections ont esté faites contre sa
volonté et à son préjudice voulant et consentant lesd. parties ezd.
nom que les unes et les autres jouissent et disposent respectiuement desd. biens et patronages donnés, cédés et transportés en
éschange et contr'échange, ainsy qu'elles fairoient et auroient pu et
deu faire auparavant pour raison de quoy elles s'entre-communiquent et transfèrent tout le droit et pouvoir qu'elles y auoient. Et
comme on a trouué par la nature des biens que ceux de mond.
Seigneur l'Euêque et de son Chapitre, consistant en dixmes sans
aucun batiment, ny fraix de réparations estant plus clairs et plus
sûrs valoient aussy plus à proportion que ceux desd. sieurs de
Ronceueaux, surtout les liquides où il y a plusieurs édifices de
maisons, granges, bords et moulins dont l'entretien et les réparations quotidiennes montent annuellement à de grosses sommes,
outre les autres charges que mond. Seigneur l'Evêque et son chapitre de Bayonne auront de grands fraix à faire pour se faire
adjuger le retrait et la possession desd. commanderies d'*Ourdiarbe*,
d'Ormignac, de Burgarone, de Sainte Lucie et de Larochelle qui
sont illiquides et contestés et pour se faire maintenir dans celles
des droits de lad. commanderie de Saint Michel et de lad. maison
d'Olhunce qui sont aussy contestés ainsy que plusieurs desd. patronages et qu'ils auront des risques à courre pour le gain des procés,
lad. suruateur, lesd. fraix de réparations et de procez et risques de
les perdre, ayant esté considérez, comme il a esté dit, lesd. parties
sont tombées d'accord que l'Eglize de Bayonne deuoit auoir outre
les biens et les droits qui leur sont cédés, la somme de onze mille
piastres, tant qour lesd. fraix que pour lad. suruateur, au moyen
de quoy il a semblé que la compensation du tout sera juste et
légitime autant qu'on en peut juger raisonnablement. C'est aussy
pourquoy lesd. sieurs de Lanz et d'Illaréguy ezd. noms et suiuant
leurs pouuoirs ont promis et se sont obligéz de bailler compte et
délivrer à mond. seigneur l'Euêque et à son chapitre dés que le
présent contrat d'eschange et de permutation sera confirmé, lad.
somme de onze mille piastres, monnoye de Haute Navarre et y

ayant cours, ce faizant mond. seigneur l'Euêque et lesd. sieurs abbé de Lansac et Constantin, chanoines et députtés du chapitre de la présente ville ont renoncé et renoncent autant qu'ils le peuuent et doiuent aux arrérages escheus et à toutes les autres prétentions contenues au présent contrat et dans la procuration dud. chapitre de Bayonne et autres qu'ils auoient et pourroient avoir jusques à ce jour'd'huy sur led. chapitre de Ronceueaux ; comme aussy lesd. sieurs de Lans et d'Harréguy se sont obligéz ezd. noms de remettre de bonne foy à mond. seigneur l'Euêque et son chapitre, tous les titres, papiers, documens et mémoires qu'ils ont et peuuent auoir dans leurs archiues et ailleurs concernant tous lesd. biens et droits cédés, liquides et illiquides et le droit ou privilége de noualles ; pareillement mond. seigneur l'Euêque et lesd. sieurs abbé de Lansac et de Constantin ezd. noms ont promis et promis et promettent de leur costé de remetre auxd. sieurs de Ronceueaux tous les titres, papiers, documens et mémoires qu'ils ont concernant lesd. reuenus qu'ils viennent de leur céder en contr'échange et semblable droit des noualles à la charge et condition que mond. Seigneur l'Euêque et son chapitre fairont les diligences nécessaires en cour de Rome pour l'obtention des Bules confirmatiues de la présente permutation qui seront payées à moitiés et par égalles portions par lesd. parties, et que chacune desd. Eglizes fournira en son particulier aux frais des Patantes de son Roy et par ce moyen toutes lesd. parties se sont respectiuement dessaisies et despouillées de tous leurs droits de propriété et de possession qu'elles auoient dans lesd. biens et droits échangés et contr'échangés et ont consenty qu'elles en prennent nouuelle possession en tant que de bezoin et qu'elles en jouissent à l'auenir comme de leurs biens propres et légitimement acquis à leurs Eglizes, sans néanmoins aucune garanthie respectiue ni prétention de plus et de moins quelque bon et mauuais éuénement qui en arrive, bien entendu néanmoins que lesd. sieurs de Lanz et d'Haréguy ont promis et promettent ezd. noms d'assister de leur costé mond. Seigneur l'Euêque et son chapitre par une procuration qu'ils leur fourniront pour interuenir auxd. procez, aux fins qu'ils soient jugés et terminés aux. Conseil priué d'Estat du Roy Tres chrestien et d'agir auprès de Sa Maiesté catholique pour qu'elle daigne s'entremettre auprès de Sa Maiesté très chrétienne pour l'évocation et jugement dud. conseil des instances qui ne sont pas pendantes, attendu la grande injustice qui leur a esté faite par un arrest du troisième septembre dernier rendu au Parlement de Pau, laquelle seroit sans doute suiuie de plusieurs autres à cause des parentés et aliances des parties aduerses et surtout du grand crédit des amis qui les y protègent, sans que néanmoins lesd. sieurs de Ronccueaux soient tenus de fournir aux fraix desd. poursuites, autrement que par lad. somme de onze mille piastres; et pour l'obseruation de tout ce dessus lesd. parties ezd. noms ont respectiuement soumis les unes enuers les autres tous leurs biens présens et à venir dud. Euêché et de leurs chapitres aux rigueurs des justices à qui la connoissance en appartiendra, renoncé à toutes exceptions et moyens à ce dessus contraires et préiudiciables, ainsy l'ont promis et juré, fait et passé aud. Palais Episcopal en double, l'autre retenu en langue Espagnolle par le ministère dud. interpretto en vertu desd. requetes et actes cy dessus mentionnés en présence de Monsieur Denis Dujac, M⁰ Bertrand de Man prêtre et prébendier en lad. Eglise Cathédralle de lad. ville et Pierre Lesseps clerq, habitans d'icelle, témoins à ce apellés et requis. Signés à l'original auec lesd. parties led. sieur Payssas interpretto et moy Dugalart not. royal. Contrôllé à Bayonne le 16ᵉ féurier 1712. Receu cinquante cinq liures. Signé Detcheuerry.

(Suiuent les procurations des chapitres en faueur de leurs députés).

LXXV.

Translation de l'hôpital d'Ordiarp dans la ville de Mauléon, au pays de Soule, janvier 1715. (Arch. de l'hospice de Mauléon). Original sur parchemin avec signature autographe de Louis XIV. Sceau en cire verte appendu à des lacs de soie verte et rouge.

Louis par la grace de Dieu, roy de France et de Nauarre, à tous présens et à venir, Salut. Notre amé et féal conseiller en nos conseils, Joseph de Réuol euesque d'Oleron, et nos chers et bien amez les administrateurs de l'hopital d'Ordiarp, parroisse de son diocèze, au païs de Soule, prouince de Guyenne, conjointement auec le syndic des états dud. païs nous ont fait très humblement représenter que l'attention que nous auons toujours eu pour le soulagement des pauures de notre royaume nous ayant donné lieu en 1709 pour procurer le restablissement de l'hospitalité dans led. hopital, qui est fondé dans cet endroit depuis un temps presque immémorial et pour remédier aux abus qui se commettoient dans l'administration de ses reuenus qui sont très-considérables d'ordonner par arrest du xxv féurier de lad. année 1709 qu'il seroit estably un bureau de direction dont les administrateurs que nous aurions nommez seroient tenus non seulement de faire rendre compte des reuenus de cette maison à ceux qui en auroient eu le gouuernement depuis 1702 mais encore de régler et arrester toute la dépense nécessaire pour son entretien, ils ont aporté de leur part depuis ce temps là tous leurs soins et toute leur aplication pour suiure sur cela nos intentions et donner à nos ordres une parfaite exécution, mais qu'ils n'ont pu encore jusqu'icy en venir à bout à cause du mauuais état de ses batimens qui sont tellement ruinez qu'à moins de les rétablir de fond en comble, il n'est pas absolument possible de donner aux pauures ny la retraite ny les secours dont ils ont besoin. Que dans la nécessité de faire une pareille dépense, ils ont cru qu'il était à propos de transférer tout d'un coup cet hopital dans quelqu'autre endroit plus propre et plus conuenable tant pour la commodité même des pauures que pour l'auantage et l'utilité de tout le païs ayant pour cet effet choisy la ville de Moléon qui n'est éloignée d'Ordiarp que d'une lieue ou enuiron parce que ceste ville est un lieu assez considérable d'un grand passage, la capitale du païs de Soule et en même temps comme son centre, très commode, par sa scituation estant bastie sur une riuière et où il est aisé de transporter les malades de tous les vilages des enuirons à cause de la facilité de ses auenues, ville d'ailleurs où il se trouue en abondance toutes choses nécessaires à la vie, où il ne manque ny de médecin ny de chirurgien et dans laquelle il y a plus d'une paroisse auec un couuent de capucins et plusieurs prêtres particuliers en disposition de secourir les pauures de leur ministère en sorte qu'il n'y a pas lieu de craindre qu'ils ne soient parfaitement secourus de toute façon, au lieu qu'Ordiarp est un village peu fréquenté scitué en mauuais air entre plusieurs montagnes qui l'enuironnent dont les auenues de tous cotez sont également difficiles et où on a toutes les peines du monde à transporter les malades et à leur procurer les secours tant spirituels que temporels dont ils ont besoin, ny ayant pour leur administrer les sacremens que le curé du lieu qui est très éloigné de l'hopital et un chirurgien peu expérimenté pour les traicter dans leurs maladies. Et comme d'ailleurs les fonds destinés au transport et à la construction de cet hopital sont suffisans non seulement pour le rebatir comme il estoit, mais encore pour le rendre plus considérable, en sorte même qu'outre les pellerins et les malades qu'on a coutume d'y receuoir on pourroit encore y retirer tous les mendians et les pauures valides et inualides de l'un et de l'autre sexe pour les occuper des ouurages proportionnés à leur force et à leur âge et qui empescheroit la mendicité et la fainéantise et seroit également auantageux pour le païs de Soule en général et pour la ville de Moléon en particulier, lesd. exposans nous ont très humblement fait suplier de vouloir en leur octroyant la permission de transférer led. hopital de leur permettre aussi d'en faire un hopital général et de leur accorder à cet effet les lettres patentes nécessaires.

A ces causes désirant contribuer en tout ce qui dépend de nous à une œuure si utile et si conforme à nos intentions, de l'auis de votre conseil et de notre grace spéciale, pleine puissance et autorité royale nous auons approuué et autorisé, approuuons et autorisons par ces présentes signées de notre main le changement et transport de l'hopital d'Ordiarp dans la ville de Moléon.

Permettons aux exposans de le faire bâtir dans l'endroit de lad. ville le plus propre et le plus conuenable pour y estre les pellerins et les pauures malades du païs reçus et traitez à l'auenir de la même manière et ainsi qu'ils ont toujours été ou qu'ils l'auroient deu estre à Ordiarp suiuant la fondation et établissement dud. hopital.

Et afin de bannir entièrement la mendicité et la fainéantise du païs et procurer en même temps à toutes sortes de pauures le moyen de pouuoir subsister, ordonnons que tous les pauures, mendians, fainéans et vagabons valides ou inualides et ceux qui ne pourront viure de leur industrie ny de leur trauail, de quelque age et sexe qu'ils puissent estre, soient renfermez dans lel. hopital pour y estre nourris et entretenus, instruits dans la crainte de Dieu et dans les principes de la religion et employez aux ouurages ou trauaux dont ils seront jugés capables et qui pourront les mettre en état de gagner leur vie.

Voulons que led. hopital soit à l'auenir appelé l'hopital général de la ville de Moléon et que l'inscription en soit mise auec l'écusson de nos armes sur le portail de cette maison que nous prenons auec tous ses droits et dépendances sous notre protection royale, sans toutes fois qu'elle dépende de notre grand aumonier en quelque façon que ce soit, ny qu'elle puisse estre sous aucun prétexte sujette à la visite des officiers de la grande aumonerie auxquels nous en interdisons dés à présent et pour l'auenir toute juridiction et connoissance.

Led. hopital sera régy et administré pour le spirituel par des prestres ou chapelains que les directeurs d'iceluy choisiront et qui seront approuuez par led. S^r éuesque d'Oleron lequel réglera leurs fonctions, ainsi que celles qui doiuent estre réseruées au curé de la parroisse où led. hopital sera scitué. Et pour ce qui est de l'administration du temporel elle se fera à l'auenir comme par le passé par les mêmes directeurs tant d'office que d'élection qui en ont esté chargés jusqu'à présent en conséquence de la disposition de vostre arrest du conseil du xxv février 1709.

Voulons pareillement qu'en conformité dud. arrest il soit estably dans led. hospital un bureau de direction où les administrateurs s'assembleront d'ordinaire une fois chaque semaine au jour et à l'heure qui seront marquez ou même plus souuent soiuant que les biens et la nature des affaires de l'hopital le pourront demander.

Outre les assemblées ordinaires, il se tiendra encore extraordinairement une ou deux fois par chaque année pour le plus grand auantage de la direction de cet hopital des assemblées générales ou seront aussy appellez tous les anciens directeurs et les principaux habitans du pais qui ont droit d'assister à toutes les autres assemblées de leur communauté.

Lesd. directeurs pourront délibérer et résoudre à la pluralité des voix toutes les affaires dud. hopital et toutes les délibérations qui seroient prises soit dans le bureau ordinaire ou dans les assemblées générales et dont le secrétaire tiendra un registre exact seront réputées valables lorsque pour les affaires les plus importantes ils se trouueront au nombre de sept soit ecclésiastiques ou séculiers et de quatre pour celles de moindre conséquence.

Donnons pouuoir aud. directeur de receuoir tous dons, legs, aumones, libéralitez et autres dispositions qui seront faites en faueur dud. hopital général par testamens, codicils, donnations entrevifs, à cause de mort ou autrement, même d'en faire les acceptations, poursuites et recouurements nécessaires.

Voulons que tous les dons, legs ou fondations faites en faueur des pauures en termes généraux soit dans lad. ville de Moléon, à Ordiarp, ou dans toute l'étendue du païs de Soule et dont il n'y a point eu d'employ jusqu'à présent et dont l'administration des fonds a été abandonnée, ensemble toutes les aumones en argent, pain, vin et autres denrées aplicables aux pauures indéfiniment et sans aucune destination particulière soit que les dispositions ou contrats en ayent été faits auparauant cesd. présentes, soit qu'ils le soient cy après apartiennent aud. hopital général et que le tout puisse être vendiqué par lesd. administrateurs à condition d'en faire par eux usage et de satisfaire aux charges portées aux dispositions conformément à l'intention des testateurs ou des donnateurs.

Enjoignons à tous les curés, vicaires, greffiers, notaires, tabellions et autres détenteurs de titres et dépositions de minutes, d'enuoyer incessamment au Bureau dud. hopital général des extraits des testamens, codicils, donations, contrats, compromis, traitez, sentences, jugemens et autres actes où il y aura des dons, legs, adjudications d'amandes et d'aumones, stipulations, dépens et autres auantages en faueur dud. hopital et d'en déliurer en cas de besoin les expéditions nécessaires gratuitement à peine de dépens, dommages et intérêts.

Pourront même lesd. administrateurs agir esd. noms et interuenir pour la demande, condamnation et payement des peines stipulées par led. compromis et portées dans les autres actes au profit dud. hopital général contre ceux qui se trouueront y auoir contreuenu et pour toutes autres choses ou led. hopital se trouuera auoir intérest.

Leur permettons aussi de passer tous contrats de ventes, d'acquisitions, de constitutions d'échange et autres actes, même de composer, transiger ou compromettre sur les procès et affaires dud. hopital suiuant que le besoin le pourra requérir.

Déclarons bons et valables les dons, legs, ventes, et acquisitions faites au profit dud. hopital que nous maintenons dans la propriété et jouissance de tous les fonds, batimens, droits, rentes et reuenus dont il est actuellement en bonne et légitime possession.

Auons amorty et amortissons l'étendue seulement de l'église et des batimens, cour, jardin et enclos dud. hopital comme dédiez à Dieu et consacrez au seruice des pauures sans que pour raison de ce il soit tenu de nous payer ny à nos successeurs Roys aucune finance dont en tant que besoin seroit nous leur faisons dons, remise par lesd. présentes à la charge toutes fois de payer les indemnitez, droits et deuoirs deus à d'autres seigneurs que nous.

Voulons en outre que led. hopital jouisse de toutes les autres prérogatiues, concessions, immunitez et priuiléges accordez aux maisons de pareil établissement et qu'il soit exempt de tous droits de guet et garde, fortifications, fermeture de ville et fausbourgs, même de logemens, passages, aides, subsides et contribution de gens de guerre.

Permettons aux administrateurs et directeur dud. hopital d'y établir des manufactures et d'en faire fabriquer toutes sortes d'ouurages qu'ils pourront y faire vendre et débiter au profit des pauures en faisant garder les réglemens faits sur icelles à l'effet de quoy les administrateurs choisiront pour aprendre aux pauures de cette maison les arts et mestiers, que y seront établis tels ouuriers de l'un et de l'autre sexe qu'ils jugeront à propos lesquels après auoir enseigné lesd. pauures pendant l'espace de six années seront reçus sans aucuns frais à la maitrise des arts et mestiers auxquels ils auront vaqués.

Déclarons apartenir aud. hopital à l'exclusion même des héritiers collatéraux les biens, meubles, hardes et effets que les pauures qui y décéderont se trouueront y auoir apportez suiuant l'inuentaire qui en sera fait lorsqu'il y seront entrez ou qu'ils y auront acquis pendant le temps qu'ils y auront demeurez sans qu'ils puissent en disposer en aucune façon sans le consentement des Directeurs.

Pourront lesd. Directeurs faire tous autres règlemens, statuts et ordonnances pour la police, gouuernement et œconnomie dud. hopital tant au dedans pour la subsistance des pauures et pour les faire viure auec ordre et discipline qu'au dehors pour empescher la mendicité publique et secrette, pourueu qu'auxd. réglemens il n'y ait rien de contraire à ces présentes et qu'ils soient faits dans le bureau lors des assemblées ordinaires et aprouuez par led. sr Euesque auquel cas nous voulons qu'ils soient gardez et obseruez par tous ceux et ainsi qu'il apartiendra.

Et afin qu'ils le soient plus exactement nous donnons et attribuons auxd. administrateurs et à leurs successeurs tout pouuoir, autorité, direction, correction et chatiment sur les pauures enfermez, leur permettant pour cet effet d'auoir dans led. hopital des prisons, poteaux et caueaux pour les punir, à la charge néanmoins que si lesd. pauures commettent quelques crimes ou quelques uns des cas portez par nos ordonnances pour lesquels il y ait lieu d'infliger des peines au dela de la prison, du carcan, ou de la correction du fouet, ils seront mis és mains des juges qui en doiuent connoitre pour à la requeste du substitut de notre Procureur général leur procés leur estre fait et parfait sommairement et sans frais.

Faisons défenses à toutes personnes de quelque condition et qualité qu'elles soient de loger et retirer chez eux les mendians vagabonds et gens sans aueu sous peine des amendes et confiscations en tel cas ordonnées au payement desquelles ils seront condamnez et contraints par toutes voyes dues et raisonnables.

Et pour empescher les pauvres de mendier permettent ausd. administrateurs d'auoir tel nombre d'archers qu'ils jugeront à propos tant pour prendre les mendians et les vagabonds et les conduire dans led. hopital que pour en emmener les pauures passans et les faire sortir hors la ville aprés qu'ils y auront été gardés un certain temps conuenable.

Lesd. archers auront des casaques, bandoulières ou quelques autres marques particulières pour qu'ils puissent être reconnus et pourront porter épées ou hallebardes, si les Directeurs le jugent à propos, nonobstant les défenses portées par nos ordonnances.

Défendons ausd. archers de prendre aucune chose des pauures ny de les maltraiter a peine d'estre chatiez et aux mendians et vagabonds de faire aucune résistance à peine de punition telle que les administrateurs auiseront bon estre et en cas de résistance enjoignons aux bourgeois et habitans de lad. ville de prêter main forte ausd. archers à peine d'une amende de trente sols contre les refusans, aplicables aud. hopital.

Faisons aussi défenses à toutes personnes de molester, inquietter, ny maltraiter lesd. archers ny de s'oposer aux captures qu'ils feront à peine contre les contreuenans d'estre emprisonnez sur le champ et d'estre procédé extraordinairement contr'eux à la requeste desd. administrateurs.

Accordons ausd. administrateurs le droit de faire mettre des troncs, bassins, grandes et petites boëtes dans toutes les églises et autres endroits qu'ils jugeront les plus conuenables, même de faire quester les jours et aux occasions qui seront les plus propres à exciter la charité.

Et afin que lesd. administrateurs ou directeurs, trésorier, syndic et secrétaire dud. hopital, ensemble les médecins et le chirurgien qui y sont actuellement employez au seruice des pauures puissent plus aisément vaquer aux deuoirs de leur charges et de leurs emplois et n'estre point distraits d'un seruice si important à la gloire de Dieu et au bien public, voulons que cependant le temps de lad. administration et de leur emploi seulement ils soient exempts de tutelle, curatelle et autres charges publiques et municipales sans que, sous ce prétexte, ils puissent se démettre ny estre déchargés de celles qui leur auront esté déférées auparauant.

Si donnons mandement à nos amez et féaux conseillers les gens tenans notre cour de Parlement de Nauarre à Pau, chambre de nos comptes aud. lieu et à tous autres nos ofifciers et justiciers qu'il apartiendra, que les présentes ayent à enregistrer et le contenu en icelles faire garder et obseruer pleinement, paisiblement, perpétuellement, cessant et faisant cesser tous troubles, opositions et empeschemens contraires, car tel est notre plaisir. Et afin que ce soit chose ferme et stable à toujours nous auons fait mettre notre seel à cesd. présentes. Donné à Versailles au mois de janvier l'an de grace mil sept cens quinze et de notre règne le soixante douzième. Louis. *Par le Roy* Phelipeaux. *Visa* Voysin, pour la translation de l'hopital d'Ordiarp dans la ville de Mauléon.

LXXVI.

Arrêt du 15 février 1717 confirmant l'évocation des procès sur les biens cédés par Roncevaux au Parlement de Toulouse. (Arch. B.-P., G. 228). Copie sur parchemin.

Extrait des registres du Conseil d'Etat

Veu par le Roy en son Conseil, les requestes respectiues présentées en iceluy le premier au nom des Estats du pays de Nauarre, fondez en delibération du 14 juillet 1713 tendant à ce que pour les causes et raison y contenues, il plust à Sa Majesté ordonner que des lettres patentes du mois de décembre 1712 par lesquelles le feu Roy son bisayeul a homologué une transaction passée le douze féurier précédent entre le s' Euesque de Bayonne et son chapitre d'une part et le chapitre de Ronceuaux d'autre pour raison de plusieurs droits et actions qu'ils s'estoient réciproquement cédez sur des biens scituez tant en Espagne qu'en France et Béarn seroient raportées comme obreptices et subreptices en ce qu'elles portoient une éuocation générale de tous les procès meus et à mouuoir entre les parties au sujet desd. biens et les renuoyoient au Parlement de Toulouze auec deffenses au Parlement de Pau et celuy de Bordeaux et à tous autres juges d'en connoistre, et qu'en conséquence dud. raport il fut ordonné que tous les procès que lesd. sieurs Euesque de Bayonne et son chapitre ont ou auront par raison desd. biens contre des habitants de Nauarre seront instruits et jugéz par les juges des lieux, sauf l'appel au Parlement de Pau; l'autre requeste présentée par le s' Euesque de Bayonne et son chapitre et par les prieur, chanoines et chapitre de Ronceuaux tendante a ce qu'aussy pour les causes et raisons y contenues il plust à Sa Majesté sans s'arrester à la demande desd. Estats de Nauarre dont ils seront déboutez, ordonner que lesd. lettres patentes du mois de décembre 1712 seront exécutées selon leur forme et teneur et que l'éuocation y portée subsistera à l'esgard du Parlement de Toulouze ou qu'en cas de difficulté elle aura lieu pour le grand conseil ou pour toute autre cour qu'il plaira à Sa Majesté à l'exception des Parlements de Pau et de Bordeaux. Veu aussy lesd. pièces et mémoires respectiuement produits sur ce sujet par les parties. Ouy le raport et tout considéré, Sa Majesté estant en son Conseil, de l'auis de Monsieur le Duc d'Orléans, Régent, sans s'arrester à la demande des Estats de Nauarre en raport desd. lettres patentes du mois de décembre mil sept cens douze dont elle les a deboutez, a ordonné et ordonne que lesd. lettres patentes sortiront leur plein et entier effect et seront exécutées selon leur forme et teneur. Fait au Conseil d'Estat du Roy, Sa Majesté y estant, Monsieur le duc d'Orléans Régent présent, tenu à Paris le quinzième jour du mois de féurier mil sept cens dix sept. Phelippeaux.

LXXVII.

Prise de possession de la Commanderie d'Ordiarp par Martin de Constantin, chanoine de Bayonne, le 15 janvier 1721. (Arch. B.-P., G. 228). Copie sur papier.

L'an mil sept cens vingt un et ce quinsieme januier après midy, en la parroisse d'*Ordiarp* pays de Soulle, par deuant moy Jean de Lagarde scindic des huissiers de la cour de Licharre soussigné, immatriculé et reçu en icelle, domicillié en la maison de Lagarde dud. lieu de Licharre, auroit comparu Me Me *Martin de Constantin*, prestre, chanoine de l'Eglise catédralle de Bayonne, et vicaire général du diocèze en son nom, en lad. qualitté et comme procureur fondé de procuration de Monseigneur l'illustrissime et réuérendissime Messire André de Drouillet conseiller du Roy en ses conseils et Eueque de Bayonne et de Mrs les autres chanoines et chapitre de lad. Eglise catédralle de Bayonne, lequel a dit que par contrat du 12 féurier 1712 passé deuant Dugalart notaire royal de Bayonne entre mond. Seigneur Eueque et lesd. sieurs du chapitre d'une part, et Mrs les lissenciés don Pedro Inacio de Lans et don Joseph de Ilharreguy, chanoines profes de la Ste Eglise catolique et collégiale et maison royalle de Notre Dame de Ronceuaux et l'ordre de St Augustin en la Haute Nauarre, domination du Roy d'Espaigne, procureurs et députtés du très Illustre sieur don Joseph Inignes Abarca, prieur de lad. église, grand abé de Colonia, conseiller de Sa Maiesté catholique, et des sieurs sous prieur, chanoines et chapitre de lad. église et maison royalle, il avoit esté fait échange et permutation des biens et reuenus de l'Eglise de Bayonne quy sont à la Haute Nauarre auec ceux de lad. Eglise et maison royalle de Ronceuaux, scitués à la Basse Nauarre, pays de Soulle et autres endroits, lieux et prouinces, quy ont esté donnés en contre échange à mond. Seigneur éueque et son chapitre de Bajonne, entre autres la Commanderie du présent lieu d'*Ordiarp*, auec tous ses reueriss et dépendances consistant en maisons, grange, dixmes, cens, rentes, fiefs, deuoirs, fonds, domaines et moulins, le droict de patronage des cures dud. présent lieu et de ses annexes, et génerallement tous droit et action de lad. Commanderie, comme membre et dépendance de lad. Eglise et maison royalle de Ronceuaux, led. traité d'échange et permutation fait du consentement et authoritté des deux couronnes, homologué en Cour de Rome, authorisé et confirmé par le Roy de France Louis 14 quy a voulcu et entendu pour d'autant plus fauoriser mondit seigneur éueque et sond. chapitre de Bayonne que tous les procés et différends meus et à mouuoir pour raison des biens échangés soient portés en la Cour de parlement de Toulouse pour y estre jugés et terminés, à ces fins auroit éuoqué à soy et son conseil lesd. procés et iceux auec leurs circonstances et dépendances renuoyé en lad. Cour du Parlement de Toulouse, auquel en a esté atribué toute jurisdiction et connoissance, icelle interdit au parlement de Pau, de Bordeaux, et à toutes autres cours et juges par ses lettres patantes du mois de décembre 1712 du depuis confirmé en contradictoire deffanse par arrest du conseil d'Etat du Roy du 15 janvier 1713 et comme led. sieur de Constantin ésd. nom et qualittés et pour mond. seigneur Eueque et son chapitre de Bayonne désire prendre possession de lad. Commanderie d'Ordiarp et des juspatronat des cures de l'Eglise S¹ Michel dud. présent lieu auec son annexe, aux cures S¹ Ciprien de Musculdy, celle de S¹ Pierre d'Idaux et son annexe de S¹ Martin de Mendy et celle de S¹ André de Viodos et annexe S¹ Vincent de Garindein et de toutes les appartenances et dépendances de lad. Commanderie, maison, granges, dixmes, cens, rentes, fiefs, deuoirs, fonds, domaines et moulins, auroit requis moyd. huissier de l'installer et donner acte de la possession réelle et corporelle pour seruir et valoir ce que de raison et estans au deuant la principalle maison dépendante de lad. Commanderie, demeure du sieur de Lanne[1] curé de

1. Lisez : *Lalanne*.

l'Eglise, parroisse S¹ Michel dud. présent lieu et en présence de M⁰ Clément de Jauréguiberry prestre et vicaire de lad. Eglise auquel ayant fait connoitre le suiet de notre transport et interpellé d'introduire led. sieur de Constantin aud. nom dans l'Eglise parroissielle S¹ Michel dud. présent lieu et de ses annexes, en conséquence le meme sieur de Jaureguiberry s'étant acheminé auec nous vers lad. Eglise, les portes de laquelle ayant esté ouuertes led. sieur de Constantin aud. nom auroit esté mis en la possession du jus patronat de lad. Eglise S¹ Michel et de ses annexes par l'entrée libre dans lad. Eglise, lecture de l'éuangille sur le maitre hostel, sonnerie des cloches et obserué les autres formalittés au cas requises sur quoy seroit présenté M⁰ François de Mcharon Gourdo, auocat en la cour et trésorier de l'hospital général de la ville de Mauléon transféré par arrest du conseil du présent lieu d'Ordiarp en lad. ville de Mauléon quy a dit qu'il s'opose a la mise de possession de Mᵉ Mᵉ Martin de Constantin aud. nom et qualittés en cas que par là il prétende donner d'ateinte au droit que lesd. seigneurs du bureau dud. hospital ont de perceuoir, régir et administrer les biens, rentes, et reuenus dud. hospital, que sy au contraire lad. mise de possession n'a pour objet que la conseruation du juspatronat que Mʳˢ du chapitre de Bayonne ont, dit-on, acquis des bénéfices qui dépendent dud. hospital, led. sieur de Mcharon Gourdo n'empeche point que led. sieur de Constantin se fasse installer en la possession dud. patronage sans préjudice des droits du bureau dud. hospital et de fournir par lesd. seigneurs du bureau leurs plus amples moyens d'opposition à la veue des pièces dud. chapitre de Bayonne dont led. sieur de Mcharon Gourdo demande la communication, et aux fins de sa réponse a signé et led. sieur de Constantin a dit qu'il ignore et la prétendue qualitté que prend led. Mcharon Gourdo de trésorier de l'hopital de Mauléon et le bureau prétendu dud. hospital que la possession et installation qu'il poursuit et des juspatronat des cures de lad. Eglise S¹ Michel et des autres Eglises et leurs annexes et des maisons, fonds, domaines, moulins, fiefs, cens, rentes, dismes et autres droits attachés et dépendans de la commanderie dud. Ordiarp à eux le tout transportés par permutation par lesd. sieurs de Roncevaux led. sieur de Mcharon Gourdo n'a qu'à s'expliquer plus précisément s'il entend former son opposition, en ce cas, il se réserue de dire ce qu'il apartiendra ; led. sieur de Mcharon Gourdo a dit qu'il persiste en ce qu'il a dit et particuliérement à la prise de possession des biens et rentes dud. hospital et ont signé, et tout ce dessus a esté fait et exploitté aud. lieu d'Ordiarp en présences de M⁰ Jean Blaise d'Alhaste notaire enquêteur au parlement de Nauarre, habitant à S¹ Jean de Pied de Port et de Gabriel d'Illissery praticien habitant en la ville de Mauléon témoins requis quy ont signé auec lesd. sieurs de Constantin, de Jaureguiberry, Mcharon Gourdo et moy.... Constantin. Jaureguiberry p^tre. B. d'Alhaste. Lagarde.

LXXVIII.

Extrait d'une lettre d'André Druillet, Ev. de Bayonne, au Roi pour demander des Commissaires sur un conflit de juridiction. 1723. (Arch. B.-P., G. 228). Copie sur papier.

Sire, André Druillet, Eueque de Bayonne et le sindic de son Eglise cathédralle sont forcés de recourir à l'authorité et à la justice de Votre Majesté pour la supplier de leur donner des commissaires pour terminer enfin une discution commancée depuis plus d'un siécle, portée en diuers tribunaux de Votre Royaume et que les parties intéressées tachent aujourd'hui après tant d'agitations de ramener au commencement par un conflit qu'ils font noitre entre vos parlemens de Thoulouze et de Pau *au sujet d'Ourdiarbe....*

Après une décision [1] si précise et si respectable, on deuoit croire que le Tribunal demeuroit fixé sans contestation et que ces lettres portant expressemment le renuoy deuant le Parlement de Toulouze, les parties n'oseroient en décliner la jurisdiction ; cependant, Sire, sur l'exploit que les suppliants y ont fait donner, le sieur Mcharon Gordo auocat soy disant thrésorier de l'hôpital de Mauléon, et en cette qualitté administrateur et receueur de lad. commanderie, rentes et reuenus d'Ourdiarbe en Soule, s'est pourueu au Parlement de Pau qui sur son exposé a cassé l'exploit ; les supplians de leur part se sont pourueus au Parlement de Toulouze qui a

1. Arrêt du Conseil d'Etat du 15 féurier 1717.

cassé l'arrest de celluy de Pau et inhibé aux parties de se pouruoir ailleurs conformément aux lettres pattentes, en sorte que voila un conflit nouueau formé sur le tribunal ou on doit procéder, au lieu de la décizion que les suplians attendoient au fonds.

Dans cette scittuation, Sire, Votre Majesté voit d'un costé les suppliants qui dépouillés sans indemnité ne demandent que l'esclaircissement des faits et un jugement deffinitif.

Elle voit de l'autre des possesseurs de mauuaise foy qui forment des incidans de jurisdiction, qui les entassent les uns sur les autres pour se perpetuer dans leur injuste jouissance.

Les Commissaires que les suplians vous demandent par leurs lumières et leur intégritté sont de seurs garands à l'une et à l'autre des parties de la conseruation du droit qu'ils établiront auoir.

Et c'est la plus sure et peut-estre l'unique voye de voir enfin terminer une contestation qui n'a que trop duré.

La voye des commissaires choisis par Vôtre Majesté sans rien ôter à l'esclaircissement des faits ny à la justice des droits respectifs tend d'ailleurs à espargner à une Eglize cathedralle et à un hopital les frais immenses d'une longue procédure qu'on allongera encore par des incidans nouueaux, choze digne de la justice et de la piété de Vôtre Majesté.

A ces causes, Sire, il plaira à Vôtre Majesté, nommer tels commissaires qu'elle voudra choisir et au nombre qu'elle jugera à propos pour juger et terminer deffinitiuement les prétentions des suppliants que lad. Commanderie d'Ourdiarbe et biens en dépendans... Et les suplians continueront leurs vœux pour la durée et le bonheur du règne de Vôtre Majesté, † A. Eueque de Bayonne. Constantin.

LXXIX.

Extrait des lettres en règlement de juges portées par Louis XV le 9 mars 1721. (Arch. B.-P., G. 228). Expédition sur parchemin.

Louis par la grâce de Dieu, Roy de France et de Navarre, au cher et féal le sieur André Druillet, Evéque de Bayonne et le chapitre de l'Eglise cathédrale de cette ville, nous ont fait exposer que les mauuaises contestations que faisoit le sr François de Méharon Gourdo en qualité de trésorier de l'hospital de Mauléon en Soule pour se dispenser d'abandonner aux exposans la propriété et la jouissance des biens dépendans de la Commanderie d'Ourdiarbe usurpez par les administrateurs de cet hospital sur le chapitre de Ronceuaux auoient fait naitre un conflit entre le Parlement de Thoulouze à qui la connoissance de ces contestations étoit attribuée et celuy de Pau ; les biens que possédoit en France le chapitre régulier de Ronceuaux étoient l'origine de ces différens... L'interest qu'auoient les exposans d'auoir des juges certains pour juger des contestations qui duroient depuis plus d'un siècle les engageoit à se pouruoir par deuers Nous. A ces causes, de l'auis de nôtre conseil qui a vu les pièces justificatiues de ce que dessus cy attachées sous notre contre scel, ouy, le sceau tenant, le raport de notre amé et féal conseiller en nos conseils le sr Mancion, Nous te mandons et commandons à la requeste des exposans qui ont fait élection de domicile en la personne de notre amé Me Nicolas de Robinot auocat en nos conseils en assigner en nôtre conseil d'Etat priué à deux mois le sieur François de Méharon Gourdo en lad. qualité pour se voir régler de juges d'entre le Parlement de Toulouze et celuy de Pau, voir dire et ordonner, si faire se doit, que les parties seront renuoyées au Parlement de Toulouze pour y procéder entre elles sur leurs différens et contestations.... faisant cependant très expresses deffenses à nosd. cours de connoitre des contestations des parties et à elles de s'y pouruoir et d'y faire aucune procédure jusqu'à ce qu'autrement par nôtre conseil il en ait été ordonné ny de mettre à exécution les arrests de nôtre Parlement de Pau des 29 may et xi septembre 1721 à peine de quinze cens liures d'amende, de nullité, cassation de procédures, dépens, dommages et interests à la charge par les exposans de faire signifier ces présentes et de donner les assignations par un seul et même exploit, autrement et à faute de ce faire, auons dès à présent leué et oté lesd. deffenses, deffendons à nosd. Cours d'y auoir égard, permettons aux parties d'y procéder comme auparauant sans qu'il soit besoin d'autres nos lettres ny arrest pour leuer lesd. deffenses, de ce faire te donnons pouuoir sans pour ce demander autre permission ny parcatis, car tel est nôtre plaisir. Donné à

Paris, le neufvième jour du mois de mars, l'an de grace mil sept cens vint quatre et de Nôtre Règne le neufvième. Louis. Par le Roy en son Conseil, Robinot.

LXXX.

Extrait d'une lettre de Mgr de La Vieuxville Ev. de Bayonne au Roi contre l'hôpital de Mauléon, sur la Commanderie d'Ourdiarp, vers 1732. (Arch. B.-P., G. 227). Copie.

Au Roy et à Nos Seigneurs de son conseil. Sire. Pierre de la Vieuxville, Eueque de Bayonne, les doyen, chanoines et chapitre de l'Eglise cathedrale de la meme ville representent très humblement à Votre Majesté qu'un des principaux moyens dont les supplians se sont seruis pour fonder leurs demandes a fin d'etre remis en possession des biens de la Commanderie d'Ourdiarbe a esté d'établir que la transaction passée entre les chapitres de Roncevaux et de Bayonne leur donnoit droit à cette commanderie, qu'elle auoit été donnée originairement au chapitre de Roncevaux par les Roys prédécesseurs de Votre Majesté, dans la vue de faire receuoir dans la maison et hospital de Roncevaux les pauures Pellerins françois allans à St Jacques en Gallice.

Les supplians ont soutenu encore qu'il pouuoit d'autant moins y auoir de difficulté de les remettre en possession des biens de la Commanderie d'Ourdiarbe que les biens qu'ils auoient cédez au chapitre de Roncevaux en Espagne étoient employez à soutenir l'hospitalité en faueur des pauures Pélerins et autres pauures passans....

Quoique ces faits soient de notoriété publique, quoique le sr de Mcharon Gourdo n'ait pas osé les contredire, les supplians croyent que pour ne laisser aucune difficulté à cet égard il est de leur interest de produire un certificat expédié par le notaire ordinaire et secrétaire de la maison de Notre Dame de Roncevaux, par lequel il atteste que tous les Pellerins et pauures qui passent par Roncevaux qui pour l'ordinaire sont pour la plus part françois y sont assistés et secourus tant en santé qu'en maladie entretenant ceux qui se portent bien jusqu'à trois jours s'ils le veulent et donnant aux malades tous les alimens et médicaments conuenable, non seulement à présent mais depuis l'année 1712 ; mais même auparauant....

A ces causes, Sire, plaise à Votre Majesté donner acte aux suplians de ce que pour plus amples contredits contre les écritures et productions du sieur de Méharon Gourde ils employent le contenu en la présente requete... condamner le sieur Méharon Gourde aux dépens, et ils continueront leurs vœux et leurs prières pour la santé de Votre Majesté.

LXXXI.

Arrêt du Conseil d'Etat du Roy, du 11 may 1733. Imprimé. (Arch. B.-P., G. 230).

Extrait des registres du Conseil d'Etat privé du Roy.

Le Roy en son Conseil, faisant droit sur l'instance, sans s'arrêter aux fins et conclusions des sieurs Evêque, doyen, chanoines et chapitre de l'Eglise cathédrale de Bayonne dans lesquelles Sa Majesté les a déclarés non recevables et mal fondez, et dont elle les a déboutés, et ayant égard à celles dudit Meharongourdo, au nom qu'il procède, a cassé et annulé la prise de possession faite par le sieur Constantin député desd. sieur Eveque et chapitre de Bayonne, le quinze janvier mil sept cent vingt un, des biens, rentes et revenus de l'hôpital d'Ordiarp, transféré dans la ville de Mauléon. En conséquence ordonne que les arrests du Parlement de Bordeaux des cinq septembre mil cinq cent quatre vingt douze, neuf mars mil cinq cent quatre vingt treize et premier aoust mil six cent vingt-trois, les arrest du Conseil des vingt quatre juillet mil six cent quatre vingt deux et vingt-cinq février mil sept cent neuf, et les lettres patentes du mois de janvier mil sept cent quinze, seront exécutez selon leur forme et teneur : *Ce faisant*, maintient et garde ledit Meharongourdo, audit nom, et l'hôpital de Mauléon, dans la possession et jouissance des biens, rentes et revenus apartenans aud. hôpital. Fait très-expresses inhibitions et deffenses aux sieurs Evêque, chanoines et chapitre de Bayonne et à tous autres de les troubler dans la jouissance desdits biens, à peine de tous dépens, dommages et interest. Sur le surplus des demandes, met les parties hors de cour : condamne lesd. sieurs Évêque, doyen et chapitre de Bayonne en tous les dépens, même en ceux de l'instance en règlement de juges, qui estoit pendante au Conseil avant l'évocation du fond des contestations. Fait au Conseil d'Estat privé du Roy tenu à Versailles le onzième jour du mois de may mil sept cent trente trois. Collationné. *Signé* Hatte, avec paraphe.

LXXXII.

Titre du prieuré d'Ordiarp accordé le 31 mai 1741 à M° Capdau chanoine de Bayonne, par les vicaires généraux d'Oloron. (Arch. B.-P., G. 230). Original sur papier avec signatures autographes. Empreinte sur papier, du sceau de M⁛ de Montillet.

Nos vicarij generales Illustrissimj ac Reverendissimi in Christo patris Dominj Dominj Joannis Franciscj de Montillet Episcopj Oloronensis, regj ab omnibus consiliis, baronis de Momour, Dominj Sanctœ Mariœ Orin etc. dilecto nobis in Christo venerabilj viro Alexio de Capdau diœcesis Conuenarum prœsbitero, et ecclesiœ cathedralis civitatis Bajonensis canonico salutem in Domino. Cum prioratus vulgo dictus Dordiarp in Sculà hujus diœcesis nunc vacet per obitum magistri Petri Paulj Darethz hujus diœcesis prœsbiteri rectorisque ecclesiœ parochialis de Tardets hujus quoque diœcesis, dictique prioratus Dordiarp ultimj titularis et possessoris, nos supradictj vicarij generales tibj jam dicto venerabilj viro Alexio de Capdau prœsentj rogantj, sufficientj, capacj et jdoneo et a capitulo ecclesiœ cathedralis Bajonensis prœsentato dictum prioratum Dordiarp cum omnibus ejus juribus, honoribus, fructibus, emolumentis ac oneribus contulimus et donauimus tenoreque prœsentium conferimus et donamus saluo in omnibus jure dictj Illustrissimj ac Reuerendissimj Dominj Dominj Episcopj Oloronensis; tuque jurastj in manibus nostris quod eris Illmo ac Reuerd° D° Domino Episcopo Oloronensj et ejus successoribus pro tempore existentibus fidelis et obediens juraque dictj beneficij prioratus Dordiarp illœsa seruabis et alienata, si quœ sunt, pro posse recuperabis et repetes, eique in spiritualibus fideliter deseruies aut deseruiri curabis. Quocirca mandamus notario apostolico hujus diœcesis ut te vel procuratorem tuum legitimum jn realem, actualem et corporalem possessionem dictj beneficj prioratus Dordiarp ponat et inducat seruatis solemnitatibus in talibus assuetis. Datum Sanctœ Mariœ Olorj sub signis nostris, sigillo D¹ D¹ Episcopi Oloronensis illiusque secretarij suscriptione, die trigesima prima mensis maij annj millessimj septingessimj quadragessimj primj prœsentibus et testibus magistro Joannes Darthes notario regio locj de Malausane et Petro Georgo ciuitatis S^{tœ} Mariœ jncola ad prœmissa vocatis, rogatis et in minuta prœsentium signatis.

Legliso vic. gnlis. D. Lamourous vic. gnlis.

Ducôs Lamothe vic. gnlis. — De prœfatorum Dominorum vicariorum generalium mandato.

FALLAUIER, *secretarius*.

LXXXIII.

Prise de possession du prieuré d'Ordiarp, par Alexis de Capdau, chanoine de Bayonne, le 2 juin 1711. (Arch. B.-P. Copie sur papier. G. 230).

Aujourd'huy dusieme du mois de juin mil sept cens quarante un, après midi au lieu d'Ordiarp et deuant la porte de l'église dud. lieu, pais de Soule, diocesse d'Oloron, sous l'inuocation de St Michel par deuant moy notaire royal au présent pais, à cause de la maladie actuelle du notaire apostolique, et en présence des témoins bas nommés, s'est présenté personnellement Me Alexis de Capdeau, pretre, docteur en théologie et chanoine de l'église catedrale de Bajonne, lequel a déclaré que par acte du trente du mois de maj dernier tenu capitulairement par le Chapitre dud. Bajonne où le seigneur Eueque auroit esté deument appellé, il a esté nomé et présenté au prieuré d'Ordiarp de la Commanderie dud. lieu vaquent par le décès de Me Pierre Paul d'Arhest prêtre et curé de Tardet dernier titulaire et possesseur d'icelluy, sur quoj led. sieur Capdeau ayant obtenu titre cannonique des Mrs les vicaires généraux de Monseigneur l'eueque d'Oloron en datte du trente un du mois dernier, signé Léglise, Lamouroux, Ducos de Lamothe vicaires généraux, et plus bas Falanier, secrétaire de l'éueché portant ordre et mandement au notaire apostolique de le metre et installer en la possession réelle, actuelle et personnelle dud. prieuré. C'est pourquoy nous notaire susd. ayant reçu led. titre et mandement aueq le respect requis et y obéissant, l'auons conduit à la porte principalle de l'église d'Ordiarp aux fins de lad. possession en présence des tesmoins aux fins de jouir dud. prieuré honneurs, prerrogatiues, droit et fruit à icelluy appartenant ou appartenir pouuent, mais ayant requis et prié M⁰ Clément de Jauregujberrj titulaire de lad. parroisse d'ouurir ou faire ouurir les portes de lad. Eglise, il n'auroit point voulu faire ouurir lesd. portes, led. sieur Capdeau auroit fait sa prière a genous deuant lad. porte, et par l'attouchement de la serure d'icelle ne pouuent remplir les autres solemnités à cause de l'obstination dud. de Jauregujberrj, il a fait ses actes en signe de vraie possession estant sous le porche de lad. Eglise et à l'axpect du clocher d'icelle, de quoy et de tout cj dessus nous aurions retenu le présent acte et verbal en presence de Jean d'Urruthie dit Naphalo et Dominique de Charlot prêtre et vicaire dud. lieu, les deux habitans de lad. parroisse, tesmoins requis quj ont signé a l'original aueq led. sieur de Capdeau, et mojd. notaire. Collationné à Mauléon, le 3ᵉ juin 1741. Receu six liures. Signé d'Arthes. Insinué aux registres des insinuations ecclésiastiques du pais de Soule par le sieur Gourdo, greffier des insinuations qui a receu deux liures. D. Nogué, notaire royal.

LXXXIV.

Prise de possession par Capdau de l'hôpital d'Ordiarp transféré à Mauléon, le 3 juin 1741. (Arch. B.-P., G. 230). Copie sur papier.

Aujourd'huy troisième du mois de juin mil sept cens quarante un auant midj, au bout du pont de la ville de Mauléon et deuant la porte de l'hopital d'Ordiarp transféré à lad. ville dans le pais de Soule, diocesse d'Oloron, par deuant moy notaire royal au présent pais, soussigne, à cause de la maladie actuelle du notaire apostolique et en présence des tesmoins bas només, s'est présenté personnellement Mᵉ Alexis de Capdeau, prêtre, docteur en théologie et channoine de l'église catedrale de Bayonne lequel a déclaré que par acte du trente du mois de maj dernier tenu capitulairement par le chapitre dud. Bayonne où le seigneur Eueque auroit esté deument appellé, il a esté nomé et présenté au prieuré d'Ordiarp de la Commanderie dud. lieu vaquent par le décés de Mᵉ Pierre Paul d'Arhet, pretre et curé de Tardet, dernier titulaire et possesseur d'icelluy, sur quoy led. sieur de Capdau ayant obtenu titre cannonique des Mʳˢ les vicaires généraux de Monseigneur l'eueque d'Oloron en datte du trente un du mois dernier signé Léglise, Lamouroux, Ducos de Lamothe vicaires généraux, et plus bas Falauier, secrétaire de l'éuéché, portant ordre et mandement au notaire apostolique de le metre et installer en la possession, réelle, actuelle et personnelle dud. prieuré. C'est pourquoy nous notaire susd. ayant reçeu led. titre et mandement aucq le respect requis et y obéissant l'auons conduit à la porte principale dud. hopital aux fins de lad. possession, en présence des tesmoins aux fins de jouir dud. prieuré, honneurs, prerrogatiues, droit et fruit à icelluy appartenant ou appartenir pouuent, mais ayant trouué lad. porte principale fermé à clef, led. sieur de Capdeau auroit frapé et sonné la cloche aux fins de faire ouurir lad. porte et d'efet, la sœur Marthe supérieure s'estant présentée au guichet, elle auroit entandu le sujet de notre procédé, a quoy elle n'a pas voulu nous laisser l'entrée libre quéle prière que led. sieur de Capdeau luy en ajt faitte, néantmoins il a touché la sereure de la porte, sonné la cloche, en présence des tesmoins et mojd. notaire et en signe de possession, réelle, actuelle et personnelle, pour luy seruir et valoir ce que de raison, de tout quoy nous luy auons donné acte en présence de Jean Pierre de Neucu pratitien de la presente ville et Jean Pierre de Sardia, marchand, habitans de lad. ville, témoins requis quy ont signé à l'original aucq led. sieur de Capdeau, et moyd. notaire etc. D. Nogué notaire royal.

LXXXV.

Arrêt du Parlement de Toulouse du 29 février 1742 maintenant Alexis de Capdau, chanoine de Bayonne, au prieuré d'Ordiarp, au préjudice de Clément Jauréguiberry, curé. (Arch. B.-P., G. 231). Expédition sur parchemin.

Louis par la Grace de Dieu Roy de France et de Navarre au premier notre huissier ou sergent sur ce requis. Comme sur le plaidoyer indiuiduellement fait en notre cour de Parlement de Toulouse le vingt sisième féurier mil sept cens quarante deux en l'instance y pendante. Entre M⁰ Alexis Capdau, prêtre, chanoine au chapitre de Bayonne et prieur de la Commanderie d'Ordiarp en Soule, demandeur, par exploit libellé du quatrième juin mil sept cens quarante un fait en conséquence des lettres patentes de Sa Majesté et de l'arrest de notred. Cour et encore suppliant par requette en jugement du neuuième nouembre dernier à ce que sans auoir égard au prétendu titre que M⁰ Clément Jaureguiberry, prêtre et vicaire perpétuel d'Ordiarp, a surpris dud. prieuré le déclarant nul et de nulle valeur, veu que led. s' Capdau a esté légitimement pourveu dud. prieuré par les véritables patrons qui sont M' l'Euêque et le chapitre cathédral de Bayonne qui en ont la présentation et par les vicaires généraux de M' l'Eueque d'Oloron à qui le droit d'institution appartient, faire très expresses inhibitions et deffences aud. Jaureguiberry d'entrer en la libre possession et jouissance dud. prieuré d'Ordiarp, honneur, profits, reuenus et émoluments en dépendants, donner aud. sieur Capdau aucun trouble ny empechement à peine de mille liures et d'en estre enquis et condamner led. sieur Jauréguiberry à la restitution desd. fruits dud. prieuré depuis son indue occupation auec depans et encore led. sieur Capdau, demandeur et requérant l'utilité du deffaut par lui leué au greffe, le premier décembre dernier d'une part, led. sieur Jauréguiberré assigné et deffaillant d'autre. Ouys Doazan pour led. M⁰ Capdau ensemble Sagot pour le procureur général du Roy, notred. Cour a déclaré et déclare le deffaut bien et deument poursuiuy et entreteneu et pour l'utilité d'icelluy faisant droit sur l'exploit libellé et requette de la partie de Doazan sans auoir égard au prétendu titre dud. Clément Jauréguiberry du prieuré d'Ordiarp le déclarant nul et de nulle valeur, a fait bien expresses inhibitions et deffences aud. deffaillant de (entrer) en lad. libre possession et jouissance dud. prieuré d'Ordiarp, honneurs et fruits, profllts, reuenus, et émoluments en dépendant, donner à lad. partie de Doazan aucun trouble ny empechement à peine de mille liures et d'en estre enquis, condamne led. deffaillant à la restitution des fruits dud. prieuré depuis son indue occupation et aux dépens. A ces causes à la requisition dud. M⁰ Capdau nous te mandons et commandons bien et deuement intimer et signifller le présant arrest selon sa forme et teneur auquel effet faire pour l'entiére exécution d'icelluy tous exploits requis et nécessaires, ce faisant contraint par toutes voyes doues et raisonnables led. M⁰ Jauréguiberry deffaillant à payer et rembourser incontinant et sans delay audit M⁰ Capdau ou à son certain mandement la somme de dix sept liures huit sols trois deniers à laquelle reuiennent les frais de l'expédition et sceau du présant arrest. Donné à Toulouse en notred. parlement le vingt septiéme jour du mois de féurier l'an de grâce mil sept cens quarante deux et de notre reigne le vingt septiéme. Par la Cour, Cazals.

LXXXVI.

Lettre de Capdau à son avocat M⁰ de Som, sur ses divers procés. Vers 1753. (Arch. B. P. G. 230). Copie ou original non signé, sur papier.

Monsieur. Voicy la piéce fondammentalle du procés que je suis forssé de recommencer en votre parlement, contre l'hôpital de Mauléon, pour le regard de mes droits sur la commenderie d'Ourdiarp en qualitté de prieur titulaire depuis treize ans sans auoir jamais peu retirer mes reuenüs des mains du s⁰ Pierre Proux, sindicq trésorier de cet hopital qui perçoit tous les reuenüs oū je dois préalablement auoir le tiers.

Soudain aprés ma prise de possession j'eux le chagrin de trouuer sur mon chemin un prétendu prieur de cette commenderie nommé Jaureguiberry vicaire perpétuel d'Ourdiarp, je luy fis signifller ma nomination et mon titre auec les lettres patentes et l'arret du conseil d'état qui évoque tous les procès mus et à mouuoir concernant cette commenderie au parlement de Toulouse où je l'ay assignay pour si voir débouter de son prétendu titre de prieur de cette commanderie

En 1741, arret qui me maintient au plein de possessoire de mon prieuré auec depens contre Jaureguiberry débouté; je fis signifler cet arret à ce dernier et en même temps au s' Proux trésorier aux fins de luy dénoncer que je suis l'unique prieur de la commenderie d'Ourdiarp transférée à Mauléon et que je bannissois en sa main toutes les sommes qu'il pouuoit deuoir aud. Jaureguiberry et comme toute opposition doit estre relevée et que d'ailleurs cet hopital faisoit la sourde oreille sur la portion de mon reuenu, je l'asignay aud. Parlement en conséquence desd. lettres patentes pour y déclarer quelles sommes il avoit appartenantes aud. Jaureguiberry et quelles portions de reuenü apartenoient aud. prieuré, si mieux on n'aimait ce faire régler, sur quoy le trésorier répondit de quelles sommes il étoit débiteur de Jauréguiberry et que pour ce qui concernoit la chose des revenus, il seroit dû au prieur 140 l. ou 280 l. s'il étoit ainsi jugé.

Cette équivoque donna lieu à un autre équivoque de l'arret du Parlement de Toulouse en février 1746, qui ordonne que les administrateurs de l'hopital s'asembleroient pour déliberrer s'ils contestoient ma demande, ou s'ils y adheroient dans huitaine. L'hopital defféra cet arret à M. le Procureur général de Pau qui conclut à sa cassation, laquelle m'ayant été signiflée elle feut encore cassée à Toulouse et enfin le conflit porté au conseil d'Etat ou l'alternative de l'arret de Toulouse a donné lieu au renvoyé de la cause au Parlement de Pau pour y estre statué ainsy qu'il appartiendra. Voicy le prononcé de l'arret du conseil de septembre 1752.

« Le Roy en son conseil sans s'arreter à l'arret du Parlement de Toulouse du 5 février 1746 et ce qu'il a ordonné que les administrateurs de l'hopital délibéreroient s'ils contestent ou acquiescent à la demande du s' Capdau tendante à estre maintenu au tiers des fruicts du prieuré commenderie d'Ourdiarp a renvoyé et renvoye les parties au Parlement de Pau pour y estre statué ainsy qu'il appartiendra, condemne le s' Capdau aux dépens de l'hopital, déclare l'arrêt commun auec le s' Cazeaux procureur général a mis et met les parties hors de cour sur les dommages et interets ».

En conséquence de cet arret, je payé les dépens à la rigeur à l'avocat adverse à Paris qui m'a fait signifier cet arret en la personne de mon avocat et j'ay fait assigner M. Proux au P. rlement de Pau où j'ay l'honneur de vous constituer mon procureur et deffenseur, à l'effet de quoy, je vous envoye l'exploit original pour que vous l'examiniés, s'il n'auroit pas quelque nuillité et pour vous présenter au Greffe en conséquence.

Vous jugez bien, Mousieur, qu'il faut commencer par instruire une provision car après tant d'années ariérées et tant de procedures, je suis forssé de demander provision et d'implorer votre sérieuse attention pour cella. J'ay fait proposer à ce bureau de faire décider notre question par des avocats ou des conseillers de Pau, pour ne pas éterniser la procédure, ils m'ont ry sur le ney. Il faut donc fondre la cloche et ce sera vous, Monsieur, qui en serois le fondeur. Tous les avocats qui ont connu cette affaire me la donnent comme imperdable, il n'y a que la Soulle qui en fournit de contraires. Je joints à celle-cy ma nomination, mon titre, ma prise de possession, en attendant le train que vous prenderois, je seray pret à vous instruire emplement sur toutes choses à cet égard, ainsy qu'à me rendre auprés de vous, quand il vous plaira. Je suis avec estime, Monsieu, votre, etc. [Capdau].

LXXXVII.

Arrêt de Pau sur le tiers des revenus d'Ordiarp entre Capdau, le curé de ce lieu et l'hôpital de Mauléon, 22 septembre 1759. (Arch. B.-P., G. 230. Copie de 42 p. in-1º).

« Extrait des registres du Parlement de Navarro de l'audience du xxij septembre 1759 ».

Entre le sieur d'Etchecapar, curé d'Ordiarp et le sieur de Vidart, héritier du sieur Jauréguiberry curé dud. lieu, contre Mº Pierre de Prous, procureur en la Cour de Licharre et trésorier de l'hopital de Mauléon, et le sieur Capdau, chanoine de Bayonne, ouy Faget, avocat général.

Comparurent les advocats et procureurs des parties. Harriet assisté de Piulet procureur pour les sieurs d'Etchecopar prieur curé d'Ordiarp et Raymond Vidard, clerc tonsuré, de Juxue, domicilié à Roncevaux, héritier du sr Jauréguiberry ancien curé d'Ordiarp, a dit : Mes parties ont été appelées dans une instance pendante en la Cour entre le sr de Capdau, chanoine de l'Eglise catedrale de Bayonne se disant mal à propos prieur de la comanderie d'Ordiarp et le sieur de Prous trésorier des pauvres. J'ay été appellé par led. sr Capdau partie de Me de Som en vertu d'un arret du 12 janvier 1757 portant qu'à sa dilligence le curé actuel d'Ordiarp l'une de mes parties et les héritiers du sieur curé décédé seront mis dans l'instance et par inventaire du 14 décembre 1758, je sommay les adversaires de communiquer les pièces au procureur de mes parties, faute de ce que, je demanderois les relaxer avec dépens. Me de Som procureur du sieur Capdau n'a pas jugé à propos de satisfaire à une infinité d'ordonnances ; il prétend avoir remis les pièces à son client, cependant ceux pour qui je parle sont en souffrance par le fait dud. sr Capdau qui a arretté et demandé mal à propos le tiers du revenu de l'hôpital d'Ordiarp transféré à Mauléon ou la somme de 280 l. qui fait précisément le revenu que l'hopital est tenu de payer au prieur curé d'Ordiarp et au chapelain de l'hopital, sçavoir 140 l. à chacun, le sr d'Etchecopar doit prendre la somme de 140 l. par an depuis qu'il est pourveu du bénéfice et le sr Vidart en qualité d'héritier du sr de Jauréguiberry dernier titulaire décédé doit prendre des arrérages qui ont été retenus par le trésorier par raport à l'instance dans laquelle nous avons été appellés, je ne pense point que le sr de Prous résiste à la main levée que je demande. J'ajoute même qu'il y a consenty par ses inventaires de communication.... A été rendeu sentence le 21 juillet 1758 qui, demeurant les offres dud. sieur de Prous trésorier, condamne celuy-cy à payer au sr Vidart l'une de mes parties les arrérages dud. prieuré curé d'Ordiarp depuis la prise de possession de feu Clément Jauréguiberry jusques à son décés à raison de 140 l. par an sauf à en déduire le payé s'il y en a.... à la charge néantmoins par M. Prous de faire lever les obstacles formés par le sr de Capdau chanoine de Bayonne.... Dans cet état il ne reste qu'à lever les obstacles qui ont été mis par le sr Capdau et de faire main levée à mes parties en ordonnant l'exécution de la sentence dont je viens de parler. Je n'ay rien à dire sur les prétentions chimériques du sr Capdau attandu qu'il n'a rien communiqué à mes parties malgré la sommation faite par ceux-ci par l'inventaire du 14 décembre 1758 et sera au deffenseur du s₁ de Prous à dire à cet égard ce qu'il jugera à propos... Je conclus qu'il plaise à la cour unir les instances, casser le ban apposé par le s₁ Capdau en main du s₁ de Prous au préjudice de mes parties, ordonner que la sentence du 21 juillet dernier rendüe en la cour de Licharre sera exécutée selon sa forme et teneur. En conséquence du consentement du s₁ Prous le condamner en la qualité qu'il agit à payer au s₁ Vidart l'une de mes parties les arrérages deus au feu s₁ Jauréguiberry, le condamner pareillement à payer au s₁ d'Etchecopar pareille somme de 140 l. par an depuis sa mise de possession. etc. Vergés assisté de Batsalle procureur du s₁ Prous, sindicq des pauvres de l'hopital de Mauléon a dit : Si je n'avois à combattre que la prétention des parties de M⁰ d'Harriet j'aurois peu de chose à dire... mais la cour void ce que les pauvres éprouvent depuis bien longtemps de la part des prêtres ambitieux qui sous des noms ambitieux et chimériques veulent leur enlever une subsistance qu'ils tiennent non du bien de l'Eglise, mais de la piété de nos Monarques [1]. Je dois soutenir deux propositions, premièrement que l'arret du Parlement de Toulouze du 26 feurier 1742 qui a maintenu l'adversaire dans le plein possessoire de la commanderie d'Ordiarp doit être cassé comme rendeu par transport de jurisdiction, en second lieu que le s₁ Capdau doit être débouté de ses conclusions relativement aux 280 l. qu'il demande sur le revenu de l'hopital de Mauléon le tout conformément aux arrêts du Parlement de Bordeaux des années 1592, 1593, 1623 et 1627, etc. Je conclus qu'il plaise à la Cour unir les instances et disant droit au principal casser l'arret du Parlement de Toulouze, du 26 février 1742 comme rendu par transport de jurisdiction sans préjudice à M. l'Eveque et au chapitre de Bayonne de se pourvoir en la cour de Toulouze dans les cas prévus par les lettres patentes de l'année 1712, et disant droit au fonds relaxer M. Prous des fins et conclusions prises par le sieur Capdau... ordonner que la rétribution du s₁ prieur curé d'Ordiarp demeurera fixée à la somme de

1. Suit l'historique des procès, depuis 1753, entre Capdau et les curés d'Ordiarp contre l'hopital de Mauléon, et de quelques autres procès soutenus sur la commanderie d'Ordiarp.

140 l. par année et celle de chapelain de l'hopital de Mauléon à pareille somme de 140 l. par an, etc. Som pour le sr Capdau a dit : M. Prous a demandé par plusieurs lettres de luy envoyer ses pièces, il y a déjà du temps ; je les y ay envoyées et la cause ayant été récitée, nombre de fois renvoyée, par des ordonnances multipliées, j'ay écrit pour réclamer ces pièces et pour donner avis au sr Capdau des diligences qui étoient faittes ; il n'a pas répondu à mes lettres ; dans cet état je ne sçaurais défendre sa cause, et je suplie la cour de vouloir en jugeant ajouter à son arret qu'il est rendu faute des mémoires de la part de ma partie. Ouy Faget avocat général. Sur quoy la cour en unissant les instances et après que Som a déclaré n'avoir point des mémoires de sa partie, disant droit sur les conclusions de la partie de Vergès, casse l'arrêt du Parlement de Toulouze du vingt-six février mil sept cent quarante deux comme rendu par transport de jurisdiction sans préjudice au sieur Evêque et au chapitre de Bayonne de se pourvoir au Parlement de Toulouse dans les cas prévus par les lettres patentes de l'année mil sept cens douze, et disant droit au fonds relaxe lad. partie de Vergès des fins et conclusions prises par lad. partie de Som, ordonne que les arrets du Parlement de Bordeaux des années 1592, etc., seront exécutés et néanmoins en conformité des lettres patentes de mille sept cens quinze, arrets du conseil et de la cour, ordonne que la rétribution du prieur curé d'Ordiarp demeurera fixée à la somme de cent quarante livres par année et celle de chapelain de l'hopital de Mauléon à pareille somme de cent quarante livres par an, et disant droit des demandes formées par les parties d'Harriet, casse le ban opposé par led. Capdau en main de la partie de Vergès, ordonne que la sentance du vingt un juillet dernier rendue en la cour de Licharre entre parties sera exécutée suivant sa forme et teneur et du consentement de lad. partie de Vergès l'a condamné en la qualitté qu'elle agit à payer à Vidart l'une des parties d'Harriet les arrérages deubs à feu Jauréguiberry, prieur curé d'Ordiarp, depuis le tems que ce dernier prit possession du bénéfice jusqu'à son décés à raison de cent quarante livres par an sauf à déduire le payé, s'il y en a, ordonne qu'il en sera usé de même à l'avenir année par année, en conformité des lettres patentes et de l'arrêt du Parlement de Bordeaux et autres titres. Fait main levée auxd. d'Etchecopar et Vidart parties d'Harriet des

sommes bannies en main de la partie de Vergés à compte ou à concurrance de leur deub, ordonne que moyenant le payement il en demeurera bien et valablement déchargé envers tous et contre tous, condamne led. Capdau partie de Som aux dépens envers les parties de Vergés et d'Harriet. Collationné, signé Capdeviello.

LXXXVIII.

Extrait mortuaire de Pierre d'Etchecopar, prieur-curé d'Ordiarp (Arch. d'Ordiarp, G. G. 2, 1780).

L'an mil sept cens quatre vingt et le vingt du mois de mars est décédé le sieur Pierre d'Etchecopar du lieu de Menditte, prêtre et curé de la présente parroisse, âgé de soixante dix ans ou environ après avoir été muny des saints Sacrements. Son corps a été inhumé le landemain (après avoir observé les cérémonies ordinaires de la Sainte Eglise) dans le cimetière de l'église St Michel d'Ordiarp en présence du sieur d'Iratçabal et du sieur de Jauréguiberry et Arnaud Errécalt M^e d'école quy a signé auec moy et non les deux autres pour ne sauoir écrire. D'Errecalt. Prat prêtre.

LXXXIX.

Serment de Carricaburu, curé d'Ordiarp, le 3 février 1791. (Archives d'Ordiarp, B. B. 1. Registre, p. 101).

Je sous-signé curé du présent lieu déclare que j'ai l'intention de pretter le serment civique, qui, pour continuer d'exercer les fonctions de mon ministère, m'est respectivement prescrit par le décret de l'assemblée nationale du vingt sept novembre mil sept cent quatre vingt dix, sanctionné par le roy, le vingt six du mois de décembre proche passé et publié dans cette paroisse dimanche dernier au greffe de la municipalité d'Ordiarp, district de Mauléon, le trois février mil sept cent quatre vingt onze, Carricaburu, curé.

XC.

Serment de Lapphitz, vicaire d'Ordiarp, le 3 février 1791. (Archives d'Ordiarp, B. B. 1. Registre, p. 102).

Je sous-signé prêtre et vicaire de cette paroisse déclare que j'ai l'intention de jurer que je veillerai avec soin sur les fidelles dont la conduite m'a été ou me sera confiée par l'Eglise ; que je serai fidèle à la nation, à la loi et au roi et que je maintiendrai de tout mon pouvoir en tout ce qui est de l'ordre politique la constitution décrétée par l'assemblée nationale et acceptée par le roi, exceptant formelement les objets qui dépendent essentiellement de l'autorité spirituelle. Au greffe de la municipalité d'Ordiarp, district de Mauléon, le 3 février mil sept cent quatre vingt onze. Lapphitz, vicaire.

XCI.

Serment d'Arnaud Phorloy, ancien vicaire d'Ordiarp, le 19 avril 1791. (Arch. d'Ordiarp, B. B. 1. Reg. des délibérations, p. 120).

Je soussigné Arnaud Phorloy, prêtre et vicaire, déclare que le six du mois de février dernier, ayant prêtté, avec quelque préambule, à l'hôpital de S¹ Blaise de Miséricorde où j'étois vicaire, le serment civique qui m'est respectivement prescrit par le décret de l'assemblée nationale du 27 novembre 1790 et voulant entièrement me conformer aux dispositions dud. décret et des postérieurs y relatifs, j'ai l'intention de renouveller sans préambule ni restriction ledit serment dimanche prochain, dans l'église de cette paroisse et à l'issue de la messe paroissiale. Au greffe de la municipalité d'Ordiarp, district de Mauléon, le 19 août 1791, à huit heures du matin. Phorloy, prêtre et vicaire.

XCII.

Prise de possession de la cure d'Ordiarp, par Pierre d'Elissondo, curé constitutionnel, le 28 octobre 1791. (Arch. d'Ordiarp, B. B. 1. Regist. des délib., p. 123).

Aujourd'huy dimanche, le vingt trois du mois d'octobre mil sept cent quatre vingt onze, à la réquisition du sieur Pierre d'Elissondo, cy devant vicaire de Libareinx. Nous sieur de Landetchepar maire, Jean d'Ibat, sieur d'Etchebarne, Pierre S⁺ de Landran, François S⁺ de Curutchet, Jean sieur de Solaço et Michel d'Etchandy officiers municipaux de la présente communauté, sommes rendus devant le grand autel de l'église parroissialle S⁺ Michel d'Ordiarp, assistés du sieur Larretchart procureur de la commune, du plus grand nombre de citoyens actifs et du reste des fidelles où ayant examiné attentivement le procès-verbal d'élection iud. sieur d'Elissondo à la cure d'Ordiarp expédié par le sieur Laborde le Jeune, secraitaire de l'assemblée électorale du district de Mauléon et confirmé par l'institution canonique que Monsieur Barthélemy Jean Baptiste Sanadon evêque du département des Basses Pirénées y a ajouté ; nous avons reçu son serment en pareil cas exigé par la loy, qu'il a prononcé distinctement et d'une voys intelligible en langue vulgaire, de veiller avec soin sur les âmes qui lui sont confiées, d'être fidelle à la nation à la loy et au roy et de maintenir de tout son pouvoir la constitution civile du clairgé en particulier et celle du royaume décrétée par l'assemblée nationale et acceptée et sanctionnée par le roy ; après quoy nous l'avons reconnu curé constitucionnel de notre présente parroisse, et en cette qualité il a procédé à faire bénédiction de l'eau et à chanter la messe solennelle avec les autres fonctions curiales. De tout quoy nous avons dressé notre procès-verbal et couché dans notre registre de la commune et avons fait expédier aud. sieur d'Ellissondo copie dud. procès-verbal par notre secraitaire greffier pour luy servir en tant que de droit et avons signé seulement à l'original avec lesd. sieur curé les jour mois et an que dessus.

Landechepar. Landran. Etchande. Salato. D'Ellissondo curé constitutionnel. D'Errecalt, S^re Gref.

XCIII.

Démission de Pierre d'Elissondo, curé constitutionnel d'Ordiarp, le 20 germinal, an 2 de la République. (Arch. d'Ordiarp. B. B. 1. Registre des délib., p. 301).

Je soussigné, curé constitutionnel de la commune d'Ordiarp, district de Mauléon, déclare, qu'après avoir compris par oui dire, que le citoyen Monestier, représentant du peuple françois, invitoit toutes les communes de ce département à cesser toutes les assemblées religieuses publiques, quoique la commune ni le soussigné n'aient reçu lad. invitation ; néanmoins, pour coopérer au plutôt au bien public que le citoyen Monestier a en veue dans sa conduite j'ay prévenu la réception de son arrêté et en conformité d'iceluy, je déclare cesser mes fonctions ecclésiastiques et vouloir me conformer exactement à tout le contenu de lad. invitation, et demandant acte à lad. municipalité d'Ordiarp de ma déclaration, ay signé les jour, mois et an que dessus, à Ordiarp, dans la maison commune, le vingt germinal, l'an 2ᵉ de la République française une et indivisible. D'Elissondo curé constitutionnel.

NOTE I

Les seigneurs d'Ahetze depuis 1448 jusqu'à la fin du XVIe siècle.
(Note fournie par M. de Jaurgain).

Raymond-Guilhem de Tardets en 1448.

Arnaud-Sanz, dit Arnauton et Arnautoche de Tardets, marié avant le 8 août 1448 à Marianotte d'Ahetze, fille et héritière de monseigneur Arnaud, dit Arnauton, Sgr d'Ahetze de Peyriède et d'Erbis de Musculdy.

Arnaud, dit Arnauton de Tardets, seigneur d'Ahetze et d'Erbis, panetier du roi Louis XI, de 1466 à 1470, fut admis à cette dernière date dans la bande des cent gentilshommes de l'hôtel du roi et y resta jusqu'au 31 décembre 1482. En 1498, il était lieutenant de Bernard de Navailles, seigneur de Lay, capitaine châtelain de Mauléon et gouverneur de la vicomté de Soule. Arnaud de Tardets épousa Alemane Domec de Cheraute.

Pierre de Tardets, dit le Basque, homme d'armes des ordonnances du roi sous la charge du comte de Foix, de 1491 à 1493. Admis dans la bande des 100 gentilshommes de l'hôtel du roi le 7 février 1494, il fut nommé écuyer d'écurie du roi en 1501. Il se distingua dans les guerres d'Italie, sous Charles VIII et sous Louis XII. — En passant à Moyzieu, le 17 octobre 1502, Louis XII traita lui-même le mariage de Pierre de Tardets avec Louise Guerrier, fille d'Etienne Guerrier, chevalier, Sgr de Meyzieu, et d'Antoinette de Viriou-Pupetières, et le dota de 10,000 écus d'or à la couronne sans soleil et de poids pour la sûreté desquels il lui remit la terre et seigneurie de Saint-Laurent du Pont, pour en jouir jusqu'au paiement de lad. somme. Pierre de Tardets était châtelain et gouverneur de Saint-Georges d'Esperanches, en 1503, et de la Tour du Pin, en 1511. Il mourut le 13 juillet 1521 et laissa deux fils : François, seigneur de Moyzieu, et Louis, écuyer d'écurie des rois François II, Charles IX et Henri III.

Martin de Tardets surnommé aussi le Basque, homme d'armes des ordonnances du roi sous la charge de Jacques de Coligny, Sgr de Châtillon, de 1495 à 1509.

Domenge de Tardets, mariée en 1463 à noble Pierre-Arnaud, Sgr de Casenave de Suhare.

Johannette de Tardets, mariée en 1463 à noble Clément, seigneur de Jaurgain d'Ossas.

Marianote de Tardets, mariée en 1470 à noble Johannot, seigneur de l'Abbadie de Sauguis.

Tristan de Sauguis, sans postérité.

Marguerite, héritière, mariée à noble Pierre d'Armendaritz, l'un des 100 gentilshommes de l'hôtel du roi (contrat de mariage de 1499).

Tristan de Tardets, seigneur d'Ahetze, archer de la garde du corps du roi Louis XII, mort sans postérité.

Pierre-Arnaud de Tardets était déjà seigneur d'Elissabo et de Casamajor de Troisvilles du chef de Jeanne de Troisvilles, sa femme, lorsqu'il hérita des maisons nobles d'Ahetze et d'Erbis, à la mort de son frère aîné. Il servait comme homme d'armes morte paie à Bayonne en 1546. Il eut de Jeanne de Troisvilles :

Agnès de Tardets, mariée au seigneur d'Ubalde de Halsou.

Marie d'Armendaritz, héritière de Sauguis, mariée à Martin de Tardets (qui devait être son oncle à la mode de Bretagne).

Pierre de Tardets, marié par contrat du 18 décembre 1539 à Marie de Tardets-Sauguis, sa parente, fille de Martin de Tardets (1) et de Marie d'Armendaritz, héritière de l'Abbadie de Sauguis. — Marie de Tardets se remaria à noble Jean, seigneur de Larrèche de Laruns.

(1) Je crois que ce Martin de Tardets était un cousin germain de Pierre-Arnaud et neveu ou peut-être fils de l'autre Martin, dit le Basque.

Jean de Tardets, mort sans postérité.

Héllonor de Tardets, héritière, mariée à noble Arnaud d'Echaux.

Marissanz de Tardets, femme du seigneur d'Olhassarry d'Aroue.

Bernard d'Echaux, seigneur d'Ahetze, etc.

NOTE II.
Les seigneurs de Gentein depuis 1393 jusqu'en 1705.
(Note de M. de Jaurgain)

Gentein appartenait à Pées, seigneur de Laxague d'Asme, en 1393, et fut vendu par sa veuve.

Pero-Sanz de Leizarraz, chevalier, seigneur de Sainte-Marie de Larcevenu [et de Gentein ?] sergent d'armes du roi de Navarre, bailli d'Ostabaret, etc.

Guillaume-Arnaud de Sainte-Marie, chevalier, seigneur de Sainte-Marie de Larceveaux et de Gentein, marié :
1° à N....
2° avant 1423 à Marguerite, dame d'Ursua, en Baztan.

Charles de Sainte-Marie, seigneur d'Arberats.

Menauton de Sainte-Marie, chevalier, gouverneur du duché de Nemours pour le roi de Navarre.

1er lit.
Espaigne, héritière de Gentein et de Sainte-Marie de L., mariée à Arnaud de Navailles.

2e lit.
Johan de Sainte-Marie, seigneur d'Ursua en Baztan, marié en 1440 (avec dispenses de Rome) à Maria-Johanna d'Espeleta sa parente.

2e lit.
Autre Johan de Sainte-Marie, prieur de Lussagnet, chanoine de N. D. de Pampelune et commandeur d'Ordiarp.

Maria de Navailles, dame de Gentein et de Sainte-Marie, mariée avant 1453 à Jayme de La Cassaigne, écuyer du pays de Bigorre, morte sans postérité.

Johan d'Ursua, seigneur de Gentein, de Sainte-Marie de Larceveau et d'Ursua, pupille en 1463.

Jean I d'Ursua, seigneur d'Ursua, maître d'hôtel du prince de Viane et alcade du château de Maya, marié en 1440 à Maria Johana d'Espeleta, sa parente (dispenses de parenté).

Jean II d'Ursua, seigneur de Gentein, Sainte-Marie de Larceveau et Ursua, pupille en 1463, assista au couronnement de Catherine de Navarre et de Jean d'Albret en 1494.
Femme : Jeanne de Lacarre.

Tristan I, d'Ursua, seigneur de Gentein, Sainte-Marie de Larceveau et d'Ursua, potestat au pays de Soule, épousa Léonor Diez d'Aux d'Armendaritz, sa parente (bulle de dispense du 29 août 1514).

Catherine d'Ursua, mariée, par contrat du 9 février 1506, à noble Jean, seigneur d'Ubart, baron de Sorhapuru.

Miguel d'Ursua, mort au service en France sans postérité, après avoir testé en 1546.

Pedro d'Ursua, gouverneur et capitaine général de la Nouvelle-Grenade, poignardé pendant son sommeil par ses soldats, qui avaient voulu l'élire prince et se soustraire à l'autorité du vice-roi du Pérou. (Ant. de Herrera, Chronique de Philippe II, l. 8, cap. 12 et 13).

Tristan II, seigneur d'Ursua et de Gentein, potestat, marié en 1550 à Jeanne d'Armendaritz-Méharin, sa cousine au 4e degré. (Bulle de dispense).

Marie d'Ursua, femme de noble Louis de Tardets, Sgr de Saugüis, homme d'armes des ordonnances du roi et lieutenant du châtelain de Mauléon en 1568. (Protestant).

Marie d'Ursua, héritière sous la tutelle de sa mère en 1580. En 1585, le marquis d'Almazan, vice-roi de Navarre, écrivit au seigneur de Zubizar en Baztan pour lui donner l'ordre de passer au palais d'Ursua et de représenter à Jeanne de Méharin que le service du roi voulait qu'elle choisit pour sa fille un mari à la satisfaction de S. M. — Marie épousa, avec l'agrément du vice-roi, noble Michel de Harismendy, seigneur de la Salle de Harismendy d'Ossès, qui est dit seigneur d'Ursua et de Gentein et âgé de 40 ans dans un acte du 28 novembre 1598.

Anna d'Ursua, femme de noble Bernard d'Auga, seigneur d'Espès et de Gestas en Soule.

Léonor d'Ursua, mariée au seigneur d'Azpilcueta en Navarre.

Graciosa d'Ursua, femme du seigneur d'Etchaide, en Navarre.

Pedro de Harismendy et Ursua, seigneur de Gentein, Harismendy, Ursua, etc., né en juillet 1588, chevalier de l'ordre de Santiago. Amiral-général des armées navales de l'Océan, il combattit avec succès contre les flottes de la France, de l'Angleterre et de la Hollande, et fut créé, en 1650, vicomte d'Ursua et comte de Gérena; marié à Adrienne de Egüès et Beaumont — d'où plusieurs enfants. Son troisième fils, Martin d'Ursua et Harismendy, chevalier de Santiago, conquérant, gouverneur perpétuel et capitaine général de l'île d'Ytza, fut créé comte de Lizarraga le 14 avril 1705.

Autre Pedro d'Ursua Harismendy.

Jean d'Ursua, bâtard, fit les campagnes de Flandres comme capitaine de cavalerie et fut tué à la bataille de Arzas.

Mathias, laissa trois enfants naturels.

Jean d'Ursua, religieux dominicain.

Bernard d'Ursua, agent général des églises d'Espagne, chanoine d'Avila et archidiacre de Santa-Genua de Pampelune.

Domingo d'Ursua, mort à Cadiz.

Jean de Harismendy d'Ursua, sans postérité.

NOTE III.

COMMANDEURS D'ORDIARP.

1270.	—	I. Frère Bernard de Bagart, chanoine de Roncevaux.
1327.	—	II. Frère En Sanz.
1375.	—	III. B. de Cheverce.
1407-1429.	—	IV. Bernard de Saut, conseiller de Jeanne, femme de Henri V, roi d'Angleterre.
1429-143...	—	V. Jean de Sussaute, prêtre du diocèse de Bayonne.
1442.	—	VI. Jean d'Espinal, chanoine de Roncevaux.
1443-1463.	—	VII. Jean de Sainte-Marie, chanoine de Pampelune.
1474-1484.	—	VIII. Pedro de Saint-Jean, chanoine de Roncevaux.
1484-1504.	—	IX. Miguel de Erro, chanoine de Roncevaux.
1504-1523.	—	X. Sanche d'Orbara, chanoine de Roncevaux.
1528-1531.	—	Esteben de Mendicoaga, chanoine de Roncevaux, *Procureur*.
1531-1535.	—	XI. Jean d'Etchebarne.
1541.	—	XII. Sanche d'Elcano, chanoine de Roncevaux.
1550-1551.	—	XIII. Bernard de Ruthie, grand aumônier de France, évêque à la Cour d'Henri III.
1551.	—	XIV. Menaut de Lacarre.
1562.	—	Jean de Monréal, chanoine de Roncevaux, *Visiteur*.
1580.	—	XV. Micheau de Lane.
1590-1622.	—	XVI. Arnaud de Maytie, chanoine, puis évêque d'Oloron.
1622-1623.	—	XVII. Pierre d'Etchart, chanoine d'Oloron. (V. son Test. Arch. B.-P. *E. 1812*, fol. 287).
1623-1663.	—	XVIII. Dominique de Chabos, chanoine d'Oloron.
1663.	—	XIX. Jean de Gassion, baron de St-Vincent de Salies.
1664-1673.	—	XX. Pierre de Maytie, clerc tonsuré.

1673-1690. — XXI. Sans de Bonnecaze, curé de Mauléon, chanoine de Ste Engrace.
1690-1740. — XXII. Pierre-Paul d'Arhets, curé de Tardets.
1740-1763. — XXIII. Alexis de Capdau, chanoine de Bayonne, *Prieur*.

COMMANDEURS NOMMÉS PAR RONCEVAUX.

1620-1627. — Pierre de Uriz.
1636-1673. — Christobal de Atocha.
1673. — Joseph-François de Ilzarbe.
1686. — Martin de Aldunate.
1697-1703. — Antonio Portal de Huarte

NOTE IV.

CURÉS, VICAIRES, SACRISTAINS ET PRÊTRES D'ORDIARP, DEPUIS LE XVe SIÈCLE JUSQU'A NOS JOURS.

1422. — Eneco d'Anayos, chapelain de l'hôpital.
1429. — Pierre Arnaud, recteur d'Ordiarp. *Arnaud d'Ahetze*, prébendier.
1460. — Guisernaut, recteur de Peyriéde. *M...*, prébendier d'Ohix ; il l'était encore en 1483. *Perarnaud de Chebarne*, prébendier de Salaverry. *N...*, prébendier d'Ahetze.
1469. — Guisernaut d'Etchandy, recteur d'Ordiarp et de Musculdy ; le même probablement qu'en 1460.
1486. — Arnaud de Tardets, recteur de Peyriéde et prébendier d'Ahetze.
1496-1523. — Arnaud de Rospide, recteur de Peyriéde. En 1523 figurent : *Guillaume d'Arrocain, Jayme de Rospide, Guillaume de Domec*, prébendiers ; *Guixernaud d'Irissabal*, prébendier de Geintein. Ce dernier parait dans un acte de 1537 avec *J. de Jauréguy de Lahunçun*, prêtre.

1565 (ou environ). — GARAT, curé de Musculdy, vicaire perpétuel d'Ordiarp.

1570 (ou environ). — VICHENDARY.

1580-1616. — RAYMOND D'ETCHEGOYEN, vicaire-général de Soule en 1608. 1535-1595, *Jean de Suhigart,* sacristain. 1595, *Bernard de Hurburu,* sacristain. *Jacques de Larrondo,* vicaire pendant 20 ans, de 1591 à 1616.

1616-1639. — JACQUES DE LAFITTE [1]. — *Raymond de Salaverry,* vicaire, 1616-1620, et sacristain, 1636, puis curé d'Ossat. *Jacques de Larrondo* redevient vicaire et figure dans un acte de 1623 avec *Arnaud de Conget,* sacristain dès 1616. *Gratien d'Arrocain,* sous-sacristain, décédé le 10 mars 1631. *Martin d'Elissagaray. Farlancho,* 1625. *Arnault de Berlerrèche,* 1631. *Barnèxe,* 1631-1634 sacristain. *Arnaulon d'Yharce,* 1631. *Menaud de Berlerrèche,* sous-sacristain 1636 et vicaire en 1644.

1639-1641. — JACQUES DE LAFITE, curé, parent sans doute du précédent. Présenté par Chabos le 5 novembre 1639, donne sa démission le 14 avril 1641.

1641-1645. — Autre JACQUES LAFITTE nommé le 9 juillet.

1645-1673. — DOMINIQUE DE JAURÉGUIRERRY, présenté par Chabos le 8 mai. *Jacques de Larrondo,* sacristain 1647. *Pierre de Hégoburu,* sacristain, 1664.

1673. — PIERRE DE CHAMALBIDE, présenté par Roncevaux le 22 octobre.

1673-1703. — PIERRE DE JAURÉGUIBERRY, présenté par Pierre de Maytie, l'emporta sur Chamalbide. Vicaires : *d'Uthurriague,* 1675-1676 ; *Lafite,* 1676-1680, et une seconde fois en 1687 ; *d'Hanchol,* 1688-1690 ; *Clément-Michel*

---

1. Un vieux registre, malheureusement incomplet, découvert par M. Bordenave, instituteur d'Ordiarp, nous a aidé à combler bien des lacunes.

de Jauréguiberry, 1700-1739, fameux par des procès, qui lui valurent le titre de *curé* d'Ordiarp. Prêtres habitués [: *Ayssaguer*, 1677 ; *Rospide*, maître d'école, 1676-1688 ; *Arnaud de Domec*, sous-sacristain, 1676-1700 ; *Ramon de Saldun*, 1676, « enterré le 4 juillet 1683 à la chapelle St-Antoine, âgé de 65 ans » ; *Jean de Satharanc,* 1680-1690 ; *Berreterèche,* 1678-1680 ; *Simon de Recalt,* 1680 ; *Méharon,* 1690-1692 ; *Lissagaray; Larrestegaray,* 1699 ; *Goyhene,* 1699 ; *Lastagaray,* 1708-1739.

1703-1708. — Pierre de Lascor, présenté par Roncevaux. *D'Irigaray,* vicaire, février 1708 ; *Pierre de Lafite,* vicaire, avril 1708 ; *Jaury*, prêtre habitué ; *Pierre d'Elchart*, sacristain.

1708-1736. — Arnaud-Louis de Lalanne d'Arhets. *Pierre d'Elchart*, sacristain. *Arnaud Duclercq*, chanoine de Bidache, nommé sacristain par le chapitre de Bayonne en 1722. Il a un procès avec Clément de Jauréguiberry en 1740 et figure encore au même titre en 1763.

1736-1737. — P. de Sibas, curé d'Ordiarp et de Musculdy « annexées » nommé par le chapitre de Bayonne. Il signe les actes, du 3 juin 1736 au 12 mars 1737. Prêtres habitués : *Lafite* et *Guibeleguiet.*

1737-1739. — Jean d'Airadu d'Urbero, gradué, l'emporte sur Sibas. Le titre de vicaire perpétuel d'Ordiarp lui est enlevé par arrêt du 6 juillet 1739. On le trouve prêtre habitué à Greciette en 1741. *Dominique de Chartot,* vicaire, 1738-1741.

1739-1753. — Clément-Michel de Jauréguiberry. En 1740 il signe *prêtre*, en 1741 *curé*, en 1742 *prieur-curé,* en 1744 *prieur*. C'est le *premier* curé de la paroisse d'Ordiarp.

1753-1780. —	Pierre d'Etchecopar, prieur-curé d'Ordiarp. Vicaires : *Urruty*, 1755-1773 ; *Recall*, 1773-1778 ; *Prat*, 1779-1783.
1780-1791. —	Carricaburu, prieur-curé. Dès 1790, il ne prend que le titre de curé. Vicaires : *Arnaud Phordoy*, 1783-1789 ; *Lapphitz*, 1789-1791.
1791-1799. —	Pierre d'Elissondo, curé constitutionnel. Démissionne le 20 germinal an II (9 avril 1794). « Ministre du culte », 1795-1799 ; *Arguinsol*, vicaire, 1792, décédé le 13 mai 1832. *Arnaud Etchecopar*, prêtre assermenté.
1801-1807. —	Jean-Pierre Chuhando.
1807-1808. —	Pierre Biscaye.
1808-1831. —	Pierre Etchessar.
1832-1853. —	Bernard Garricoits-Uhart, curé, décédé le 8 juillet 1853. *Arnaud Garricoïts-Uhart*, vicaire, 1832-1835.
1853-1875. —	Arnaud Garricoits-Uhart, frère du précédent, décédé le 21 novembre 1875. Un vicariat est régulièrement établi en 1873 et subventionné sur les fonds du Trésor. M. l'abbé *Arnaud Uhart*, neveu du curé, y est nommé.
1875-1878. —	Arnaud Uhart, curé de Chéraute en 1878. Econome du Grand-Séminaire en 1880. *Hastoy*, vicaire, 1876-1878.
1878-1884. —	Jean Garcia, actuellement doyen de Hasparren.
1884-.... —	François Althabe, curé.

CORRECTIONS ET ADDITIONS

Page 16. — La maison d'Ahetze appartient à M. *Th. Duhalt* et non à M. *Daguerre*.

Page 19. — D'après une tradition, la chapelle St-Laurent était quelque vingt mètres au-devant du presbytère, où se voyait récemment une vieille croix de pierre. La petite maison qui se trouve près du presbytère, de l'autre côté de la route, s'appelle encore *Ospitaletloua*. Le moulin est dit aussi de l'*hôpital*, Quant à l'opinion qui place la Commanderie dans la vieille maison flanquée d'une tour, appelée *Berterrechea*, située à cent mètres de l'église, près du chemin qui mène à la route nationale, elle est insoutenable. *Tous* les documents la contredisent. D'ailleurs Commanderie et Hôpital sont ici une même chose sous deux noms différents.

Page 122. — Le presbytère n'est pas sans doute une maison « toute moderne »; on a conservé peut-être, au midi, le mur où se voit une croisée bouchée du xviiᵉ siècle. Ce serait une erreur de croire à l'antiquité des portes cintrées intérieures; la seule inspection des murs nous en montre la très moderne facture.

Page 123. — Ce n'est pas le *Saison* mais le large ruisseau d'*Arangorone* qui coule sur le pont d'Ordiarp.

Page 167. — *La pièce justificative* xiv *bis avait été oubliée; le nombre des documents s'élève donc à 94.*

TABLE DES MATIÈRES

Lettre à M. l'abbé F. Althabe, curé d'Ordiarp......... Page ix.

Chapitre I. — Roncevaux. Origines de Roncevaux. Défaite de Roland. Fondation d'un ordre religieux et militaire par Charlemagne à Ibaneta. Translation de l'hôpital à Roncevaux. Organisation et statuts. Hospitalité. Nombreuses possessions de Roncevaux. Priviléges des Souverains Pontifes en faveur de l'abbaye.... p. 1.

Ch. II. — La Soule. Précis historique. Etendue. Domination des Romains, des Wisigoths (466), des Francs (507). Vicomtes de Soule (820). Domination anglaise (1152). Capitaines-Châtelains de Mauléon et gouverneurs de Soule (1261). Suzeraineté de Gaston IV de Foix (1449), de Louis XI (1478). Organisation civile, judiciaire et religieuse de Soule... p. 9.

Ch. III. — Ordiarp. Position géographique. Etymologie. Nobles maisons de Geintein et d'Ahetze. La Commanderie ou hôpital. Attributions du commandeur. Organisation ecclésiastique. Vicairie perpétuelle. Revenus. Pélerins. Situation probable de la Commanderie.. p. 14.

Ch. IV. — Fondation de l'hôpital d'Ordiap. Opinions diverses. Sentiment de l'auteur. Communauté de clercs réguliers à laquelle se substitua Roncevaux. Fondation probable vers 1270....... p. 20.

Ch. V. — Commandeurs d'Ordiarp. i. Frère Bernard de Bagart (1270). ii. Frère En Sanz (1327). iii. B. de Cheverce (1375). iv. Bernard de Saut (1407-1429). v. Jean de Sussaute (1429). vi. Jean d'Espinal (1442). vii. Jean de Ste-Marie................... p. 27.

Ch. VI. — viii. D. Pedro de St-Jean (1474). Bulle de Sixte IV (1477). Dénombrement des revenus et charges d'Ordiarp (1479). Curieuses coutumes... p. 32.

Ch. VII. — ix. Miguel de Erro (1481-1501). x. Sancho d'Orbara (1501-1523). Jean de Zabaleta lui dispute la Commanderie. Arnaud de Béon, Évêque d'Oloron, donne son visa à la bulle de Sixte IV (1508). Esteben de Mendicoaga, procureur de Roncevaux à Ordiarp (1523). Guerre entre la France et l'Espagne (1512-1523)...... p. 36.

Ch. VIII. — xi. Jean d'Etchebarne (1531-1535). Réparations de l'église paroissiale obligatoires pour la Commanderie. Procès entre F. de Navarre, prieur de Roncevaux, et Jean d'Etchebarne qui est dépossédé. xii. Sanche d'Eleano (1541-1554). xiii. Bernard de Ruthie (1550-1551). xiv. Menaud de Lacarre (1551). Jean de Monréal, visiteur (1562) .... p. 43.

Ch. IX. — Troubles du protestantisme en Béarn et en Navarre (1567). Charles de Lusse (1561-1570). Troubles de la Ligue (1576-1590). Ch. de Lusse, fermier d'Ordiarp (1578). xv. Micheau de Lane, Commandeur (1580) .... p. 48.

Ch. X. — xvi. Arnaud de Maytie (1590-1622). Procès fameux entre Maytie et l'hôpital de Roncevaux. Compétition d'Olivier d'Etchazin. Triomphe de Maytie (1593) .... p. 53.

Ch. XI. — Prise de possession de la Commanderie d'Ordiarp par Arnaud de Maytie (1593). Jugement sur l'administration de Maytie. Arnaud de Maytie songe plusieurs fois à donner sa démission. Conférences à ce sujet.. p. 58.

Ch. XII. — xvii. Pierre d'Etchart (1622-1623). Pierre de Uriz nommé Commandeur par Roncevaux (1620-1628). Enquête célèbre de St-Palais (1623) .... p. 64.

Ch. XIII. — xviii. Dominique de Chabos (1623-1663). Procès entre Uriz et Chabos. Arrêt en faveur de Chabos (1627) .... p. 67.

Ch. XIV. — Administration de Dominique de Chabos. Lettre à son sujet, signée « L'home de paille » (1642). Guerre entre la France et l'Espagne (1635-1635). Représailles réciproques. Le Chapitre de Bayonne s'empare d'Ordiarp (1644). Paix des Pyrénées (1659). Conférences sur les restitutions de biens, à Arnéguy, Figuières, l'Ile des Faisans (1663-65-66)...................................... p. 71.

Ch. XV. — Insurrection des Basques. Matalas, curé de Moncayolle, chef des rebelles est pris à Ordiarp et exécuté (1661). xix. Jean de Gassion (1663). xx. Pierre de Maytie (1664-1673). Arrêt en faveur de Roncevaux sur la cure de Viodos (1673). Guerres de la dévolution (1665), de Hollande (1672)................................... p. 78.

Ch. XVI. — xxi. Sans de Bonnecaze (1673-1690). Procès contre l'Ordre de St-Lazare, le Chapitre de Bayonne et Athanase de Bela-Peyre, vicaire général d'Oloron. Celui-ci obtient un arrêt fameux (1682)... p. 83.

Ch. XVII. — Commandeurs espagnols d'Ordiarp : Christobal de Atocha (1636-1673) J. Francisco de Ilzarbe (1673) Martin de Aldunate

(1686) A. de Portau (1697). Traité de Nimègue (1678). Accords d'Irissarry (1683). Procès du Chapitre de Bayonne contre Bonnecaze, l'hôpital d'Ordiarp, et l'évêque d'Oloron (1683). Ligue d'Augsbourg et paix de Ryswick (1686-1697). Restitution des biens toujours différée .... p. 88

Ch. XVIII. — xxii. Pierre Paul d'Arhets (1690-1740). Arrêt de 1695 en sa faveur. Etablissement d'un bureau d'administrateurs de l'hôpital d'Ordiarp (1709). Echanges de biens entre les chapitres de Bayonne et de Roncevaux, (15 février 1712). .... p. 92

Ch. XIX. — Requête des administrateurs. Translation de l'hôpital d'Ordiarp à Mauléon (1715). L'hôpital de Mauléon. Son organisation... p. 96

Ch. XX. — Procès sur Ordiarp entre le chapitre de Bayonne et l'hôpital de Mauléon. Martin de Constantin, chanoine de Bayonne, prend possession de la Commanderie (1721). Arrêt de 1733 en faveur de l'hôpital de Mauléon. Procès sur la Cure d'Ordiarp. Clément de Jauréguiberry nommé prieur-curé par le Parlement de Pau en 1739. Son procès contre l'hôpital........................ p. 101

Ch. XXI. — xxiii. Alexis de Capdau, prieur d'Ordiarp (1741-1763). Ses procès contre Jauréguiberry et contre l'hôpital de Mauléon. Sa condamnation définitive (1762)............................. p. 108

Ch. XXII. — Procès entre la Communauté d'Ordiarp et l'hôpital de Mauléon (1743-1790). Curés et vicaires de 1753 à 1794. Epoque révolutionnaire. .... p. 111

Ch. XXIII. — L'hôpital de Mauléon pendant la Révolution et au commencement du xixe siècle. Composition du bureau en 1788 et l'an V. Perte des revenus. L'ancienne Commanderie devenue le presbytère. Droits actuels d'Ordiarp sur l'hôpital de Mauléon. Epilogue... p. 118

PIÈCES JUSTIFICATIVES

I. — Quelques dépendances françaises de Roncevaux. Fac-simile d'une pièce des Arch. des Basses-Pyrénées................ p. 125

II. — Jugement de Géraud archevêque d'Auch, attribuant en 1189 à Loup Arnaud abbé et aux clercs de l'église St-Michel d'Ordiarp la moitié de la chapellenie d'Aussurucq .... p. 126

III. — Extraits des statuts de Roncevaux du 6 décembre 1289. . . . . p. 127

IV. — Extrait d'un contrat d'affièvement en faveur de Menaut d'Ohits fait par Jean de Muret et Pierre d'Etcheverry, procureurs de Jean Gallindo, prieur de Roncevaux, et de Bernard de Saut, Commandeur d'Ordiarp, 23 mars 1422. Les procurations sont insérées dans l'acte. . . . . p. 128

V. — Jugement du pape Martin V accordant à Jean de Sussaute la Commanderie d'Ordiarp et ordonnant la saisie des revenus au préjudice de Jean d'Espinal, 20 août 1429. Publié par Arnaud de Canal, official d'Oloron, dans l'église St-Michel d'Ordiarp... p. 130

VI. — Extraits de deux jugements sur la possession d'Ordiarp rendus en mars et en juillet 1443 contre Roncevaux, en faveur de Jean de Ste-Marie, par les auditeurs Paul de Ste-Foi et Jean Lohier, au nom du Pape Eugène IV. C'est la confirmation d'un jugement d'Arnaud de Rubeo, official d'Oloron . . . . p. 136

VII. — Bulle de Sixte IV du 24 février 1477, renouvelant et confirmant tous les privilèges de Roncevaux. Copie authentique du 27 septembre 1508 faite en présence d'Arnaud Raymond de Béon, évêque d'Oloron, à Tafalla, diocèse de Pampelune. . . . . p. 140

VIII. — Bulle de Sixte IV accordant à Emeric de Beaumont, chanoine de Pampelune, une pension de trente livres pendant douze ans, sur les revenus d'Ordiarp, 4 septembre 1479. . . . . p. 148

IX. — Dénombrement des revenus et des charges de l'hôpital d'Ordiarp signé en 1479 par le Commandeur Pedro de St-Jean. p. 151.

X. — Accord sur le moulin d'Ahetze entre Pedro de St-Jean et Arnaud d'Ahetze, le 4 avril 1480. . . . . p. 159.

XI. — Bulle du Pape Sixte IV, accordant, le 14 novembre 1482, dispense à Sanche d'Orbara pour posséder plusieurs bénéfices p. 160.

XII. — Procession de la Pentecôte établie à la chapelle du St-Esprit, le 25 mai 1504, par les chanoines de Roncevaux dont plusieurs figurent dans les documents sur Ordiarp. . . . . p. 161.

XIII. — Sentence arbitrale de Jean de Ste-Marie, chanoine de Pampelune, et de Pierre de Casamajor, secrétaire du Cardinal d'Albret, octroyant la Commanderie d'Ordiarp à Sanche d'Orbara au préjudice de Jean de Zabaleta, 23 mai 1508. . . . . p. 162.

XIV. — Prise de possession d'Ordiarp par Esteben de Mendicoaga, chanoine de Roncevaux, au nom du Prieur François de Navarre le 18 août 1523. . . . . p. 165.

XIV bis. — J. d'Etchebarne, commandeur d'Ordiarp, est condamné par le Parlement de Bordeaux le 31 janvier 1533 à payer 80 francs par an pour les réparations de l'Eglise paroissiale. *(Cette pièce avait été omise)*.. p. 167.

XV. — Arrêt du Parlement de Bordeaux qui maintient Roncevaux en la possession d'Ordiarp au préjudice de Jean d'Etchebarne, 15 mai 1535.. p. 168.

XVI. — Main levée de la saisie des biens situés en Navarre accordée par Jeanne d'Albret au chapitre de Roncevaux, 25 avril 1572.. p. 169.

XVII. — Bail de ferme des revenus d'Ordiarp, entre l'hôpital de Roncevaux et le baron Charles de Lusse, passé à Tardets le 20 septembre 1578.. p. 171.

XVIII. — Arrêt du Parlement de Bordeaux adjugeant à Arnaud de Maytie la commanderie d'Ordiarp au préjudice de Roncevaux, 5 septembre 1592.. p. 173.

XIX. — Accord entre Arnaud de Maytie et les curés de Musculdy, en 1593 et 1616, sur le vicariat perpétuel d'Ordiarp......... p. 180.

XX. — Nomination de Bernard de Yturburu, comme sacristain d'Ordiarp, par le chapitre de Roncevaux, le 1er avril 1593.. p. 181.

XXI. — Lettres-patentes de Henri IV pour la main-levée des biens saisis à l'abbaye de Roncevaux, 18 septembre 1595... p. 184.

XXII. — Arrêt d'enregistrement des lettres patentes de Henri IV maintenant les anciens arrêts sur Ordiarp, 22 janvier 1595. p. 186.

XXIII. — Supplique de Jean de Montréal, ancien visiteur d'Ordiarp, au chapitre de Roncevaux, demandant un adoucissement de régime, 1596.. p. 187.

XXIV. — « Extrait d'une lettre escritte par Don Tristan de Luxe, abé de l'abaye de Saubelade en datte à Tardetz au pays de Soule du 5 juin 1601 aux Srs d'Aubonnes et Domingo, pour solliciter M. et Mme de Bouteuille à donner au roy différentes plaintes de vexations contre M. Arnaud de Maytie, alors euesque d'Oleron, lad. dame étant niepce du Sr don Tristan de Luxe et héritière de la grande baronnerie de Luxe et autres lieux en Nauarre, Béarn et pays de Soule ».. p. 188.

XXV. — Titre de commandeur d'Ordiarp, accordé par Me Arnaud de Casenave, vicaire-général d'Oloron, à Pierre d'Etchart, chanoine, le 16 novembre 1622.. p. 189.

XXVI. — Prise de possession de la commanderie d'Ordiarp, par Pierre Du Faur, au nom de P. d'Etchart, le 17 novembre 1622. p. 190.

XXVII. — Résumé de la célèbre enquête sur Ordiarp, faite en janvier 1623, à St-Palais, par François de Goyenécho...... p. 192.

XXVIII. — Arrêt du Parlement de Bordeaux qui attribue au juge de Licharre, à Mauléon, le choix d'administrateurs lettrés pour Ordiarp. 1er août 1623.. p. 194.

XXIX. — Intervention d'Arnaud d'Oihenart, syndic de Soule, en faveur de Dominique de Chabos, contre Roncevaux, le 29 septembre 1623.. p. 196.

XXX. — Protestation des habitants d'Ordiarp, le 1er novembre 1623, en faveur de Roncevaux, contre le commandeur Chabos et le syndic de Soule... p. 198.

XXXI. — Attestation de Lafite, vicaire perpétuel d'Ordiarp, déclarant que la commanderie, maison noble, paie 15 l. 15 s. *d'arciut* à l'évêque d'Oloron. 20 mai 1625............................ p. 200.

XXXII. — Lettre curieuse signée « L'home de paille » adressée en 1612 à M. d'Etchart, curé d'Ossès, sur l'administration de Maytie et de Chabos... p. 202.

XXXIII. — Prise de possession de la Commanderie d'Ordiarp par Pierre de Gouvert, chanoine de Bayonne, au nom du Chapitre, le 29 septembre 1644... p. 205.

XXXIV. — Lettre du Roi d'Espagne au marquis de San Roman, vice-roi de Navarre, sur l'insuccès de la première conférence d'Arnéguy et les restitutions, le 21 février 1663................ p. 208.

XXXV. — Ferme des revenus de Musculdy faite par Chabos, Commandeur d'Ordiarp, le 8 juin 1663............................ p. 209.

XXXVI. — Contrat de ferme des revenus d'Idaux et Mendy, fait par Chabos, le 9 juin 1663.. p. 211.

XXXVII. — Lettre écrite par Denis de Nyert, chanoine de Bayonne, à M. de Harriet sur les affaires concernant les Chapitres de Bayonne et de Roncevaux. De Figuières, le 1er octobre 1663.. p. 212.

XXXVIII. — Procuration donnée à D. de Nyert, chanoine de Bayonne, par l'évêque et le chapitre pour traiter des représailles à la conférence de Figuières, 7 novembre 1664............ p. 214.

XXXIX. — Extrait du mémoire présenté par le Chapitre de Roncevaux aux commissaires de Figuières en 1665............ p. 216.

XL. — Extrait du procés-verbal de la conférence de Figuières entre les Chapitres de Bayonne et de Roncevaux, le 24 juillet 1665.. p. 222.

XLI. — Subdélégation de J. Badaran, conseiller royal, en faveur d'Aguirre, avocat d'Irun, pour la conférence de l'île des Faisans, le 15 septembre 1665.................................... p. 224.

XLII. — Subdélégation de C. Pellot, intendant de justice en Guyenne, en faveur de Barés, pour la conférence de l'île des Faisans, au sujet des biens de Roncevaux, 7 octobre 1665........... p. 224.

XLIII. — Subdélégation de T. de Lavie, premier président au Parlement de Navarre, en faveur d'Arnaud d'Oihénart, avocat à St-Palais, sur la restitution des biens, 19 octobre 1665..... p. 225.

XLIV. — Extrait d'une procuration du Chapitre de Bayonne, en faveur de Jean Du Livier, chanoine, pour assister à la conférence de l'île des Faisans. 4 janvier 1666....................... p. 226.

XLV. — Procuration du Chapitre de Bayonne à Du Livier, chanoine, pour la restitution réciproque des biens entre Bayonne et Roncevaux. 15 décembre 1665............................. p. 227.

XLVI. — Conférence d'Arnéguy du 30 décembre 1665 sur la restitution des biens....................................... p. 229.

XLVII. — Frais et dépenses de M. de Nyert, député du Chapitre de Bayonne à Figuières, du 6 décembre 1664 au 4 avril 1666. p. 232.

XLVIII. — Vérification des pouvoirs des procureurs des Chapitres de Bayonne et de Roncevaux, à l'île des Faisans, le 23 janvier 1666.. p. 233.

XLIX. — Arrêt de Bordeaux du 19 juin 1673 qui reconnait au Chapitre de Roncevaux le droit de patronage sur Ordiarp, Musculdy, Viodos, etc.. p. 235.

L. Nomination de Pierre de Chamalbide à la cure d'Ordiarp, le 22 octobre 1673, par le chapitre de Roncevaux............ p. 239.

LI. — Lettre de Louvois au chapitre de Bayonne sur les représailles, 27 novembre 1673............................... p. 240.

LII. — Acte de démission de la Commanderie d'Ordiarp fait par Sans de Bonnecaze en faveur de Roncevaux, le 31 décembre 1674.. p. 240.

LIII. — Ordonnance de Louis XIV, renvoyant à M. de Sève, intendant de Guyenne, le Chapitre de Bayonne et Bonnecaze, commandeur d'Ordiarp, le 26 octobre 1675.................... p. 242.

LIV. — Assignation de Bonnecaze, commandeur d'Ordiarp, par devant M. de Sève, intendant de Guyenne. Décembre 1675. p. 243.

LV. — Bail à ferme des revenus d'Ordiarp, consenti à M⁰ Basile de Bonnecaze, avocat, par M⁰ Sans de Bonnecaze, son frère, pour la somme de 1,800 livres par an, 23 septembre 1676......... p. 243.

LVI. — Appel de l'évêque et du Chapitre de Bayonne des jugements prononcés par la cour de Licharre. 10 juin 1677..... p. 245.

LVII. — Arrêt du 26 juillet 1677, en faveur de Bonnecaze contre l'Ordre de S¹ Lazare, donné par la Chambre royale de l'Arsenal à Paris... p. 247.

LVIII. — Nomination de Ris et Baritault, commissaires français, le 29 mai 1680, pour régler les différents entre les Chapitres de Bayonne et de Roncevaux............................... p 248.

LIX. — Arrêt du Conseil privé qui condamne Sans de Bonnecaze et le réduit à la portion congrue. Obtenu par Athanase de Belapeyre, vicaire général de Soule, le 21 juillet 1682............... p. 250.

LX. — Mémoire d'Athanase de Belapeyre, vicaire-général de Soule, sur les origines d'Ordiarp et le procès de Bonnecaze de 1682 .... p. 251.

LXI. — Concordat passé à Irissarry, le 29 juin 1683, entre l'évêque de Bayonne et le Chapitre de Roncevaux, sur la Commanderie d'Ordiarp. .... p. 251.

LXII. — Approbation à Roncevaux, le 3 août 1683, de l'accord d'Irissarry et promesse de fournir aux 2/3 des frais du procès soutenu par le Chapitre de Bayonne pour recouvrer Ordiarp... p. 262.

LXIII. — Arrêt du Parlement de Navarre maintenant Paul d'Arhets à la Commanderie d'Ordiarp, 18 mai 1695........ p. 264.

LXIV. — Mémoire du Chapitre de Bayonne établissant l'antiquité de ses droits sur des biens situés en Espagne et les réclamant à Roncevaux qui les détenait à cause de l'usurpation d'Ordiarp et d'autres Commanderies. 25 août 1697.................. p. 267.

LXV. — Extrait d'une lettre, écrite le 26 avril 1698, par le Chapitre de Roncevaux pour refuser le paiement de certains arrérages à cause de l'usurpation d'Ordiarp.................... p. 270.

LXVI. — Extrait d'une lettre de M⁰ʳ don Thoribio de Mier, évêque de Pampelune, vice-roi et capitaine général du royaume de Navarre, à Mᵍʳ de Lalanne, évêque de Bayonne, sur le refus du Chapitre de Roncevaux, touchant la restitution des biens. 7 novembre 1698... p. 272.

LXVII. — Lettre de l'évêque de Bayonne à l'évêque de Pampelune sur la restitution des biens, 2 décembre 1699 .... p. 272.

LXVIII. — Lettre du roi d'Espagne à son ambassadeur nommant des commissaires pour la restitution des biens entre les Chapitres, 30 juillet 1700.. .... p. 274.

LXIX. — Commission envoyée par le roi à M. de Guyet, intendant en Béarn. Novembre 1700 .... p. 275.

LXX. — Lettre de Mgr de Beauveau, demandant des représailles contre Roncevaux. Vers 1700...... .... p. 276.

LXXI. — Nomination de Pierre de Lascor à la vicairie perpétuelle d'Ordiarp par le Chapitre d'Ordiarp, le 31 août 1703........ p. 277.

LXXII. — Commission de M. de St-Macari pour régler les prétentions des Chapitres de Bayonne et de Roncevaux, 30 mars 1705. p. 278.

LXXIII. — Etablissement d'un bureau d'administrateurs pour l'hôpital d'Ordiarp, le 26 février 1709.................... p. 280.

LXXIV. — Contrat d'échange de biens entre les Chapitres de Bayonne et de Roncevaux, le 12 février 1712..... .... p. 282.

LXXV. — Translation de l'hôpital d'Ordiarp dans la ville de Mauléon, au pays de Soule, janvier 1715.................... p. 290.

LXXVI. — Arrêt du 15 février 1717 confirmant l'évocation des procès sur les biens cédés par Roncevaux, au Parlement de Toulouse .... p. 298.

LXXVII. — Prise de possession de la Commanderie d'Ordiarp par Martin de Constantin, chanoine de Bayonne, le 15 janvier 1721............ .... p. 299.

LXXVIII. — Extrait d'une lettre d'André Druilhet, Evêque de Bayonne, au Roi pour demander des Commissaires sur un conflit de juridiction. Après 1721............ .... p. 302.

LXXIX. — Extrait des lettres en règlement de juges, portées par Louis XV le 9 mars 1724............................ .... p. 303.

LXXX. — Extrait d'une lettre de Mgr de Lavieuxville, Evêque de Bayonne, au Roi contre l'hôpital de Mauléon, sur la Commanderie d'Ordiarp. Vers 1732...................................... p. 305.

LXXXI. — Arrêt du Conseil d'Etat du 11 mai 1733........ p. 306.

LXXXII. — Titre du prieuré d'Ordiarp accordé le 31 mai 1741 à Me Capdau, chanoine de Bayonne, par les vicaires généraux d'Oloron.. p. 307.

LXXXIII. — Prise de possession du prieuré d'Ordiarp par Alexis de Capdau, chanoine de Bayonne, le 2 juin 1741............ p. 308.

LXXXIV. — Prise de possession par Capdau de l'hôpital d'Ordiarp, transféré à Mauléon, le 3 juin 1741....................... p. 309.

LXXXV. — Arrêt du Parlement de Toulouse du 26 février 1742 maintenant Alexis de Capdau, chanoine de Bayonne, dans le prieuré d'Ordiarp, au préjudice de Clément de Jauréguiberry, curé. p. 311.

LXXXVI. — Lettre de Capdau à son avocat, M° de Som, sur ses divers procès. Vers 1753.................................... p. 312.

LXXXVII. — Arrêt du Parlement de Pau sur le tiers des revenus d'Ordiarp, entre Capdau, le curé de ce lieu et l'hôpital de Mauléon, 22 septembre 1759.. p. 314.

LXXXVIII. — Extrait mortuaire de Pierre d'Etchecopar, prieur, curé d'Ordiarp, 1780.. p. 318.

LXXXIX. — Serment de Carricaburu, curé d'Ordiarp, le 3 février 1791... p. 318.

XC. — Serment de Lapphitz, vicaire d'Ordiarp, le 3 février 1791... p. 319.

XCI. — Serment d'Arnaud Phordoy, ancien vicaire d'Ordiarp, le 19 août 1791... p. 319.

XCII. — Prise de possession de la cure d'Ordiarp par Pierre d'Elissondo, curé constitutionnel, le 23 octobre 1791........ p. 319.

XCIII. — Démission de Pierre d'Elissondo, curé constitutionnel d'Ordiarp, le 20 germinal an II de la République............ p. 320.

APPENDICES

Note I. — Les seigneurs d'Ahetze depuis 1448 jusqu'à la fin du XVI° siècle.. p. 322.

Note II. — Les seigneurs de Geintein depuis 1393 jusqu'en 1705.. p. 324.

Note III. — Commandeurs d'Ordiarp.................... p. 326.

Note IV. — Curés, vicaires, sacristains et prêtres d'Ordiarp depuis le XV° siècle jusqu'à nos jours........................ p. 327.

Corrections et additions .... p. 331.

PAU. — IMPRIMERIE VERONESE, RUE DE LA PRÉFECTURE, 11.

Contraste insuffisant

NF Z 43-120-14

www.ingramcontent.com/pod-product-compliance
Lightning Source LLC
Chambersburg PA
CBHW050749170426
43202CB00013B/2349